大学進学のための
"返さなくてよい" 奨学金ガイド

[第2版]

給付型奨学金研究会 編

はじめに

　この２年余り、新型コロナウイルス感染症によって、社会生活や経済活動は大きな影響を被ってきました。大学生も講義の多くがリモートでのオンライン講義となり、アルバイトは勤務先である飲食店などが休業を余儀なくされたり、営業時間短縮によりシフトが激減したりするなど、少なからず打撃を受けています。

　ただでさえ厳しい大学生の経済状況は、いっそう厳しさを増しているのが現状だと言えるでしょう。

　そんななか、国の給付型奨学金に2020年度から新たな制度がスタートしました。支給を拡充することによって、経済的理由で大学進学をあきらめずに済むよう、学生及びその家族を支援することを目的としたものです。この制度の導入によって、給付型奨学金の利用が増えていくことが期待されています。

　この本は、大学進学にあたって進学資金にお悩みの親子や、進路指導を担当する教職員向けに作られた給付型奨学金のデータブックです。発刊から３年を経過し、学生を取り巻く状況や奨学金制度が変化してきたことを踏まえて全面的な見直しを行い、現在利用可能な給付型奨学金の主要なものを網羅しました。

　本書では、まず日本の奨学金制度の現状、大学生活にかかわる費用、そして2020年度から導入された給付型奨学金の新制度などについて概観します。そして大学、自治体、企業・公益法人が現在取り組んでいる2000以上の給付型奨学金を紹介します。

　条件や希望にあった奨学金を見つけ、学生生活、それ以降の社会人生活も負担なく過ごす材料としていただければ幸いです。

2022年３月

給付型奨学金研究会

CONTENTS

編者●給付型奨学金研究会
取材・執筆●齋藤伸成
編集協力●株式会社小松プロジェクト
DTP・ブックデザイン●手島秀洋

これだけはおさえておきたい！
"給付型"奨学金制度のポイント

日本の奨学金制度の概要

　2017年度から、日本の奨学金制度に返済不要な「給付型奨学金」が盛り込まれた。従来、地方自治体や民間団体の奨学金には給付型、貸与＆給付型の奨学金があったが、国の制度としてもようやく導入の運びとなった。

　給付型奨学金の導入が求められてきたのは、貸与型中心の奨学金制度に大きな課題があったからにほかならない。そこで、日本の奨学金の現状を検証するとともに、2020年度にスタートした給付型奨学金の新制度の詳しい仕組みなどを紹介していく。

奨学金の種類

　日本の奨学金は現在、国や地方自治体、公益財団、大学、企業などの出資によって運営されているものがある。

　その種類は返済が必要な「貸与型」、返済の必要のない「給付型」に大別される。また、地方自治体や民間の奨学金の中には、「貸与＆給付型」もあり、地方創生の流れで近年増えている。運営する団体・企業がそれぞれもうける一定の条件を満たすことによって減免され、結果

奨学金のしくみ

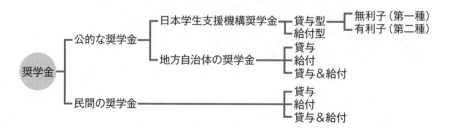

的に給付型の奨学金に変わるというケースだ。

　もちろん誰でも、返済の義務がない給付型奨学金を受給したいと思う。しかし、無条件ということはない。受給の条件は、大きくは３つある。

①人物・成績が優れていること

　大学１年生は高校時代の成績や入試の成績で、在学生は学業成績係数（GPA）や評定値の平均などで算出される。慶應義塾大学の医学部のように、入試成績優秀者に200万円を支給するケースもある。人物の評価としてはスポーツや課外活動などで活躍した学生を対象とするケース

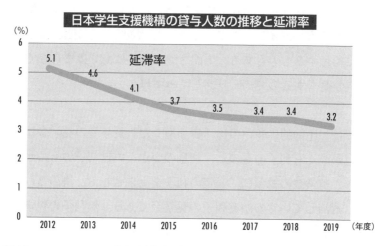

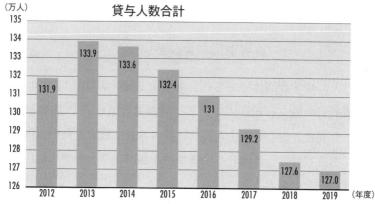

日本学生支援機構の資料をもとに作成。延滞率は、要返還額全体に占める３カ月以上の延滞債権額の場合

が多い。

②経済的に困窮していること

災害や家計支持者（親など）の死亡、失業等によって困窮状態に陥った場合は奨学金が受給できることが多い。家庭の所得を基準としているものもある。

③当該地域の出身者または居住者

ある地域の出身者、あるいは居住者に限定し支給する。

そのほか、教育ローンの利子を肩代わりしてくれるものや、留学を補助してくれるもの、インセンティブとして簿記や、TOEIC などの資格取得者に給付するものもある。上記 3 つの条件にあてはまらなくてももらえる奨学金もあるのでチェックしてみてほしい。

現状では、圧倒的に多いのは「貸与型」だ。貸与型の奨学金には返済時に利息がつく有利子のものと、利息のつかない無利子のものがある。支給された奨学金の総額に、一定の利子を上乗せして、決められた期間の中で、返済していくのが有利子の奨学金である。無利子の奨学金は支給総額だけを返済していく。支給方法は、毎月振り込まれるものや、年何回かに分けて分割されるものなど運営団体によって異なる。

貸与型奨学金が多い理由

国内最大の奨学金団体である「日本学生支援機構」（JASSO）は、文部科学省所管の独立行政法人である。同機構は 2004 年、戦後スタートした日本育英会と他の財団法人と共に統合されて設立された。同機構の方針は、旧日本育英会と同じく、比較的少額の奨学金を学生に広く貸与する奨学ローンであることに注意したい。

同機構は毎年、1 兆円余りの奨学金を学生に貸し出している。奨学金

の貸与割合は 2019 年度、大学で 36・5%（学生数 271 万 8262 人のうち
貸与人数 99 万 3020 人）。他の団体の奨学金を含めると学生の約半数が
なんらかの形で奨学金を利用していると考えられる。

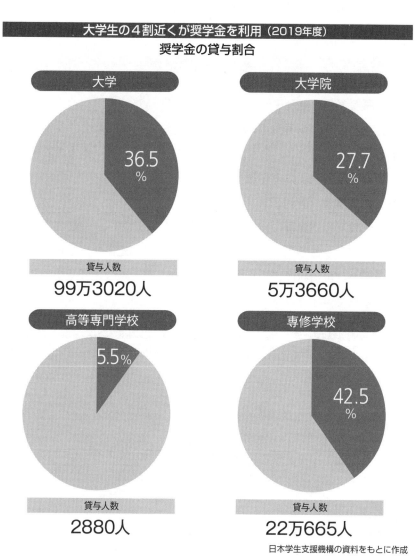

大学生の４割近くが奨学金を利用 (2019年度)
奨学金の貸与割合

大学
36.5%
貸与人数
99万3020人

大学院
27.7%
貸与人数
5万3660人

高等専門学校
5.5%
貸与人数
2880人

専修学校
42.5%
貸与人数
22万665人

日本学生支援機構の資料をもとに作成

JASSOの奨学金システム

　利用者が最も多い、JASSO の貸与型奨学金の内容について、紹介しておこう（表1）。給付型については、後述する。

奨学金の種類

①第一種奨学金（無利子）

　専修学校（専門課程）、高等専門学校、短期大学、大学、大学院に在学する学生を対象とし、無利息で一定額を貸し付ける。本人の成績及び通学環境、経済状況により選考される。

②第二種奨学金（有利子）

　専修学校（専門課程）、高等専門学校（4・5年生）、短期大学、大学、大学院に在学する学生を対象とし、利息付きで一定額を貸し付ける。本人の成績及び経済状況により選考されるが、第一種の選考基準よりも緩やかな基準で選考される。

表1　日本学生支援機構奨学金の貸与額（平成30年度以降の入学者）							
区分			貸与月額				最高月額
第一種奨学金	大学	国公立 自宅	20,000 円	30,000 円			45,000 円
		国公立 自宅外	20,000 円	30,000 円	40,000 円		51,000 円
		私立 自宅	20,000 円	30,000 円	40,000 円		54,000 円
		私立 自宅外	20,000 円	30,000 円	40,000 円	50,000 円	64,000 円
	短大・専修学校（専門課程）	国公立 自宅	20,000 円	30,000 円			45,000 円
		国公立 自宅外	20,000 円	30,000 円	40,000 円		51,000 円
		私立 自宅	20,000 円	30,000 円	40,000 円		53,000 円
		私立 自宅外	20,000 円	30,000 円	40,000 円	50,000 円	60,000 円
第二種奨学金	貸与月額：2 万円〜12 万円（1 万円単位）						
入学時特別増額貸与奨学金	貸与金額：10 万円、20 万円、30 万円、40 万円、50 万円から選択						

③入学時特別増額貸与奨学金（有利子）

　入学金など入学初年度に一度だけ支給される奨学金。現在では、第二種が第一種の約２倍の貸与を受けることができることと、金利が市中ローンより非常に低率なことから、借用したい額によって選択するケースが増えている。

利息について

　上限3.0％と制限されている。2007年度以前は奨学金に関わる利率について「利率固定方式」のみが採用されていた。同方式は、市場金利が上昇した場合でも、返還する際の利率は変動しない。

　2007年以降の採用分より、従来の「利率固定方式」に加えて「利率見直し方式」（返還期間中、概ね５年以内に利率見直しがなされる）も

表2-1　令和3年度 貸与利率一覧（年利％）
平成19年4月以降の採用者

		4月	5月	6月	7月	8月	9月	10月	11月	12月	1月	2月	3月
基本月額	利益固定方式	0.268	0.268	0.268	0.161	0.164	0.268	0.268	0.268	0.268	0.268	0.369	0.369
	利益見直し方式	0.003	0.003	0.003	0.002	0.002	0.003	0.004	0.004	0.002	0.006	0.040	0.040
増額部分	利益固定方式	0.468	0.468	0.468	0.361	0.364	0.468	0.468	0.468	0.468	0.468	0.569	0.569
	利益見直し方式	0.203	0.203	0.203	0.202	0.202	0.203	0.204	0.204	0.202	0.206	0.240	0.240

表2-2　令和2年度 貸与利率一覧（年利％）
平成19年4月以降の採用者

		4月	5月	6月	7月	8月	9月	10月	11月	12月	1月	2月	3月
基本月額	利益固定方式	0.157	0.160	0.163	0.233	0.267	0.163	0.233	0.163	0.157	0.233	0.268	0.268
	利益見直し方式	0.003	0.003	0.005	0.003	0.003	0.002	0.003	0.002	0.002	0.002	0.004	0.004
増額部分	利益固定方式	0.357	0.360	0.363	0.433	0.467	0.363	0.433	0.363	0.357	0.433	0.468	0.468
	利益見直し方式	0.203	0.203	0.205	0.203	0.203	0.202	0.203	0.202	0.202	0.202	0.204	0.204

採用され、貸与者が自由に選択可能となっている。

　ちなみに、2022 年 3 月時点の最新利率は、利益固定方式（0.369%）、利益見直し方式（0.040%）と、上限利率 3.0% よりも低い（表2）。

奨学金の申し込み方法

①**予約採用**…高校 3 年生のときに、進学後の奨学金を予約する。多くの高校で募集は 5 〜 6 月頃と、10 〜 11 月頃の年 2 回に分けている。募集業務は高校に一任している。浪人していても高校卒業後 2 年目までは、予約採用の申し込みが可能となっている。

②**在学採用**…進学した大学や専門学校を通して申し込む。原則年 1 回だけの募集となっている。

　なお、平成 29 年度入学者から、住民税（所得割）非課税世帯の学生について成績基準が実質的に撤廃され、特に奨学金を必要とするすべての学生が貸与を受けられるようになった。

申し込みの成績基準

・第一種奨学金（無利子）

①**予約採用**…高校 1 年生から申し込み時点までの成績の平均が 5 段階評価で 3.5 以上。大学・専門学校共通。

②**在学採用**…高校 2 年生から 3 年生の最終 2 年間の成績が大学 3.5 以上、専門学校 3.2 以上。

　なお、平成 29 年度入学者から、住民税（所得割）非課税世帯の学生について成績基準が実質的に撤廃され、特に奨学金を必要とするすべての学生が貸与を受けられるようになった。

申し込みの収入基準

　収入基準は世帯人数によって異なる。また、予約採用か在学採用かと

いった申し込み方法や、進学する学校（大学か専門学校等か）、奨学金の種類（一種か二種か）などによっても変わってくる（表3）。詳しくは通学している学校の担当者に確認してほしい。

返済方法

奨学金の返済は卒業後半年経ってから始まる。無利子か有利子によって、もちろん返済額は異なる。

例えば無利子の第一種奨学金を4年間、毎月3万円借りた場合は、毎月の返済額は9230円、返済年数は13年間となる。これが同じ金額で有利子（利率1.0％で計算）の場合、毎月の返済額は9892円で13年間となる。これが有利子で4年間10万円を借りた場合は、月々の返済が2万2172円で返済期間は20年間だ。

返済額と返済期間は事前に確認し、無理のない金額を借りたい。

第一種奨学金については、平成29年4月から「所得連動返還方式」の選択が可能になった。

この方式では、借りた金額に応じて月々一定額を返還する「定額返還方式」とは異なり、貸与終了後の所得に応じて月々の返済額が変わる。返済月額は「前年度の課税所得の9％÷12」で算定し、その額が2,000円以下の場合は2,000円となる。これにより、無理なく奨学金の返済を続けていくことができる。なお、所得連動返還方式を選ぶ場合は、機関保証（保証料が必要）となる。

返済を保証する機関・人

奨学金を受給するには、その返済を保証する「人」や「機関」が必要となる。人保証は原則として保護者が連帯保証人で、子供から4親等以内の親族が保証人となる。ほとんどの場合、連帯保証人は父親あるいは母親。保証人は祖父や祖母、叔父、叔母などだ。

一方、機関保証は、JASSO の指定する保証機関に対価を支払って保証してもらう。保証料は、貸与金額に応じて変わる。例えば貸与金額が月額 5 万円の場合、月額保証料は 1786 円（2021 年度。返済利率 3.0％で 4 年間借りた場合）。月々の奨学金から天引きされるので、手取りの奨学金額が少なくなる。

主な返済猶予

・返済期限猶予…返済が困難になったときに、一定期間返済を猶予する「返済期限猶予」がある。

　適用要件は①傷病②生活保護受給③失業中④経済困難（収入がない・少ない場合、給与所得者は年収 300 万円以下、その他年間所得 200 万円以下が目安）⑤新卒（退学）及び在学猶予切れ等の場合の無職・未就職、低収入⑥外国で研究中⑦災害（罹災証明書が必要）など。適用期間は通算 10 年まで。災害、傷病、生活保護中などは適用期間の制限がない。

・減額返還制度…災害、傷病、その他経済的理由で奨学金返還が困難な人が、一定期間毎月の割賦金を半分または 3 分の 1 に減額し、その分返還期間を延長できる。

　適用要件は、災害、傷病、その他の経済的理由により奨学金の返還が困難なこと（給与所得者は年収 325 万円以下、その他は年間所得 225 万円以下を目安とし、被扶養者一人当たり 38 万円を控除可能。適用期間は 12 カ月（半年分の割賦金を 12 カ月で返還）。最長 15 年間（当初割賦金の 5 年分）まで延長可能。第一種奨学金で所得連動返還方式を選んだ場合は利用できない。

・留意点

　返済期限猶予や減額返済自体は、いずれも総返済額は当初返済額と変わらない。すなわち実質的に金利は減免される。

表3-1　日本学生支援機構奨学金の家庭の収入基準（4人世帯の目安値）

予約採用の場合（在学〈卒業〉高校を通じて申し込み）

区分		給与所得者の場合	給与所得以外の場合
大学・短大・専修学校(専門課程)	第一種奨学金（無利子）	747万円	349万円
	第二種奨学金（有利子）	1,100万円	692万円
	第一種と第二種の併用	686万円	306万円

表3-2　日本学生支援機構奨学金の家庭の収入基準（4人世帯の目安値）

在学採用の場合（進学した大学や専門学校を通じて申し込み）

	区分			給与所得者の場合	給与所得以外の場合
大学	第一種奨学金（無利子）	国公立	自宅	742万円/680万円	345万円/302万円
			自宅外	800万円/747万円	392万円/349万円
		私立	自宅	804万円/753万円	396万円/353万円
			自宅外	851万円/808万円	443万円/400万円
	第二種奨学金（無利子）	国公立	自宅	1,096万円	688万円
			自宅外	1,143万円	735万円
		私立	自宅	1,147万円	739万円
			自宅外	1,194万円	786万円
	第一種・第二種の併用	国公立	自宅	680万円	302万円
			自宅外	747万円	349万円
		私立	自宅	753万円	353万円
			自宅外	808万円	400万円

	区分			給与所得者の場合	給与所得以外の場合
短大	第一種奨学金（無利子）	国公立	自宅	720万円/659万円	330万円/287万円
			自宅外	785万円/726万円	377万円/334万円
		私立	自宅	784万円/725万円	376万円/333万円
			自宅外	831万円/788万円	423万円/380万円
	第二種奨学金（無利子）	国公立	自宅	1,081万円	673万円
			自宅外	1,128万円	720万円
		私立	自宅	1,127万円	719万円
			自宅外	1,174万円	766万円
	第一種・第二種の併用	国公立	自宅	659万円	287万円
			自宅外	726万円	334万円
		私立	自宅	725万円	333万円
			自宅外	788万円	380万円

	区分			給与所得者の場合	給与所得以外の場合
専修学校(専門課程)	第一種奨学金（無利子）	国公立	自宅	692万円/630万円	310万円/267万円
			自宅外	756万円/695万円	355万円/312万円
		私立	自宅	781万円/720万円	373万円/330万円
			自宅外	826万円/783万円	418万円/375万円
	第二種奨学金（無利子）	国公立	自宅	1,061万円	653万円
			自宅外	1,106万円	698万円
		私立	自宅	1,124万円	716万円
			自宅外	1,169万円	761万円
	第一種・第二種の併用	国公立	自宅	630万円	267万円
			自宅外	695万円	312万円
		私立	自宅	720万円	330万円
			自宅外	783万円	375万円

※第一種奨学金の金額のうち、左は「平成30年度入学者の最高月額以外の対象」「平成29年度以前入学者が対象」、右は「平成30年度入学者の最高月額の対象」

奨学金を受給している 大学生の生活実態

大学生の経済状況

　大学生活にはどのくらいお金がかかるのか。全国大学生活協同組合連合会が2020年秋、全国の大学生11,028人を対象に実施した生活費調査の分析結果を見ていこう。

①自宅生の生活費

　自宅生の収入合計は1カ月6万2820円。年々増加する傾向にあったが、コロナ禍の影響でアルバイト収入が9年ぶりに減少したこともあり、前年比4660円減少した。

　支出合計は6万2130円。内訳をみると、やはりコロナ禍で外出する機会が減った影響からか、食費、教養娯楽費が大きく減少。一方、貯金・繰越は増加した。

②下宿生の生活費

　下宿生の平均収入は12万2250円。内訳は仕送り7万410円、アルバイト2万6360円、奨学金2万1130円などだった。

　アルバイト収入は、コロナ禍の影響で前年と比べて7240円と大きく減少した。半年間（4～9月）のアルバイト就労率は、シフト減やアルバイト先の休業により72.4％と前年から11.5ポイントのマイナス。奨学金は緩やかな減少傾向が続いてきたが、微増という結果であった。

　平均支出は12万1180円で、前年比7910円の大幅な減少。すべての費目が減少しているが、自宅生同様、食費、教養娯楽費の減少が著しい。

③奨学金の受給

　何らかの奨学金を受給している学生は32.1％で、前年から1.6ポイン

ト増加した。2020年4月から対象が拡大されたJASSOの給付型奨学金受給者は6.8％と5.0ポイント増加。その他の給付型奨学金と合わせた給付型奨学金受給者は9.6％で、前年から3.6ポイント増加しており、今後、給付型奨学金の利用がさらに増えていくものと考えられる。

首都圏の私大下宿生の場合は

東京私大協連が、2020年春に入学した1都3県（東京、埼玉、千葉、神奈川）の私大生の保護者に実施した調査によると、自宅外通学生（下宿生・寮生）への仕送りは月額8万2400円で過去最低。ピークだった1994年と比べて、34％減となった。

家賃の平均は6万4200円で、仕送りに占める割合は77.9％。仕送りから家賃分を除いた生活費は1万8200円で、1日あたり607円と過去最低となった。アルバイトをしないと厳しい大学生の経済状況がうかがわれるが、コロナ禍で一層厳しさを増したのが2020年の現状であった。

1カ月の生活費（自宅生）　（円）

	2017年	18年	19年	20年	20年前年増減
小遣い	13,550	12,780	13,480	10,700	-2,780
奨学金	11,040	11,060	10,620	11,420	+800
アルバイト	37,920	40,920	41,230	37,680	-3,550
定職	190	240	300	370	+70
その他	1,350	2,750	1,840	2,650	+810
収入合計	64,070	67,750	67,480	62,820	-4,660
食費	12,580	14,370	13,850	10,670	-3,180
住居費	270	250	150	960	+810
交通費	8,680	9,030	8,160	7,160	-1,000
教養娯楽費	9,470	11,940	12,990	10,750	-2,240
書籍費	1,340	1,540	1,620	1,740	+120
勉学費	1,130	1,430	1,270	1,420	+150
日常費	5,280	6,090	6,160	6,300	+140
電話代	2,210	1,890	1,780	1,730	-50
その他	2,770	2,640	3,220	1,790	-1,430
貯金・繰越	18,880	18,050	16,880	19,610	+2,730
支出合計	62,590	67,200	66,080	62,130	-3,950

1カ月の生活費（下宿生）　（円）

	2017年	18年	19年	20年	20年前年増減
小遣い	72,980	71,500	72,810	70,410	-2,400
奨学金	20,190	20,530	20,900	21,130	+230
アルバイト	28,770	31,670	33,600	26,360	-7,240
定職	130	470	370	450	+80
その他	1,820	3,110	2,180	3,900	+1,720
収入合計	123,890	127,280	129,860	122,250	-7,610
食費	25,190	26,230	26,390	24,570	-1,820
住居費	52,820	52,560	53,930	52,910	-1,020
交通費	3,330	4,230	4,070	3,370	-700
教養娯楽費	9,830	11,520	12,870	10,990	-1,880
書籍費	1,510	1,710	1,860	1,850	-10
勉学費	1,380	1,830	1,900	1,870	-30
日常費	6,070	7,260	7,620	7,120	-500
電話代	3,800	3,710	3,550	3,370	-180
その他	3,010	3,310	3,430	2,140	-1,290
貯金・繰越	13,820	13,740	13,470	12,990	-480
支出合計	120,750	126,100	129,090	121,180	-7,910

全国大学生活協同組合連合会の資料をもとに作成

2020年度から新制度がスタートした
国の給付型奨学金

　2019年5月10日「大学等における就学の支援に関する法律」が成立し、JASSOが運営、実施している国の給付型奨学金に2020年度から「高等教育の就学支援新制度」が導入された。

　この制度は、「大学に進学したいけれど、お金の問題が心配」という経済的理由によって進学をあきらめることがないよう、支給を拡充して学生たちの学びたい気持ちを応援するものである。

　以下、新制度のしくみについて詳しく紹介していこう。

新制度の概要

　新しい制度は、大学・短期大学・高等専門学校（4年・5年）・専門学校（一定の要件を満たしている必要がある）を対象に、
①授業料・入学金の免除または減額（授業料等減免）
②給付型奨学金の支給
という2つの支援を行うものである。

推薦枠が撤廃され、在学採用も可能に

　なお、これまでの給付型奨学金は、申込資格を満たす学生の中から推薦基準等に照らして適格者を推薦するというものだったが、新制度では推薦枠が撤廃された。これにより、以下で述べる家計基準を満たしていれば採用される可能性が高くなった。

　これとともに、申込方法も変更された。給付型奨学金は、第一種・第二種奨学金とは異なり、「在学採用」が認められていなかったが、新制度では在学採用が導入され、進学後の申請も可能となった。

申込資格

　給付型奨学金の申込資格は、進学前（予約採用）、進学後（在学採用）で、それぞれ以下のとおりとなっている。

①進学前（予約採用）の申込資格

　次の（1）または（2）のいずれかに該当する人が申し込める。

（1）2022年3月に高等学校等（本科）を卒業予定の人

（2）高等学校等（本科）を卒業後2年以内の人

※2021年の秋季に卒業予定の人も対象となる。

高卒認定試験合格者等の申込資格

1.既に高卒認定試験に合格している人

以下の（1）及び（2）のいずれにも該当すること

（1）高卒認定試験受験資格取得年度（16歳となる年度）の初日から認定試験合格までの期間が5年を経過していない人

（2）高卒認定試験の合格者となった年度の翌年度の末日から2年を経過していない人

2.今年度（令和2年度）の高卒認定試験で合格予定の人

今年度（令和3年度）の高卒認定試験の受験を申請した人であって、高卒認定試験受験資格取得年度（16歳となる年度）の初日から起算して5年を経過していない人

②進学後（在学採用）の申込資格

大学等への入学時期等に関する資格

以下の1〜3のいずれかに該当する人

1. 高等学校等を初めて卒業（修了）した日の属する年度の翌年度の末

日から大学等へ入学した日までの期間が2年を経過していない人

2. 高等学校卒業程度認定試験（以下「認定試験」）の受験資格を取得した年度（16歳となる年度）の初日から認定試験に合格した日の属する年度の末日までの期間が5年を経過していない人（5年を経過していても、毎年度認定試験を受験していた人を含む）で、かつ認定試験に合格した日の属する年度の翌年度の末日から大学等へ入学した日までの期間が2年を経過していない人

3. 以下のA～Cのいずれかに該当する人（その他、外国の学校教育の課程を修了した人など）
A 学校教育法施行規則第150条に該当する高等学校等を卒業した人と同等以上の学力があると認められる要件のいずれかに該当する人であって、それに該当することとなった日の属する年度の翌年度の末日から、大学等へ入学した日までの期間が2年を経過していない人

B 学校教育法施行規則第150条又は第183条に規定する要件のいずれかに該当する人であって、高等学校（中等教育学校の後期課程及び特別支援学校の高等部を含む。）に在学しなくなった日の翌年度の末日から、大学等へ入学した日までの期間が2年を経過していない人

C 学校教育法施行規則第150条又は第183条に規定する要件のいずれかに該当する人であって、入学した日が20歳に達した日の属する年度の翌年度の末日までのもの

　進学前、進学後のいずれも、外国籍の方は一定の要件に該当していれば申し込むことができる（詳しくはJASSOのホームページ等で確認）。

支援の対象となる学生

新制度の支援の対象となるのは、
①家計基準を満たしていること
②成績基準を満たしているか、進学先で学ぶ意欲がある学生であること
の2つの要件を満たす学生全員となる。

①家計基準

具体的に言うと「住民税非課税世帯およびそれに準ずる世帯」で、支援を受けられる年収の目安は表4のとおり。3段階の所得区分に応じて、住民税非課税世帯（年収270万円未満）は全額、年収300万円未満は3分の2、年収380万円未満は3分の1の額が支給される。

表4 支援を受けられる年収の目安と支援の割合

区分	年収の目安	支援割合
第一区分	～270万円	満額
第二区分	～300万円	満額の2/3
第三区分	～380万円	満額の1/3

※4人世帯(両親・本人・中学生)の場合

②成績基準

「予約採用」では、高校での成績が5段階評価で3.5以上であること、もしくは進学先で学ぶ意欲があることとされている。学ぶ意欲の有無については、面談やレポートの提出などによって判断される。

成績基準というハードルをクリアできていなくても、学ぶ意欲があると認められることで給付型奨学金が利用しやすくなったといえる。

「在学採用」の成績基準は、学年によって以下のとおりとなっている。
【1年】次の1～3のいずれかに該当すること。
1.高等学校等における評定平均値が3.5以上であること、または入学者

選抜試験の成績が入学者の上位2分の1の範囲に属すること

2.高等学校卒業程度認定試験の合格者であること

3.将来、社会で自立し、活躍する目標を持って学修する意欲を有していることが、学修計画書等により確認できること

【2年以上】次の1、2のいずれかに該当すること。

1.GPA（平均成績）等が在学する学部等における上位2分の1の範囲に属すること

2.修得した単位数が標準単位数以上であり、かつ、将来、社会で自立し、活躍する目標を持って学修する意欲を有していることが、学修計画書により確認できること

給付型奨学金の支給月額

　給付型奨学金の支給月額は、国公立か私立か、自宅通学か自宅外通学かによって決まっている。先に述べた家計基準によって、第二区分は第一区分の2/3、第三区分は1/3の金額となる（表5）。

　生活保護世帯で自宅から通学する人及び児童養護施設等から通学する人は、金額が増額される。

貸与型奨学金との併用

　給付型奨学金は、貸与型奨学金と併用することができる。したがって、給付型奨学金だけでは足りない分を補うことも可能となる。

　ただし、無利子の第一種奨学金については貸与月額が制限されるので注意が必要となる。表6に示したように、実際に併用できるのは第三区分の採用者だけである。

　なお、有利子の第二種奨学金については、区分に関係なく、通常と同じく希望額を借りることができる（月額2万円〜12万円から選択）。

区分			自宅通学	自宅外通学
表5　給付型奨学金の支給月額				
大学 短期大学 専修学校（専門課程）	国公立	第一区分	29,200 円 (33,300 円)	66,700 円
		第二区分	19,500 円 (22,200 円)	44,500 円
		第三区分	9,800 円 (11,100 円)	22,300 円
	私立	第一区分	38,300 円 (42,500 円)	75,800 円
		第二区分	25,600 円 (28,400 円)	50,600 円
		第三区分	12,800 円 (14,200 円)	25,300 円
高等専門学校	国公立	第一区分	17,500 円 (25,800 円)	34,200 円
		第二区分	11,700 円 (17,200 円)	22,800 円
		第三区分	5,900 円 (8,600 円)	11,400 円
	私立	第一区分	26,700 円 (35,000 円)	43,300 円
		第二区分	17,800 円 (23,400 円)	28,900 円
		第三区分	8,900 円 (11,700 円)	14,500 円

※生活保護世帯で自宅から通学する人及び児童養護施設等から通学する人は、カッコ内の金額となる。

区分		第一区分	第二区分	第三区分
表6　給付型奨学金と併用する場合の第一種奨学金の貸与金額				
国公立	自宅通学	0 円	0 円	20,300 円 (25,000 円)
	自宅外通学	0 円	0 円	13,800 円
私立	自宅通学	0 円	0 円	21,700 円 (20,000 円、 30,300 円)
	自宅外通学	0 円	0 円	19,200 円

※大学の場合。親と同居している生活保護世帯の人、児童養護施設等から通学する人は、()内の金額となる。

入学金・授業料の減免

　新制度において給付型奨学金の拡充と合わせて導入されたのが、「入学金・授業料の減免」である。

　この制度は、給付型奨学金に採用された学生が自ら大学などに申告することによって受けることができる。減免を受けることができる金額の上限は表7のとおり（第一区分の場合）。

　上限までの減免を受けることができれば、国公立大学進学者の場合、学費の負担は実質的にゼロとなり、私立大学の場合でも授業料の7割程度を賄うことが可能となる。

表7　授業料等減免の上限額（年額）

	国公立		私立	
	入学金	授業料	入学金	授業料
大学	約28万円	約54万円	約26万円	約70万円
短期大学	約17万円	約39万円	約25万円	約62万円
高等専門学校	約8万円	約23万円	約13万円	約70万円
専門学校	約7万円	約17万円	約16万円	約59万円

※住民税非課税世帯の学生の場合。住民税非課税世帯に準ずる世帯の学生は、住民税非課税世帯の学生の2/3または1/3

　私立大学に自宅外通学する場合に受けることができる給付型奨学金と授業料の減免の年額は表8のとおりで、第一区分の場合、入学金の減免額を加えた4年間の総額は約670万円。経済的に厳しいが、学ぶ意欲がある学生および学費を負担する親にとっては非常に大きな支援だと言えるだろう。

　ただし注意が必要なのは、入学金・授業料の減免は、文部科学省が定める一定の要件を満たした減免認定校でなければ、対象にならないということである。同様に、給付型奨学金も減免認定校でなければ受けることができない。

表8　私大・自宅外通学の場合の給付型奨学金・授業料減免の年額

区分	支援割合	授業料減免額 （年額）	給付型奨学金 （年額）	計
第一区分	満額	70万円	91万円	161万円
第二区分	満額の2/3	47万円	61万円	108万円
第三区分	満額の1/3	23万円	30万円	53万円

※住民税非課税世帯の学生の場合。住民税非課税世帯に準ずる世帯の学生は、住民税非課税世帯の学生の2/3または1/3

支給の打ち切り、返還が必要になる場合

　給付型奨学金の支給を受ける奨学生は、給付奨学生としての自覚を持って学業に精励しなければならない。学業成績が次のいずれかに該当する場合は「廃止」となり、奨学金の支給が打ち切られる（懲戒による退学処分などの場合には、返還が必要になることがある）。

①修業年限で卒業又は修了できないことが確定した場合

②修得した単位数（単位制によらない専門学校にあっては、履修科目の単位時間数。「警告」の区分において同じ）の合計数が標準単位数の5割以下の場合

③履修科目の授業への出席率が5割以下であることその他の学修意欲が著しく低い状況にあると学校が判断した場合

④以下の「警告」の区分に該当する学業成績に連続して該当した場合

・修得した単位数の合計数が標準単位数の6割以下の場合（上記②に該当するものを除く）

・GPA（平均成績）等が学部等における下位4分の1の範囲に属する場合

・履修科目の授業への出席率が8割以下であることその他の学修意欲が低い状況にあると学校が判断した場合

　また、奨学金の支給期間中、毎年度、JASSOが受給者と生計維持者の所得の情報や受給者が報告した資産額に基づいて、家計基準に該当す

るかどうかを確認する。確認の結果、奨学金の支給が止まったり、支給額が見直されたりすることがある。

給付型奨学金の採用状況

2019年度の給付型奨学金の採用者数は3万6577人であったが、新制度が導入された2020年度は27万6870人と約7.5倍増となっている（表9-1、9-2）。

新制度による給付型奨学金の拡充の成果は、このデータからも明らかであり、2021年度以降もさらに増えていくことが予想される。

表9-1 2019年度の給付型奨学金給付実績

区分	採用者数（人）
大学	24,066
短期大学・高等専門学校	3,328
専修学校（専門課程）	9,183
合　計	36,577

表9-2 2020年度の給付型奨学金給付実績

区分	採用者数（人）
大学	202,030
短期大学・高等専門学校	18,015
専修学校（専門課程）	56,825
合　計	276,870

新型コロナウイルス感染症の影響で家計急変した場合

給付型奨学金は、予期できない事由により家計が急変し、急変後の収入状況が住民税情報に反映される前に緊急に支援の必要がある場合には、急変後の所得の見込みによって要件を満たすことが確認されれば支援対象となる（すでに大学等に在学している人が対象）。

　新型コロナウイルス感染症の影響で学費等の支援が必要になった場合も、要件を満たしていれば「家計急変採用」の支援対象となる。

　対象となる家計急変事由には、表10のA～Dがある。新型コロナウイルス感染症に係る影響で家計が急変した場合で、A～Cのいずれにも該当しない場合には、Dに類するものとして取り扱うこととされている。

　被災時の罹災証明書に代わるものとして、下記の証明書が提出できる場合、雇用保険の加入対象外（自営業者等）の失職や収入減少の場合も含めて、支援対象になり得るものとされている。

・新型コロナウイルス感染症に係る影響による収入減少があった者等を支援対象として、国及び地方公共団体が実施する公的支援の受給証明書
・これに類するものと認められる公的証明書

表10　家計急変事由と証明書類	
事由	証明書類
A：生計維持者の一方（又は両方）が死亡	下記のいずれか ・戸籍謄本（抄本） ・住民票（死亡日記載）
B：生計維持者の一方（又は両方）が事故又は病気により、半年以上、就労が困難	・医師による診断書 及び ・病気休職中であることの証明書
C：生計維持者の一方（又は両方）が失職（非自発的失業の場合に限る。）	下記のいずれか ・雇用保険被保険者離職票 ・雇用保険受給資格者証
D：生計維持者が震災、火災、風水害等に被災した場合であって、次のいずれかに該当 （1）上記A～Cのいずれかに該当 （2）被災により、生計維持者の一方（又は両方）が生死不明、行方不明、就労困難など世帯収入を大きく減少させる事由が発生	・罹災証明書

大学等の給付型奨学金の現状はどうなっているか？

奨学金全体の３分の２を占める給付型

　JASSO 以外の奨学金事情を見てみると、大学や自治体、企業、公益法人などが実施団体の奨学金では、給付型の数が最も多くなっている。

　JASSO が実施した「令和元年度奨学事業に関する実態調査結果」によると、奨学金の３つの支給形態「貸与」「給付」「貸与と給付の併用」のうち、給付が占める割合は 66.6％（奨学金制度 8,834 制度のうち 5,887 制度）と３分の２に及んでいる。実施団体別では、学校が実施している奨学金の 83.2％が給付型と圧倒的に多くなっている（表 11）。

表11　支給形態別制度数

区分	学校	地方公共団体	奨学金事業団体				計
			公益団体	医療関係機関	営利法人	個人・その他	
給付	(83.2%) 4,670	(26.2%) 396	(70.1%) 732	(5.8%) 33	(46.8%) 22	(75.6%) 34	(66.6%) 5,887
貸与	(16.4%) 920	(72.9%) 1,103	(27.8%) 290	(92.4%) 526	(46.8%) 22	(24.4%) 11	(32.5%) 2,872
併用	(0.4%) 25	(1.0%) 15	(2.1%) 22	(1.8%) 10	(6.4%) 3	(0.0%) 0	(0.8%) 75
計	(100.0%) 5,615	(100.0%) 1,514	(100.0%) 1,044	(100.0%) 596	(100.0%) 47	(100.0%) 45	(100.0%) 8,834

出典:JASSO「令和元年度奨学事業に関する実態調査結果」

多様な給付型奨学金が登場している

　東京工業大学は、2018 年度に地方出身者を対象として設立した「大隅良典記念奨学金」に、親が４年制大学を卒業していない学生を対象とした「ファーストジェネレーション枠」を設けた。

　ファーストジェネレーションとは、両親ともに大学を卒業しておらず、自分の世代で初めて大学に進学する人を指す。2020年4月以降に学士課程に入学した新入生が対象で、「地方出身者枠」「ファーストジェネレーション枠」合わせて20名程度に月額5万円が給付される。

　入学前に大学に申請する予約型の給付型奨学金を独自に実施する大学が増えているのも近年の動向で、「大隅良典記念奨学金」も予約型の給付型奨学金の1つである。

　早稲田大学では、首都圏（東京都・神奈川県・千葉県・埼玉県）以外の国内高等学校出身者を対象とした「めざせ！都の西北奨学金」と、東京都・神奈川県・千葉県・埼玉県の国内高等学校出身者を対象とした「小野梓記念奨学金（新入生予約採用型）」を設けている。
「めざせ！都の西北奨学金」の対象者は、世帯年収800万円未満。半期（春学期）分の授業料相当額が入学時納入金から免除される形で、4年間継続される。採用予定者数は計約1,200名。「小野梓記念奨学金（新入生予約採用型）」の対象者は、世帯年収400万円未満。年額40万円が4年間継続で給付され、採用予定者数は約200名である。

　本書は大学、地方自治体、公益法人、企業が取り組んでいる給付型奨学金を網羅している。自分の条件、希望する奨学金を見つけて、学生生活とそれ以降も負担の少ない社会生活を送っていただきたい。

　なお、2020年度から国の給付型奨学金の新制度が導入されたことに伴い、大学等が実施している給付型奨学金の中には、国の新制度と同じく修学支援を趣旨とするものは給付を終了したり、国の新制度による給付型奨学金を受給している人は対象外にしたりするなど、制度の見直しが行われているものもある。

　利用にあたっては、国の給付型奨学金との併用に制限があるかどうかなどを忘れずに確認してほしい。

表の見方

　本データは、JASSO の資料（2022 年 2 月現在）をもとに、各大学、自治体のホームページ（2022 年 2 月）を参照して作成しました。企業・団体については各ホームページに拠ります。

　なお、入学金や授業料免除も実質的な「給付」として取り扱っています。

　企業の奨学金は、特定の大学で支給している例もあります（法政大学の「大成建設株式会社奨学金」など）。

　各奨学金は年度による改変、新設、資格・条件の変更などが行われることがあります。実際に応募する場合は、事前に各制度のホームページ、資料や問い合わせ先で最新情報をご確認ください。

第1章

大学の奨学金

国立大学

学校名・団体名	制度名	対象の専攻分野	対象詳細	支給額	支給期間	
北海道・東北						
小樽商科大学	小樽商科大学緑丘奨励金	なし	2～4年	10万円（一時金）		
帯広畜産大学	帯広畜産大学基金奨学金	なし	全学年	月額3万円	1年間	
北見工業大学	北見工業大学創立50周年記念基金奨学金	工学	1年	月額4万4650円	入学年度の4月から1年間	
北海道教育大学	北海道教育大学基金（育英事業）	なし	2～4年	10万円		
北海道大学	きのとや奨学金	なし	学部生	月額4万円	最短修業年限	
室蘭工業大学	東奨学金		国立高等専門学校からの編入学生			
弘前大学	岩谷元彰弘前大学育英基金	なし	全学年	20万円	一括	
	弘前大学入学料及び授業料相当額支援金給付事業			入学料及び授業料の全額または2/3または1/3相当額を給付		
	弘前大学基金トヨペット未来の青森県応援事業		2年以上	25万円		
	弘前大学基金「弘前大学生活協同組合学生支援金給付事業」		全学年	10万円		
岩手大学	公益財団法人本庄国際奨学財団岩手大学イーハトーヴ基金奨学金	なし		年額20万円		
	岩手大学イーハトーヴ基金修学支援奨学金			年額10万円		

北海道 / 青森県 / 岩手県

34

人数	申込時期	資格・条件
各学年5名ずつ	その他	前年度の成績が秀でている者
3名	その他	授業料免除、各種奨学金を受けていない者で経済的事情により修学が困難な日本人学生
10名	入学後	前期日程合格者の上位6人または後期日程合格者の上位4人
成績優秀者・学部15名	入学後	成績優秀者　※人数は過去の実績であり、年度により変更あり
3名以内	入学後	北海道大学で学ぶ強い意欲を持ちながらも，経済的に困窮し就学に支障のある学部学生に対して奨学金を給付する。申請対象者は，学資に乏しい学部1年次に在籍する日本人学生（非正規生は除く）であり，申請時点において休学中または留年中でない者
最大8名		国立高等専門学校から編入学した学生で、高等教育の修学支援制度による授業料減免申請を行い、支援区分が第Ⅲ区分（1/3免除）となった者が対象
14名程度	入学後	次の要件をすべて満たす者（1）年次ごとに相応の修得単位数があり、標準修業年限で卒業が見込まれ、弘前大学における全履修単位の評定値の平均が2.75以上の者（2）家庭の所得が日本学生支援機構第一種奨学金基準（学部用）以下の者。　※採用は在学中2回まで
予算の範囲内で対象者全員	その他	【入学料相当額支援金の応募資格】1学部新入生であること（ただし，社会人学生を除く）。2大学等における就学の支援に関する法律（令和元年法律第8号）に基づく「高等教育の修学支援新制度」への申し込み要件を有していないこと。（ただし，申し込み要件を有していない理由が経済的理由である場合を除く）【授業料相当額支援金の応募資格】1令和2年度以降入学の学部学生であること（ただし，社会人学生を除く）。2大学等における就学の支援に関する法律（令和元年法律第8号）に基づく「高等教育の修学支援新制度」への申し込み要件を有していないこと。（ただし，申し込み要件を有していない理由が経済的理由である場合を除く）
4名	入学後	次の要件をすべて満たす者（1）年次ごとに相応の修得単位数があり、標準修業年限で卒業が見込まれる本学の学部学生（2年次以上）であること。（2）家庭の所得が日本学生支援機構第一種奨学金基準（学部用）以下の者。（3）本学における累積GPAが2.5以上であること。（4）青森県内出身者であり、本学卒業後に青森県内に就職を希望していること。
30名		次の要件をすべて満たす者（1）正規学部学生であること（申請時点で休学中の者を除く）。（2）独立行政法人日本学生支援機構（以下「機構」という。）の給付型奨学金に申請したが家計基準により不採用または給付停止となった者（本学入学前に予約採用で給付型奨学金に申込み，家計基準により不採用となった者を含む）。（3）機構の貸与奨学金を利用している者（申請中の者を含む）。（4）申請日の属する年度において，本学で扱う授業料免除，修学資金事業，給付型奨学金等のいずれの支援も受けていない者。
学部・大学院合わせて25名程度	入学後	東日本大震災により，次のいずれかの被害を受け，家計が逼迫していると判断される者で，かつ，学業優秀と認められる者1実家が全壊の被害を受けた者2福島第一原子力発電所事故の影響で家族が実家を離れて現在も避難生活をしている者3主たる家計支持者が死亡（行方不明を含む）した者
40名程度		次の（1）〜（3）のすべてを満たす者。ただし、非正規生、申請年度に休学又は留年している者は除く。（1）本学に在籍する学部学生もしくは大学院生（新入生を含む）（2）岩手大学学則第70条もしくは岩手大学大学院学則第38条に定める懲戒を受けたことがない者（3）経済的に困窮しており、かつ学業優秀と認められる者

	学校名・団体名	制度名	対象の専攻分野	対象詳細	支給額	支給期間	
宮城県	東北大学	東北大学 元気・前向き奨学金（震災復興奨学金）	なし	大学院含め全学年対象	月額10万円	1年間	
		東北大学 元気・前向き奨学金（修学支援奨学金）		学部学生（外国人留学生を除く）	月額3万円		
秋田県	秋田大学	新入生育英奨学資金	なし		10万円（入学料免除許可者は5万円）		
山形県	山形大学	山形大学 山澤進奨学金	なし	新入生	月額5万円	標準修業年限	
		山形大学 エリアキャンパスもがみ土田秀也奨学金			月額4万円		
		山形大学 Yu Do Best 奨学生		3年（医学科は5年）	月額3万円	2年間	
福島県	福島大学	しのぶ育英奨学金	なし	2年生以上の日本人学生（大学院生を除く）	月額5万円	1年間	
関東							
東京都	お茶の水女子大学	みがかずば奨学金（予約型奨学金）	なし	各学部1年（支給は2年目まで）	60万円（1年あたり30万円）	2年間	
		学部生成績優秀者奨学金		各学部3年	10万円	1年間	
		桜蔭会奨学金			20万円		
		新寮レジデント・アシスタント奨学金（SCC-RA奨学金）			24万円（1月あたり2万円）		
		KSP-SP奨学基金（予約型奨学金）		博士前期課程各専攻1年生（支給は2年目まで）	50万円（1年あたり25万円）		
		海外留学特別奨学金			本学の授業料の年額又は年額の2分の1に相当する額が上限		
		創立140周年記念海外留学支援奨学基金			5万円		
		アバナード奨学基金（予約型奨学金）	理系全般	理学部各学科及び生活科学部食物栄養学科若しくは人間環境科学科1年生（支給は4年目まで）	1年目から4年目各25万円	最大4年間	

人数	申込時期	資格・条件
予算勘案	入学後	東日本大震災による被災者で次のいずれかに該当し、震災後、家計状況が好転せず経済的に学業継続が困難な者①学資負担者が死亡又は行方不明、失業となった場合②学資負担者の居住する家屋が全壊、大規模半壊、又は福島第一原発事故により、警戒区域又は計画的避難区域に指定され居住不可能となり著しい被害を受けた場合
25 名	その他	学部学生（外国人留学生を除く）を対象とし、次に該当する方で特に経済的支援を要する学業成績優秀者を大学で選考 (1) 授業料免除申請を行い許可された方 (2) 本学における他の給付型奨学金又は他の団体・機関からの給付型奨学金を受けておらず、受給する予定のない方
約 30 名	その他	次のいずれかに該当すること。(1) 経済的理由により入学料の納付が困難である。(2) 入学前 1 年以内において、学資負担者が死亡し、または学生もしくは学資負担者が風水害・地震等の被害を受け、入学料の納付が著しく困難である。
最大 8 名	その他	1. 高等学校を卒業又は卒業見込の者で、令和 2 年度の山形大学推薦入試・AO 入試・一般入試（前期日程）を受験（受験済み又は予定含む）する者　2. 高等学校等の学校長から、人物・学力ともに特に優秀である旨の推薦状を得られる者で、調査書の全体の評定平均値が 3. 6 以上又はこれと同等と認められる者　3. 経済的理由で学資等の支弁が困難である者　4. 山形県の発展に貢献する意欲があり、原則として卒業後 4 年間は山形県内で働くことができる者
1 名		1. 山形県最上地区の高校を卒業若しくは卒業見込みの者又は最上地区から他地区の高校に通学し、卒業若しくは卒業見込みの者　2. 令和 2 年度の山形大学推薦入試・AO 入試・一般入試（前期日程）を受験（受験済み又は予定含む）する者　3. 高等学校等の学校長から、人物・学力ともに特に優秀である旨の推薦状を得られる者　4. 経済的理由で学資等の支弁が困難である者　5. 山形県最上地区の発展に強い意欲を有する者
10 名程度		学部 3 年生（医学部医学科は学部 5 年生）のうち、成績、人物ともに優秀で、奨学生にふさわしい学生
5 ～ 6 名	その他	学業・人物ともに優秀であり、かつ経済的に困難な状況にあって勉学意欲が高いこと。他の団体・機関から給付型の奨学金を受給しておらず、支給予定もないこと。本奨学金の受給を希望する年度における授業料免除の申請を行っていること
20 名		①日本の高校又は中学校を卒業見込みの者②当該年度の 4 月に本学学部 1 年に入学する予定で、本学に強く入学を志望する者③成績、人物とも優秀で、大学進学において経済的支援が必要と認められる者（①～③のすべてを満たす者）
25 名		学部 1・2 年から引き続き在学する本学学部 3 年（中途に休学期間がない者に限る）のうち、1・2 年の成績、人物が特に優秀と認められた者
4 名	その他	各学部より推薦された学部 3 年生
		新寮レジデント・アシスタント(SCC-RA) ※活動期間 1 年・学部 1 年から 2 年間新寮(お茶大 SCC)に在寮した学部 3 年生で、新寮の運営に積極的に協力する者
3 名		1. マーケティング分野を志す者 2. 本学学部を卒業見込の者で、引き続き本学大学院博士前期課程に強く進学を志望する者（1～2 のすべてを満たす者）
若干名	随時	1. 大学間交流協定に基づく交換留学派遣学生として留学（1 年を限度）し、留学先の大学に留学期間中の授業料を納付する者 2. 留学期間中、本学の授業料免除の全額免除を受けていない者（1～2 のすべてを満たす者）
120 名		(1) 学部生及び大学院生（ただし、留学期間に休学する者を除く。）(2) 外国の大学、短期大学又は大学院に留学する者 (3) グローバル教育センターが募集する短期留学（サマープログラム等）に申請した者
3 名	その他	1. 日本の高等学校又は中等教育学校を卒業見込みの者で、引き続き本学理学部各学科、生活科学部食物栄養学科又は人間・環境科学科に強く入学を志望する者　2. 成績、人物とも優秀で、大学において修学上経済的支援が必要と認められる者（1、2 のすべてを満たす日本国籍を有する者）

	学校名・団体名	制度名	対象の専攻分野	対象詳細	支給額	支給期間	
東京都	お茶の水女子大学	育児支援奨学金	なし		原則、保育料の半額	保育所利用中	
		数学奨学基金	理学		10万円		
		生物学優秀学生賞奨学基金		生物学科4年	2万円		
		グローバル文化学環奨学基金	人文科学	文教育学部グローバル文化学環			
		化学科(宮島直美)奨学基金	理学	理学部化学科4年	10万円		
		生物学科(小沼英子)奨学基金	理学	理学部生物学科	50万円を限度		
		矢部吉禎・矢部愛子奨学基金			50万円		
		自然地理学奨学基金	人文科学		国内調査2万円又は海外調査4万円		
	電気通信大学	UEC成績優秀者特待生制度	なし	2〜4年生	年額50万円	1年間	
		UEC学域奨学金		全学年	年額20万円		
	東京医科歯科大学	研究者早期育成コース進学学生奨学金	保健(その他)	医学科又は歯学科	月額8万円		
		研究者早期育成コース奨学金	保健	医学部 歯学部	月額5万円又は8万円	最大3年間	
	東京外国語大学	東京外国語大学創立百周年記念教育研究振興基金	なし	新入生	入学料及び授業料分	1回に全額	
		東京外語会奨学金		学部3年次生	月3万円	6か月	
	東京海洋大学	学業優秀学生奨学金(指定試験合格者への奨学金)	なし	国家公務員採用総合職試験合格者で本学に在籍する者	上限25万円		
		東京海洋大学修学支援事業基金奨学金		在学生	学内委員会での判断に基づき決定する。		
		東京海洋大学経済支援制度			25万円		
	東京学芸大学	学芸むさしの奨学金(学資支援)	なし	全学年	10万円又は5万円		
					30万円又は15万円		

人数	申込時期	資格・条件
制限なし	随時	本学の正規学生で本学が設置する保育所を利用する者
大学院と併せて原則 1 名		本学出身者又は本学大学院博士前期課程及び学部に在学する者で、数学の成績顕著な者
1 名		本学理学部生物学科 4 年に在学する者で、生物学の成績顕著な者
1〜2 名		本学文教育学部グローバル文化学環に卒業研究を提出した者で、研究の評価が顕著な者
2 名		本学理学部化学科 4 年生に在学する者で、成績等顕著な者
1 名		本学理学部生物学科に在学する者で、成績及び人物が優秀であり、本基金による支援が必要な者
大学院と併せて植物 3 名、数学 3 名	その他	本学学部に在学する者で、植物学又は数学を学ぶ者のうち、学業や研究能力に優れ、本奨学金による経済的支援を必要とする者
大学院と併せて 3 名		本学文教育学部人文科学科地理学コースに在学する者で、自然地理学関係の研究に従事し、優れた研究が見込める者
各学年とも 3 名		在学生の中から、前年度までの学業成績による
各学年とも男女各 5 名以内	その他	(1) 電気通信大学情報理工学域昼間コースに在籍する者 (2) 1 年生にあっては一般入学入試を経て入学した者、2 年生から 4 年生にあっては前年度までの学業成績が優秀な者 (3) 電気通信大学の教育活動及び広報活動等に協力する意欲のある者 (4) その他※詳細については、今後公表する募集要項による。
若干名	随時	研究に従事する意思のある医学科又は歯学科の学生（採用と同時に大学院進学）
若干名	その他	研究者早期育成コースに進学した者
最大 5 名	入学手続時	平成 25 年度以降に発生した災害救助法の適用を受ける大規模災害で被災したために、学資負担者の経済状態が急変した者
10 名程度	その他	学力優秀者または家計緊急困窮者
対象者全員	その他	国家公務員採用総合職試験合格者で本学に在籍する場合　※授与者の人数等により奨学金の額が変更となる場合あり
若干名		経済的理由により修学が困難な学生を支援することを目的とする。
当該年度の予算の範囲内	随時	主たる学資負担者の失職・破産・倒産等により家計が急変し、経済的に困窮している者。学資負担者の死亡又は病気（3 カ月以上の治療を要し、勤務できない場合）により家計が急変し、経済的に困窮している者も含む　※請した年度の授業料半額免除者の給付額は、給付金の 2 分の 1 とする
	その他	授業料免除申請の際に同時に申請。申請者の中で選考基準等を満たしながら当該学期の授業料免除を受けられなかった者。学部 1 年は高校時の評定平均値 2.7 以上
	随時	家計支持者の死亡、重病若しくは重大な事故等により家計が急変し、又は災害救助法、天災融資法等の適用を受ける地震・火災・風水害等の被害若しくはこれらの災害に準ずる程度の被害により家計が急変し、修学が困難になった者

学校名・団体名	制度名	対象の専攻分野	対象詳細	支給額	支給期間	
東京都 東京藝術大学	安宅賞奨学基金	芸術	美術	2万4000円	一括支給	
			音楽	3万6000円		
	平山郁夫奨学金		美術	20万円		
	O氏記念賞奨学金		美術（油画）	未定		
	俵奨学金		美術（版画）	20万円		
	久米桂一郎奨学基金		美術（油画、彫刻）	未定		
	内藤春治奨学基金		美術（工芸）			
	原田賞奨学基金					
	藤野奨学金		美術（鍛金）			
	吉田五十八奨学基金		美術（建築）の2～4年生			
	長谷川良夫奨学基金		音楽（作曲）の3、4年生	10万円又は20万円		
	松田トシ奨学基金		音楽（声楽）の4年	20万円		
	宮城賞奨学資金		音楽（箏曲）の3、4年	10万円		
	常英賞基金		音楽（邦楽）の4年			
	上野芸友賞奨学金		美術（油画）			
	伊達メモリアル基金		音楽（ピアノ）	30万円		
	武藤舞奨学金		音楽環境創造科	30万円		
	平山郁夫文化芸術基金		美術、音楽	20万円		
	藝大クラヴィア賞		音楽（ピアノ）	5万円又は10万円		
	宗次德次特待奨学生		音楽（ピアノ、弦楽、管打楽）	入学時100万円 2年次以降在学期間年50万円		
	平成藝術賞		美術学部4年	30万円		
	佐藤一郎奨学金		美術（油画技法、材料）	10万円		
	若杉弘メモリアル基金賞		音楽（指揮）	20万円		
	河北賞奨学金		美術（デザイン）の3年			
	Artの力賞		美術学部4年	50万円		
	早暁賞					
	宮田亮平奨学金		美術学部3年以上	10万円		
			音楽学部3年以上	8万円		

	人数	申込時期	資格・条件
			成績優秀であること。
		その他	
			音楽文化振興への貢献を期待できること。音楽・音響・録音の分野で成績優秀であること
			成績優秀な者のうち、海外留学又は研修を希望する学生
			成績優秀であること
			入学時は入試成績で選考、学部生は3年進級時に学内成績等で更新審査。給付期間中は年1回ホールで演奏 ※資格を喪失した場合は要返還
			卒業作品・論文から特に優秀と認められる者
			成績優秀であること
			成績優秀であること
			卒業・修了見込で成績優秀であること
			成績優秀であること

	学校名・団体名	制度名	対象の専攻分野	対象詳細	支給額	支給期間	
東京都	東京藝術大学	江崎スカラーシップ	芸術	音楽（ピアノ）	500万円	一括支給	
		長唄東音会賞		音楽（邦楽／三味線）の3、4年	2万5000円		
		京成電鉄藝術賞		美術学部4年	20万円		
		佐々木成子賞奨学金		音楽学部声楽科4年	1万円		
		修学支援奨学金		美術・音楽	5万円		
		語学学習奨励奨学金		美術、音楽、映像、国際芸術創造	2万円		
		海外留学支援奨学金			40万円		
	東京工業大学	東工大基金奨学金「手島精一記念奨学金」	なし	2年	月額5万円	正規の修業期間	
		東工大基金奨学金「大隅良典記念奨学金」		新入生（4月に学士課程入学を希望する者）	月額5万円		
	東京大学	東京大学さつき会奨学金	なし	新入生	月5万円	正規の修業期間	
		東京大学さつき会奨学金（島村昭治郎記念口）		学部学生			
		学部学生奨学金		新入生	年50万円	入学後1年間	
	東京農工大学	東京農工大学遠藤章奨学金	なし	学部	10万円	1回／年	
	一橋大学	オデッセイコミュニケーションズ奨学金	なし		月額5万円	1年間	
		小林輝之助記念奨学金				正規の修業期間	
		一橋大学生協奨学金			月額2万円	1年間	
		学業優秀学生奨学金制度			月額8万円		
茨城県	筑波大学	筑波大学基金「開学40+101周年記念募金」海外留学支援事業	なし	全学年	上限月額10万円及び渡航費	1年以内	
		筑波大学学生奨学金「つくばスカラシップ」			支援ごとに異なる額		

42

人数	申込時期	資格・条件
		海外の高等教育機関へ留学する優秀者であること
	その他	実技の成績が主に優秀であること
		卒業・修了見込で成績優秀であること。
	入学後	本学が定める家計基準で選考。
最大 100 名 / 年	その他	芸術文化に係る国際交流等を目標として語学力の向上に努め、所定の語学検定試験において優秀な成績を修めた本学の学生
最大 4 名 / 年		成績優秀な者で見識を広げ研鑽を積むために海外留学を志し、その為の計画・準備等を着実に進めている学生
3 名	入学後	本人が属する世帯の税込年収合計が給与所得で 800 万円未満又は給与所得以外の所得金額が 337 万円未満の者で、かつ、学業・人物が優秀である者　※本学創立 130 周年を契機として創設した「東工大基金」を原資とする
ファーストジェネレーション枠と地方出身者枠あわせて 20 名程度	その他	2020 年度から親が 4 年制の大学を卒業していない人を対象として新たに「ファーストジェネレーション枠」が設けられた。
若干名	その他	本学に入学を志望する優れた女子生徒等であり、本学入学後に自宅外から通学せざるをえない者であって、経済的な理由により修学困難な者
		本学学部の女子学生であり、自宅外から通学せざるをえない者であって、成績・人物とも優秀、かつ経済的な理由により修学困難な者
		(1) 日本の高等学校又は中等教育学校を卒業した者または卒業見込みの者、高等専門学校第 3 学年を修了した者または修了見込みの者。(2) 本学学部 1 年生に入学予定の者で、本学に強く入学を志望する者。(3) 成績・人物とも優秀（調査書の学習成績概評が A 以上）で、大学進学において経済的支援が必要と認められる者。(4) 卒業（見込み）の高等学校長等（以下、「学校長」という）が推薦する者であること
2 名	その他	本学に在籍するグローバル人材になり得る優れた学部学生であって、経済的理由により修学に困難がある学生
若干名		学部に在籍する日本国籍を有する学生で、経済的困窮度が高く、かつ学業優秀、心身ともに健全な学生
4 名	入学後	学部に在籍し日本国籍を有し、学業、人物ともに優秀、かつ経済的理由による修学困難な学生
1 名		学部 3 年に在籍し日本国籍を有し、学業、人物ともに優秀、かつ経済的理由による修学困難な学生
各学部 2 ～ 4 年の各 1 名	その他	学部学生のうち、本学における学業において、特に優秀な成績を修め、かつ、人物的に優れた者
予算額の範囲内	その他	学生交流協定を締結している海外の大学に交換留学を希望する学生を支援
		緊急時の学資支援、国際的医学研究人養成コース支援、育児支援等

	学校名・団体名	制度名	対象の専攻分野	対象詳細	支給額	支給期間	
栃木県	宇都宮大学	宇都宮大学学業奨励奨学金	なし	全学年	10万円		
		宇都宮大学3C基金入学応援奨学金			30万円	一時金	
		宇都宮大学3C基金飯村チャレンジ奨学金			月額3万円	1年間	
		宇都宮大学3C基金関スポーツ奨学金			年額10万円		
		宇都宮大学3C基金留学奨励金チャレンジ活動支援			アジア地域：4万円 アジア地域以外：8万円	一時金	
埼玉県	埼玉大学	白楽ロックビル奨学金	理学	理学部分子生物学科、生体制御学科の4年のみ	2万円	年度限り	
		MARELLI奨学金	理系全般	理学部または工学部の3年次〜4年次生	30万円	標準修業年限	
		エネグローバル奨学金	工学	工学部情報工学科、情報システム工学科	5万円	年度限り	
		大栄不動産奨学金	教養・学際・その他	教養学部、経済学部、理学部、工学部	20万円	標準修業年限	
千葉県	千葉大学	千葉大学奨学支援事業（給付型奨学金）	なし	全学年	10万円／年	1年間	
		千葉大学奨学支援事業家計急変者への奨学金給付					
神奈川県	横浜国立大学	YNU大澤奨学金	なし		月額5万円	原則、支給開始年度から3年間	
		YNU竹井准子記念奨学金				原則、支給開始年度から4年間	
		新入生スタートアップ支援金			一括15万円	1回	
		八幡ねじ・鈴木建吾奨学金	文系全般	経済学部、経営学部、都市科学部都市社会共生学科	月額5万円	原則、支給開始年度から3年間	
		横浜国立大学国際学術交流奨励事業（交換留学派遣生奨学金）	なし		一括10万円	1回	

人数	申込時期	資格・条件
36 人	その他	学業成績、人物共に優れている者
20 名程度		栃木県内の高等学校等を卒業見込みの者・本学学部正規課程の 1 年次に入学する予定の者 (外国人留学生を除く)・世帯の収入の合計が 400 万円以下である者　※詳細は要項に記載
30 名（大学院生と併せて）	入学後	本学の学部正規課程に在籍する者 (外国人留学生を除く)・経済的支援が必要と認められる者　※詳細は要項に記載
10 名（大学院生と併せて）		課外活動団体に所属し、積極的にスポーツ活動に参加している者（体育系の認定団体で、競技連盟が主催・運営する公式大会等に出場している団体）　※詳細は要項に記載
40 名程度		本学が主催する海外派遣プログラム等または学生が自ら計画した海外における活動のうち、他の経費支援を受けていないもの
2 名	その他	各学科長が成績優秀な学生を推薦し、学部長から学長に推薦された者
大学院とあわせて 4 名まで		4 月に 3 ～ 4 年次の者のうち、経済的理由により学業継続が困難かつ学業・人物ともに優秀な学生で、各学部長から学長に推薦された者
20 名		当該年度の後期授業料免除の適用者のうち、学業・人物ともに優秀な学生で学部長から学長に推薦された者。ただし、対象者が 20 人に満たない場合、残額は翌年度以降に繰り越し、20 人を超えた年度に授与するものとする。
6 名		当該年度の 4 月に学部 2 ～ 4 年次に在学する者のうち、学業・人物ともに優秀な学生で、教育機構長から学長に推薦された者
予算の範囲内	その他	経済的に困窮しつつも勉学に励み、優秀な成績を修めている学生で学部長、研究科長、学府長から推薦された者
		家計支持者の死亡や風水害等の災害により家計が急変した者
5 名	その他	学部の正規課程に在籍する 2 年生（平成 31 年 4 月現在）の日本人学生（留学生は除く）で、成績優秀かつ経済的理由により修学が困難な者を対象とする　※窓口時間：土日祝除く 8：30 ～ 12：45/13：45 ～ 17：00
3 名		学部の正規課程に在籍する 1 年生（平成 31 年 4 月現在）の日本人の女子学生で、母子父子家庭または両親のいない家庭の者で、成績優秀かつ経済的理由により修学が困難な者を対象とする　※窓口時間：土日祝除く 8：30 ～ 12：45/13：45 ～ 17：00
20 名程度		学部の正規課程に在籍する 1 年生（平成 31 年 4 月現在）で、成績・人物共に優秀で、経済的理由により修学が困難な者を対象とする　※窓口時間：土日祝除く 8：30 ～ 12：45/13：45 ～ 17：00
大学、大学院と合わせて 3 名以内		学部に在籍する日本人学生（留学生を除く）で、以下の条件を満たしており、成績優秀かつ経済的理由により修学が困難な者を対象とする。・学部卒業後の民間企業への就職意志が明確であること・親元を離れて一人暮らしをしており、経済的理由により安定した就学環境の確保が困難であること　※窓口時間：土日祝除く 8：30 ～ 12：45/13：45 ～ 17：00
No13 と合わせて 10 名以内		学生交流協定（覚書）を締結している（予定も含む）学部へ派遣される者で、成績・人物共に優秀な者　※窓口時間：土日祝除く 8：30 ～ 12：45/13：45 ～ 17：00

	学校名・団体名	制度名	対象の専攻分野	対象詳細	支給額	支給期間	
神奈川県	横浜国立大学	横浜国立大学国際学術交流奨励事業（国際会議等出席・海外調査研究等）	なし		一括 10 万円、15万円、20 万円のいずれか（地域により異なる）一括3 万円（オンライン参加）。	1 回	
		Y60 奨学金（ショートビジット）			一括 5 万円		
甲信越・北陸							
新潟県	上越教育大学	上越教育大学くびきの奨学金	教育		8 万円		
	長岡技術科学大学	長岡技術科学大学基金奨学金	工学	全学年	被害の程度により決定		
	新潟大学	輝け未来!!新潟大学入学応援奨学金	なし	入学希望者	40 万円	一時金	
		新潟大学学業成績優秀者奨学金		在学生（新入生を除く）	10 万円		
		新潟大学修学応援特別奨学金			3 万円	最長12 カ月	
山梨県	山梨大学	山梨大学大村智記念基金奨学金	なし	新入生（教育学部、医学部看護学科、工学部、生命環境学部）	30 万円	一時金	
			保健	医学部医学科5 年次在籍者			
			農学	生命環境学部4 年次在籍者			
		仲田育成事業財団奨学金（包括連携協定）	なし	全学年	月額 3 万円		
長野県	信州大学	信州大学知の森基金信州大学入学サポート奨学金	なし		10 ～ 40 万円	入学前に一括支給	
福井県	福井大学	福井大学生協奨学金	なし	学部生（留学生を除く）	10 万円		
		福井大学学生修学支援奨学金					
		福井大学基金予約型奨学金	なし	日本の高等学校又は中学教育学校を令和 3 年度に卒業見込みの者（現役生対象）	30 万円		

人数	申込時期	資格・条件
若干名	その他	学部の正規課程に在籍している者（外国人留学生を含む）で、海外で開催される国際会議・研究集会等での研究発表、海外で行う調査研究、海外の大学・研究機関等での専門的知識向上のための研修を行う者　※窓口時間：土日祝除く 8：30 〜 12：45/13：45 〜 17：00
40 名程度	随時	学部の正規課程に在籍している者で、成績・人物共に優秀かつ経済的困難な者　※窓口時間：土日祝除く 8：30 〜 12：45/13：45 〜 17：00
予算の範囲内	入学後	上越教育大学授業料の免除等選考基準を満たしている者で、「授業料免除申請者で授業料免除を許可されなかった者」、「授業料免除の半額免除を許可された者」の順にそれぞれ困窮度の高い順
対象者全員	随時	6 カ月以内において、学資負担者が死亡、破産又は災害等により、全壊、大規模半壊、半壊、床上浸水、全焼、半焼の被害を受けた者
50 名以内	その他	(1) 高等学校（中等教育学校を含む。）を令和 4 年 3 月卒業見込で、かつ、評定平均値が 3.5 以上の者 (2) 推薦入試又は、一般入試（前期日程）に出願し、合格した際には新潟大学への入学を確約できる者 (3) 世帯の前年 1 年間の収入（所得）の合計が新潟大学の定める収入基準額以下の者　※奨学金（40 万円）は、入学前に給付する。五十嵐寮を優先的に確保し、寄宿料を免除する
各学部（医学部のみ各学科）各年次から 3 名		2 年次以上の学生のうち、前年度に取得した単位数の合計が修業年限内に卒業するために必要な標準修得単位数以上の者で、かつ、前年度の成績評価において GPA の値（GPA を採用していない学部は、「優」以上の割合）が在籍する学部の上位である者
	随時	本学の学部及び大学院の学生（研究生、科目等履修生等の非正規学生を除く）で、次の各号のいずれにも該当する者 (1) 学資負担者の失職、破産、事故、病気若しくは死亡等、又は火災、風水害等の災害等により家計が急変したことに伴い、学業の継続が困難となった者 (2) 日本学生支援機構の緊急採用又は応急採用の申込を行った者
15 名	その他	本学へ入学を希望する次に該当する者。一般入試（前期日程）の受験者で、本学が認める特に優れた成績で合格し、かつ入学した者。
3 名		医学部医学科の 5 年生で、本学が認める特に優れた成績（1 〜 4 年生までの成績）を修めた者
4 名	入学後	生命環境学部の 4 年生で、本学が認める特に優れた成績（1 〜 3 年生までの成績）を修めた者。
6 名		学部学生（外国人留学生は除く）。成績優秀で、かつ経済的理由により、修学が困難な者
20 名程度	その他	①〜③すべての条件を満たす者①高校（中学校を含む）を 2022 年 3 月卒業見込みで、かつ、評定平均値が 3.5 以上の者②本学の一般入試（前期日程）に出願し、合格した場合には入学を確約できる者③世帯の前年収入の合計が 500 万円以下（所得の場合は 270 万円以下）であること
年度当初に決定		選考により一時学資支援金として 10 万円が給付される
		選考により一時修学支援金として 10 万円が給付される
10 名程度	その他	(1) 〜 (4) のすべてを満たす者　(1) 日本の高等学校又は中等教育学校を令和 3 年度に卒業見込みの者　(2) 令和 4 年度総合型選抜 1、総合型選抜 2、学校推薦型選抜 1、学校推薦型選抜 2、一般選抜（前期日程・後期日程）の選抜試験に出願又は出願予定の者で、本学に強く入学を志望する者　(3) 成績・人物ともに優秀であり、学校長の推薦が得られる者で、大学進学において経済的支援が必要と認められる者　(4) 生計維持者（父母又は父母に代わって生計を支えている者）の令和 2 年分の所得の合計が 250 万円以下である者

学校名・団体名	制度名	対象の専攻分野	対象詳細	支給額	支給期間	
東海						
岐阜県	岐阜大学	岐阜大学応援奨学生	なし	学部1年を除くすべての在学生	月額3万円	1年間	
		岐阜大学短期留学（派遣）奨学金		本学と学術間交流協定を締結している外国の大学に留学する本学学生	月額4万円または5万円（留学先の都市による）	1年以内	
静岡県	静岡大学	修学支援新制度	なし		所得に基づく区分及び通学形態による		
愛知県	豊橋技術科学大学	大学特別優秀学生奨学金	工学	学部3年次編入生	月額5万円	2年間	
					月額2万円		
		在学生支援		学部2年生、3年生、4年生	月額2万3000円	1年間	
		女子学生特別支援制度		学部3年次の女子学生	月額2万円	2年間	
		新入生支援		学部1年生	30万円	1回	
	名古屋工業大学	名古屋工業大学基金学生プロジェクト支援事業	なし		個人上限2万円・グループ上限10万円		
		名古屋工業大学ホシザキ奨学金			年額144万円	2年間	
三重県	三重大学	三重大学生物資源学部・渡邉文二奨学金	農学	生物資源学部3年	年額48万円	2年間	
		三重大学入学特別奨学金（大学）	なし	学部1年次	5万円	10月頃（一度限り）	
近畿						
京都府	京都大学	京都大学久能賞	理系全般	全学年	年120万円	1年	
大阪府	大阪教育大学	大阪教育大学教育振興会奨学金	なし	4年	5万円	年1回（7月）	
		大阪教育大学修学支援奨学金		1年	5万円又は10万円	年1回（12月）	
兵庫県	神戸大学	神戸大学基金奨学金	なし	新入生のみ	年額15万円	一括支給	

人数	申込時期	資格・条件
工学部 5 名、地域科学部 1 名、その他学部 2 名ずつ	入学後	学業成績及び人物評価
5 名以内		人物・学業成績が優秀。留学先において教育を受けるのに十分な外国語能力を有する者。帰国後も引き続き本学において学業を継続する意思のある者。他機関から留学のための奨学金を受給していない者
	入学手続時	
20 名程度	その他	1. 学部 3 年次推薦入試出願者　2. 高等専門学校の全体の評定平均値が 4.3 以上で、かつ、所属学科（コース）における第 4 年次成績の平均席次率が 10%以内の者
10 名程度		
各学年 5 名		成績優秀者
各課程 1 名以上、最大 10 名	入学後	本学の就学・生活環境の改善の提案や、男女共同参画企画や大学訪問者への案内など本学の広報活動への参加に意欲がある者
各 1 名	その他	学校推薦型選抜（工学に関する学科等）、学校推薦型選抜（普通科・理数に関する学科等及び一般選抜（前期日程））で成績最上位者な入学者
年度により変動	入学後	個人又はグループで学外機関が実施するコンペティションなどの行事に参加する学生
年度により変動	入学後	成績優秀かつ学業の継続にあたって経済的に困窮している者
2 名	その他	三重大学生物資源学部 3 年に在学する学生のうち、将来、畜産・食品・水産及び農業の事業に携わる見込みがあり、学業優秀、心身共に健康で意欲的、かつ生活に困窮している者
大学院生と合せて 10 名以内	入学後	入学料免除申請を行い、なおかつ入学料免除基準相応の免除を受けられなかった者
学部・修士課程あわせて 2 名	その他	(1) 21 世紀における地球規模の課題を解決し、よりよい世界を目指し、社会に貢献したいという高い志を持ち、科学・技術分野において自ら定めた独創的な夢を持つ意欲のある本学女子学生 (2) 学士課程又は修士課程に在籍する者（ただし、翌年度も在籍する者に限る）(3) 受賞年度における授賞式及び受賞の翌年度における報告会に出席できる者 (4) 募集年度において、京都大学通則第 33 条に規定する懲戒を受けている学生は、本賞に申請することはできません
10 名	その他	前期授業料全額免除許可者のうちから、学業成績及び家計評価に基づき選考
大学院と併せて 20 名	入学後	学業成績及び人物が優秀な者であって，経済的支援を必要とする者
	入学後	本学に入学した学部 1 年生のうち、経済的支援を必要とする成績・人物共に優秀な学生で、それぞれの個人的・社会的目標の実現に向けて将来計画等があること。ただし、国費外国人留学生、政府派遣外国人留学生及び休学中の者は申請できない。又、他の奨学金等の給与・貸与を受けている学生は、その奨学金等に併用不可が無い場合に限り、申請することができる

	学校名・団体名	制度名	対象の専攻分野	対象詳細	支給額	支給期間
兵庫県	神戸大学	神戸大学基金緊急奨学金	なし	全学部	一時金25万円	一括支給
兵庫県	兵庫教育大学	海外留学支援特別奨学金	教育	海外の協定大学に留学する学生	・米国・ドイツ・スイス・フィンランド…30万円、中国・韓国・台湾・タイ・ベトナム…10万円	
奈良県	奈良女子大学	奈良女子大学広部奨学金	なし	3年以上	1万円	1回限り
奈良県	奈良女子大学	奈良女子大学廣岡奨学金	なし	2年以上	月額1万5000円	毎年4月より正規の修業期間
奈良県	奈良女子大学	奈良女子大学育児奨学金	なし	全学年	申請回（年2回）ごとに2万円を上限として授与（ただし、利用金額が上限未満の場合は実費額を授与）	年2回（10月及び3月）

中国・四国

	学校名・団体名	制度名	対象の専攻分野	対象詳細	支給額	支給期間
鳥取県	鳥取大学	優秀学生育成奨学金	なし		10万円	
鳥取県	鳥取大学	修学支援事業基金奨学金	なし		3万円	
鳥取県	鳥取大学	正光奨学金	なし		上限60万円	
鳥取県	鳥取大学	尚徳会奨学金	文系全般	地域学部生のみ	運賃相当額。国外は5万円、国内は3万円を上限（年間1人当たり20万円を限度）	
島根県	島根大学	キャンパス間連携プログラム奨学金	教育	教育学部	2万円	各学期（前期・後期）
島根県	島根大学	キャンパス間連携プログラム奨学金	工学	総合理工学部	2万円	各学期（前期・後期）
島根県	島根大学	キャンパス間連携プログラム奨学金	農学	生物資源科学部	2万円	各学期（前期・後期）
島根県	島根大学	夢チャレンジ奨学金	なし		20万円（10万円を2回）	学部1年次の9月と2月
島根県	島根大学	島根大学短期海外研修プログラム奨学金	なし		3～5万円	一括支給
島根県	島根大学	島根大学グローバルチャレンジ奨学金	なし		5～25万円	一括支給

人数	申込時期	資格・条件
	随時	本学に在籍する学部生及び大学院生（特別聴講生、特別研究生、科目等履修生、聴講生、研究生及び専攻生を除く）で、次の一に該当し、修学及び生活が著しく困難である者①学資負担者が死亡した時②本人若しくは学資負担者が風水害等の災害を受けた時③本人若しくは学資負担者が勤務する会社等の倒産、解雇、病気・事故等による就労困難等によりやむを得ず失職・退職した時（会社経営者、自営業者が倒産・破産した時等を含む）
予算により決定	その他	海外の協定大学に留学する学生のうち、一定の単位取得と GPA での算出による上位者。また、家計の基準内にある者
各学部 2 名	その他	学部 3 年以上に在学する者。人物・学業ともに優秀な学生として所属学部長から推薦を受けた者
各学年 3 名	入学後	2 年以上の学部学生で、次の要件を満たすこと①両親がいない者又は母子・父子家庭など学資負担者に特別な事情があり、経済的に特に困窮している者②学業・人物ともに特に優秀な者
制限なし	その他	本学子育て支援 WEB システム「ならっこネット」に登録を許可され、対象期間（4月～8月、10月～2月）に「ならっこネット」の利用がある者
若干名		本学学生で、学業成績、スポーツ、芸術又は社会貢献活動のいずれかの分野において秀でており、人格も優れ、他の学生の模範となる者
50 名		高等教育の修学支援新制度対象者のうち、適格認定における学力基準をもとに GPA 値が高い者
若干名	その他	正課、正課外の業績が高く評価され、本学学生の評価を向上させたと認められる者。経済的困窮者であって他の奨学金の適用を受けることが困難な者。地域の活性化に寄与することが期待される者として、理事（教育担当）が特に必要と認め、推薦した者。その他の理由により理事（教育担当）が特に必要と認め、推薦した者
		国内外における調査研究や学会等への出席、並びに実習等に要する経費の支援。希望学生は給付申請書により学部長に申請する。
予算の範囲内	その他	学際的卒業研究により所属する学部以外のキャンパスで研究等を実施する者
15 名程度	入学後	日本学生支援機構の第一種奨学金受給対象者と同程度の家計基準である者・本学の授業料免除の家計基準を満たす者であって，自宅外通学をしている者（ただし、日本学生支援機構の給付奨学金の交付を受けている者及び入寮者を除く。）
選考により決定	随時	島根大学に在学している学生（非正規生を除く）・各学部等が実施する海外研修プログラムに参加する者・奨学金給付の可否は国際交流センターで決定する。
		島根大学に在学している学生（非正規生を除く）・交換留学する者、海外研修等（自ら企画する海外留学・研修プログラムまたは外部団体・機関が企画・実施する海外でのボランティア活動やインターンシップ等を主な目的とするプログラム）に参加する者・海外研修等に対する奨学金の給付は本学在学中に一人 1 回限りとする。・奨学金給付の可否は国際交流センターで決定する。

	学校名・団体名	制度名	対象の専攻分野	対象詳細	支給額	支給期間	
岡山県	**岡山大学**	岡山大学学都基金奨学金	なし	学部学生	半期分の授業料相当額の半額		
広島県	**広島大学**	広島大学フェニックス奨学制度	なし	新入生	採用中は入学料全額免除，在学中の授業料全額免除および奨学金給付（毎月額10万円）	標準修業年限	
		広島大学光り輝く奨学制度		申請時学部2年次生	在学中（3年次以降）の授業料全額免除および奨学金給付（毎月額10万円）		
山口県	**山口大学**	山口大学工学部常盤工業会奨学金	工学	新入生	年額10万円	年1回	
		山口大学基金七村奨学金	専攻分野の限定なし		年額63万円	標準修業年限	
		山口大学医学部国際医学交流奨励金学生海外留学経済支援	保健	医学部医学科	1人20万円	年1回	
		山口大学経済学部柳上奨学金	社会科学	経済学部経営学科職業会計人コースに所属している新入学生	1人80万円以内		
徳島県	**徳島大学**	日亜特別待遇奨学生制度	工学	理工学部1年、3年	年額80万円（学部1年次は40万円）		
		入学時日亜特別給付金制度		推薦2入試による理工学部昼間コース（応用理数コースを除く）への入学者	90万円	入学年度のみ	

人数	申込時期	資格・条件
基準を満たす者について予算の範囲内で実施	その他	学部に在籍する学生のうち、授業料免除に申請し、かつ家計及び学力基準適格者の中で学内選考の結果全額免除に至らなかった者
10 名	学校出願時	本制度に申請された方のうち，本学が定めた本学入学試験本学入学試験により合格し，以下の 2 つの基準を満たした方を選考します。(1) 学力の基準（大学入学共通テストの得点が，志願する学部・学科等の大学入学共通テストの試験配点合計の 80％以上）(2) 経済的困窮度の基準（本学で定めた収入基準額以下であること）　※在学期間中は，大学が定める成績基準を満たす必要がある。※本学の大学院に進学した場合は再度審査を行い，基準を満たした場合，奨学生として支援を継続。
若干名	入学後	本制度に申請された方のうち，以下の 3 つの基準を満たした方の中から選考します。(1) 学力の基準（所属学部の標準修得単位数を修得し，1 年次から 2 年次前期までの GPA が 80 以上。）(2) 経済的困窮度の基準（本学で定めた収入基準額以下であること）(3) 人物評価の基準（入学時から出願時までの間に広島大学学生懲戒規則により懲戒処分を受けていない者。）　※在学期間中は，大学が定める成績基準を満たす必要がある。※本学の大学院に進学した場合は再度審査を行い，基準を満たした場合，奨学生として支援を継続。
32 名	その他	①常盤工業会会員の終身会費を支払った者又は現在において支払っている者②健康かつ成績優秀であると認められる者
10 名	入学後	学部生のうち、外国人留学生以外で経済的に困窮しており、かつ、学力が優秀で、授業料免除を申請した者
5 名	その他	山口大学医学部医学科に在籍する学生で，申請時において次の各号のいずれにも該当する者とする。(ア) 自己開発コースにて海外留学を希望する者その他自主企画にて海外で学習を希望する者 (イ) 健康かつ成績優秀であると認められる者 (ウ) 休学中でない者 (エ) 当該海外留学に係る他の奨学制度からの支援金の額の合計が 50 万円に満たない者
若干名		次に該当する新入学生 1 山口大学経済学部経営学科職業会計人コースに所属している学生 2 品行方正で学業が優秀な学生 3 将来、会計士、税理士に携わるとの強い意志と希望を持ちながら、経済的困窮のため、学業を続けることが困難な学生
学部 1 年次・3 年次共に，各コースの定員の10％以内	入学後	1. 1 年次採用：徳島大学理工学部（社会基盤デザイン，機械科学，応用化学システム，電気電子システム，知能情報，光システムの各昼間コース）1 年次在籍者で，一般選抜（前期日程，後期日程）及び大学入学共通テストを課す学校推薦型選抜Ⅱ（推薦Ⅱ）によって入学した者。なお，大学入学共通テスト（傾斜配点しない素点），学内実施の TOEIC-IP 及び GPA による1 年次前期の成績がいずれも入学者全体の上位10％以内の者を有資格者とする。2. 3 年次採用：入学年度から 2 年次後期までの累積 GPA が 3.5 以上で，TOEIC（公開テスト）が 550 点以上の学生を有資格者とする。
10 名程度	その他	次の(1)～(3)のすべてを満たす者(1)徳島大学理工学部（社会基盤デザイン、機械科学、応用化学システム、電気電子システム、知能情報、及び光システムの各コース）への入学を希望する者で、令和4年度大学入学共通テストを課す学校推薦型選抜Ⅱ（推薦Ⅱ）を受験予定の者。(2) 成績、人物とも優秀で、調査書の評定平均値が 4.5 以上である者。(3) 父母双方の収入又は父母に代わって家計を支えている者の前年の収入の合計が以下の者 (ア) 収入が給与の場合は年収 400 万円未満※源泉徴収票の「支払い金額」欄に記載されている金額を参照※給与・役員報酬およびアルバイト（源泉徴収票のあるもの）、失業給付金、年金・恩給、生活補助費は給与として扱う。(イ) 収入が給与所得者以外の場合は所得 150 万円未満※確定申告書の「所得金額」欄に記載されている金額を参照※事業所得及び不動産・利子・配当、その他の雑所得は給与以外として扱う。(ウ) 給与と給与以外の両方の場合は合算した金額が 400 万円未満

	学校名・団体名	制度名	対象の専攻分野	対象詳細	支給額	支給期間	
徳島県	**徳島大学**	徳島大学アスパイア奨学金	なし		（8日以上1ヶ月未満）1回あたりアジア地域最高4万円オセアニア地域最高5万円アジア・オセアニア地域以外最高6万円・（1ヶ月以上2ヶ月未満）1回あたりアジア地域最高5万円オセアニア地域最高6万円アジア・オセアニア地域以外最高7万円・（2ヶ月以上12ヶ月未満）1ヶ月あたりアジア地域最高4万円オセアニア地域最高5万円アジア・オセアニア地域以外最高6万円を支給		
香川県	**香川大学**	香川大学修学支援奨学金	なし		年額40万円（最終年次に在籍する学生については年額20万円）	1年	
愛媛県	**愛媛大学**	愛媛大学修学サポート奨学金	なし		当該学期の授業料相当額		
		愛媛大学「地域定着促進」特別奨学金（A）			20万円		
		愛媛大学「地域定着促進」特別奨学金（B）			20万円		
高知県	**高知大学**	医学部岡豊奨学金奨学金	保健	医学科：1～6年生、看護学科：1～4年生	上限4万円/月	1年間	
		池知奨学金	農学	農林海洋科学部農林資源環境科学科森林科学主専攻領域の専門課程に在学する者	月額5000円	10カ月	
		高知大学地方創生人材育成基金奨学金		3～4年（医学部医学科は5～6年）	年額40万円	最長2年間	
		高知大学修学支援基金奨学金	なし		上限30万円/年	1年間	

人数	申込時期	資格・条件
短期海外留学（8日以上2ヶ月未満）80名程度、長期海外留学（2ヶ月以上12ヶ月未満）10名程度	入学後	次の全ての要件を満たす者。なお、本学が提供するプログラムにより留学するものを優先します。(1) 学則に規定する留学願を提出し、学長の許可を得て8日以上実施されるプログラムであること (2) 学業成績が優秀で、人物等に優れている者 (3) 経済的理由により、自費のみでは留学が困難な者 (4) 留学の目的及び計画が明確で、留学による効果が期待される者 (5) 派遣先大学所在国への留学に必要な査証（ビザ）を確実に取得し得る者 (6) 原則、本学指定の海外旅行保険に加入する者 (7) 授業に組み込まれたプログラムで留学する場合は、その授業科目の履修登録者であること (8) TOEIC等の直近(過去2年以内)のスコアの写しを提出すること【8日以上2ヶ月未満】TOEIC400点以上（英検準2級以上、TOEFLITP435点以上、TOEFLIBT40点以上等）【2ヶ月以上12ヶ月未満】TOEIC500点以上等
各学部1名	その他	外国人留学生を除く学部学生とし、経済的に困窮度が高く、勉学意欲があると認められる者 ※給付年額の2分の1に相当する額を11月及び翌年5月に支給（最終年次に在籍する学生については、全額を11月に支給）
予算の範囲内	随時	家計急変（家計支持者の死亡・失業又は風水害の災害を受けたことなど）により修学を継続することが困難であると認められる者
20名	入学後	愛媛県内の企業・自治体・学校等に就職する強い意欲のある学部学生で，各学部3年次生（医学部医学科にあっては5年次生）。その他条件あり
20名		愛媛県内の企業・自治体・学校等に就職し，愛媛県内に定住する予定の学部学生で，各学部4年次生(医学部医学科にあっては6年次生)。その他条件あり
若干名	随時	学資困難な学生で、次の者を除く。(1) 授業料免除の申請、日本学生支援機構奨学金貸与の申請がない者 (2) 都道府県等の各種奨学金貸与を受けている者 (3) 前年度の進級判定不合格者　等
	その他	①学術優秀・志操堅実であって身体強健な者②学資の支弁が困難と認められる者であって、他から奨学資金を受けない者。申請資格…農林資源環境科学科森林科学主専攻領域の専門課程に在学し、将来林業の振興に貢献しようとする者
4名		次の各号に掲げる事項をすべて満たした者①高知県の発展に貢献するため、卒業後高知県内で就労する強い意思のある者②2年（医学部医学科は4年）③2年の第1学期までの修得単位が48単位以上の者（医学部は進級判定に合格した者）④2年の第1学期（医学部医学科は4年の第1学期）までのGPAが2.0以上の者
20名以内	入学後	次の各号に掲げる事項をすべて満たした者とする。(1) 修学に意欲があり、本学の教育目標に沿った成果を修める見込みがあること (2)「高知大学授業料免除及び徴収猶予選考基準」に定める家計基準以下であること (3) アドバイザー教員の推薦を得ていること

学校名・団体名	制度名	対象の専攻分野	対象詳細	支給額	支給期間	
			九州・沖縄			
九州大学	中本博雄賞修学支援奨学金	なし	正規学生	月額3万円	標準修業年限	
	市川節造奨学金	教養・学際・その他	文学部、教育学部、法学部、経済学部、理学部、薬学部、工学部、芸術工学部、農学部、21世紀プログラム、または共創学部の学部学生	保護者がいない者月額10万円、保護者がいる者月額5万円	標準修業年限	
	九州大学修学支援奨学金	なし	学部学生	月額3万円	1年間	
	田中潔奨学金	保健	医学部医学科	年間50万円	標準修業年限	
	利章奨学金	なし	2年以上の男子学生（留学生を除く）	月額10万円	正規の修業期間	
	九州大学基幹教育奨励賞（奨学金）		2年	35万円	1回	
	山川賞（奨学金）		2年次、3年次の学部学生	年間100万円	標準修業年限	
	小辻梅子奨学資金		3年次、4年次の文学部学生	24万円	1回	
福岡教育大学	福岡教育大学学業成績優秀者奨学金	なし	学部3年生	10万円		
	福岡教育大学国際交流協定校派遣支援奨学金		全学年対象	渡航費用，期間中の宿泊費用及び保険料の総額の半額（上限30万円）		
佐賀大学	佐賀大学予約型奨学金（かささぎ奨学金）	なし	新入生	年額30万円	原則として4年間（医学部医学科のみ6年間）継続給付する	
長崎大学	医学部奨学金	保健	4～6年次	月額10万円	研究医コースに在学している期間（3年間）	
	医学部研究医コース奨学金			月額5万円		

福岡県 / 佐賀県 / 長崎県

人数	申込時期	資格・条件
10 名程度	その他	次の (1) ～ (5) のすべてに該当する者 (1) 高等学校若しくは中等教育学校を令和 4 年 3 月に卒業見込の者、又は令和 3 年 3 月に卒業した者 (2) 令和 4 年 4 月に九州大学に入学を希望する者 (3) 学業成績（高等学校等の第 1 年次から申込時までの全履修科目の評定平均値）が 4．3 以上の者 (4) 経済的事情により大学入学後の修学が困難である者（※）※経済的困窮度については、家計支持者（父母等）の年収・所得の合計金額から、世帯人数（家計支持者が扶養する家族の人数）や世帯にいる就学者、身障者や要介護者の人数等に応じて本学が定める特別控除額を差し引いた額をもとに算定します。(5) 日本国籍である者
2 名	その他	＜学部 1 年生＞次の (1)・(2) のいずれかに該当し、日本国籍を持つ者。(1) 社会的養護を必要とする者、または、それに準じる者 (2) 経済的に極めて困窮し、修学に支障が生じている者 ＜2 年次以上の学部生＞次のすべてに該当し、日本国籍を持つ者。・社会的養護を必要とする者、または、それに準じる者・学業成績が申請時においてGPA 2．5 以上であること・留年していないこと、または前年度から原級に留まっていないこと (*)「社会的養護を必要とする者」とは、18 歳時点で児童養護施設、児童自立支援施設、情緒障害児短期治療施設（児童心理治療施設）、自立援助ホームに入所していた人、又は、18 歳時点で里親、小規模住居型児童養育事業（ファミリーホーム）委託者のもとで養育されていた人 (*)「社会的養護を必要とする者」に準じる者とは、両親ともに死別または生別し、かつ、経済的に支援する者がなく、学生自身で生計を立てている人
30 名程度		授業料免除において全額免除を認められた学生のうち、特に経済的に困難であり、学業成績が優秀である者
1 名		(1) 令和 3 年 4 月 1 日に医学部医学科に入学した者 (2) 人間性豊かで、志が高く人格的に優れていると認められる者 (3) 学業に優れ、かつ、経済的理由により修学が困難と認められる者
3 名程度		(1) 令和 3 年 4 月 1 日現在、2 年次以上の学部学生（日本人）(2) 人間性豊かで、志が高く人格的に優れている者 (3) 学業成績が特に優れている学生で、かつ経済的困窮度が高い者※学業成績が特に優れている学生とは、所属学部等が定める標準修得単位数以上を修得し、その成績のうち A・B が 8 割以上の者
50 名		学部 1 年次履修の基幹教育科目の成績が特に優れている者 50 名
10 名程度	その他	九州大学教育憲章が指向する人間性、社会性、国際性、専門性について優れた志を持ち、学業に優れ、将来、社会の様々な分野で指導的な役割を果たし広く世界で活躍することを目指す九州大学の学部学生
各学年 4 名		3 年次は 2 年次後期までに 66 単位以上を取得した者のうち、4 年次は 3 年次後期までに 94 単位以上を取得した者のうち、GPA が学年全体で上位 4 位までの者
20 名		学部 3 年次に在籍する者で、本学における 2 年次までの学業成績が特に優秀な者
予算の範囲内で決定	その他	本学と交流協定を締結している海外の大学に短期留学する者
14 名	学校出願時	日本の高等学校又は中等教育学校を卒業見込の者及び卒業した者（卒業後 1 年未満の者に限る。）。一般入試を受験し合格した者のうち、成績上位の者
最大 2 名	入学後	医学部医学科研究医コースの第 4 年次から第 6 年次に在学する者。
最大 3 名		

	学校名・団体名	制度名	対象の専攻分野	対象詳細	支給額	支給期間	
長崎県	長崎大学	田添グローバル交流推進基金奨学金	なし	全学年	上限額10万円(派遣先地域により異なる)	同一年度に1回限り	
		入学時給付奨学金		新入生	30万円	入学時に1回限り	
		長崎大学海外留学奨学金		全学年	月額6万〜10万円(派遣地域により異なる)	給付上限:3カ月	
		多文化社会学部における海外短期留学奨学金	社会科学	1年次	5万円	在学中に1回限り	
		福徳グループ奨学金(長崎大学西遊基金)一般奨学金			月額3万円(年額36万円)	修業年限	
		福徳グループ奨学金(長崎大学西遊基金)チャレンジ奨学金			60万円	1回限り	
熊本県	熊本大学	熊本大学新庄鷹義基金修学支援奨学金	なし	本学に入学(転入学、編入学又は再入学を含む。)後1年以上在学する2年、3年、4年次、の学部学生	年額50万円		
		熊本大学アマビエ給付奨学金			制度A・B:10万円制度:5万円		
大分県	大分大学	大分大学学生支援特別給付奨学金	なし	全学年	10万円		
		大分大学経済学部久保奨学基金	人文科学	経済学部	60万円	1年間	
宮崎県	宮崎大学	成績優秀者奨学金	なし		10万円/人	年1回	
		宮崎大学緊急修学支援金			3万円/人		
		TOEIC試験 TOEFL試験成績優秀者奨学金			5000円〜5万円	在学中最多で3回	
		海外研修奨学金			6万円〜10万円	在学中1回のみ	
鹿児島県	鹿児島大学	鹿児島大学離島高等学校出身者スタートアップ奨学金	なし	学部1年生	25万円	1回	
沖縄県	琉球大学	琉球大学修学支援基金・経済的理由による学資金支援事業(学部学生)	なし		5万円給付		

人数	申込時期	資格・条件
予算の範囲内	その他	本学に在籍したまま本学が実施する単位取得を伴う派遣プログラム等により派遣される日本人学生。「長崎グローバル＋コース」を履修（修了）した者、または学業成績が優秀で人物等に優れている者。
最大 44 名		各学部（医学部は医学科と保健学科）の一般選抜（前期日程）の合格者上位 20%以内の長崎県内出身者及び県外出身者のトップ 2 名の合計 4 名（全学部合計 44 名）を対象とする。
予算の範囲内	入学後	諸外国の高等教育機関等との学術交流協定に基づく派遣プログラム及びカリキュラムに定められた 1 年以内の留学、海外実習等に参加する者で、学業成績基準を満たしている者。
		多文化社会学部の学生のうち、短期留学に参加し、短期留学を修了した者。
		新入生対象。経済的な支援を必要とする者、学業優秀で人物は明朗かつ積極性があり、心身共に健康である者、将来、社会的に有益な活動を目指す者
2 名		在学生を対象とする。2022 年 7 月の活動報告会に参加できる者（オンライン参加可）、何事にも失敗を恐れず、果敢に挑戦する強い意志を持つ者、留学、研究、起業、経験知を積むための国内・海外旅行、反社会的行為でない限り原則使途は限定しないが、給付対象期間中にやりたい事、経験したい事、挑戦したい事を明確に持っている者、次の（i）または（ii）のいずれかを満たす者（i）前年度までの累積 GPA が 3.5 以上の者（計算方法は募集要項で確認すること）、（ii）本奨学金の応募者としてふさわしい人物である旨指導教員の推薦が得られ、申請内容をもとに作成したプレゼンテーション原稿の PDF 化したものを提出できる者
各学部各年次 2 名（工学部は 4 名、5～6 年次は 1 名）	入学後	1. 本学に入学、転入学、編入学又は再入学後 1 年以上在学する学部学生 2. 学業優秀と認められる者
A:100 名程度 B:70 名程度 C:200 名程度		家計が厳しく経済的に困窮している学生で、以下の条件を満たす者。A:後期授業料免除（緊急授業料免除含む）を申請していない方、B:後期授業料免除（緊急授業料免除含む）を申請し、「全額免除」にならなかった方、C: なし（後期授業料が全額免除となった方も申請可）
基準該当者	入学後	震災等により家族等が被災した新入生及び在学生
2・3・4 年の各 3 名		提出書類及び成績点に基づく審査と面接を行った上で 2・3・4 年各 3 名、合計 9 名に給付
各学部 3～5 名	その他	2 年次以上の学部生のうち、前学年次の学業成績が極めて優秀であった者
基準を満たす者全員		本人又は生計維持者の収入減により学生生活の継続に困難が生じている者※新型コロナウイルス感染症の影響により本人のアルバイト収入が減少した※新型コロナウイルス感染症の影響により生計維持者（父母）の収入が減少し、親からの仕送りがなくなった等
予算の範囲内	入学後	TOEIC 試験または TOEFL 試験の成績が優秀であった者
		宮崎大学基礎教育部が開港する海外研修プログラムへの参加が経済的理由により困難である者
予算額の範囲内	入学後	鹿児島県内の離島地域に所在する高等学校を卒業し現役で鹿児島大学に入学した学部生のうち、入学年度の授業料免除を申請したうえで、授業料免除が許可された者
120 名	入学後	学資負担者が死亡、風水害等の災害を受けた、解雇等により経済的に著しく困窮している者。または、授業料免除に申請しているが経済的に困窮している者

					公立大学		

公立 北海道・東北

	学校名・団体名	制度名	対象の専攻分野	対象詳細	支給額	支給期間	
				北海道・東北			
北海道	**名寄市立大学**	名寄市立大学給付型奨学金	なし		月額2万円	1年間	
秋田県	**秋田公立美術大学**	秋田公立美術大学奨学金	なし	2年から4年までの進級者	予算の範囲内で決定（参考：平成30年度　一人10万円）	1年間	
	国際教養大学	AIU秋田県出身学生奨学金「わか杉奨学金」	教養・学際・その他	国際教育	160,200円／80,100円［本学独自授業料減免適用者の場合］	学期毎1回	
		AIU県外出身学生奨学金「修学支援奨学金」			第1区分：160,200円、第2区分：106,800円、第3区分：53,400円		
		修学継続支援奨学金			月額4万円	一度の給付決定で原則4カ月継続して支給	
		緊急支援奨学金			原則8万円（状況により、16万円を上限に調整）		
		AIU留学時成績優秀者報奨奨学金			10万円（一時金）		
		AIUアンバサダー奨励金			オンラインで開催される会議等へ参加する場合：10,000円 日本で開催される会議等へ参加する場合で参加にかかる経費が10,000円未満：10,000円 参加にかかる費用が10,000円以上：20,000円 海外で開催される会議等へ参加する場合：50,000円		

60

人数	申込時期	資格・条件
16 名	入学後	給付型奨学金は本学学生の属する世帯の奨学金の給付を受けようとする年度の前年の総所得金額が 426 万円未満の者を給付対象者とする。（ただし、生計維持者の被扶養者が 2 人以上いるときは、本学学生を除く被扶養者 1 人につき、38 万円を乗じた額を加算して得た額未満の者）◆給付型奨学金の給付は各学科各学年ごと 1 人（合計で 16 人）で、2〜4 年生は奨学金を給付する年度の前年度の成績が最も優秀な学生を、1 年生は奨学金を給付する年度の前期の成績が最も優秀な学生をそれぞれ奨学生とする。
2 年生および 3 年生は 3 名以内、4 年生は 6 名以内	その他	真摯な学業姿勢および優秀な学業成績が他の模範となる者
要件を満たす者	入学後	2012 年 4 月以降入学の秋田県出身学生のうち、本制度に申請し、大学が定めた期日までに授業料を納付した者。　※審査は学期毎に行います。
		2012 年 4 月以降入学の秋田県外出身の学部学生のうち、国の高等教育修学支援新制度の適用を受けている者で、なおかつ本制度に申請し、大学が定めた期日までに授業料を納付した者。
		国の高等教育修学支援新制度の支援を受けていない学部学生、特別科目等履修生、大学院生で、経済的困窮により学費の支弁が困難で、学業の継続が厳しい状況にある者。
		学部学生、科目等履修生及び大学院生で、学費支弁者の死亡、失業、学費支弁者あるいは学生本人の災害被災など、本人に責がない予測不能な事態により修学が困難な状態になり、かつ、災害被災の場合は日本学生支援機構の災害支援金の給付を受けられない者。
		当該学期の翌学期に、大学が認める 1 年間の交換留学に出発する学生のうち、成績優秀者を大学が選抜。
		国内外あるいはオンラインで開催される国際会議または研究発表会に参加する学部学生、特別科目等履修生、大学院生（大学院生の場合は参加＋会議等での発表）で、参加について 1 名以上の教員から推薦を受けることができること。

	学校名・団体名	制度名	対象の専攻分野	対象詳細	支給額	支給期間	
				関東			
群馬県	高崎経済大学	高崎経済大学同窓会奨学金			40万円以内	在学中1回のみ	
埼玉県	埼玉県立大学	学費サポートローン利子補給等助成制度			在学期間に支払った利子相当額		
神奈川県	横浜市立大学	伊藤雅俊奨学金制度		学部2～4年次	25万円(一時金)		
神奈川県	横浜市立大学	成績優秀者特待生制度		学部2～6年次	20万円(一時金)		
				甲信越・北陸			
新潟県	長岡造形大学	長岡造形大学優秀学生賞	なし		5万円	該当年度に1回	
新潟県	長岡造形大学	国際交流事業支援奨学金	なし		往復航空運賃の2分の1もしくは、10万円のうちいずれか少ない金額	随時	
新潟県	新潟県立大学	学修奨励金	なし	2年生以上	年額10万円	支給決定後、一括支給	
新潟県	新潟県立大学	海外派遣留学奨学金	なし	全学年	10万円	渡航前一括支給	
山梨県	都留文科大学	新入生スタートアップ奨学金	なし		5万円	入学年度の6月頃に1回	
山梨県	都留文科大学	成績最優秀者奨学金	なし		10万円	各年度の6月頃に1回	
山梨県	都留文科大学	成績優秀者奨学金	なし		5万円	各年度の6月頃に1回	
山梨県	都留文科大学	グローバル教育奨学金 交換留学(10か月程度)	なし		50万円～100万円		
山梨県	都留文科大学	グローバル教育奨学金 交換留学(5か月程度)	なし		30万円～50万円		
山梨県	都留文科大学	グローバル教育奨学金 国際教育学科交換留学	教養・学際・その他		30万円		
山梨県	都留文科大学	グローバル教育奨学金 認定留学	なし		50万円		
山梨県	都留文科大学	グローバル教育奨学金 協定校留学	なし		30万円		

人数	申込時期	資格・条件
要件を満たす者	随時	家計急変等の事由発生月から 12 月以内、学資負担者死亡等の場合 6 月以内に申請があった者
定めなし	その他	大学が民間金融機関と提携している教育ローンの利用者のうち、授業料減免審査で、「半額減額」又は「半額減額に準ずる」と認められた者　※助成対象者が、卒業後に一定期間県内に就職した場合、未返済元金の 1/2 相当額を助成する
3 名	その他	国際総合科学部経営学コース・会計学コースの 3 年次以上の各学年及び国際商学部 2 年次の前年度成績優秀者 (全コースのうち各年次 1 名を上限)
53 名		前年度成績優秀者 (国際総合科学部各コース・各学年 1 名ずつ、医学部各学科・各学年 2 名ずつ)
各学年各学科 1 名	その他	人格に優れ、学業成績が最も優秀である者
予算の範囲内		人物、学業に優れ、心身ともに健康にある者で、本学の国際交流事業に積極的に取り組む意思がある者。面談等により決定
18 名	入学後	次の各号全てに該当する者 (1) 奨励金の申請時において、公立大学法人新潟県立大学授業料の減免申請手続等に関する規程第 2 条の規定に該当しない者 (休学者を除く。) (2) 学業を継続することに経済的困難が認められる者 (3) 別に定める成績基準を満たす者　※在学期間を通じ、1 人 1 回まで
年間 10 名程度	その他	本学協定校に留学する学生のうち、成績優秀者。　※他奨学金の受給者は対象外
74 名	その他	各学科募集定員による入試成績上位者
18 名		学内成績上位者 (2 年～ 4 年・各学科、各学年 1 名。)。
63 名		成績優秀者奨学金 (1) の給付者を除いた学内成績上位者 (2 年～ 4 年・各学科、各学年 4 名。ただし、国際教育学科に限り 2 年～ 4 年・各学年 1 名)
		交換留学派遣候補生として選考され、審査を経た者
		国際教育学科所属で、学科内審査を経た者。
		認定校留学派遣候補生として選考され、審査を経た者
		協定校留学として承認され、学内審査を経た者。

	学校名・団体名	制度名	対象の専攻分野	対象詳細	支給額	支給期間	
山梨県	都留文科大学	グローバル教育奨学金 協定校短期語学研修	なし		5万円以内（研修参加費用の10%）		
		グローバル教育奨学金 グローバル授業			5万円以内（授業参加費用の10%）		
		遊学奨励金			50万円以内		
	山梨県立大学	海外留学奨学金	なし		最大100万円	1回	
		海外研修奨学金			5万円		
長野県	公立諏訪東京理科大学	優秀学生奨学金制度	なし	学部2〜4年生	第1種24万円／第2種12万円		
		海外研修等支援奨学金			最大20万円		
	長野大学	特待生	なし	全学部全学科	20万円	1年間	
福井県	福井県立大学	特待生制度	なし	2〜4年	1回につき10万円		

東海

	学校名・団体名	制度名	対象の専攻分野	対象詳細	支給額	支給期間	
岐阜県	岐阜県立看護大学	給付型奨学金	なし	2年次生以上	年額20万円		
	岐阜薬科大学	岐阜薬科大学村山記念奨学金（大学）	なし		年額25万円	2年間	
		岐阜薬科大学村山記念国際交流奨学金（大学）			1回20万円以上50万円以下	派遣1回毎	
静岡県	公立大学法人静岡文化芸術大学	スズキ学奨学金	なし	学部3年生	30万円		
愛知県	愛知県立芸術大学	愛知県立芸術大学美術学部片岡球子奨学事業	芸術	美術学部及び美術研究科の学生	40万円（給付額は年度により異なる。）	一時金	
		愛知県立芸術大学音楽学部奨学事業（中村桃子基金）中村桃子賞		音楽学部3、4年生及び音楽研究科博士前期課程	10万円以内		

64

人数	申込時期	資格・条件
	その他	海外体験の機会を得られるよう、経済的負担の軽減を図る
		国外で一定期間の活動を行う者
2 名	その他	本学に 1 年以上在籍している学生で留学期間が 6 ヶ月以上であること。留学先大学の公用語が英語の場合、IELTS5.5 以上、又は TOEFL71ibt 以上であること。その他詳細については本学にお問い合わせください
20 名		成績、志望動機、面接結果等
第 1 種各学年 4 名上限 第 2 種各学年 8 名上限	その他	前年度の GPA、GPS を判断基準とする。第一種は各学位上位 1%、第二種は各学位上位 3%
		本学が定める成績・スコアを満たす者
社会福祉学部 15 名、環境ツーリズム学部 9 名、企業情報学部 9 名	入学後	大学が定める条件（修得単位数等）を満たしていること　※対象は 2 年生～ 4 年生 採用数は社会福祉学部各学年 5 名ずつ、その他の学部は各学年 3 名ずつ
48 名	その他	次の各号のいずれにも該当する者①本学に 1 年以上在学している者②修得単位数が標準的な修得単位数を超えていると認められる者③学業成績が特に優れていると認められる者④学内外の生活を通じて規律を重んじ、自主的な真理探求の精神と広い視野を有し、将来、豊かな創造力と高度の知識・技術に基づく実践力に富む社会人として活動できる見込みがあると認められる者
1 学年あたり 2 名まで	入学後	学業が優秀で岐阜県内への就職を希望し、経済的な理由から修学が困難な者で、授業料の減免基準に該当しない学生　※詳細は学務課へ問い合わせ
12 名を限度	その他	(1) 本学薬学科 5 年次に進級が確定した学生 (2) 入学後の学業成績や勉学姿勢が特に優秀で、他の学生の範となる者
大学院と合わせて 5 名程度		(1) 外国語能力が派遣先大学の語学要件を満たしている者 (2) JASSO 留学生交流支援制度及びその他の財団・団体から海外留学に伴う奨学金（返還を要する貸与型を除く。）を受給していない者
7 名	その他	各学科の成績最優秀者　※申請不要（選考による）
2 名	その他	美術学部・美術研究科の学生を対象とした海外修学支援のための奨学金。奨学金を必要とする理由、研修目的等を考慮する。　※給付額及び対象専攻は年度により異なる。課程にこだわらず、対象学生の中から 2 名
		公募は行わず、専攻・コースから推薦された中から選考　※課程にこだわらず、対象学生の中から 2 名

学校名・団体名	制度名	対象の専攻分野	対象詳細	支給額	支給期間	
愛知県立芸術大学	愛知県立芸術大学兼松信子基金奨学生助成事業	芸術	音楽学部及び音楽研究科の学生	50万円以内	一時金	
	成績優秀者奨学金事業			25万円		
愛知県立大学	「はばたけ 県大生」奨学金	なし	学部3・4年	25万円	6月下旬頃	
名古屋市立大学	名市大生スタート支援奨学金	なし		5万円	一時金	
	川久保学生奨学金	保健	医学部のMD-PhDコース	10万円	各年度毎	
	田坂学生奨学基金：修学支援奨学金		看護学部全学年	36万円		
	田坂学生奨学基金：就職支援奨学金		看護学部4年生	20万円		
	交換留学奨学金	なし		上限15万円		
三重県立看護大学	みかん大進学支援給付金制度	専攻分野の限定なし	1年生	20万円	5月中旬（予定）	
近畿						
大阪市立大学	有恒会奨学金	文系全般	商、経済、法、文学部の2年生	1万円	3年間	
	野瀬健三奨学金（学部生）	社会科学	商学部、経済学部3年生	2万円	2年間	
	楊大鵬奨学金	保健（医学）	医学部	3万円		
大阪府立大学	大阪府立大学グローバルリーダー育成奨学金制度	なし	本学に在籍する学域2年次生	30万円	1年間（受給1年目に特筆すべき成果を収めた奨学生については2年間の継続給付を可能とする）	
	大阪府立大学河村孝夫記念奨学金制度	なし		10万円	1年間	
奈良県立大学	学業奨励金	なし		1年：20万円 2～4年：・最優秀：20万円・優秀：15万円・優良：10万円		

愛知県

三重県

大阪府

奈良県

人数	申込時期	資格・条件
人数に決まりはない。	その他	学習意欲旺盛かつ成績優秀な学生で本学と国際交流協定を締結した海外の大学に派遣される学生の中から選抜 ※0 名（H29 年度実績）
	入学後	美術学部・美術研究科の学生及び音楽学部・音楽研究科の学生を対象とした奨学金。 ※2 名（H29 年度実績）
15 名	その他	学業において精励の上、特に顕著な成績を挙げ、かつ優れた卒業論文（卒業研究）や学習計画を有する者
上限なし（条件に該当する者全員）		新学部 1 年生のうち、主たる家計支持者の市区町村民税所得割額が非課税である世帯に属する者
15 名		成績が優秀であり、品性が良好な者
各学年 4 名	入学後	書類審査及び必要により面接。 卒業後、市大病院に就職し、奨学金の給付期間に相当する期間業務に従事しなかったときは、給付を受けた奨学金の全額を返還する。令和 3 年度で奨学金は終了予定。令和 4 年度以降については未定
希望者全員		卒業後、市大病院に就職し、1 年間業務に従事しなかったときには、給付を受けた奨学金の全額を返還する。令和 3 年度で奨学金は終了予定。令和 4 年度以降については未定
予算範囲内	随時	国際交流協定校等へ派遣される者
5 名程度	入学後	経済的に困窮していて、かつ三重県の保健・医療に貢献する意欲がある者
若干名	その他	学業成績優秀で経済的理由のために修学が困難な者。他の奨学金の給与を受けていない者 ※成績による継続審査あり
		会計学の分野を勉強する者のうち、学力に優れ、かつ経済的理由のために修学が困難な者。他の奨学金の給与を受けていない者
		学力に優れ、研究心に富み、経済的理由のため修学が困難な者。他の奨学金の給与を受けていない者
10 名以下	入学後	○応募要件 以下の要件をすべて満たす者。1.1 年次生時の累積成績基準が GPA2.7 以上（1 年次 39 単位以上取得）2.TOEIC L&R のスコアが 650 点以上、または別表に示す語学レベル（母国語以外）3. 下記に示すこれまでの（選考の要素となる）活動・経験を有すること 4. 保護者または本人が大阪府立大学後援会に入会していること 5. 授業料等学納金を滞納していないこと○選考の要素となる活動・経験 グローバル経験：I-wing なかもずの RS（レジデントサポーター）経験または RS 予定者、地域で行われる国際交流イベント等への参加、学生国際会議・海外渡航プログラム等の研修への参加、海外でのボランティア活動。ボランティア活動：国内でのボランティア活動表彰実績：学内外での顕彰、コンテストまたは大会等での受賞。その他：入学後、新たに取得した資格等。（継続申請の選考については、上記に加え、活動計画の達成状況を重視する）○別表 TOEIC L&R650 以上、TOEFL iBT69 以上、英語検定準 1 級以上、IELTS5.5 以上、フランス語検定 2 級以上、スペイン語検定 3 級以上、ロシア語能力検定 2 級以上、中国語検定 2 級以上、アラビア語検定 3 級以上、ドイツ語技能検定 2 級以上、韓国語能力試験 4 級以上、日本語能力試験 N2 以上○選定された学生に期待する継続的な活動、果たすべき義務あり
大学・大学院あわせて 10 名程度	入学後	経済的理由により修学が困難な学生（外国人留学生および研究生等は対象外）1. 指導教員又は学生アドバイザーの推薦を受けた者 2. 該当する家計基準の収入条件を満たす者 3. 授業料減免対象者以外の者
各学年成績上位者 3 名（1 年は入学試験の成績上位者各1名）	その他	各学年成績上位者 3 名であること（1 年は入学試験の成績上位者各 1 名）

	学校名・団体名	制度名	対象の専攻分野	対象詳細	支給額	支給期間	
				中国・四国			
島根県	島根県立大学	成績優秀者奨学金	なし	2～4年生	5万円	5月	
						7月	
			保健	学部生（2～4年生）、別科生		学部5月別科11月	
		海外研修奨学金	なし	希望者全員	研修費用の1/5相当額	随時	
					研修費用の1/5程度		
			保健	希望者全員	研修費用の1/5相当額		
		協定留学奨学金	なし		月額3～8万円（留学先地域により異なる）	留学期間	
広島県	尾道市立大学	尾道市立大学成績優秀学生奨学金	なし		年額10万円	年1回	
	県立広島大学	公立大学法人県立広島大学交換留学生等支援奨学金	なし	交換留学生等	月額5～7.5万円	随時	
	広島市立大学	特待生制度	なし	2～4年	年額20万円		
山口県	山陽小野田市立山口東京理科大学	特待生奨学金	なし		10万円		
高知県	高知県立大学	学長奨励賞	なし	学部生2～4回生	20万円	一括	
	高知工科大学	特待生制度【特待生S】	なし		入学料および授業料の全額を免除のうえ、毎月10万円の給付奨学金	4年間。但し、継続要件あり	
		特待生制度【特待生A】			毎月5万円の給付奨学金		
		表彰制度【学長賞（学業成績最優秀賞）】			奨学金30万円	単年度	
		表彰制度【学長賞（学業成績優秀賞）】			奨学金10万円		
		表彰制度【学長賞（アスリート特別優秀賞）】			奨学金30万円		

人数	申込時期	資格・条件
30名 （学年毎10名）	入学後	各学年における前年度の成績優秀者
保育教育学科 2名 地域文化学科 4名		
学部18名、 別科1名		学部生各学年における前年度の成績優秀者。別科は、入学年度前期の成績が対象
希望者全員		海外語学研修等履修者
		異文化理解研修等参加者
		異文化理解研修参加者：「英語3」履修者（アメリカ）、「韓国語」履修者（韓国）
予算の範囲内		過去に「協定留学奨学金」を受給したことがない・標準修業年限を超えていない（病気等の特別な理由がある場合を除く）・授業料を滞納していない
経済情報学部 16名以内・ 芸術文化学部 8名以内	入学後	成績優秀学生として決定された者
予算の範囲内	随時	本学と学生交流協定等を締結している大学へ派遣する学生が対象となる。（短期語学研修プログラムを含む。）【奨学金支給対象外となる場合】・他の団体等から受給する奨学金の規程等で，併給を禁止している場合
30名	その他	学力及び人物が優秀で他の学生の模範となる学生
10名	その他	前年度の成績評価においてGPA等の値が最上位の者（各学科学年より1名）
各学部入学時 定員の2%	その他	前年度の成績が各学部・学年で上位であること
資格・条件を 満たす者	入学手続時	大学入試センター試験の得点率が80%以上。特待生認定のために必要な大学入試センター試験の教務科目・配点は、志望する学群の一般入試前期日程A方式に準ずる
		大学入試センター試験の得点率が70%以上。特待生認定のために必要な大学入試センター試験の教務科目・配点は、志望する学群の一般入試前期日程A方式に準ずる。経済・マネジメント学群は75%以上（ただし、AO入試で特別推薦入試については70%以上）
	その他	2年生・3年生・4年生で、前年度のGPAが各学群・学部上位1%程度である者
		2年生・3年生・4年生で、前年度のGPAが各学群・学部上位5%程度である者。ただし、学業成績最優秀賞に該当する者を除く
		2年生・3年生・4年生で、スポーツ実績が各競技における主たる競技団体が開催する西日本大会レベルの競技会において上位の成績をおさめ、かつ前年度の学業成績が各学群・学部上位20%程度である者

	学校名・団体名	制度名	対象の専攻分野	対象詳細	支給額	支給期間	
高知県	高知工科大学	表彰制度【学長賞(アスリート優秀賞)】	なし		奨学金 10 万円	単年度	
		表彰制度【学長賞(文化特別優秀賞)】			奨学金 30 万円		
		表彰制度【学長賞(文化優秀賞)】			奨学金 10 万円		
		学生提案型企画活動助成制度			奨学金 5 万円まで	年 1 回	
		長期学外学修プログラム			期間、専攻によって 25 万円〜50 万円	単年度	
九州・沖縄							
福岡県	北九州市立大学	北九州市立大学同窓会奨学金	なし	全学年	年額 30 万円		
	福岡県立大学	福岡県立大学看護学部和田紘子奨学基金	保健	看護学部 3、4 年生(編入生を除く)	年間授業料の半額相当	後期	
熊本県	熊本県立大学	同窓会紫苑会奨学金	なし	同窓会準会員	年額 20 万円	1 年間	
		短期派遣留学生支援奨学金		全学年	月額 6 万円から 16 万円(派遣先大学の所在地による)	派遣先で修学する期間	
		小辻梅子奨学金		文学部英語英米文学科に在籍する者	1 回 5 万円から 25 万円(留学・研修等の期間および留学先による)	同一学生の奨学金は、文学部在籍時について、一部留学先を除き 10 万円をその上限額とする。	
宮崎県	宮崎公立大学	MMU 成績優秀者奨学金 A	なし		入学料相当額 33 万 5000 円(管内者は 22 万 9000 円)		
		MMU 修学支援奨学金 A					
		MMU 緊急修学支援奨学金 A					
		MMU 成績優秀者奨学金 B			授業料年額の半額分相当額 26 万 7900 円		

人数	申込時期	資格・条件
資格・条件を満たす者	その他	2年生・3年生・4年生で、スポーツ実績が四国大会優勝レベルで、前年度の GPA が 2.0 程度以上である者
		2年生・3年生・4年生で、地域又は全国的に組織され文化活動を行っている団体や協会、連盟等が開催する西日本大会レベルのコンクール等におおいて上位の成績をおさめた者で、前年度の学業成績が各学群・学部上位 20% 程度である者
要件を満たす者		2年生・3年生・4年生で、地域又は全国的に組織され文化活動を行っている団体や協会、連盟等から表彰を受けた者で、前年度の GPA が 2.0 程度以上である者
申請者全員		2年生、3年生で成績上位層向けプログラムに配属された学生
審査に合格した者		次の要件をすべて満たす学士 4 年生 (1) GPA2.8 以上又は、GPA2.5 以上かつ取得単位数 124 単位以上 (2) 在学 3 年間以上 (3) 本学の大学院への進学を確約していること
30 名以内	入学後	以下の要件を満たした者のうち、書類審査と小論文により選考。1. 北九州市立大学の学部・学群に在学する同窓会員で、授業料の全額減免を受けていないこと。2. 独立行政法人日本学生支援機構等から給付型奨学金を受けていないこと。3. 家族の総収入が 400 万円以下であること。4. 成績優秀であること
1 名		看護に対する強い熱意と意欲を持ち、本基金の意図をよく理解している者
10 名程度		①学業成績・人物ともに優秀であり、かつ経済的理由から修学が困難と認められる者 ②同窓会紫苑会の準会員である者
毎年度3 名程度	入学後	学生交流に関する協定に基づき、4 週間以上 1 年以内の期間派遣される者
		文学部英語英米文学科に在籍する者で、一定期間以上の海外留学・研修を行う者
7 名		一般入試前期日程上位合格者 5 名と後期日程上位合格者 2 名。
対象者全員（予算の範囲内）	入学手続時	入学前 1 年以内において学資負担者が死亡、かつ、世帯収入が基準額以下の場合。・入学前 1 年以内において本人又は学資負担者が風水害等の災害を受け、かつ、世帯収入が基準額以下の場合。
		(1) 東日本大震災により被災した入学予定者で次のいずれかに該当する者。ア）被災により主たる学資負担者が、死亡または行方不明となっている場合。イ）被災により出願時に避難所生活など自宅で生活できない状況となっている場合。(2) 前項のほか災害救助法の適用があった地域で主たる学資負担者もしくは本人が入学前 1 年以内に被災した入学予定者、もしくは理事長が必要と認める次に該当する者。ア）被災により学資負担者が死亡または行方不明の場合。イ）被災により主たる学資負担者または本人の居住する住宅が半壊以上、全焼、半焼、全流失している場合。
9 名	その他	本学の 2〜4 年生の中で、奨学金受給年度の前年度までに各学年の基準単位を修得し、かつ、tGPA によって算出された学業成績が、各学年で 1 位、2 位、3 位の者。

学校名・団体名	制度名	対象の専攻分野	対象詳細	支給額	支給期間	
北海道・東北						
旭川大学	後援会奨学金	なし	1〜4年生	10万円	1年間	
	旭川大学第1部同窓会奨学金		2〜4年生	5万円		
札幌大谷大学	札幌大谷大学東本願寺奨学金	なし	音楽学科・美術学科・地域社会学科	音楽学科30万円、美術学科30万円、地域社会学科20万円	本年度	
	卒業生等子奨学金制度			入学金相当額を奨学金として支給	当該年度	
札幌国際大学	新入学生家計支援特別奨学金	なし	新入学生	年額24万円		
	一般奨学金		2年生以上			
	奨学融資助成奨学金			上限10万円		
札幌大学	生活支援奨学金（学業）	なし		最大で学期毎の授業料半額	半年	
	生活支援奨学金（課外活動）			授業料全額または半額、1/4相当額または入学金相当額	最短修業年限（ただし、入学金免除者は1度のみ）	
	成績優秀特別奨学金			最大で学期毎の授業料半額	半年	
	課外活動優秀特別奨学金			授業料全額または半額免除、または入学金免除	最短修業年限（ただし、入学金免除者は1度のみ）	
	生活支援奨学金（学業・入学）					
星槎道都大学	自宅外生活支援制度	なし	自宅外通学の新入生	5万円	入学時1回のみ	
	在学生奨学金（特待生給付奨学金 Sランク）		3年生以上	給付方法（年間授業料の全額減免）	最大2年間	
	在学生奨学金（特待生給付奨学金 Aランク）			給付方法（年間授業料の1/2減免）		
	在学生奨学金（特待生給付奨学金 Bランク）			給付方法（年間授業料の1/4減免）		
	在学生奨学金（融資利息奨学金）		新入生	在学中（4年間）、返還明細をもとに年間利息を給付（4年間総額10万円限度）	入学時のみ	

人数	申込時期	資格・条件
若干名	入学後	学費の支弁が著しく困難な学生
5名	入学後	学業及び人物共に優秀であり、修学資金の支弁が困難な学生
音楽学科1名 美術学科1名 地域社会学科1名	入学後	①建学の精神を深く理解している者②修学の熱意がある者③経済的理由により学費の支弁が困難な者。ただし、当該年度の授業料減免、特待生に採用された者は除く
審査基準を満たした者全員		札幌大谷大学及び札幌大谷大学短期大学部の卒業生又は修了生の子が、本学に入学した場合
30名程度	入学後	学業に意欲的でかつ経済的に困窮している者
20名程度	その他	学業に意欲的でかつ経済的に困窮している2年次以上の者。
若干名		2年次以上の学生で教育ローンで借入れしている者。借入れ保証料および借入れ利息分を一括補助
各学年12名	入学後	直前の学期で14単位以上を修得し、原則GPA2.8以上で経済的に修学が困難な者　※(1)1年生は秋学期からの採用になります。(2)学業特待生や他の給付奨学金との併用不可
	学校出願時	経済的に修学が困難な者で人物及び課外活動における資質が優れている者　※(1)出願に際し、主たる家計支持者の収入に関する証明書の提出が必要(2)学業特待生や他の給付奨学金との併用不可
各学年5名	その他	直前の学期の修得単位が14単位以上の者をGPA順に選考　※(1)1年生は秋学期からの採用になります。(2)GPA同点者が複数いる場合は、下位の同点者内で残りの給付額を均等にします。(3)学業特待生や他の給付奨学金との併用不可
	学校出願時	課外活動における資質が優れている者で大学が認めた者　※(1)出願に際し、主たる家計支持者の収入に関する証明書の提出が必要(2)学業特待生や他の給付奨学金との併用不可
		自己推薦選抜［専門学科(職業)・奨学生］合格者のうち経済的支援選考総合点の基準を満たした者　※(1)出願に際し、主たる家計支持者の収入に関する証明書の提出が必要(2)学業特待生や他の給付奨学金との併用不可
条件に該当し申請した者	入学手続時	入学後に自宅外生活を行う新入生のうち、入学試験における奨学金等の授業料免除を受けていない者で、本支援制度に申請した者
	その他	2年生修了時及び3年生修了時のGPAに基づく学業成績等の審査において、優秀な成績を修めた学生
全学で4名以内	入学後	銀行教育ローン等の融資を受けた者で、経済的理由により修学継続を教育ローンに頼らざるを得ない者

北海道

学校名・団体名	制度名	対象の専攻分野	対象詳細	支給額	支給期間	
星槎道都大学	在学生奨学金（学内ワークスタディ奨学金）	なし	2年生以上	学内業務に従事することにより月額3万円以内を給付	最大3年間	
	資生堂児童福祉奨学生採用者奨学金	社会科学	社会福祉学部社会福祉学科の新入生	学費の半額相当額を給付	4年間	
	在学生奨学金（災害給付奨学金）	なし	在学生全般	授業料年額相当額を給付（被害の状況により全額または1/2）	被災後1年間	
天使大学	天使大学シスター川原ユキエ記念奨学金	なし	2年以上	年額看護学科60万円 栄養学科50万円		
	天使大学給付奨学金			年額20万円		
藤女子大学	同窓会藤の実奨学金	なし		年額12万円	1年間（毎年出願申請可）	
北星学園大学	北星学園大学松田奨学金	社会科学	経済学部2年以上	年額6万円		
	有馬・安孫子・手島・時任・永澤奨学金	なし	2年以上の男子学生	年額10万円	1年間	
	スミス・モンク・エバンス奨学金		女子学生のみ			
	成績優秀者学業奨励金		2～4年	年額1万～5万円		
	北星学園大学同窓会奨励生		2年以上	年額10万円		
	兄弟姉妹同時在学者減免			教育充実費相当額免除		
北海学園大学	北海学園奨学金第1種奨学金	なし	全学年	月額I部2万円 II部1万円	4月～翌3月	
	北海学園奨学金第4種奨学金			月額I部2万5000円 II部1万3000円	4月～翌3月	
	北海学園大学同窓会第I種奨学金			月額1万円		
	北海学園大学教育振興資金（奨学金A）			年額I部10万円（工学部は12万円）II部5万円		
	北海学園大学教育振興資金（奨学金B）			年額30万円	一括	
	北海学園大学教育振興資金（奨学金C）			10万円（年額）		

人数	申込時期	資格・条件
全学で4名以内	その他	学業成績優秀で経済的理由により修学継続が困難になった者に対し、平日の授業のない時間帯、休暇期間中、若しくは土日に学内の各種業務に従事
該当者全員	入学手続時	資生堂児童福祉奨学生に採用された者
条件に該当し申請した者	随時	地震、風水害、火山の噴火等の自然災害により、学費出資者の持家が被災した者
10名	入学後	経済的に非常に困窮し、修学が困難な者
20名		経済的に非常に困窮し、成績優秀な者
11名	入学後	人物・学業とも優れ、かつ経済的理由により修学が困難である者
1名		日本学生支援機構第二種奨学金に準ずる
2名（大学・短期大学部合計）	入学後	学力・人物ともに優秀で、経済的な支援を必要とする者
資格・条件などに該当する者	その他	前年度各学科の成績上位 1/20 以内又は 5 位以内
若干名	入学後	卒業後も同窓会活動に積極的に参加する意志のある大学 2 年次以上の学生で、学内外を問わずに様々な分野で努力し、活躍している学生
資格・条件などに該当するもの		兄弟姉妹・親子又は夫婦のうち下級年次に在学している者を対象とする
Ⅰ部60名Ⅱ部28名		人物・学業ともに優秀であり、かつ健康である者（経済事情を考慮）　※詳細は学内掲示板等を確認
10名以内		入学試験又は在学時における学業成績が極めて優秀で、学生・生徒の模範となる者 ※詳細は学内掲示板等を確認
Ⅰ部12名Ⅱ部7名	入学後	学業成績及び人物が優秀である者。学術・文芸・スポーツ等に置いて優れた才能を持つ者　※詳細は学内掲示板等を確認
Ⅰ部10名Ⅱ部4名		生活に困窮している学業成績優秀者　※詳細は学内掲示板等を確認
Ⅰ部5名Ⅱ部4名		学業成績が特に優れた者　※詳細は学内掲示板等を確認
		生活に困窮している成績優秀な留学生

学校名・団体名	制度名	対象の専攻分野	対象詳細	支給額	支給期間	
北海商科大学	北海学園奨学金 第1種奨学金	社会科学	商学部	月額2万円	4月〜翌3月1年間	
	北海学園奨学金 第4種奨学金			月額2万5千円		
北海道医療大学	学校法人東日本学園歯学部特待奨学金	保健	歯学部	S特待奨学生は本学と国公立大学との差額相当分を減免 A特待奨学生は授業料の半額免除	標準修業年限	
	学校法人東日本学園薬学部特待奨学金		薬学部	S特待奨学生は本学と国公立大学との差額相当分を減免 A特待奨学生は授業料の半額免除		
	学校法人東日本学園福祉・介護人材育成奨学金		看護福祉学部臨床福祉学科	第1学年は年額69万円、第2年次以降は年額79万円		
北海道科学大学	学校法人北海道科学大学奨学金	なし	2年以上	年額12万円	1年間	
	学科優秀奨学奨学金			年額24万円		
	学生活動支援奨学金			年額6万円		
北海道情報大学	北海道情報大学松尾特別奨学金（A1）	なし	新入生	66万円	入学年度のみ	
	北海道情報大学松尾特別奨学金（A2）			33万円		
	北海道情報大学松尾特別奨学金（A3）			17万円		
	北海道情報大学奨学生(学術奨学生)		2年以上	15万円	採用年度	
北海道千歳リハビリテーション大学	受験支援金給付制度	なし		出願する入試区分の入学検定料相当額（1〜2万）		
北海道文教大学	北海道文教大学奨学金	なし	2年以上	月額4万円	1年間	
			全学年	月額3万円		
青森中央学院大学	教育ローン利子補給奨学金	なし	全学年	教育ローン利息合計5万円上限		
	海外留学費奨励費			(1) 短期留学（4週間以内）5万円 (2) 中期留学（4週間を超え3ヶ月以内）7万円 (3) 長期留学（3ヶ月を超え1年以内）10万円		

人数	申込時期	資格・条件
8 名	入学後	学業成績を含めて、極めて優秀と認められる者（経済事情を考慮）　※希望者は毎年出願可
2 名		入学試験における成績が極めて優秀な者
S 特待奨学生及び A 特待奨学生とし、それぞれ毎年度 5 名を限度	学校出願時	（本学が指定する）入試への出願時にあらかじめ歯学部特待生として志願する旨意思表示をした者　入学試験成績並びに面接の結果により、成績優秀で奨学金の給付が適当と認められる者
S 特待奨学生は、毎年度 3 名　A 特待奨学生は、毎年度 7 名		薬学部への出願時にあらかじめ薬学部特待生として志願する旨意思表示をした者　試験成績並びに面接の結果により、成績優秀で奨学金の給付が適当と認められる者　※毎年度末に継続審査を行う　学業成績が上位 3 分の 1 に満たない者については、次年度 1 年間分の給付を停止する
毎年度 10 名を限度		入学試験成績並びに面接の結果、人物並びに成績優秀で奨学金の給付が適当と認められる者　その他特に奨学金の給付が必要と認められる者
各学科・学年 1 名以内	入学後	人物及び学業成績ともに優秀な者で、学科の推薦に基づいて選考し採用する。ただし、スカラーシップ生、学科優秀奨学生は除く
		学業成績優秀で、他の学生の模範となる者を、学科の推薦に基づいて選考し採用する。ただし、スカラーシップ生及び学校法人北海道科学大学奨学生を除く
60 名以内		前年度におけるクラブ活動、学業に係る資格・活動、学内外の活動の実績があり、学生の模範となる者を自薦に基づいて選考し採用する
20 名	入学手続時	入試の成績により判定
30 名		
40 名まで		
学年毎に 5 名以内	その他	人物に優れ勉学に意欲的に取り組み、前年度までの学業成績が優秀で、かつ経済的理由により修学が困難な者
	随時	本学入学試験の志願者のうち、2011 年 3 月以降に発生した自然災害において、主たる家計支持者が被災された方。
若干名	その他	学業成績優秀者
		課外活動成績優秀者
予算の範囲内	入学後	成業の見込みがあるにもかかわらず、経済的理由により修学が困難な者
30 名以内	入学後	本学在学生で、経済的理由により学園が指定する金融機関やクレジット会社及び日本政策金融公庫が取り扱う教育ローンを利用して学納金を完納した者
		学園の正規課程に在籍する日本人学生で、支給対象プログラムに参加が決定した者全員を対象とする。ただし、外部の機関等から海外留学を対象とする給付型奨学金等を受給する者は除く

	学校名・団体名	制度名	対象の専攻分野	対象詳細	支給額	支給期間	
青森県	柴田学園大学	柴田学園みらい創生奨学生	なし	新入生	（減免）．入学金・授業料 1/3 〜 全額（給付）．月額8000 円 〜 2 万5000 円（寮費減免）．月額 1 万円	半期（更新有）	
	弘前医療福祉大学	特待生奨学金制度2019	なし	看護学科	年額 117 万円	4 年間	
					年額58 万5000 円		
		ホスピタリティー奨学金制度		1 〜 4 年	年額 58 万 5 千円（授業料として給付）	1 年間	
	八戸学院大学	教育ローン利子補給奨学金	なし		教育ローンの利子の全額または一部	在学期間	
岩手県	岩手医科大学	歯学部学業奨励奨学金制度	保健	2 〜 6 学年	年額 20 万円	当該年度のみ	
		薬学部入学試験優秀者奨励奨学金		新入生	100 万円	初年度のみ	
		薬学部学業奨励奨学金		2 〜 6 学年	年額 10 万円	当該年度のみ	
		薬学部育英奨学金		全学年	年額 18 万円		
	富士大学	職業会計人・商業科教員特待生	なし	新入生	学費・入学金免除	4 年間	
		学力優秀特待生					
		資格取得者特待生					
	盛岡大学	盛岡大学特別奨学金	なし	2 年以上	20 万円		
		盛岡大学奨学会給付奨学金		交換派遣留学生	50 万円	随時	
宮城県	石巻専修大学	進学サポート奨学生	なし		授業料の40％相当額	原則 4 年間継続	
		特待生選抜奨学生			授業料相当額および施設費相当額	4 年間	

78

人数	申込時期	資格・条件
学園の定める基準該当者すべて	入学手続時	(1). 日本国籍を有する者、または永住者、定住者、日本人または永住者の配偶者・子。(2). 高等学校を令和３年３月卒業見込みの者、もしくは初めて高等学校等を卒業後２年の間に入学が認められ進学する予定の者。(3). 高等学校等における評定平均値が3.5以上であること、または修学意欲のある者。(4). 申請時における生計維持者（原則父母）の最新の所得内容が要件に当てはまる者。（主たる生計維持者が父母以外の場合は、父母に代わり生計を支えている者 ※複数種類の所得（給与所得とその他の所得）がある場合は、合算した金額が世帯収入額となる。
1 名	学校出願時	特待生奨学金制度 2019 を希望する者で、一般選抜（前期日程）の学力検査の成績（総合点）が 160 点以上の者について、学科・専攻毎に成績上位の１名 ※２年次～４年次は、前年の修学状況（成績・学生生活等）を確認し、一定の基準を満たしていることを更新の条件とします。
7 名		①特待生奨学金制度 2019 を希望する者で、一般選抜（前期日程）の学力検査の成績（総合点）が 150 点以上の者について、特待生（年額 117 万円給付）の３名を除いた成績順に上位から合計６名以上②特待生奨学金制度 2019 を希望する者で、一般選抜（後期日程）の学力検査の成績（総合点）が 150 点以上の者について、成績上位者１名 ※２年次～４年次は、前年の修学状況（成績・学生生活等）を確認し、一定の基準を満たしていることを更新の条件とします。
40 名程度		以下の条件を満たす大学に在学する学生で、修学の強い意志があるにもかかわらず経済的理由により、修学が困難な者。①経済的困窮度が高く、修学が困難②学業成績が一定の基準を満たしている③主たる家計支持者の収入が本制度の定める応募条件を満たしている
	入学後	学費納入のため東北６県に所在する銀行、信用金庫、信用組合、商工中金、労働金庫、農林中央金庫、農業協同組合、漁業組合および日本政策金融公庫の教育ローンを利用した者
各学年 5 名	その他	各学年在学生のうち、前年度の成績、人物ともに優秀、かつ、健康で他の学生の模範たる者
5 名以内		前期一般選抜合格者のうち、学科試験得点率 70％以上かつ上位１～５位
各学年5 名以内		①２～５年各学年とも前年度成績優秀者②６年１～５年までの成績優秀者
24 名	入学後	２～５学年：各学年とも前年度成績優秀者。６学年：１～５学年までの成績優秀者
若干名	学校出願時	商業資格を有し、経済的支援を必要とする者で、指定の入学試験にに合格し入学した者
		学習成績が良く経済的支援を必要とする者で指定の入学試験に合格し入学した者
		高等学校在学中に、各種資格を取得し、経済支援を必要とする者で指定の入学試験に合格し入学した者
18 名程度	入学後	学力・スポーツ・芸術活動及び社会活動等で成績優秀な学生
4 名		交換派遣留学生として学長が認めた者
200 名	学校出願時	本大学での勉学意欲があるにもかかわらず、経済的な理由により進学が困難である者であって、入学試験前に本大学が進学サポート奨学生の採用候補者として決定し、入学を許可したもの
10 名程度	その他	本大学での勉学を強く希望し、向学心が旺盛で学生の模範となり、将来は社会の様々な方面での活躍が期待される人材を求める「特待生選抜試験」に合格した者

学校名・団体名	制度名	対象の専攻分野	対象詳細	支給額	支給期間	
石巻専修大学	新入生付属高等学校奨学生	なし		理工学部：20万円、経営学部・人間学部：15万円	2年間	
	新入生石巻地域奨学生			23万円	1年間	
	新入生ファミリー支援奨学生					
	在学生キャリア支援奨学生			<限度額>20万円	当該年度	
	在学生特別奨学生		2～4年	理工学部：20万円、経営学部：15万円、人間学部：15万円		
	経済支援奨学生			<限度額>10万円		
	家計急変奨学生			<限度額>理工学部：45万円、経営学部：30万円、人間学部：35万円		
	災害見舞奨学生			<限度額>20万円		
尚絅学院大学	尚絅学院大学給付奨学金	なし		授業料と教育充実費の1/2の額	該当年度のみ	
仙台白百合女子大学	留学奨学金	なし		15万円または30万円	留学開始後に1回	
東北医科薬科大学	特別奨学制度	保健	薬学部の全学生（院生除く）	1年入学金相当額（35万～40万円）2～6年月額2万円	採用年度	
東北学院大学	東北学院大学給付奨学金	なし		30万円	1年間	
	東北学院大学緊急給付奨学金			当該学期の授業料額	当該学期	
	東北学院大学予約型入学時給付奨学金〈LIGHT UP奨学金〉			入学年度に当該学生が納入すべき入学手続時の学生納付金額（諸会費は除く、入学時納付金額）	入学時及び入学年度の前期	

人数	申込時期	資格・条件
若干名	その他	専修大学の付属高校からの推薦入学者であって、学業成績及び人物共に優れ、かつ、勉学意欲があるもの
12 名		石巻地域内高校からの特別入試による入学者であって、人物に優れ出身高校の学業成績が特に優秀であるとともに、経済的事情から奨学金を受けて修学を望むもの
若干名		兄弟姉妹が本大学に在籍している入学者であって、人物に優れ勉学意欲があるとともに、経済的事情から奨学金を受けて修学を望むもの
必要に応じて採用		在学生であって、人物に優れ高度資格取得、スポーツ、文化・社会活動等の分野で優れた成果を達成したもの
48 名		2 年次、3 年次及び 4 年次在学生であって、人物に優れ勉学に意欲的に取り組み、前年度の学業成績が特に優秀なもの
必要に応じて採用	随時	在学生であって、勉学意欲があるにもかかわらず、経済的理由により修学の継続が困難なもの
		在学生であって、勉学意欲があるにもかかわらず、主たる家計支持者の死亡、失職等による経済的理由により、修学の継続が著しく困難なもの
		在学生であって、火災、風水害、地震等により被災し、経済的困窮度の高いもの
60 名	入学後	成績基準　●1 年生：高校卒業時の評定平均値 3.5 以上　●2 年生以上：卒業要件単位のうち、1 年終了時 31 単位、2 年終了時 62 単位、3 年終了時 93 単位を修得。家庭の経済状況　A：申請前年分の世帯の総収入が 350 万円（給与所得者以外は所得金額 147 万円）以下の世帯　B：(1) 生活保護世帯であること (2) 市町村民税が課されていない世帯 (3) 市町村民税の所得割が課されていない世帯 (4) 保護者の死亡、疾病、障害または失職等により、(1) ～ (3) に定める者と同程度に生活が困窮していると認められる世帯。　A、B どちらも満たす必要がある
	その他	協定を結んだ海外の大学に留学する学生
各学年 20 名	その他	1 年生…推薦入試 (公募制) 及び一般入試 (前期) の成績上位者　2 ～ 6 年生…前年度の成績上位者 (毎年度選考。薬学科 6 年生は前々年度)
100 名（大学院学生含む）	学校出願時	学業成績・人物ともに優秀であり経済的困難度が高く、修学困難な学部学生及び大学院学生
該当者	随時	家計維持者の死亡・疾病・失業等により家計状況が急変して修学困難な学部学生及び大学院学生　※給付は在学中 1 回
学部学科を問わず60 名以内		本学入学者（編入学者及び大学院入学者を除く。）で、経済的困窮状態にあるため修学が困難な方

	学校名・団体名	制度名	対象の専攻分野	対象詳細	支給額	支給期間	
宮城県	東北工業大学	東北工業大学奨学生 学業奨励奨学金「学業最優秀奨学生」	なし	2、3、4年	当該年度の授業料相当額	当該年度	
		東北工業大学奨学生 学業奨励奨学金「学業優秀奨学生」			授業料 1/2相当額		
		東北工業大学奨学生 学業奨励奨学金「学業一般奨学生」			年額12万円		
		東北工業大学奨学生 課外活動奨励奨学金「課外活動優秀奨学生」			授業料 1/3相当額		
		東北工業大学奨学生 課外活動奨励奨学金「課外活動一般奨学生」			年額12万円		
		東北工業大学 就学支援給付奨学金		3、4年	当該学生の学費 年額の1/3相当額		
		郵政福祉教育振興 基金奨学金			授業料の半額以内		
	東北生活文化大学	被災学生給付型 奨学金制度	なし	1年生のみ	年額12万円	1年	
		三島学園香風会 奨学制度新入生学業奨励金		2～4年生			
		東北生活文化大学・東北生活文化大学短期大学部兄弟姉妹給付奨学金					
	東北福祉大学	東北福祉大学奨学金	なし		月額5万円	最大2年間	
	宮城学院女子大学	宮城学院奨学会 奨学金	なし		年額60万円または30万円	単年度	
		宮城学院女子大学 奨学金			20万～30万円		
		宮城学院同窓会 奨学金			20万円		
山形県	東北文教大学	学業成績優秀者 奨学生	なし	全学年	Aランク40万円・Bランク30万円・Cランク20万円	1年間	
		スポーツ・文化 優秀者奨学生					
		同窓会「耀」奨学金			10万円		
秋田県	秋田看護福祉大学	家族学費支援制度2	なし		授業料の1/3相当額	兄弟姉妹の上級の者が卒業するまで	

人数	申込時期	資格・条件
8 名 （各学科 1 名）	その他	本学に在学する 2 年生以上の学生で学業成績が最も優秀であると認められた者
16 〜 18 名 （各学科最低2 名）		本学に在学する 2 年生以上の学生で学業成績が特に優秀であると認められた者
160〜175 名		本学に在学する 2 年生以上の学生で学業成績が優秀であると認められた者
3 名以内		本学に在学する 2 年生以上の学生で課外活動において特に優秀な成績を収めた者
18 〜 20 名		本学に在学する 2 年生以上の学生で課外活動において優秀な成績を収めた者
15 名以内		家庭の事情により修学が困難と認められた者
2 名		8 学科中 2 学科を指定し前年度の成績優秀者を学科が推薦
家政学部、美術学部併せて 5 名	その他	学業成績・人物ともに優秀な学生。
		大学及び短期大学部に，1 世帯から 2 人以上の学生が在学している場合，2 人目以上の学生につき，年長，学年次順に当該学生に給付
20 名以内	入学後	経済的理由により修学が困難な学生を支援することを目的として、国による修学支援新制度に申請する資格のない学生を対象
15 名程度	入学後	1. 人物・学業ともに優れ、経済理由により修学が困難な学部生 2. 他の本学独自の給付奨学金・授業料減免を受けていない者 ※国による修学支援新制度（日本学生支援機構：授業料等減免と給付型奨学金）の対象とならなかった学生を優先的に採用
5 名		人物・学業ともに優れ、経済的理由により修学が困難で、さらに生活困窮度が著しい学部生（卒業学年を優先）
若干名	入学後	人物並びに学業成績が優秀であり、他の範たると認められる者 ※成績・活動内容によりＡからＣランクを審査
		人物並びに体育競技・文化活動に優秀であり、スポーツ・文化の振興に寄与できると認められる者 ※成績・活動内容によりＡからＣランクを審査
		①兄弟姉妹で在籍している者②外国人留学生で「留学ビザ」を取得していない者③経費支弁者の諸事情で経済的困難者④その他、奨学生として適当と認められる者
	その他	本法人が設置する大学、短大に兄弟姉妹が現に在籍している者

私立　北海道・東北／関東

	学校名・団体名	制度名	対象の専攻分野	対象詳細	支給額	支給期間	
福島県	医療創生大学	一人暮らし支援奨学金	薬学部心理学部		月額3万円	薬学部最大6年間、心理学部最大4年間	
	郡山女子大学	学校法人郡山開成学園創立者関口育英奨学金制度	なし	推薦生選抜の合格者、特別生選抜の合格者、一般生I期選抜の受験者	年額24万円	1年（年度ごとに継続申請可能）	
		郡山女子大学同窓会奨学金			年額10万円	1年	
	東日本国際大学	学業奨学生	なし		第一種から第三種82万円〜10万円	当該年度1年間	
		スポーツ奨学生			特別種から第六種118万円〜10万円		
		吹奏楽部奨学生			第一種から第三種82万円〜10万円		
		資格奨学生			資格区分A、B：授業料相当額（72万円／年）資格区分C：授業料半額相当額（36万円／年）	資格区分A：4年間継続申請可資格区分B、C：1年間	
		兄弟姉妹奨学生			2人目以降の授業料半額相当（36万円）		
	福島学院大学	福島学院大学学長特別奨学金	なし	3・4年	年額28万円		
関東							
東京都	青山学院大学	青山学院大学経済支援給付奨学金	なし		年間学費相当額限度	単年度	
		青山学院大学経済支援給付奨学金（緊急対応）			年間学費相当額限度		
		青山学院大学経済援助給付奨学金			50万円		
		青山学院スカラーシップ			15万円〜50万円		
		青山学院スカラーシップ（留学関係）			25万〜30万円		
		青山学院大学入学前予約型給付奨学金「地の塩、世の光奨学金」			年額50万円（原則4年間継続支給、継続審査あり）	最短修業年限	

人数	申込時期	資格・条件
薬学部、心理学部各 10 名	入学後	入学後、アパート・下宿等に入居予定の方。大学入学共通テスト利用入試（前期）受験者のうち、成績上位者
10 名	その他	本学園の「建学の精神」をよく理解し、特色に優れ、学業成績・人物共に堅実である者。指定校推薦、公募推薦一期・二期、専門学科・総合学科推薦一期・二期、高大連携の合格者および一般一期・大学入学共通テスト利用一期選抜の受験者。
2 名	入学後	三親等以内に本学卒業生がいること。成績優秀者。
	学校出願時	学業成績が優秀で、経済的支援を必要とする方。原則、高等学校の認定平均が 3.5 以上であること
		スポーツの活動において顕著に優秀な成績を修め、経済的支援を希望する方　対象科目：硬式野球・柔道・サッカー・卓球・弓道・バドミントン
		部活動 (吹奏楽) において優秀な成績を修め、継続して 4 年間練習に参加できる方で、経済的支援を必要とする方
		本学の入学者選抜（「学校推薦型選抜」、「総合型選抜」、「一般選抜」、「大学入学共通テスト利用選抜」）の合格者のうち、受付期間終了（令和 4 年 3 月 19 日）までに本学が指定する資格を取得した方を対象とし、証明書類により選考。資格区分に応じた奨学金を給付
		志願者本人入学時に兄弟姉妹が東日本国際大学かいわき短期大学に同時に在籍となる場合、同時に在籍している期間、給付
2 名	入学後	学業成績優秀な者に対して学長特別奨学金を授与。授与対象者は、2 年までの成績上位 2 名及び 3 年までの成績が第 2 位以内にランクアップした者
若干名		本学学部に在籍し、成業が見込める者で、経済的理由により学費支弁が困難な者
若干名		上記のほか、申請時より 1 年以内に緊急不測の事態が生じ、経済的理由により学費支弁が困難な者（入学後に限る）
9 名	入学後	学部 4 年次の学生のうち、緊急不測の事態等により学費等の支弁が困難となった者
～ 263 名※大学院と同時募集含む		いずれかの条件を満たす者 1. 経済的理由により修学困難な者 2. 経済的理由により修学困難なもので、学業成績が特に優れた者 3. 学業成績優秀者 4. その他（個別条件）
～ 7 名		応募時に協定校・認定校留学へ応募済みか合格した者
約 350 名	その他	(1) 一般入学試験または大学入学共通テスト利用入学試験で青山学院大学を受験する者 (2) 日本国籍を有する、特別永住者又は永住者、定住者、日本人（永住者）の配偶者・子である者 (3) 東京都（島しょ部を除く）、神奈川県、埼玉県及び千葉県以外の道府県に父母双方（または父母にかわって家計を支える者）が居住し、入学後は本学へ自宅外から通学する者 (4) 父母の収入・所得金額の合算が所定の基準額未満である者・給与・年金収入金額（税込）：800 万円未満・その他、事業所得金額：350 万円未満　※人数は、採用候補者数

学校名・団体名	制度名	対象の専攻分野	対象詳細	支給額	支給期間	
青山学院大学	青山学院大学産学合同万代外国留学奨励奨学金	なし	海外の協定校・認定校に留学する者	25万～200万円	単年度	
	青山学院国際交流基金奨学金			20万円		
亜細亜大学	太田奨学基金育英奨学金	なし	全学部・全学年	年額30万円以内。その他家計困窮度に応じ授業料全額又は一部を免除	1年間	
	亜細亜学園奨学金（大学）		各学部学科（2～4年次）の前年度成績優秀者	年額10万円	1回（7月）留学生別科のみ年度末	
	東急奨学金（一般学生）（大学）		各学部学科（2～4年次）の前年度成績優秀者	年額8万円	1回（7月）（留学生別科のみ年度末）	
	亜細亜大学派遣留学プログラム奨学金		亜細亜大学アメリカプログラム〈AUAP〉及びアジア夢カレッジキャリア開発中国プログラム〈AUCP〉の留学希望者	〈AUAP〉年額10万円〈AUCP〉年額5万円	1回	

東京都

	人数	申込時期	資格・条件
	30 名	入学後	応募時に協定校・認定校留学が決定している者または学内選考中の者
	7 名		
	対象者全員	随時	家計支持者の死亡等により家計が急変し、学業の継続が困難となった成績優秀者
	(各学科とも2年次以上各学年) 経営学科9名、ホスピタリティ・マネジメント学科4名、経済学科7名、法律学科9名、国際関係学科5名、多文化コミュニケーション学科3名、都市創造学科4名、留学生別科1名	その他	学力・人物ともに優れた者　※本人申請制ではなく、大学で選抜
	(各学科とも2年次以上各学年) 経営学科3名、ホスピタリティ・マネジメント学科1名、経済学科2名、法律学科3名、国際関係学科1名、多文化コミュニケーション学科1名、都市創造学科1名		学力・人物ともに優れた者　※本人申請制ではなく、大学で選抜
			\<AUAP\> は留学する前に TOEIC で 600 点以上を取得した全学上位 15 名以内の者。〈AUCP〉は参加要件である1年次11月及び3月実施の中国語検定試験の3級以上に合格した全学上位2名以内の者。　※本人申請制ではなく、大学で選抜

	学校名・団体名	制度名	対象の専攻分野	対象詳細	支給額	支給期間	
東京都	亜細亜大学	青々会奨学金	なし	各学部 （2～4年次）の 前年度 成績優秀者	年額10万円	1回（7月）	
		亜細亜学園後援会 奨学金		全学部、全学年	年額36万円以内	1年間	
		亜細亜学園 山口年一奨学金		全学部、全学年	(1)10万円 (2)10万円 (3)20万円 (4)30万円 (5)30万円	1回	
	跡見学園女子大学	跡見学園女子大学 後援会修学援助 奨学金	なし	1年次秋学期以降 に在籍している者	第一種： 授業料1学期分、 第二種： 授業料1学期分の 1/2	6ヶ月	
		跡見校友会一紫会 修学援助奨学金		2～4年生		1年間	
		跡見花蹊記念奨学金			授業料1学期分		
	桜美林大学	グローバル人材育成 奨学金	なし	2～4年	留学渡航費用		
		学業優秀者奨学金			20万円		
	大妻女子大学	大妻女子大学 育英奨学金	なし		月額2万円	1年間	
		学校法人大妻学院 特別育英奨学金					
		学校法人大妻学院 石間奨学金			年額40万円	採用年度中 に1回	
	嘉悦大学	後援会奨学金制度	社会科学		年間授業料の 50%	年2回	
		後援会家計急変に 伴う緊急奨学金			年間授業料の 50%以内	在学中1回	
		後援会学修奨励費 奨励費奨学金				年1回	

人数	申込時期	資格・条件
(各学部とも2年次以上各学年)経営学部2名、、経済学部2名、法学部2名、国際関係学部2名、都市創造学部1名	その他	学力・人物ともに優れた者　※本人申請制ではなく、大学で選抜
対象者全員	随時	主たる家計支持者の死亡等により家計が急変し、経済的に学業の継続が困難と判断された者で、いずれも前年度までの修得単位数の基準が満たされている者
対象者全員	その他	本学在学中に下記に該当した者 (1) 日商簿記1級に合格した者 (2) 税理士試験科目の中の簿記論及び財務諸表論2科目のうちいずれか1科目に合格した者 (3) 税理士試験科目の中の簿記論及び財務諸表論2科目に合格した者 (4) 税理士(科目免除を除く)または公認会計士に合格した者 (5) その他 (4) と同等以上の資格試験（外国も含む）に合格した者
予算額の範囲内	入学後	第一種：次の各号のいずれかに該当し、かつ修学の見込みがあると認められる者とする。(一) 主たる家計支持者の死亡、失職、病気、事故その他の理由により、学費の納入ができない場合 (二) 天災その他の災害により、学費の納入ができない場合　第二種：次の各号のいずれかに該当し、かつ修学の見込みがあると認められる者とする。(一) 恒常的低収入その他の理由により、学費の納入ができない場合 (二) 学費の納入ができない特段の事情がある場合
		第一種：次の各号のいずれかに該当し、かつ修学の見込みがあると認められる者とする。(一) 主たる家計支持者の死亡、失職、病気、事故その他の理由により、学費の納入ができない場合 (二) 天災その他の災害により、学費の納入ができない場合　第二種：次の各号のいずれかに該当し、かつ修学の見込みがあると認められる者とする。(一) 恒常的低収入その他の理由により、学費の納入ができない場合 (二) 学費の納入ができない特段の事情がある場合
		本学開設の卒業に要する科目の前年度修得単位数が2年生および4年生にあっては31単位以上、3年生にあっては27単位以上の学業成績上位者。成績評価の算定方法は、（S評価の単位×4）＋（A評価の単位×3）＋（B評価の単位×2）＋（C評価の単位×1）／履修登録総単位数とする。
30名	入学手続時	
各学年21名	入学後	前年度の学業成績優秀者
33名(短大生含む)	入学後	学校法人大妻学院特別育英奨学金、高等教育の修学支援新制度との併給は認めない。次のいずれにも該当する者。(1) 学業・人物ともに優れた者 (2) 本学入学後に家計支持者が死亡もしくは長期療養により、学費の支弁が困難になった者
55名（大学院生・短大生含む）	入学後	大妻女子大学育英奨学金、高等教育の修学支援新制度との併給は認めない。次のいずれにも該当する者。(1) 学業・人物ともに優れた者 (2) 学費の支弁が困難で、勉学意欲の高い者
1名（短大生含む）	入学後	以下のいずれにも該当する者。(1) 学業・人物ともに優れ、経済的に困窮している者 (2) 卒業見込資格を取得した最終学年の者 (3) 標準修業年限を超過していない者
2年次以上の各学年4名以内	入学後	1. 人物良好人物良好 及び成績優秀者で嘉悦大学に貢献した者 2. 嘉悦大学及び他機関の奨金を給付されていな者
年間5名以内	随時	入学後、学費負担者が病気、死亡失職（定年退職、自己都合を除く）、自己破産等の事由による家計の急変などにより、学業の継続に支障を生じた者
2年次以上の各学部・各学年1名	入学後	給付対象者は前年度終了時の通算GPAが各学部、各学年で最も優れていて取得済単位数が基準に達している者

	学校名・団体名	制度名	対象の専攻分野	対象詳細	支給額	支給期間	
東京都	学習院女子大学	安倍能成記念教育基金女子大学学部奨学金	なし		年額 45 万円	1 年	
		学習院女子大学学業優秀者給付奨学金			年額 15 万円		
		学習院女子大学学費支援給付奨学金			第 2 期分授業料相当額		
		学習院女子大学教育ローン金利助成奨学金			5 万円を上限とする支払い金利分		
		学習院女子大学海外留学奨学金			上限 50 万円		
		学習院女子大学海外留学奨学金（交換によらない難関協定校への留学）			上限 60 万円		
		学習院女子大学海外短期語学研修奨学金			（現地研修）上限 10 万円（オンライン研修）上限 3 万円		
		学習院女子大学海外ボランティア活動奨励金			上限 10 万円		
		学習院父母会奨学金			授業料・施設設備費相当額	在学中1 年度限り	
	学習院大学	学習院大学新入学生特別給付奨学金	なし	新入生	入学金相当	入学年度のみ	
		学習院大学学費支援給付奨学金			第 2 期分授業料相当額	1 年間	
		学習院大学入学前予約型給付奨学金「目白の杜奨学金」（一般選抜対応）		1都3県（東京都・神奈川県・埼玉県・千葉県）を除く、全国の高等学校	100 万円	入学年度のみ	
		学習院大学入学前予約型給付奨学金「学習院桜友会ふるさと給付奨学金」（一般選抜対応）			200 万円（年間 50 万円×4 年間）		
		学習院大学教育ローン金利助成奨学金			5 万円を上限とする支払金利分	1 年間	
		学習院大学学業優秀者給付奨学金			年額 10 万円		
		安倍能成記念教育基金奨学金			年額 45 万円		

人数	申込時期	資格・条件
4名	その他	2年次以上で、推薦制。学業成績・人物ともに優秀である者
15名		
10名程度	入学後	学費支弁が困難な学部学生（留学生を除く。）で、原則として最短修業年限で卒業できる見込みの者のうち、別に定める家計基準及び成績基準を満たす者
若干名		学費支弁が困難なため、学生本人又は学生の保証人が、本学学費納付を目的として、本学が指定した金融機関より教育ローンを借用した場合。本学学生で、最短修業年限（休学期間を除く）で卒業が見込まれる者
		本学の正規の課程に在籍する者で、海外の大学、大学院その他の教育研究機関に留学が決定している者
		本学の正規の課程に在籍する者で、本学の指定する難関協定校への留学が決定している者
		本学の正規の課程に在籍し、学年末休業中および夏季休業中に海外（現地・オンライン）で語学研修を行った学生。
		本学の正規の課程に在籍し、夏季休業中に海外で有意義なボランティア活動を行った場合
		在学中、学費負担者である父母保証人の死亡等に起因し、家計が激変したことにより学費の支弁が困難と認められる者で、勉学熱心な者
	入学後	公募制。学業成績・人物優秀で家計困窮度の高い者。「修学支援法に基づく授業料等減免との併用不可」
		公募制。学業成績・人物優秀で家計困窮度の高い者。「修学支援法に基づく授業料等減免との併用不可、但し、支援対象外期間を除く」
採用候補者数 100名	その他	公募制。学業成績・人物優秀で、本学入学後、有意義な学生生活を送り、本学学生の良き模範となって活躍する者、且つ経済的支援が必要な者
採用候補者数 10名		公募制。学業成績・人物優秀で、本学入学後、有意義な学生生活を送り、本学学生の良き模範となって活躍する者
	入学後	公募制。金融機関で教育ローンを受けていること
		推薦制。学業成績・人物ともに優秀な者
		推薦制。学業成績・人物ともに優秀である者

	学校名・団体名	制度名	対象の専攻分野	対象詳細	支給額	支給期間	
東京都	学習院大学	指定寄付奨学金「学習院大学ゴールドマン・サックス・スカラーズ・ファンド」	なし	2年以上	50万円	1年間	
		学習院大学海外留学奨学金			40万円以内		
		学習院大学海外短期語学研修奨学金			10万円以内		
		学習院大学春季語学研修奨学金			7万円以内		
		学習院大学語学能力試験受験の助成			1万円以内		
	北里大学	北里大学給付奨学金	なし	2年以上	原則学費年額の1/2相当額（医学部は学費年額の1/3相当額）	原則として採用年度1カ年以内	
		北里大学PPA給付奨学金					
		薬友会給付奨学金		薬学部2年以上	年額10万円	原則として出願年度1カ年以内（次年度以降も申請可）	
		北里大学医療衛生学部こまくさ給付奨学金	保健（その他）	医療衛生学部3年・4年	年額60万円以内	出願年度1カ年以内、1回限り	
		北里大学学生表彰による奨学金（北島賞）	なし		10万円		
	共立女子大学	共立女子大学・共立女子短期大学実務体験奨学金	なし		月額3万円	採用年の10月～翌年9月の1年間	
		廣川シゲ給付奨学金			3万円、5万円、10万円		
		栗山ヒロ給付奨学金	教養・学際・その他	国際学部	10万円		
		クワハラタカシ給付奨学金	人文科学	文芸学部文芸学科英語英米文学コース			
		宇都宮信子給付奨学金	家政		2万5000円		

人数	申込時期	資格・条件
		公募制。経済的支援が必要で、学業成績が優秀な者
年 40 名程度	入学後	本学学部の正規課程に在籍する者で、海外の大学、大学院等への留学が決定しているか、出願中の者で、奨学金給付時までに留学願が承認されることが見込まれる者
60 名程度		本学学部の正規課程に在籍する者で、夏季休業中に海外で 3 週間以上の学内主催及びそれに準ずる海外語学研修に参加した学生
15 名程度		本学学部の正規課程に在籍する者で、本奨学金対象の国際センター主催春季語学研修に参加した学生
各回 40 名程度		本学学部の正規課程に在籍する者で、留学のための語学能力試験を受験する者
25 名程度		①家計状況の急変、又はその他経済的理由により学費の支弁に支障を生じた者②勉学に強い意欲を持ち、人物が優秀で成業の見込みのある者③原則として学業成績が各学科及び各専攻単位の上位 3 分の 1 以内の者、かつ平成 27 年度以降の学部入学生においては、原則として GPA2.0 以上の条件を加える④原則として日本学生支援機構奨学金の貸与を受けている者　※大学院生含む（別途出願条件あり）変更があった場合は北里大学 HP で通知
年間 6 名程度		①家計状況の急変、又はその他経済的理由により学費の支弁に支障を生じた者②勉学に強い意欲を持ち、人物が優秀で成業の見込みのある者③原則として学業成績が各学科及び各専攻単位の上位 3 分の 1 以内の者④原則として日本学生支援機構奨学金の貸与を受けている者　※変更があった場合は北里大学 HP で通知
原則 10 名以内	その他	次の①～④のすべてを満たす学生①主たる家計支持者の失職、死亡又は災害による家計急変、その他経済的理由により、学費の支弁等に支障を生じた者②勉学に強い意欲を持ち、人物が優秀で成業の見込みがある者③原則として、学業成績が各学科の上位 3 分の 2 以内である者④原則として、日本学生支援機構奨学金の貸与を月額 5 万円以上受けている者
原則として年間 4 名以内	その他	家計状況の急変、又は経済的理由などにより学費の支弁が困難と認められ、勉学に強い意欲を持ち、人物が優秀で将来成業の見込みのある、医療衛生学部 3 年・4 年に在籍する学生を対象とした給付奨学金制度。給付期間は原則として出願年度 1 カ年以内。給付回数は原則として 1 回限り
原則として各学年・各学科 2 名程度		前年度の学業成績並びに人物が優秀な者
20 名（大学・短大合計）		勉学意欲があるにもかかわらず、修学が困難な学生 (卒業期を除く)
		学内外における優れた諸活動 (研究・ボランティア・受賞・国際交流等) で成果を挙げた学生および団体　※ 100 万円以内 (大学・短大合計)
1 名	入学後	国際学部に在籍の 2 年次以上の学生のうち、長野県出身者で学業成績優秀な学生（GPA2.8 以上）
		文芸学部文芸学科英語英米文学コースの 2 年次以上に在籍する学業成績優秀な学生（GPA3.2 以上)
8 名		家政学部に在籍する卒業期の学生のうち、学業成績優秀で他の学生の模範となる学生

	学校名・団体名	制度名	対象の専攻分野	対象詳細	支給額	支給期間	
東京都	杏林大学	杏林大学奨学金	なし	2〜4年(医学部は2〜6年)	年額36万円	1年間	
		杏林大学緊急時奨学金			最大50万円	一括給付	
		杏林大学海外研修・留学奨学生			5万円〜70万円(留学期間や採用順位により金額が異なる)		
		外国語学部熊谷奨学金			留学費用の75%かつ50万円上限		
		杏林大学成績優秀学生表彰金			年額5万円		
		杏林大学特別表彰学生表彰金			年額3万円		
	国立音楽大学	国立音楽大学国内外研修奨学金	芸術	学部2・3・4年生、ただし2年生は特別給費奨学生のみ	研修に要する経費の一部あるいは全部	当年度	
		国立音楽大学国内外研修奨学金(特別研修給付)		全学年	(海外)グループ50万円以内、個人25万円以内(国内)グループ25万円以内、個人15万円以内		
		岡田九郎記念奨学金		ピアノ専攻3・4年	45万円	当年度前期	
		国立音楽大学同調会奨学金		3・4年	20万円	当年度	
		国立音楽大学学部特別給費奨学金		演奏・創作学科(声楽・鍵盤楽器(ピアノ)・弦管打楽器専修)全学年	入学金を除く学費全額、半額、4分の1のいずれか	原則4年間給付	
	慶應義塾大学	慶應義塾大学修学支援奨学金	なし		学費の範囲内	1年間	
		110年三田会記念大学奨学基金			年額50万円	1年間(毎年申請可)	
		111年三田会記念大学奨学基金					
		118年三田会記念大学奨学金			年額30万円		
		118年三田会記念大学奨学金(海外留学支援)			年額10万円		

94

人数	申込時期	資格・条件
当該年度予算範囲内	入学後	人物・学業成績がともに優れ、修学継続の熱意があるにも関わらず経済的理由により授業料等の納入が困難な者。
若干名	随時	保護者（家計支持者）の経済的な状況が急変し、学業継続の意思があるにも拘らず、修学の継続が極めて困難な者　※在学中1回のみ
当該年度予算範囲内	入学後	本学が認める海外研修・留学に参加する者で、成績優秀で勉学意欲に富み、海外研修・留学の成果が期待できる者
2～4名		外国語学部2・3年次に留学を予定する学生で、経済的に困窮している成績優秀者で本学指定の留学に限る。（原則・日本人学生）
各学部学科・各学年上位1名※保健学部看護学科においては各専攻	その他	2年以上の在学生で、前年度の学業成績が優秀で、かつ人物・生活面において優れた者
各学部原則2名まで	入学後	各学部が認めた難関資格・検定や課外・社会活動等で極めて優秀な実績を上げた者。
15名程度	入学後	研修意欲に富み成績優秀な学生で、国内外の講習会などにおける研修を希望する者※国内外の講習会や研修に要する費用を給付
5名程度	入学後	学外でのコンクール等で高い評価を得た者
各学年1名以内		前年度の専攻成績が特に優秀な者
各2名以内		経済的理由により就学困難な者
若干名	学校出願時	特別給費奨学生として入学試験に合格した、きわめて優れた演奏能力を持つ者
100名程度		勉学の意欲をもちながらも、急激な家計状況の変化、或いは、継続的な困窮のため、経済的に修学が困難な者。　※年2回
3名		人物・学業成績ともに優秀で、かつ、家計状況の急変により、経済的に学業の継続が困難になった者
5名	入学後	人物・学業成績ともに優秀で、学生の範となる活動を行っている者
6名		家計支持者の死亡・失職等により家計状況が急変し、経済的に学業の継続が困難になった者
		勉学の意欲を持ちながらも、経済的理由により海外学習活動に参加することが困難な者

	学校名・団体名	制度名	対象の専攻分野	対象詳細	支給額	支給期間	
東京都	慶應義塾大学	121年三田会記念大学奨学基金	なし		年額30万円	1年間（毎年申請可）	
		1994年三田会記念大学奨学金			年額50万円	1年間	
		1995年三田会記念大学奨学金					
		1996年三田会記念大学奨学金					
		八千代三田会奨学金			年額10万円	1年間（毎年申請可）	
		名古屋三田会奨学基金					
		浜松三田会奨学金					
		新宿三田会奨学金					
		広島慶應倶楽部奨学金					
		讃岐三田会奨学金					
		仙台三田会奨学金					
		大阪慶應倶楽部奨学金					
		和歌山三田会奨学金					
		奈良三田会奨学金					
		岐阜県連合三田会奨学金					
		京都慶應倶楽部奨学金					
		関西婦人三田会奨学金					
		川越三田会奨学金					
		藤沢三田会奨学金		総合政策・環境情報・看護医療学部			
		神戸慶應倶楽部奨学金					
		杉並三田会創立25周年記念奨学金			年額20万円	1年間	
		不動産三田会奨学金			年額10万円	1年間（毎年申請可）	

	人数	申込時期	資格・条件
	4名		家計支持者の死亡・失職等により家計状況が急変し、経済的に学業の継続が困難になった者
	2名程度		人物・学業・成績ともに優秀で、かつ経済的理由により修学が困難な者
	若干名		
	1名		・千葉県八千代市に居住する者。・正課、課外活動において有益な活動を行っている者、あるいは行おうとしている者
	10名		・人物・学業・成績ともに優秀で、塾生の範となる活動を行っている者
	2名		
	3名		
	2名	入学後	・人物・学業・成績ともに優秀で、塾生の範となる活動を行っている者（香川県出身者優先）
			・人物・学業・成績ともに優秀で、塾生の範となる活動を行っている者。宮城県出身者
	1名		・近畿地方出身の学部生。・人物・学業・成績ともに優秀である者。・経済的理由により修学が困難な者
	2名		・和歌山県出身の学部生および大学院生。・家計状況の急変により、経済的に困窮し奨学金を必要とする者
	1名		・奈良県出身の学部生および大学院生。・人物・学業ともに優秀であり、かつ経済的に学業の継続が困難な者
			・慶應義塾大学学部生・大学院のうち人物・学業・成績ともに優秀で、塾生の範となる活動を行っている者（岐阜県出身者優先）
			・慶應義塾大学学部生・大学院生のうち人物・学業・成績ともに優秀であり、かつ経済的理由により修学が困難な者。・京都府出身の者
			・学部生で家計急変により、経済的に困窮し奨学金を必要とする者。・関西（滋賀、京都、大阪、奈良、和歌山、兵庫）出身の女子
			・人物・学業・成績ともに優秀かつ、経済的理由により修学が困難な者。・埼玉県川越三田会地区（川越市、坂戸市、鶴ヶ島市、日高市、ふじみ野市、富士見市、三芳町、川島町、毛呂山町、越生町等）出身者
	2名		・人物・学業・成績ともに優秀で、かつ経済的理由により修学が困難な者。・総合政策・環境情報・看護医療学部学生
	1名		・人物・学業・成績ともに優秀で、かつ、経済的理由により修学が困難な者。・兵庫県出身者
	4名		人物・学業・成績ともに優秀で、かつ経済的理由により修学が困難な者

私立
関東

	学校名・団体名	制度名	対象の専攻分野	対象詳細	支給額	支給期間	
東京都	慶應義塾大学	城北三田会奨学金	なし		年額 10 万円	1 年間（毎年申請可）	
		佐倉三田会			年額 20 万円	1 年間	
		木下雄三奨学基金					
		ゴールドマン・サックス・スカラーズ・ファンド			年額 50 万円	1 年間（毎年申請可）	
		「2000 年記念教育基金」教育援助一時金			授業料の範囲内	1 年間	
		東日本大震災被災学生復興支援奨学金			学費の範囲内		
		学問のすゝめ奨学金		一般入試受験生	年額 60 万円（医学部は 90 万円、薬学部は 80 万円）入学初年度は上記の金額に入学金相当額（20 万円）を加算。入学 2 年目以降は成績優秀者の奨学金額を増額	最大 4 年間（医学部・薬学部薬学科は 6 年間）※毎年の継続審査による	
		慶應義塾大学給費奨学金			年額 50 万円（条件により 25 万円）	1 年間（毎年申請可）	
		慶應義塾創立150 年記念奨学金（海外学習支援）			年額 10 万円～30 万円	1 年間	
		慶應義塾維持会奨学金			学部により年額 50 万円または 80 万円	1 年間（毎年申請可）	
		国際人材育成資金・基金（矢上）	理系全般	理工学部	プログラム内容により年額最高 30 万円程度	1 年間	
		理工学部同窓会奨学金		理工学部2 年生以上	年額 60 万円		
		メンター三田会理工奨学金			学費の範囲内		
		慶應義塾大学医学部贈医奨学金（経済支援部門）	保健		年額上限100 万円	1 年間（毎年申請可）	
		慶應義塾大学医学部贈医奨学金（研究奨励部門）					
		慶應義塾大学医学部贈医奨学金（顕彰部門）					

	人数	申込時期	資格・条件
	1 名	入学後	・人物・学業成績ともに優秀で，かつ経済的な理由により修学が困難である者・東京都豊島区、北区、板橋区、練馬区（四区という）に在住、もしくは四区内の高等学校を卒業した者
	2 名		・人物・学業・成績ともに優秀で、かつ経済的理由により修学が困難な者。・千葉県佐倉市出身または千葉県佐倉市に在住する者
	7 名		人物・学業・成績ともに優秀で、かつ経済的理由により修学が困難な者。
	10 名		経済的に学業の継続が困難であり、かつ人物・学業成績ともに優れた者で、成績指数が原則として 4.0 以上の者
	若干名		・家計状況の急変（家計支持者の死亡・失職等）により、経済的に学業の継続が困難な者　※年 2 回
	対象者全員		東日本大震災に被災し、経済的に学業の継続が困難になった者
	550 名	その他	(1) 首都圏（1 都 3 県）以外の国内高等学校等出身者で一般入試に出願予定の者 (2) 卒業した、または卒業見込みの高等学校等より、調査書の発行が受けられる者 (3) 父母の最新の年収合算が給与収入 1000 万円未満、事業所得 514 万円未満の者　(4) 高等学校等の教員より推薦を得られる者
	令和 2 年度実績：250 名	入学後	経済的に修学困難であると認められ、勉学の意欲を持ち、成績・人物ともに優秀な者
	75 名程度		勉学の意欲を持ちながらも、経済的理由により海外学習活動に参加することが困難な者。　※年 3 回
	135 名		人物・学業ともに優れ、経済的に学業に専念することが困難な者を対象とし、首都圏（1 都 3 県）以外の出身者を優先する
	大学院と合わせて 80 名程度		(1) 海外学習活動の目的が明確で、塾生の範となる活動をした者。(2) 学業成績・人物共に優秀であること。(3) 心身ともに健康である者。(4) 海外学習活動後も慶應義塾大学に在籍する者（卒業・修了予定年度においては少なくとも半期は在籍するもの）
	10 名程度		勉学の意欲を持ち、成績、人物共に優秀であること。　経済的に修学が困難であると認められ、将来成業の見込みがあること
	若干名		
	2019 年度実績：25 名		医学部（2 年生以上）に在籍し、経済的困窮を主たる理由として就学・学業に支障が生じており、経済的援助を必要とする学生
	2019 年度実績：1 名		医学部（2 年生以上）に在籍し、研究経験を有する学生
	2019 年度実績：0 名		医学部 4、5 年生対象 (1) 学術活動（自主活動、研究・学会発表等）、(2) 文化・芸術活動、(3) スポーツ活動、(4) 社会貢献活動（ボランティア活動等）の多様な分野において、医学部学生の範となる特に優れた業績をあげた学生

	学校名・団体名	制度名	対象の専攻分野	対象詳細	支給額	支給期間	
東京都	慶應義塾大学	慶應義塾大学医学部教育支援奨学金（経済支援部門）	保健		年額上限 50 万円	1 年間	
		慶應義塾大学医学部教育支援奨学金			年額 5 万円		
		慶應義塾大学医学部研究医養成奨学金			年額 100 万円	1 年間（毎年申請可）	
		慶應義塾大学医学部奨学基金奨学金			年額上限 100 万円		
		慶應義塾大学総合医学教育奨励基金奨学金（医学部）				1 年間	
		慶應義塾大学医学部人材育成特別事業奨学金			年額 200 万円	最大 4 年間	
		慶應義塾大学医学部ゴールドマン・サックス海外留学支援奨学金（2019 年度新設）			年額 50 万円程度	1 年間	
		青田与志子記念慶應義塾大学看護医療学部教育研究奨励基金（看護医療学部）			年額 10 〜 50 万円	1 年間（毎年申請可）	
		慶應義塾大学総合医学教育奨励基金（看護医療学部）		2 〜 4 年生	年額上限 40 万円		
		KP 三田会星野尚美記念薬学部奨学金			年額 20 万円		
		慶應義塾大学薬学部奨学基金（薬学部）		2 学年以上	年額上限 20 万円（予定）		
		慶應義塾大学総合医学教育奨励基金（薬学部）			年額上限 10 万円（予定）		
		経済学部ハイド奨学金	文系全般	経済学部 2 年生	他奨学金への応募状況を勘案し総合的に判断	1 年間	
		慶應義塾大学法学部 FIT 入試（B方式）入学者特別奨学金	社会科学	慶應義塾大学法学部 FIT 入試 (B 方式) により合格し、第 1 学年に入学した者	年額 30 万円	前年度までに所定の学業成績などの条件を満たせば、入学後の 2 年目以降、最大 4 年間の受給が可能	

人数	申込時期	資格・条件
2019 年度実績：4 名	入学後	医学部（2 年生以上）に在籍し、学習上の奨励費用が必要と認められ、また、進級もしくは卒業できる見込みがある学生
対象者全員		医学部 4 年生に在籍し、翌年度進級予定の学生　※臨床実習に備えた奨学金
		募集時点で医学部 4 年生もしくは 5 年生に在籍し、MD-PhD コースを選択している学生
2019 年度実績：12 名		医学部（2 年生以上）に在籍し、次のいずれかの項目に該当する者（1）学業成績が優秀であり、かつ経済的援助を必要とする学生（2）社会的貢献が顕著、かつ経済的援助が必要な学生
2019 年度実績：9 名		医学部（2 年生以上）に在籍し、経済的困窮を主たる理由として学業に支障が生じており、経済的支援を必要とする学生
	入学手続時	医学部一般入学試験の成績上位者
採用予定人数：4 名	入学後	医学部に在籍し、下記条件を全て満たしている者 1. 経済的理由により、海外での学習活動への参加が困難な者 2. 勉学の意欲を持ち、学業成績、人物共に優秀な者 3.2019 年度中に短期海外留学プログラム【臨床】を通して海外での学習活動を予定している者
10 〜 20 名		看護・保健・医療・福祉に関わる外国での学習・研究活動を行う者
6 〜 8 名程度		看護医療学部に在学する学生のうち、総合医療の学習に意欲があり、人物、学業・成績ともに優れた者
9 名（予定）		勉学の意欲を持ち、人物・成績ともに優秀、かつ健康であり、経済的に修学が困難であると認められる学生
6 名（予定）		勉学の意欲を持ち、成績・人物ともに優秀でありながら、経済的に修学困難であると認められる学生
未定		・人物、学業・成績ともに優れ、かつ経済的支援を必要とする者で、薬学を通じ社会に貢献しうる優秀な人材。・総合医学教育に意欲のある学生
1 名		・学業に優れ、勉学に意欲のある者・自宅外に居住し、経済的に学業に専念するのが困難な者（ただし、出身高等学校所在地が東京都・神奈川県以外の者が優先される）
12 名	その他	FIT 入試（B 方式）の入学選考結果に基づいて、優秀な成績で合格した者の中から、地域ブロックごとに給付対象者を決定

	学校名・団体名	制度名	対象の専攻分野	対象詳細	支給額	支給期間	
東京都	慶應義塾大学	慶應義塾大学商学部指定校推薦入学者地方特別奨学金（SP奨学金）	社会科学	受験生（首都圏（一都三県）を除く指定校推薦校）	年額60万円（2年目以降は年額40万円）	1年間（毎年申請可）	
	恵泉女学園大学	恵泉フェロシップ給付緊急奨学金	なし	全学年	1件あたり上限70万円		
	工学院大学	大学後援会給付奨学金（大学）	工学		年間学校納付金相当額以内（後期募集は後期学費相当額以内）	1年間	
		大学成績優秀学生奨励奨学金			授業料の4割相当額		
		大学入学試験成績優秀者特別奨学金			1年次授業料の全額相当額	1年間	
	國學院大學	國學院大學成績優秀者奨学金制度			最優秀：授業料相当額 優秀者：30万円または15万円		
		國學院大學神道文化学部神職子女奨学金制度	人文科学	神道文化学部	年額20万円（新入生自宅通学）年額40万円（新入生自宅外通学）2年次以上20名上限年額10万円		
		特例給費奨学金制度			上限50万円		
		國學院大學フレックス特別給付奨学金制度	人文科学	神道文化学部	40万円		
		教育ローン利子補給制度			上限5万円	1年間	
		国家公務員採用総合職試験支援奨学金制度			本学指定の外部セミナー等の受講料及びセミナー教材費		
		教員採用候補者選考試験支援奨学金制度	なし		本学指定の講座等の受講費用及び教材費相当額		
		公認会計士試験支援奨学金制度			本学指定の外部セミナー等の受講料	1.5年間	
		滝川市地方創生支援奨学金制度			当該年度授業料の半額	1年間	

人数	申込時期	資格・条件
10 名	学校出願時	指定された高等学校長の推薦を受けた者のうち、成績や課外活動等で特に優秀な成績を修めたもの
対象者	入学後	入学後の家計の急変により経済的に就学困難となった学生　※本学生支援機構（JASSO）奨学金の予約採用者および 1 年次春学期の在学採用申込者は対象外。
	入学後	主たる家計支持者の死亡により修学困難な者で、この奨学金により卒業または修了までの修学を継続することが可能な学部生
	その他	2 ～ 4 生の学部生が対象。前年度の学業成績が優秀で他の範となる者　※非公募(学科推薦)
	学校出願時	S 日程第 1 部特別入試において上位の成績で合格した者　※非公募（学科推薦）
各学科若干名	その他	学部学生 2 年生以上 (前年度の学業成績に基づく) 但し、前年度履修単位数が、1 年次 28 単位、2 年次 34 単位、3 年次 30 単位未満の者は対象外
新入生全員2 年以上は推薦		神道文化学部生のうち神道・宗教特別選考試験で入学した学生、本制度の選考規程に該当する者　※ 2 年以上選出型
	随時	家計支持者の失職・破産・病気・死亡又は自然災害等により家計急変が生じ、修学が困難になった者
有資格者全員		学部 1 ～ 4 年。フレックス A コースの学生で、月曜から金曜の 5 ～ 7 限及び土曜 1 ～ 7 限の科目のみを履修する者
若干名		家計支持者及び本人が金融機関から教育ローンを受けた学生に対し、在学中に限り利子の一部支給
10 名	入学後	本制度の選考試験を受験し、本学指定の外部セミナー等を指定した期間を通して受講できる者
若干名		教職課程履修者の 3 年・4 年。本制度の選考試験を受験し、本学の指定する講座等を受講すること
定員 10 名		日商簿記検定 2 級に合格した者、又は日商簿記検定 2 級相当の実力があると認められた者で、学部学生 1 年生後期に実施する選考試験に合格し、本学指定の外部セミナー等を指定した期間を通して受講できる者
		國學院大學北海道短期大学部在学中に、「國學院大學北海道短期大学部豊かな地方創生人材養成奨学金」を受給した者かつ卒業後、滝川市の公共団体と地元産業界、職業団体等に就職を希望し、地域貢献に寄与する者

東京都

学校名・団体名	制度名	対象の専攻分野	対象詳細	支給額	支給期間	
國學院大學	國學院大學セメスター留学助成金制度	なし		35～40万円（年間授業料の半額相当額）	1年間	
	國學院大學セメスター留学学習奨励金制度			10万円		
	國學院大學協定留学奨学金制度			月額3～8万円	1学期間又は2学期間	
	國學院大學協定留学「標」奨学金制度			20万円	1年間	
	國學院大學短期留学グローバル・チャレンジ奨学金制度			10万円	1回	
	ふるさと奨学金			20万円	1年間	
	カピー奨学金			30万円		
	若木育成会学費等支援制度			年間学費相当額		
国際基督教大学	ICU Peace Bell 奨学金	なし	教養学部	年額100万円	4年間	
	Friends Of ICU 奨学金（使途指定）：都留春夫奨学金	人文科学	臨床心理	20万円		
	Friends Of ICU 奨学金（使途指定）：クリス和田奨学金	社会科学	政治・経済			
	Friends Of ICU 奨学金（使途指定）:「斎藤勇先生記念」清水護奨学金	なし		50万円		
	Friends Of ICU 奨学金（使途指定）：網野ゆき子学術奨学金	理学	環境保全	50万円		
	堀江竹松・こう奨学金	理学	物理学、数学、情報科学、化学、生物学	21万7000円		
	FOI 学術奨励賞	教養・学際・その他		5万円		
	ICU 環境研究奨励金	理学	環境学	1万円		
	緊急就学支援金	なし		10万円		
こども教育宝仙大学	こども教育宝仙大学奨学生制度	教育	3・4年生対象	年間授業料（80万円）の範囲内で給付	一括支給	

人数	申込時期	資格・条件
		本学が実施するセメスター留学に参加する者
若干名	入学後	本学が実施するセメスター留学において優れた学修成果を収めた者
		本学が実施する協定留学に参加する者のうち、JASSO の定める成績評価係数が 2.30 以上の者
若干名		2 学期間の協定留学を國學院大學より許可された学部学生のうち、特に優秀と認められた者
最大 25 名		本学が実施する短期留学プログラムに参加する学部学生のうち、優れた学修成果を収めた者
各学年 5 名、計 20 名		家計が困窮している地方出身者 (1 都 3 県を除く) であり、自宅外通学者。かつ成績良好な者。令和 3 年度は 1・2 年生のみ対象
2 名		向上心があり、経済的事由により著しく修学困難 1 ～ 4 年生
	随時	入学後、家計支持者の経済状況が急変した学部学生 (事由発生から概ね 6 か月以内)
10 数名	学校出願時	学部出願者
2 名（学部・院併せて）		3 年生以上
		3 年生以上の者
1 名		3 年生以上の者、GPA 通算 3.0 以上
24 名		卒論を提出した者
人数制限なし		
人数制限なし		・学生本人または家計支持者住所が災害救助法適用地域であること・被災による損害を受けていること
	入学後	(1) 学業成績が優秀な者、(2) 学業、生活面において他の学生の範となる者、(3) 経済的支援を必要とする者、のいずれかに該当

	学校名・団体名	制度名	対象の専攻分野	対象詳細	支給額	支給期間	
東京都	駒沢女子大学	学校法人駒澤学園奨学金	なし	全学年	年間授業料の50％以内の額	1年間	
		学校法人駒澤学園奨学金「新型コロナウイルス感染症支援奨学金」			年間授業料の1/2		
	駒澤大学	全学部統一日程入学試験奨学金	なし	受験生	30万円	成績により最大4年間	
		駒澤大学新人の英知（一般選抜特待生）奨学金			授業料相当額		
		駒澤大学百周年記念奨学金		全学年	年額50万円	当該年度	
		駒澤大学駒澤会奨学金		学部2、3、4年生	20万円		
		駒澤大学同窓会奨学金		全学年	10万円		
	産業能率大学	産業能率大学上野奨学金上野特別奨学金	なし	2～4年	当該年度の授業料相当額の一部金額30万円		
		産業能率大学上野奨学金上野学業奨学金			15万円		
		産業能率大学上野奨学金修学支援奨学金		全学年			
		産業能率大学・富士通㈱育英基金奨学金		2～4年	20万円		
	実践女子大学	学祖下田歌子奨学金	なし		（卒業年度）30万円（1～3年次）記念品	1年間	
		教職員奨学金			半期学費相当額	半期	
		創立120周年記念奨学金（常磐松奨学金）					
		創立120周年記念奨学金（岩村奨学金）			20万円／年間	規定による	

人数	申込時期	資格・条件
26 名程度	入学後	向学心旺盛であるが経済的理由により修学困難な者
上限なし		新型コロナウイルス感染症に起因する家計急変により就学困難な者
得点上位 200 名以内	学校出願時	優秀な学生。全学部統一日程入学試験を受験し当該学部学科に入学すること
64 名		優秀な学生。2 月実施の一般入学試験 T 方式（グローバル・メディア・スタディーズ学部は S 方式）を受験し、当該学部学科に入学すること
100 名以内	入学後	百周年記念奨学金に申請し、その採用から漏れた学部 2・3・4 学年の中からGPAが高い順
20 名以内		百周年記念奨学金及び駒澤会奨学金のいずれの採用からも漏れた者のうち、世帯家計状況の困難な程度が高い順
150 名以内		百周年記念奨学金及び駒澤会奨学金のいずれの採用からも漏れた者のうち、世帯家計状況の困難な程度が高い順
各学科各学年 1 名以内	入学後	学業・人物ともに極めて優れており、他の模範となり得る者。大学からの指名
現代マネジメント学科・現代ビジネス学科各学年 5 名以内マーケティング学科各学年 3 名以内		学業・人物ともに優れている者。大学からの指名
55 名以内		所定の選考基準により、学費支援が必要と判断できる者
各学科各学年 1 名以内		学業・人物ともに極めて優れている者。大学からの指名
規定による	入学後	卒業年度の学生の中から、4 年次前期までの人物・学業成績に基づき、各学科主任が推薦する。（1〜3 年次）各学年の学科・専攻の成績上位者それぞれ 1 名に対し記念品を贈呈する。
		勉学意欲が強くかつ経済的事情により就学困難な者に在学中 1 回に限り給付する。(1) 主たる家計支持者が会社の倒産・解雇等により退職した場合 (2) 主たる家計支持者が死亡又は離別した場合 (3) 主たる家計支持者の経営する事業が破たんした場合 (4) 前 3 号の他、病気、事故、経営不などの事由により家計が急変した場合
前期 5 名 後期 7 名		恒常的に経済的困窮度が高く、学納金が納期内に納入できなかったものの、本学で修学をする意志が強固な学生に在学中 1 回に限り給付する。
2 名		岐阜県恵那市立岩邑中学校卒業者であり、就学継続の意志が強固であると認められるものに、年 1 回、卒業の最短年度までを限度として給付する。

	学校名・団体名	制度名	対象の専攻分野	対象詳細	支給額	支給期間	
東京都	実践女子大学	佐久間繁子ファーストイヤースカラシップ	なし	1年次	20万円	規定による	
		羽山昇・昭子奨学金			規定による		
		実践チャレンジ奨励金			審査による（上限20万円）	審査による	
	芝浦工業大学	芝浦工業大学育英奨学金	なし		各学科・学年により異なる	単年度	
		エスアイテック育英奨学金			12万円		
		学生臨時給付奨学金			月10万円×最大5か月		
		芝浦工業大学後援会自活支援奨学金			月額2万5000円1年分を一括納付	単年度	
		芝浦工業大学海外留学奨学金		協定校に留学する学生	4～10万円／月額（成績・派遣先国により異なる）	年度内1プログラム分（条件を満たせば2プログラム分）	
		芝浦工業大学創立80周年記念有元史郎奨学金		学部1年生のみ（本学併設高等学校卒業）対象	入学金相当	1回	
		芝浦工業大学創立80周年記念松縄孝奨学金		学部1年生のみ対象	10万円		
	上智大学	上智大学篤志家（教育学科）奨学金	教育	教育学科のみ	23万3500円	1年間	
		上智大学篤志家（竹島久子イギリス研究）奨学金	文系全般	3、4年次生のみ	20万円～50万円		
		上智大学篤志家（フランク アンド ジェーン・スコリノス）奨学金	なし		45万7000円		
		上智大学篤志家（優心）奨学金	人文科学	心理学科のみ	7万円～25万円（受給者総額）		

人数	申込時期	資格・条件
25 名以内	入学後	勉学意欲が高くかつ経済的事情により就学困難な大学 1 年次生及び短期大学部 1 年次生に奨学金を給付する。また、次の各号のすべてに該当する者とする。(1) 日本学生支援機構第一種奨学金を受給している者 (2)1 年次前期の学業成績（GPA）が 3.4 以上の者 (3) 就学継続の意志が強固であると認められる者
規定による	入学後	次の各号に該当する者に給付する。(1) 国際交流事業に参加する者 (2) 学園創立者顕彰事業及び恵那市との交流事業に参加する者 (3) 教育・研究及び課外活動において顕著な成績を上げ、学園の名声を高らしめた者 (4) その他、選考委員会が候補として選考した者
		次に掲げる本学学生個人又は本学学生団体による活動や取組を対象とする。(1) 福祉活動への取組 (2) ボランティア活動 (3) 環境問題への取組 (4) 地域との共生活動 (5) 学術的な取組 (6) その他、大学短大協議会が認めた活動
各学科・学年 3 名程度（学科により異なる）	その他	卒業年度の学生の中から、4 年次前期までの人物・学業成績に基づき、各学科主任が推薦する。(1 〜 3 年次) 各学年の学科・専攻の成績上位者それぞれ 1 名に対し記念品を贈呈する。
各学科・学年原則 1 名		勉学意欲が強くかつ経済的事情により就学困難な者に在学中 1 回に限り給付する。(1) 主たる家計支持者が会社の倒産・解雇等により退職した場合 (2) 主たる家計支持者が死亡又は離別した場合 (3) 主たる家計支持者の経営する事業が破たんした場合 (4) 前 3 号の他、病気、事故、経営不などの事由により家計が急変した場合
	随時	新型コロナウイルスの影響を事由とする主たる生計維持者の家計急変が認められること。新型コロナウイルス感染拡大により、学生自身のアルバイト収入が著しく減少したこと。
申請により検討	その他	原則として首都圏（一都六県）以外から入学した学生また、学業成績優秀で、家計支持者が住民税非課税及びそれに準じる者
全員	随時	本学の協定校に留学する学生。詳細はプログラムの募集時に確認すること。
芝浦工業大学附属高等学校並びに芝浦工業大学柏高等学校より各 2 名	その他	併設高等学校から本学への推薦入学を希望する者のうち、成績優秀かつ心身ともに健全な者
各学科 1 名		一般入試（前期日程）に合格し、入学手続きを完了した入学予定者のうち、各学科の成績最上位者 1 名
若干名	入学後	学業成績が良好で、経済的理由により学業の継続が困難な学生
		経済的理由により学業の継続が困難で、イギリス留学決定者、またはイギリスに強い興味と関心を持ち、シェイクスピアをはじめとするイギリス文学、政治、経済、外交、歴史等イギリスを研究領域とする学生
1 名		学業成績が良好で、経済的な理由により学業の継続が困難な学生（大規模災害の被災者を優先する）。
若干名		関東地方を除く地域から進学した自宅外通学生で、学業成績が良好かつ経済的。理由により学業の継続が困難な学生

	学校名・団体名	制度名	対象の専攻分野	対象詳細	支給額	支給期間	
東京都	上智大学	上智大学篤志家（経済学部・経鷲会）奨学金	社会科学	経済学部のみ	3万4000円～10万円	1年間	
		上智大学篤志家（学生寮）奨学金	なし		33万2000円（受給者総額）		
		VOLVO GLOBAL CHALLENGE SCHOLARSHIP 奨学金		学部1年次～3年次のみ	50万円（基準額）		
		上智大学篤志家（哈爾濱学院顕彰）奨学金	人文科学	ロシア語学科のみ	14万2000円		
		上智大学篤志家（大泉）奨学金		文学部及び総合人間科学部のみ	20万7000円		
		上智大学篤志家（国文）奨学金		文学部国文学科のみ	7万円		
		上智大学篤志家（セント・ルイス）奨学金		文学部フランス文学科のみ	4万5000円～10万5000円		
		上智大学篤志家（ラッセル・ブラインズ）奨学金		文学部新聞学科のみ。3、4年次学生のみ	7万8000円		
		上智大学篤志家（CNA保険）奨学金	文系全般	3、4年次学生のみ	4万4000円		
		上智大学篤志家（西村）奨学金	人文科学	外国語学部イスパニア語学科のみ	5万5000円（図書カードにて給付）		
		上智大学篤志家（沼田拓実）奨学金	理学	理工学部のみ	3万9000円		
		上智大学篤志家（独文・独語）奨学金	人文科学	ドイツ文学科及びドイツ語学科のみ	3万7000円		
		上智大学篤志家（神学部）奨学金		神学科のみ	6万円～16万円		
		上智大学篤志家（レモス）奨学金	教養・学際・その他	国際教養学部のみ	11万5000円～22万8000円		
		上智大学篤志家（ソフィア・LAWファンド）奨学金	社会科学	法学部のみ	2万5000円（図書カードにて給付）		
		上智大学篤志家（経鷲会）奨学金		経済学部のみ	10万円		
		上智大学篤志家（後援会）奨学金	なし				
		上智大学篤志家（英語学科先哲）奨学金			13万8000円		

	人数	申込時期	資格・条件
	若干名	入学後	海外留学経験者、ボランティア、ゼミ、部・サークル活動で成果を上げた学生またはグループ
			学業、課外活動、その他社会貢献活動で活躍している学生
			グローバル社会における諸問題に関心があり、将来グローバル企業等で活躍をする高い志を持つ学生
			ロシア・ソ連研究を志し、それを証する成果をあげたロシア語学科生
			学業成績が良好で、経済的理由により学業の継続が困難な文学部生及び総合人間科学部生
			学業成績を含めて、極めて優秀と認められる文学部国文学科生
			文学部フランス文学科生で、学科の発展に貢献した者、学業成績優秀者、経済的に困窮している者
	1名		学業成績が良好で、経済的理由により学業の継続が困難な新聞学科生
	7名		学業成績が優秀で、文化、政治、法律及び経済のいずれかの分野で国際研究を行う学部生
	若干名		学業成績が良好で、経済的理由により学業の継続が困難な学生
	1名		学業成績が良好で、経済的理由により学業の継続が困難な化学分野を専攻する理工学部生
	若干名		経済的理由により学業の継続が困難な学部生
			学業成績が優秀で経済的に学業の継続が困難な、かつ神学部の理念に沿って社会貢献できることが見込まれる学部生
			学業成績が良好で、経済的理由により学業の継続が困難な学部生
			学業成績が優秀で明確な進路目標を持つ学生
			学業成績を含めて、極めて優秀と認められる学部生
			学業成績が良好で、経済的理由により学業の継続が困難な学部生

	学校名・団体名	制度名	対象の専攻分野	対象詳細	支給額	支給期間	
東京都	上智大学	上智大学篤志家（森善文・母子家庭父子家庭支援）奨学金	なし		30万円	1年間	
		上智大学篤志家（創立100周年記念上智・聖母看護）奨学金【新入生対象】	保健	総合人間科学部看護学科の新入生のみ	25万円		
		上智大学篤志家（創立100周年記念上智・聖母看護）奨学金【在学生対象】		総合人間科学部看護学科のみ。学部3年次学生のみ			
		上智大学篤志家（ソフィアキャンパスサポート生活支援）奨学金	なし		20万円		
		上智大学ソフィア会生活支援奨学金			50万円	修業年限内（継続審査あり）	
		上智大学篤志家（川中なほ子）奨学金	人文科学	神学又はJ・H・ニューマンを研究対象とする者	30万円		
		上智大学篤志家（SOPHIAプレート）奨学金	なし		10万円		
		上智大学篤志家（松本あす加・ドイツ語学科）奨学金	人文科学	ドイツ語学科生のみ	17万円	1年間	
		上智大学篤志家（理工学部同窓会）奨学金	理系全般	理工学部のみ	上限8万円		
		利子補給奨学金	なし		提携ローンの利息分（上限有）		
		上智大学学業優秀賞		学部2～4年次学生のみ	7万円		
	昭和女子大学	人見記念奨学金（給付）	なし	成績優秀奨学生	年額20万円		
		成績優秀者奨学金		2年以上			
		3人以上在学者奨学金		本学園に3人以上の兄弟姉妹が同時に在学している場合	授業料半額		
		認定留学生奨学金			授業料全額または半額		
		経済的支援奨学金		3・4年	年額20万円		
		稲穂奨励基金			5万～10万円（業績による）		

	人数	申込時期	資格・条件
	若干名	入学後	経済的理由により学業の継続が困難な母子家庭または父子家庭の学生
			本学総合人間科学部看護学科を第一志望とし、本奨学金を申請した一般入学試験の成績上位者
			学業成績が良好で、経済的理由により学業の継続が困難な看護学科生
			旺盛な意欲にも関わらず、家庭環境の急変により修学の継続が困難となった学生
		学校出願時	本学への入学を第一志望とする者で、経済的理由により入学が困難かつ出身学校の成績が優秀な者のうち、首都圏（東京都・神奈川県・埼玉県・千葉県）以外の日本国内の高等学校等出身者で、入学後に自宅外通学する者 (一部、首都圏出身者も可)
		その他	学業成績良好で経済的理由により学業の継続が困難な神学又は J.H. ニューマンを研究対象とする学生（原則として女子学生）
			学業成績良好で経済的理由により学業の継続が困難な者
		入学後	ドイツ語圏諸国への留学が決定し、経済的理由により学業の継続が困難な学生
			理工学部開講の「夏期・春期休暇海外短期研修プログラム」に参加する学生
	20 ～ 30 名程度		本学と提携する金融機関の提携ローンを契約して学費を納入した者
	168 名		学業成績を含めて、極めて優秀と認められる学部生
	各学科各学年1 名	入学後	学習態度・生活態度が模範的であり、大学や他学生に対する貢献度大の者
	資格・条件をクリアする者		前年度の成績が GPA2.5 以上で、学年上位 3% の席次まで
			同時に在学している者のうち第 3 番目以降の入学者
			認定留学の許可を受けた者
	40 名		経済的事情により修学が困難であり、前年度の成績が本人の属する学科・学年の上位1/2 以内の席次である者・日本学生支援機構奨学金の家計基準を参考に順位付けを行い、困窮度の指標とし、上位 40 名を対象とする
			芸術・スポーツなどにおいて優れた業績をあげた者・団体

	学校名・団体名	制度名	対象の専攻分野	対象詳細	支給額	支給期間	
東京都	昭和女子大学	水上奨励基金	人文科学	日本語日本文学科	3万〜10万円（業績による）		
		小島海外留学支援基金	教養・学際・その他	ビジネスデザイン学科・現代教養学科	50万円（留学先宿泊費が免除されるプログラムの場合は20万円）		
		MAKOTO奨学金	なし		学費全額（4年間）留学が必須の学科の場合、ボストン留学費用1セメスター分も給付		
	昭和大学	昭和大学医学部特別奨学金	なし	学部4年次	学部5年次、6年次の授業料相当（大学院における授業料相当額の奨学金も給付）	5年次・6年次の学生納付金納入時	
		昭和大学歯学部特別奨学金					
		昭和大学薬学部特別奨学金					
		海外実習・研修奨学金		全学年	10万円以内（1回につき）		
		昭和大学被災者就学支援高須奨学金			100万円		
	女子栄養大学	香友会わかば奨学金	なし	4年生	10万円〜20万円	4月	
	女子美術大学	女子美奨学金	芸術	全学年	年額40万円	1年間	
		女子美同窓会奨学金		2年以上	年額18万円		
		創立者横井・佐藤記念特別奨学金			年額50万円		
		女子美術大学・女子美術大学短期大学部アイシス奨学金		全学年	年額10万円		
		女子美海外留学奨学金		全学年	期間・地域により異なる、3万5000円〜20万円		

人数	申込時期	資格・条件
		日本語・日本文学・書道・芸能など日本文化とかかわりのある領域において優れた活動・業績を示した者・団体
前期：1名・後期：1名	入学後	次の条件をすべて備えている者・1セメスター以上の長期留学プログラムに参加する者・ひとり親（母子家庭または父子家庭）または両親のいない者・入学時に21歳未満であること・卒業時に昭和女子大学サポーターズ・クラブの会員となること・前年度の成績が本人の属する学科・学年の上位1/2以内の席次・日本学生支援機構第一種奨学金の家計基準を満たしていること
1名		次の条件をすべて備えている者・学部1年次（留学生除く）・経済的困窮により修学が困難な者・学業に精励し、将来の目的意識を持って勉学に励む者・家計支持者の年収が400万円以下の者・卒業時に昭和女子大学サポーターズクラブの会員となり、学園支援活動に協力する意思がある学生
15名	その他	学部卒業後直ちに、本学大学院（社会人枠）へ進学し、本学附属病院または本学以外の病院において臨床研修を行い、臨床研修修了後、引き続き本学大学院に在籍し、大学院修了後、引き続き本学において4年以上専任教育職員として教育・研究・診療に従事する者
5名		学部卒業後直ちに、本学大学院（社会人枠）へ進学し、本学附属病院または本学以外の病院において臨床研修を行い、臨床研修修了後、引き続き本学大学院に在籍し、大学院修了後、引き続き本学において4年以上専任教育職員として教育・研究・診療に従事する者
10名		学部卒業後直ちに本学大学院（一般枠）へ進学、または、本学大学院(社会人枠)へ進学し、かつ本学附属病院において臨床薬剤師研修を行い、臨床薬剤師研修修了後、引き続き本学大学院に在籍し、本学大学院修了後、引き続き本学において4年以上専任教育職員として教育・研究・臨床に従事する者※但、本学大学院薬学研究科(社会人枠)に進学する場合は、病院薬剤学以外を専攻すること
対象者全員	随時	本学と学術交流協定を締結している海外の大学における、実習や研修プログラムに2週間以上参加する学生
		1. 昭和大学各学部および昭和大学医学部附属看護専門学校入学時に災害救助法適用地域居住者で当該災害により家計が急変した者、2. 各学部および看護専門学校の学生で、在学中に父母等学費負担者が、災害救助法適用地域居住者となり当該災害により家計が急変した者
各学科1名以上	その他	本学の建学の精神と教育理念を基に専門性を生かした社会活動を志向して学業向上に意欲を持って取り組んでいる学生。書類・面接による選考
90名（大学・短大合計）		学業を続けることが経済的に困難で、学業及び性行が良好な者　※翌年度再度出願可能。アイシス奨学金との同時受給不可
20名（大学・短大合計。外国人留学2名以内含む）	入学後	学業が優良であり、学業を続けることが経済的に困難な者。　※翌年度再度出願可能。創立者横井・佐藤記念特別奨学金との同時受給不可
6名	その他	成績優秀な者　※女子美同窓会奨学金との同時受給不可
5名		学業を続けることが経済的に困難で、学業および性行が良好な者。　※翌年度再度出願可能。女子美奨学金との同時受給不可
国際交流委員会の議を経て決定する	入学後	協定海外留学生又は認定海外留学生として留学する者

	学校名・団体名	制度名	対象の専攻分野	対象詳細	支給額	支給期間	
東京都	白梅学園大学	白梅学園大学・白梅学園短期大学給付奨学金	なし	一般入試I期受験者	年額24万円	1年間（次年度以降は申請が必要）	
		白梅学園大学・白梅学園短期大学特待生奨学金			年額75万円もしくは37万5000円	4年間※成績基準を満たす必要あり	
	白百合女子大学	白百合女子大学奨学金	なし	学部学生は2年次から最短修業年限まで毎年申請可能。	25万円	年1回	
		白百合女子大学同窓会奨学金		在学生対象	35万円	在学中1回	
		白百合女子大学同窓会特別奨学金		2年生以上の学部学生	15万円	年1回	
		白百合女子大学外国留学規程に基づく奨学金		認定留学生対象	留学期間による	留学後1回	
	杉野服飾大学	杉野学園奨学金	なし	全学年	年額20万円		
		杉野学園緊急奨学金					
		杉野学園利子補給奨学金			当該年度利子相当額。上限5万円		
		栁原操奨学金			年額100万円		
	成蹊大学	成蹊大学給付奨学金	なし		年額30万円	1年間	
		成蹊大学地方出身学生予約型奨学金（成蹊大学吉祥寺ブリリアント奨学金）			年額45万円	4年間	
		岡野奨学金		学部2年以上	年額9万円	1年間	
		関育英奨学金	工学	電気・原子力関係を専攻する者	年額12万円		
		清水建設奨学金	なし	学部3・4年	年額20万円		
		成蹊大学入学試験特別奨学金	工学	学部1年	授業料の2分の1相当額		
		成蹊大学学業成績優秀者奨励奨学金	なし	学部2年以上	年額10万円		
		成蹊大学社会人入学生奨学金			年額30万円		

人数	申込時期	資格・条件
10 名	学校出願時	①学業に精励する意思があり、高校の成績（評定平均値）が 3.5 以上であること②家計基準の条件を満たしていること。父母双方の収入を合算。家計が給与所得者の場合は、源泉徴収票の支払金額が 841 万円以下であること。家計が給与所得者以外の場合は、確定申告書の所得金額（税込）が 355 万円以下であること
80 名（一般入試 I 期の 10 名を含める）	入学後	
4 名	学校出願時	一般選抜 I 期入試の成績順位にもとづく
学部生・大学院生あわせて 40 名以内	その他	学業品行ともに優秀で、経済的に学業の継続が困難と認められる学生であること
学部生・大学院生あわせて 7 名以内	随時	学業品行ともに優秀で、家計支持者の死亡、破産、失業、被災などによる家計急変が原因で経済的に学業の継続が困難な学生であること。
約 20 名	その他	学業成績、人物ともに優秀である者。選考基準は、次の各号の要件を満たすものとする。(1) 前年度の成績評価において GPA の値が一定以上であること。(2) 前年度の修得単位数が標準的な修得単位数以上であること。(3) その他、学科ごとに定める基準を満たすこと。
要件を満たす者全員		協定校又は認定校に留学の上、所定の単位を修得し、且つ本学の卒業要件単位に認定された者
若干名	入学後	学業を継続する意思がありながら経済的に困難で、人物・成績ともに優れた者
必要に応じて		突然の災害ややむを得ない突発事由によって学業を続けることが経済的に困難になった者
若干名		本学と提携の学費サポート制度利用者で人物・成績ともに優れた学生の当該年度利子相当額を給付
2 名以内		本学に在学する学生で服飾デザイナーになることを目標としている者のうち学園内外のコンテストにおいて特に優秀な成績を挙げ将来デザイナーとしての活躍が期待される者　※杉野服飾大学・杉野服飾大学短期大学部・ドレスメーカー学院からの選考
130 名	入学後	学業成績・人物ともに優秀かつ健康であって、学資の援助を必要とする者
300 名（採用候補者数）	その他	本学に入学を希望する地方出身者であって、学業成績・人物ともに優秀であり、経済的援助を必要とする者
8 名	入学後	学業成績・人物ともに優秀かつ健康であって、学資の援助を必要とする者
若干名		電気・原子力関係を専攻する学生であって、学業成績・人物ともに優秀かつ健康であり、学資の援助を必要とする者
27 名	その他	学業成績・人物ともに優秀な者
S 方式合格者全員	学校出願時	奨学金付入学試験（S 方式）に合格し、入学した者
96 名	その他	学業成績が優秀な者
12 名		社会人入学試験に合格した者で、学業成績・人物ともに優秀かつ健康であって、学資の援助を必要とする者

	学校名・団体名	制度名	対象の専攻分野	対象詳細	支給額	支給期間	
東京都	成城大学	成城大学奨学金	なし	2～4年	授業料の半額相当額	1年	
		成城大学応急奨学金		1～4年	授業料の半額相当額		
		成城大学提携教育ローン援助奨学金			支払った利子相当額		
		成城大学澤柳奨学金			授業料の半額相当額もしくは全額相当額		
	清泉女子大学	エルネスティナ・ラマリョ記念奨学金	なし	2～4年生	30万円	1年	
		中島太郎教授記念奨学金		3年	教職課程履修費		
		国際交流基金国外留学生奨学金		全学年	30万円		
		発展協力会学業奨励奨学金（成績優秀者表彰）		3年生	10万円		
	聖路加国際大学	聖路加同窓会奨学金	保健	全学年	年額20万円	採用年度のみ	
		聖路加国際大学グローカル奨学金		看護学部一般選抜A方式を受験し、入学を許可された学生	年額100万円	4年間	
		聖路加国際大学特待生奨学金			年額155万円		
		小澤道子記念奨学金		学部及び学士編入3年生以上	年額20万円	採用年度のみ	
	専修大学	専修大学「新型コロナウイルス感染症拡大に伴う緊急支援奨学生」（学費減免支援制度）	なし		20万円を上限とした授業料減免	単年度	
		自己啓発奨学生			個人20万円上限、団体50万円上限		
		指定試験奨学生			短答式試験合格10万円、論文式試験合格30万円		
		利子補給奨学生			金融機関の教育ローン適用者に対して、授業料等の学費資金借り入れに対する当該年度の利子分の一部		

人数	申込時期	資格・条件
	入学後	2年次以上に在籍する学生で、修学継続の意志が強固であり、教育上経済的な援助が必要であると認められること
		家計の急変により修学継続が困難であり、教育上経済的な援助が必要であると認められること
		経済的理由により、当該提携教育ローンを利用して授業料その他の校納金又は大学で単位修得を認める短期語学研修費用等を納付すること。修学を継続しうること
	その他	成城大学入学予定者のうち特に優れていること、及び成城大学の2年次以上に在籍する学生であって人物・学業共に優秀なこと
5名	入学後	人物、向学心共にすぐれ、経済的にその必要ありと認められる者
		教職課程を履修している学生で、強く教職につくことを希望し、学業品行共にすぐれた者で経済的にその必要ありと認められる者
		国外留学制度に基づき国外大学に留学する学生で、学業成績が優秀であり、かつ、将来国際社会に寄与すると認められる者
10名		学業への熱意を表彰し励ますことを目的とした奨学金で、成績優秀者に対して給与
若干名	入学後	将来母校を大切にし、看護を通じて社会に貢献したいと学業に励む志を持つ者
3名	学校出願時	1.出願時の住民票住所が東京都（島嶼部を除く）、神奈川県、埼玉県、千葉県以外の者。2.修学上経済的に困難な者。3.大学が定める家計基準以下であること。4.一般選抜試験A方式に合格し、学業成績が優秀な者（入試成績）。
2名		1.修学上経済的に困難な者。2.大学が定める家計基準以下であること。3.一般選抜試験A方式に合格し、学業成績が優秀な者（入試成績）。
5名	入学後	学表成績優秀にして修学上経済的に困難な者。
	随時	【主たる家計支持者が給与所得者の場合】家計が急変する直前（ただし令和2年1月以降とする）の主たる家計支持者の給与明細等と急変直後のそれとを比較して40％以上減少しており、かつ急変後の給与明細等の額を乗じて算出した年間の収入目安額（賞与を除く）が510万円未満である者【主たる家計支持者が給与所得以外の場合】家計が急変する直前（ただし令和2年1月以降とする）の主たる家計支持者の収入がわかるもの（帳簿等）と急変直後のそれとを比較して40％以上減少しており、かつ急変後の帳簿等の額を乗じて算出した年間の所得が350万円未満である者
	入学後	在学生で当該年度において、学術、文芸、スポーツ、自治・社会活動等に明確な目的を有し、その分野で優れた業績を達成した個人またはその団体
		在学生で当該年度において公認会計士試験の短答式試験または論文式試験に合格した者
		在学生で勉学意欲があるにもかかわらず、経済的理由により入学または修学の継続が困難なために金融機関からの教育ローンを組んでいる者

	学校名・団体名	制度名	対象の専攻分野	対象詳細	支給額	支給期間	
東京都	専修大学	家計急変奨学生	なし		授業料の40%相当額	単年度	
		災害見舞奨学生			学生居住家屋の場合10万円上限・それ以外の場合20万円上限		
		育友会奨学生			分納による直近の学費1期分に相当する額を一括支給		
		専修大学進学サポート奨学生			授業料の半額相当額	原則4年間継続支給	
		専修大学校友会「経済的支援奨学生」			20万円	1年間	
		専修大学「災害見舞奨学生」			10万円		
		新入生特別奨学生			授業料の半額相当額	1、2、3年次の3年間継続	
		新入生学術奨学生			法学部、文学部、人間科学部30万円、当該学部以外15万円	1年次の当該年度	
		学術奨学生			1年間につき30万円	2、3、4年次の当該年度	
		スカラシップ入試奨学生			授業料相当額と施設費相当額	1、2、3、4年次の4年間継続	
		専修大学交換留学奨学生（大学）			留学先大学に支払うべき学費の一部または全学が免除		
		専修大学長期交換留学プログラム補助金（大学）			北中米・欧州12万円 オセアニア9万円 アジア7万円		
		ネブラスカ大学リンカーン校長期交換留学特別奨学生（大学）			集中英語コース授業料及び滞在費を免除		

人数	申込時期	資格・条件
	入学後	在学生で勉学意欲があるにもかかわらず、主たる家計支持者の死亡、失業、長期療養等に基づく経済的困窮により、修学の継続が著しく困難となった者
		在学生で、当該学生が居住している家屋または主たる家計支援者が生活の本拠として居住している家屋その他の建造物が火災、風水害、地震等に被災し、損害を受けたことにより経済的困窮度が高くなった者
		一部在学生で、学費の工面について努力を行ったにもかかわらず、学費の納入が困難であり、継続して在学を強く希望する者
300 名	学校出願時	（1）大学入試センター試験利用入試、一部一般入学試験のいずれかで本学を受験する者（2）日本国籍を有する者、または永住者、定住者、日本人（永住者）の配偶者・子（3）東京都、神奈川県、埼玉県、千葉県以外にある国内の高等学校および中等教育学校の出身者（通信制を除く）でかつ、家計支持者が上記 1 都 3 県以外に居住し、入学後は本学に自宅外から通学する者（4）今年度末卒業見込み者または昨年度卒業者（5）調査書の発行が受けられる者で全体の評定平均値が 3.5 以上の者（6）父母の収入・所得金額の合算が所定の基準額未満である者＊給与・年金収入金額（課税前）：800 万円未満＊その他、事業所得金額：350 万円未満
	随時	経済的事情等により学業の継続が困難な学生
		当該学生が居住している家屋または主たる家計支援者が生活の本拠として居住している家屋その他の建造物が火災、風水害、地震等に被災し、損害を受けたことにより経済的困窮度が高くなった者
	入学手続時	一部帰国生入学試験、外国人留学生入学試験、公募制推薦入学試験、AO 入試の成績優秀者で優れた資質と勉学意欲に溢れた者
	入学後	1 年次生が対象。入学後、各学部において実施する奨学生試験の成績が得に優れ、人物優秀な者
		2、3、4 年次が対象。前年度の学業成績が優秀で、各学部が独自に実施する試験をクリアし、特に人物に優れた者
100 名	学校出願時	スカラシップ入学試験の成績優秀者で、本学への入学を強く希望する人物優秀な者
	その他	成績優秀であること

	学校名・団体名	制度名	対象の専攻分野	対象詳細	支給額	支給期間	
東京都	専修大学	サスクェハナ大学長期交換留学特別奨学生（大学）	なし		集中英語コース授業料を免除		
		専修大学育友会交換留学生援助金（大学）			長期交換留学5万円、セメスター交換留学3万円		
		専修大学夏期・春期留学プログラム補助金（大学）			北中米・欧州4万5000円、オセアニア3万5000円、アジア2万5000円		
		専修大学セメスター交換留学プログラム補助金（大学）			北中米・欧州9万円		
		ネブラスカ大学リンカーン校中期留学特別奨学生			集中英語コース授業料を免除		
		檀国大学中期留学特別奨学生			集中コリア語コース一部授業料を免除		
		イベロアメリカーナ大学中期留学特別奨学生			集中スペイン語コース授業料を免除		
		専修大学寮内留学プログラム補助金（大学）			前期：7万円、後期：9万2000円		
		LSP特別奨学生（大学）			グローバル人材育成講座授業料を免除		
	創価大学	特待生奨学金	なし	全学年	15万円		
		創価大学牧口記念教育基金会学部生奨学金			20万円		
		創価大学創友会奨学金					
		兄弟姉妹同時在籍者への給付奨学金		新入生	10万円／20万円		
		創価大学特別奨学生			文系学部40万円／理工・看護学部50万円	最短修業年限	
		創価大学給付奨学金		全学年		1回	

人数	申込時期	資格・条件
	その他	
		成績優秀であること
		TOEFLITP テスト 520 点以上取得者
セメスター100 名（年間200名）	入学後	各セメスターの成績優秀者
110 名		経済的理由により学業の継続が困難な者。(1) 収入基準主たる家計支持者の収入が、給与収入の場合は支払い金額が 600 万円未満、自営所得の場合は所得金額が 250 万円未満の者。(2) 成績基準セメスター毎の定められた単位、GPA の基準を満たしている者。
75 名		
対象者全員		兄弟姉妹の同時在籍が 2 人目の場合、新入生に対し入学後「入学金半額相当額（10 万円）」を給付。兄弟姉妹の同時在籍が 3 人目以降の場合、新入生に対し入学後「入学金全額相当額（20 万円）」を給付。
130 名程度	その他	公募推薦入試、大学入学共通テスト利用入試（前期）、ハイブリッド型入試、大学独自問題型入試の成績優秀者。
100 名	学後	経済的理由により学業の継続が困難な者。(1) 収入基準主たる家計支持者の収入が、給与収入の場合は支払い金額が 600 万円未満、自営所得の場合は所得金額が 250 万円未満の者。(2) 成績基準セメスター毎の定められた単位、GPA の基準を満たしている者。

	学校名・団体名	制度名	対象の専攻分野	対象詳細	支給額	支給期間
東京都	創価大学	創価大学国際奨学金	なし	派遣交換留学生	5万円〜80万円（留学先によって異なる）	1回
		創価大学国際奨学金（夏季海外短期研修）		夏季海外短期研修参加者	1万円〜5万円	
		創価大学国際奨学金（春季海外短期研修）		春季海外短期研修参加者		
		創価大学国際教養学部牧口記念教育基金会留学研修奨学金	教養・学際・その他	国際教養学部派遣交換留学生	10万円程度（年度によって異なる）	
		創価大学法学部長期留学制度助成金	社会科学	法学部長期留学生	年間90万円程度	
		創価大学法学部バッキンガム大学ダブル・ディグリーコース助成金		ダブルディグリー派遣学生	年間170万円程度	留学期間
		創価大学中国語ダブル・ディグリーコース助成金	人文科学		年間90万円程度	
		創価大学英語ダブル・ディグリーコース助成金			年間130万円程度・傷害保険17万円・国際奨学金30万円	
		創価大学文学部ロシア民族友好大学特別留学助成金		創価大学文学部ロシア民族友好大学特別留学コース選抜者	45万円・傷害保険8万円	1回
		創価大学法曹会奨学金	社会科学	新入生	授業料・教育充実費半額相当額を給付	1年間
		災害救助法適用地域の受験生に対する特別措置	なし		各り災状況および学部に応じて、一定額を給付	1回
	大正大学	新入生奨学金	なし	1年生	上限20万円	
		人材育成奨学金		2〜4年生		
		海外特別留学奨学金		1〜4年生	留学期間に当たる本学の授業料相当額	
		海外語学研修奨励金				
	大東文化大学	大東文化大学学業成績優秀者表彰（温故知新報奨金）	なし	2年以上	10万円	

人数	申込時期	資格・条件
80名程度	入学後	派遣交換留学生として選抜された者の内、他団体の留学のための給付奨学金を受給しない者。
50名程度		夏季海外短期研修生の内、他団体の奨学金を受給しない者
300名程度		春季海外短期研修生の内、他団体の奨学金を受給しない者
若干名（年度によって異なる）		国際教養学部に在学し、スタディー・アブロード・プログラムに参加するために経済的な支援が必要な者（JASSOから、当該留学研修につき奨学金を受給する者は除く）
12名以内		法学部長期留学生として選抜された者
3名以内		ダブルディグリーコース派遣留学生として選抜された者
10名以内		
7名以内		
3名以内		創価大学文学部ロシア民族友好大学特別留学コースに選抜された者
5名以内	入学手続時	1年次は、法学部合格後、法学部のプログラム「GLP」の選抜試験合格者で成績上位者から順に採用。2年次以降はGLP生のうち、入学後の成績上位者から採用。継続して採用になることを妨げない。
対象者全員		過去1年以内に発生した災害に自宅が被災し、次の1〜3のいずれかに該当する者。(1) 家屋の全壊・全焼・流失全部浸水など学費支弁者の死亡などで収入が全く断たれた者。(2) 家屋の半壊・半焼・流失床上浸水など学費支弁者の死亡などで収入が半減した者。(3) 学費支弁者の災害・病気などで家計が困窮した者。
20名	入学後	学部1年の入学者で、成績が優秀で修学意欲があり将来に期待できる者。春学期の学業成績（GPA）3.0以上
66名		学業成績及び人物ともに優秀な者で修学意欲があり、将来に期待できる者
若干名	随時	「大正大学学生留学規程」に準拠して海外留学を認定された者
参加者全員	入学後	海外語学研修参加者
各学部各学科の2年以上の各学年1名	その他	学業成績が特に優秀と認められる者。対象期間は正規の修業期間とし、休学中の者は対象外

	学校名・団体名	制度名	対象の専攻分野	対象詳細	支給額	支給期間	
東京都	大東文化大学	大東文化大学特別修学支援金給付	なし	全学年	50万円		
		大東文化大学学生災害見舞金			1、学費全額免除 2、学費半額免除 3、10万円 4、5万円 5、1万円 ※罹災家屋等の損害の程度による		
		大東文化大学教育ローン利子補給金			1人につき年度上限額5万円		
	高千穂大学	学業成績優秀者賞	なし	2年生以上の学部生	当該年度に納入すべき授業料（68万円）相当額。	当該年度	
		小池厚之助賞			5万円	年度内に1回のみ	
		公的資格取得支援奨学金制度		正規の修業年限における全学生	講座受講料の半額（上限10万円）。	本制度において対象とする資格1つにつき1回。ただし税理士については異なる受験科目であれば可。	
		海外短期・中期留学奨学金制度			派遣先の授業料および留学諸費用	当該年度分	
		海外長期留学奨学金制度		正規の修業年限における学部2年生以上の学生	派遣先の授業料および留学諸費用	当該年度分	
	拓殖大学	商学部奨学生	社会科学	2、3、4年生	年額20万円	1年	
		政経学部奨学生					
		外国語学部奨学生	人文科学	2、3、4年生（各学年4人）			
		国際学部奨学生	社会科学				
		工学部奨学生	工学	2、3、4年生（各学年、各学科、1名）			

	人数	申込時期	資格・条件
	20 名以内（大学・大学院合計）	随時	経済的困窮により修学の継続が困難になった者。主たる家計維持者又は学費支弁者が、死亡・離別・破産・企業等の倒産・業績不振などの理由による解雇、もしくは退職又は著しく収入が減少した者※スポーツ奨学金を給付された者は対象外
			本学の学生または主たる家計維持者若しくは学費支弁者が天災、地変その他の災害に罹災したことによって学業の継続が困難になった者。※スポーツ奨学金、特別修学支援金、いずれかを給付された者、奨学金留学により海外留学中の者、休学中の者は対象外。
	学部生および大学院生合わせて 80 名以内	入学後	本学と提携する金融機関の教育ローンを利用する学生を対象に給付。※スポーツ奨学金を給付された者、申請の翌年度に 1 年以上の留学が決定している者、休学中の者は対象外。
	該当者全員	その他	2 年生以上の学生のうち、前年度までに所定の卒業認定単位数を取得した学生で、成績、人物ともに優秀な者（留年生を除く）。(前年度の学業成績の GPA の値が 4.85 以上の者)
			2 年生以上の学生のうち、前年度までに所定の卒業認定単位数を取得した学生で、成績、人物ともに優秀な者(留年生を除く)。(商学部、経営学部においては各学部、各学年、学業成績の GPA の値が上位 10 位以内、人間科学部は各学年、学業成績の GPA の値が上位 5 位以内。ただし「学業成績優秀者賞」該当者は除く。)
	若干名	入学後	所定の単位数を取得し、本学の指定する前提資格を有する者が、さらに上位の資格を取得するために専門学校等の通学講座を受講し、全講座日程の 8 割以上出席をした者
	短期：各プログラムごとに 10 名まで、中期：6 名まで		海外留学規程に基づき海外留学生として認定され、本学が指定する海外の大学などにおいて、外国語および国際的視野の習得を目的に海外留学を希望する者
	若干名		海外留学規程に基づき海外留学生として認定され、本学が指定する海外の大学などにおいて、1 年間で専門科目および国際的視野の習得を目的に海外留学を希望する者
	各学年 6 名程度	入学後	商学部生で前年度本学在学生（原級生・処分学生を除く）
	20 名（各学年 5 名以上）		政経学部生（原級生・処分学生を除く）で次の各号のすべてに該当する者 1. 学業、人物ともに優れた者 2. 拓殖大学政経学部の前年度の GPA が 3.0 以上の者 3. 修得単位数が 2 年生は 40 単位以上、3 年生は 80 単位以上、4 年生は 100 単位以上の者
	12 名	その他	外国語学部の学生として、人物・学業成績ともに優秀な者
			国際学部の学生として、人物・学業成績ともに優秀な者
			工学部の学生として、人物・学業成績ともに優秀な者

	学校名・団体名	制度名	対象の専攻分野	対象詳細	支給額	支給期間	
	拓殖大学	海外留学プログラム個人研修奨学金	なし		10～30万円	研修参加時	
		海外留学プログラム交換留学（派遣）生活補助			4万円/月額	交換留学中（授業期間による）	
東京都	**玉川大学**	ファーストイヤー奨学金	なし	大学1年次生	年額30万円	当該年度	
		玉川奨学金		大学2年次生以上			
		経済支援奨学金			年額50万円		
		SAE海外留学奨学金		大学全学生	年額50万円・100万円・150万円※留学先の授業料による	留学年度	
		課外活動奨学金		体育会または文化会クラブに所属している学生	年額50万円	当該年度	
		玉川応急奨学金		大学全学生	年額30万円		
		小原応急奨学金		大学卒業年次生	年額60万円		
	多摩大学	成績優秀者奨学金	なし	1～3年生	各学期分の授業料	春学期、秋学期各1回	
					5万円		
		海外留学奨学金	社会科学	1年生～4年生(経営情報学部学生対象)	(1) 10万円以内 (2) 30万円以内		

私立 関東

人数	申込時期	資格・条件
24 名	その他	学部 2 ～ 4 年生、第二外国語又は地域研修を履修
1 名		学部 1 ～ 3 年生、大学院 1 年生成績優秀なもの
20 名	入学後	1 年次春学期の学業成績が優れ、（春学期 GPA 順位が学科上位 5％以内（小数点以下繰り上げ））就学継続の意志が強固で、教育上経済的な援助が必要であると認められる者
約 50 名		学業的（累積 GPA 順位が学科上位 10％以内（小数点以下繰り上げ））・人物的にも優れ、就学継続の意志が強固で、教育上経済的な援助が必要であると認められる者（但し、編入学初年度の学生を除く）
若干名		2 年次生以上（編入学初年度の学生は除く）で、就学継続の意思が強固で学業優秀（累積 GPA 順位が学科上位 30％以内（小数点以下繰り上げ））にもかかわらず、経済的な理由により学資の支弁が困難（日本学生支援機構の定める収入基準）で、経済的な援助が必要であると認められる者
15 名		SAE 海外留学プログラムに参加をする学生で、学業的・人物的にも優れ、留学の意志と留学を通しての勉学の目的が強固・明確である者
若干名		体育会クラブ又は文化会クラブに所属し、その活動で顕著な成績・成果を収め、学業的（累積 GPA 順位が学科上位 30％以内（小数点以下繰り上げ））・人物的にも優れ、クラブ部長が推薦する者
特に定めず	随時	家計の急変により教育上経済的な援助が必要で、学業的（累積 GPA が 2.50 以上）・人物的にも優れ、就学継続の意志が強固な者
4 名		4 年次生で家計の急変により教育上経済的な援助が必要で、学業的（累積 GPA 順位が学科上位 5％以内（小数点以下繰り上げ））・人物的にも優れ、就学継続の意志が強固な者
1 年～ 3 年各学期 1 名以内	その他	各学期毎、学年別成績が上位の者から順に選考　※経営情報学部学生対象
		各学期毎、学年別成績が上位の者から順に選考　※グローバルスタディーズ学部学生対象
1 年～ 3 年各学年 20 名以内		各学期毎、学年別成績が上位の者から順に選考　※経営情報学部学生対象
1 年～ 3 年各学年 10 名以内		各学期毎、学年別成績が上位の者から順に選考　※グローバルスタディーズ学部学生対象
(1) 短期留学・海外インターンシップ 28 名以内 (2) 長期留学 6 名以内		(1) 長期留学は在学期間中に 1 回、短期留学は毎年度に 1 回まで (2) 海外インターンシップは在学期間中に 1 回まで (3) 履修を行うこと (4) 奨学金は派遣に先立って至急されるが、受給者がプログラムの単位認定を得ることが出来ない場合、奨学金の一部あるいは全額返還をもとめることがある。(5) 短期留学は 1 週間以上 3 ヵ月未満とし、長期留学は 3 ヵ月以上とする。(6) 海外インターンシップの実習期間は 2 週間条とする。

	学校名・団体名	制度名	対象の専攻分野	対象詳細	支給額	支給期間	
東京都	多摩大学	海外留学奨学金	人文科学	1年生〜4年生(グローバルスタディーズ学部学生対象)	(1) 60万円 (2) 40万円 (3) 40万円 (4) 20万円 (5) 5万円又は 10万円		
	多摩美術大学	創立80周年記念奨学金	芸術	美術学部生・博士前期課程学生	30万円		
		学業成績優秀者奨学金			20万円	1年間	
		特別優秀顕彰奨学金			10万円		
		ワークスタディ奨学金			20万円	1年間(半期毎に給付)	
		交換留学生奨学金				1年間	
		友会奨学金		学部生・大学院生			
	中央大学	やる気応援奨学金(一般部門)	社会科学	法学部生	最高100万円	1年間	
		やる気応援奨学金(海外語学研修部門)			最高30万円		
		やる気応援奨学金(長期海外研修部門)			最高150万円		
		やる気応援奨学金(法曹・公務員・研究者部門)		法学部3、4年次のみ	最高30万円		
		やる気応援奨学金(短期海外研修部門(インターンシップ))		法学部生	最高25万円		

人数	申込時期	資格・条件
(1) 長期留学 Academic（1年間）4名以内 (2) 長期留学 ALLType（1年間）2名以内 (3) 長期留学 Academic Semester2名以内 (4) 長期留学 All type Semester2名以内後短期留学・海外インターシップ20名以内	その他	(1) 長期留学は在学期間中に1回、短期留学は毎年度に1回まで (2) 海外インターンシップは在学期間中に1回まで (3) 履修を行うこと (4) 奨学金は派遣に先立って至急されるが、受給者がプログラムの単位認定を得ることが出来ない場合、奨学金の一部あるいは全額返還をもとめることがある。(5) 短期留学は1週間以上3ヵ月未満とし、長期留学は3ヵ月以上とする。(6) 海外インターンシップの実習期間は2週間条とする。
(学部・大学院併せて)約30名	入学後	前年度学内成績最優秀者（入学年度は除く）
(学部・大学院併せて)約170名		前年度学内成績最優秀者（入学年度は除く）　※各学科・専攻・コース別に選考／人数は大学院との合計
(学部・大学院併せて)約30名		学外活動等で顕著な実績をあげた者（入学年度は除く）　※各学科・専攻・コースで原則1名推薦／人数は大学院との合計
(学部・大学院併せて)約35名		JASSO等の奨学金を貸与中もしくは申請中であり、経済的に修学困難な学生で授業の空き時間や休業期間に計画的に一定時間以上作業に従事できる者
(学部・大学院併せて)約20名		本学から海外協定校へ交換留学する者（学部1年生は除く）
(学部・大学院併せて)15名		制作・研究活動に熱心で経済的助成を望む者　※人数は大学院との合計
若干名	入学後	学内外における諸活動（研究活動、社会奉仕活動、海外留学等）により、本奨学金の目的にふさわしい実績をあげることが期待される学生
60名程度		夏季休業中、春季休業中に英語圏、独語圏、仏語圏、中国語圏において、該当の言語を使用した、語学留学、インターンシップ、NGOなどの諸活動を行おうとする学生
若干名		海外の大学や研究機関等に長期間在籍して、法律学・政治学および関連学問領域の勉学に従事し、本奨学金の目的にふさわしい実績をあげることが期待される学生
法曹約40名、公務員約15名、研究者若干名		法曹・法律関連職、公務員、研究者を目指し、目標を達成することが見込まれる3、4年次生。GPA条件有り
10名程度		法学部設置のインターンシップに関する科目の履修者で、海外の公的機関やNGO、企業等において原則10日間以上のインターンシップを行い、本奨学金の目的にふさわしい実績をあげることが期待される学生

	学校名・団体名	制度名	対象の専攻分野	対象詳細	支給額	支給期間	
東京都	中央大学	やる気応援奨学金 (短期海外研修部門 (アクティブ・ ラーニング 海外プログラム))	社会科学	法学部生	最高 12 万円	1 年間	
		やる気応援奨学金 (オンライン語学 研修特別部門)			10 万円		
		増島記念奨学・ 奨励給付奨学金			6 万円		
		国際 インターンシップ 奨学金	教養・学際・その他	総合政策学部生	授業料の 1/2 相当額および派遣先への往復航空運賃実費	半年間または1 年間	
		総合政策学部 給付奨学金 (経済支援)		総合政策学部生 2 年次以上	約 64 万円（授業料相当額 -38.6 万円）。審査の上、授業料 1/2 相当額以下となることもある。なお、「中央大学経済援助給付奨学金（所得条件型）」との併願・併給が可能	1 年間 (再出願可)	
		FPS 奨学金 (成績優秀者)			5 万円		
		高田博・弘子奨学金		経済学部生	50 万円		
		経済学部創立百周年 記念奨学金		経済学部生 2 年次以上	最高 20 万円		
		経済学部給付奨学金 <自己推薦>	社会科学	経済学部生 2〜4 年次	20 万円		
		経済学部グローバル 人材育成奨学金		経済学部生	3 万円〜35 万円（渡航期間、地域によって異なる）		
		商学部フレックス Plus1 奨学金		商学部生 1〜4 年次	授業料の半額相当額	1 年次〜4 年次（ただし、毎学年終了時、継続審査あり）	
		チャレンジ奨学金		商学部生 2〜4 年次	10 万円	1 年間 (単年度)	

人数	申込時期	資格・条件
10 名程度	入学後	法学部設置の国外派遣を伴う実習を含む授業科目の履修者で、海外でフィールドワーク等を行い、本奨学金の目的にふさわしい実績をあげることが期待される学生
40 名程度		増島記念奨学・奨励運営委員会が指定する法学部又は法務研究科の正課の授業（日本国外での学修活動を含む者に限る。）を履修する者の中から運営委員会が選考した者
法学部生、法務研究科生合わせて 20 名程度		増島記念奨学・奨励運営委員会が指定する法学部又は法務研究科の正課の授業（日本国外での学修活動を含む者に限る。）を履修する者の中から運営委員会が選考した者
若干名		総合政策学部の国際インターンシッププログラムにより、国際インターンシップ生として派遣される学生
6 名程度（授業料相当額 -38.6 万円給付の場合）		総合政策学部の 2 年次以上に在学し、経済的事情により、勉学に多大な支障が生じると認められる学生
若干名		総合政策学部の 2 年次以上に在学し、特に学力・人物ともに優秀な学生
		経済学部に在学し、成績優秀かつ、より深い研究のために大学院へ進学する予定の学生
20 名程度		経済学部の 2 年次以上に在学し、明確なキャリア形成計画を有し、目標を達成することが期待される者
		経済学部の 2 ～ 4 年次に在学し、ボランティア、スポーツなどの社会文化活動などで特に優れた学生、学業成績が優秀な学生や在学中に会計専門職・コンピューター・語学などの資格試験において優秀な成績を修めた学生
60 名程度		海外留学（語学留学含む）、海外インターンシップ、海外フィールド調査のいずれかに参加することが確定していて、将来グローバルなフィールドで活躍を目指す学生
20 名以内	学校出願時	商学部の特別入試において各学科フレックス Plus1 コースへの入学を第一志望とする者
70 名程度（3 プラン合計人数）	入学後	（プロフェッション・プラン）「商学部に在学する 2 ～ 4 年次で、資格取得、公務員、研究者等を志望し、目標の実現に向けて専門的知識を高める活動に取り組む者」。別途 GPA 基準あり
		（オーバーシーズ・プラン）「商学部に在学する 2 ～ 4 年次で、海外における活動（長期・短期留学、インターンシップ、学術調査、専門スキルアップ、ボランティア等）に取り組む者」。別途 GPA 基準あり
		（アクティブ・プラン）「商学部に在学する 2 ～ 4 年次で、学内外における個性的で創造性に富む活動（社会文化活動、ベンチャービジネス構想準備等）で、国内を主な活動拠点として取り組む者」。別途 GPA 基準あり

	学校名・団体名	制度名	対象の専攻分野	対象詳細	支給額	支給期間	
東京都	中央大学	商学部留学プログラム給付奨学金	社会科学	商学部生（一部制限あり）	15万～60万円（留学の種類、地域によって異なる）	1年間（単年度）	
		商学部グローバルインターンシップ奨学金			10万円		
		文学部給付奨学金	人文科学	文学部生2～4年次	12万円	1年間	
		短期留学プログラム給付奨学金		文学部生	18万円		
		長期留学奨励奨学金（1年留学）			36万円		
		長期留学奨励奨学金（半年留学）			18万円		
		学外活動応援奨学金			10万～30万円		
		フランス語圏派遣留学生特別奨学金（卒業生篤志家寄付）			1年留学の場合：最高50万円、半年留学の場合：最高25万円		
		理工学部給付奨学金	理系全般	理工学部生2～4年次	20万円	1年間（再出願可）	
		理工学部たくみ奨学金		理工学部1～4年生	3～10万円（留学先地域により異なる）	半年（1学期間）	
		中央大学指定試験奨学金	なし	修学延長学生（5年次以上）	学費減免後の授業料・実験実習料の4/5相当額	1年間	
		中央大学文化・スポーツ活動等奨励給付奨学金		全学部生	学費相当額を限度とし、奨励内容により異なる		
		中央大学生活協同組合奨学金		全学部生1～4年次	年額36万円		
		中央大学経済援助給付奨学金（所得条件型）			法・経・商・文学部生:15.4万円、総合政策学部生:19.3万円、理工学部生:22万円（半期分）	半年間（1学期間）	
		学長賞・学部長賞給付奨学金		全学部生2～4年次	学部毎に決定	1年間	
		中央大学予約奨学金		新入生	授業料相当額半額	4年間（継続審査あり）	

人数	申込時期	資格・条件
30 名程度（年間）	入学後	「留学クラス」または「グローバル・ステューデント（GS）育成講座」の単位を取得済みで、商学部留学プログラムで留学する（見込含）学生のうち、学力・人物ともに優れ、留学における成果が大きく期待できる者。別途 GPA 基準あり
6 名以内		商学部に在学する 2 ～ 4 年次で、商学部のグローバルインターンシップに参加が認められた学生のうち、学力・人物ともに優れ、明確な目標をもち具体的な活動に取り組む者。別途 GPA 基準あり
20 名程度		文学部の 2 ～ 4 年次に在学し、学力・人物ともに優秀な者
		本学で設置している短期留学プログラムに参加することが決定している者
1 年留学と半年留学合わせて 15 名程度		本学の制度による長期留学（交換留学・認定留学）が決定（申請）している学生
30 名程度		学外での活動（フィールドワーク、ボランティア等）など、大学の外に学びの場を広げる機会を積極的に持とうとする学生
4 名程度		本学のフランス語圏協定校へ「交換留学生」としての留学が決定した者（見込みを含む）
120 名程度		理工学部の 2 ～ 4 年次に在学し、学力・人物ともに優秀な学生
若干名		海外において留学や研修などの諸活動により、本奨学金の目的にふさわしい実績を上げることが期待される学生
7 名（2020 年度実績）		大学で指定した国家試験を受験する修学延長学生（5 年次以上）
34 名（2020 年度実績）		学内又は学外における課外活動などにおいて優れた実績を収めた学生、又は今後の成果が期待できる学生
14 名程度		中央大学生活協同組合の組合員である全学部 1 ～ 4 年次生の優秀な学生
前期・後期計 700 名程度		修学意志があるにもかかわらず、経済的理由により修学が困難な学生
学部毎に決定		各学部の 2 ～ 4 年次に在学し、学力・人物共に優秀な学生（理工学部は 4 年次のみ）
100 名程度	学校出願時	中央大学への入学を希望する、学業成績が優秀な首都圏（東京都・神奈川県・埼玉県・千葉県）以外の国内高等学校等出身者

	学校名・団体名	制度名	対象の専攻分野	対象詳細	支給額	支給期間	
東京都	**中央大学**	中央大学経済援助給付奨学金（緊急・応急）	なし	全学部生	（死亡の場合）当該年度学費の 1/2 相当額（解雇の場合）学部により異なる	1回	
		中央大学経済援助給付奨学金（COVID19 家計急変）			法・経・商・文学部学生：15.4万円、総合政策学部生：19.3万円、理工学部生:22万円、国際経営学部生:17.6万円、国際情報学部生:19万円（半期分）		
		渋谷健一奨励賞			選考委員会にて決定		
		三重野康・高木友之助記念学術奨励賞			10万円	1回	
		水野富久司スポーツ奨励賞					
		久保田昭夫・久保田紀昭女子スポーツ奨励賞					
		茨木龍雄学術奨励賞	工学	本学理工学部土木工学科・都市環境学科に在学する学生	5万円		
		中央大学国外留学生奨学金	なし		（年）30万円限度（留学先地域及び期間により異なる）	1年間（一括支給）	
		「ICT留学」給付奨学金	教養・学際・その他		12万円	1年間	
		「国際ICTインターンシップ」給付奨学金					
		iTL 給付奨学金			5万～10万円		
		オンライン留学給付奨学金			オンライン留学費用相当額		
		中央大学国際経営学部アクティブステューデント応援奨学金			30万円		
		中央大学国際経営学部長期留学・海外インターンシップ奨学金			1年:40万円 半年:20万円		

人数	申込時期	資格・条件
	随時	主たる家計支持者の死亡、解雇（家計急変事由発生が、申請日より1年以内（1年生は入学後））により収入が著しく減少（半減程度）または無くなったことにより、修学が極めて困難となり、かつ学力・人物が優秀な学部生。現在貸与奨学金を受けている者、または当該年度に出願予定の者
		修学の意欲があるにもかかわらず、新型コロナウイルス感染症（COVID-19 家計急変）の影響により家計収入が著しく減少またはなくなったことにより、家計収入が著しく減少またはなくなったことにより、修学が極めて困難で、かつ学力・人物が優秀な者。
選考委員会にて決定		1) 学部、通信教育課程及び大学院に在学する個人または団体 2) 学術・文化、体育、その他の分野において、卓越した成果を収めた者 3) 所定推薦人による推薦を受けた者
最大3名		本学の学部に一年以上在学する学生で、経済、金融、政策等の諸科学の分野で、卓越した成果を収めた者　※場合により減額の可能性あり
1名		本学学友会体育連盟陸上競技部に所属する学生で、長距離選手として優秀な成績を収めた者　※場合により減額の可能性あり
2名		本学学友会体育連盟の部会に所属する女子学生であって、選手として優秀な成績を収めた者　※場合により減額の可能性あり
学部生、院生合わせて2名		土木工学に関する研究及び人物がともに優秀と認められた者　※場合により減額の可能性あり
学部生、院生合わせて50名程度	入学後	交換留学生・認定留学生のうち特に学力が優れている学生
5名		国際情報学部の設置科目「ICT留学」を履修する者のうち、人物に優れ、かつ、特に優秀で本科目の履修による効果が特に大きいと認められる学生
		国際情報学部の設置科目「国際ICTインターンシップ」を履修する者のうち、人物に優れ、かつ、特に優秀で本科目の履修による効果が特に大きいと認められる学生
若干名		本学部の教育課程と親和性の高い資格試験（応用情報技術者試験、司法試験、弁理士試験、国家公務員総合職試験）等において優秀な成績を修めた者で、本奨学金の給付により更に有意義な活動が見込まれると国際情報学部が認める者
		コロナ禍の中でも海外で学ぼうとする強い意欲を持ち、その準備として海外大学が提供するオンライン留学プログラムを受講する者のうち、人物に優れ、かつ、特に優秀で当該プログラムによる効果が大きいと認められる学生
5名程度		国際経営学部に在学し、意欲的な学術活動計画を立てることができ、実行することが期待される者
5名〜10名程度		①長期留学（本学の制度による長期留学(交換留学・認定留学)）が決定している学生②海外インターンシップ（海外の企業、公的機関等に半年間以上のインターンシップ）を行い、本奨学金の目的にふさわしい実績を挙げることが期待される者

学校名・団体名	制度名	対象の専攻分野	対象詳細	支給額	支給期間	
津田塾大学	梅子スカラシップ	なし		年額 10 万円	1 回	
	Atsuko Onda Craft & Yasuko Onda Chikada Scholarship			年額 100 万円		
	津田スピリット			年額 50 万円	最大 4 年間	
	海外留学（派遣・受入）奨学金			年額（上限）50 万円	1 回	
	海外活動奨励金					
	海外語学研修奨学金			年額 8 万円		
帝京科学大学	帝京科学大学奨学金	なし	全学年	各学期授業料の半額免除	1 年間	
帝京大学	後援会奨学金 (八王子キャンパス)	なし	1～4 年	年額最大 30 万円	1 年間	
	後援会奨学金 (宇都宮キャンパス)			年額最大 40 万円		
	資格取得支援制度		全学部、全学年	該当資格の受験料相当額		
	キャリアアップ奨学金		経済 (地域経済学科は除く)・法・文・外国語・教育・医療技術学部 (スポーツ医療学科健康スポーツコース及びトップアスリートコースのみ) の全学年。	日商簿記検定 3 級 :2850 円 / MOS(Word・Excel・Power Point): 各 5000 円		
	帝京大学医学部海外臨床実習奨学金	保健	医学部 5 年次 (奨学金支給は 6 年次)	実習にかかる宿泊費・交通費等最大 30 万円	選択制実習終了後	
	ダラム留学奨学特待生制度	なし	経済、法、文、外国語、教育、医療技術学部 (スポーツ医療学科健康スポーツコース及びトップアスリートコース) の 2・3 年次	約 130 万円		
	地方創生給付奨学金 帝京大学入学前給付決定型奨学金制度 (宇都宮キャンパス)		宇都宮キャンパス新入生	経済学部地域経済学 :40 万 / 理工学部 :55 万 / 医療技術学部柔道整復学科 :65 万円	1 年間 (成績、経済状況により継続可)	

東京都

人数	申込時期	資格・条件
24 名	その他	2 年生以上、学力・人物共に優れている者
最大 3 名	入学後	成績優秀にも関わらず経済的な理由で修学が困難な学部生
30 名	その他	学力基準、家計基準共に満たす、1 都 3 県（東京都・神奈川県・埼玉県・千葉県）以外に設置された通信制を除く国内高等学校もしくは中等教育学校の出身者。
学部・大学院生あわせて約 30 名	入学後	海外に留学を予定している学部生（2 年生以上）、大学院生、および交換留学受入学生を支援。
約 50 名		在学中の受給は 1 回のみ。1 年生を優先。海外でのボランティア活動等への参加
約 60 名		長期休暇中に海外で短期語学研修コース等を利用して学修を行う学生に支給。在学中の支給は 1 回のみ
若干名	その他	1 年以内に家計状況急変に伴う経済的事由が生じた場合（家計支持者の死亡・病気・倒産・失職等）
60 名程度	入学後	家計の急変により学業の継続が困難になり経済的に補助を必要とする者で、1 年次（春）の場合は高校時の評定平均値、秋以降は本学が定める修得単位以上の者
20 名程度		修学意欲が高いにもかかわらず、経済的理由により修学が困難である者
条件に当てはまる対象者全員	随時	在学中に該当資格を取得した者。　※入学前に取得した資格は対象外
3 名程度	その他	選択制臨床実習において、海外臨床実習への派遣が決定し成績優秀にして、かつ、心身健全である者。
若干名	入学後	1. ダラム分校短期留学コースの参加条件を満たす者 /2. 応募時点で GPA が 3.0 以上のもの /3.IELTS5.5 以上保持者 /4. 定められた単位数を習得しているもの /5. 外国籍の場合は永住者及びそれに類するビザ保持者以外は対象外　※秋期留学のみ
経済学部地域経済学 :30 名以内 / 理工学部 :100 名以内 / 医療技術学部柔道整復学科 :25 名以内	学校出願時	1.2021 年度一般選抜または大学入学共通テスト利用選抜を受験する者　2. 宇都宮キャンパスにある学部・学科・コースの入学を強く希望する者　3. 日本国籍を有しない者のうち「永住者」「日本人の配偶者等」「永住者の配偶者等」「定住者」である者　4. 国内の高等学校または中等教育学校後期課程を卒業した者または 2021 年 3 月卒業見込みの者　5. 父母両方の 2020 年所得証明書に記載の金額が収入の合計が 800 万円以下または合計所得金額が 285 万円以下の基準を満たす者　6. 高等学校等の成績について、調査書全体の評定平均値が「3.6 以上」である者

学校名・団体名	制度名	対象の専攻分野	対象詳細	支給額	支給期間	
帝京大学	ジュニアマイスター顕彰特別推薦奨学金制度	工学	理工学部の新入生	ゴールド（45点以上）：25万円／シルバー（30点以上）：15万円	1年目のみ	
	全商協会大学特別推薦奨学金制度	社会科学	経済学部地域経済学科の新入生	25万円		
東京医療学院大学	卒業支援金給付制度			年間授業料の2分の1を限度とする	1年度間	
東京音楽大学	給費奨学金	なし	全学年	（特別）学費全額（準特別）50～100万円（甲種）30万円	単年	
東京家政学院大学	学校法人東京家政学院奨学金	なし		年額5万円	当該年度	
	光塩会奨学金					
	学校法人東京家政学院創立90周年記念光塩会緊急支援金			年額20万円		
東京家政大学	渡辺学園奨学金	なし	在学生	年額12万円	在学中に1回のみ	
	遠藤奨学金					
	鶴田奨学金					
	木曽山奨学金					
	土居奨学金					
	橋口奨学金					
	相原奨学金					
	青木奨学金					
	石川梅子（むめ）奨学金		服飾美術学科を1名含む	年額5万円		
	齋藤奨学金	家政	栄養学科			
	緑窓会奨学金		各学科1名			
	後援会奨学金	なし	各学年、各学科専攻各1名、留学生1名	年額12万円	当該年度で一回	

人数	申込時期	資格・条件
10 名	学校出願時	1. 高等学校長の推薦を受けた者 /2. 高等学校もしくは中等教育学校を卒業した者または試験時に卒業見込みの者 /3. 高等学校における成績は、1 年から 3 年 1 学期までを通算して成績全体の評定平均が 3.8 以上の者 /4. ジュニアマイスター顕彰に関わる得点の合計が 30 点以上の者
5 名		1. 全国商業高等学校協会の推薦を受けた者 /2. 全国商業高等学校長協会会員の全日制の高等学校卒業見込み者で、卒業までに「商業」に関する科目を 20 単位以上修得見込みの者 /3. 高等学校における成績が 1 年から 3 年 1 学期までを通算して成績全体の評定平均が 3.8 以上の者 /4. 全国商業高等学校協会主催の「簿記実務検定試験 1 級」または「情報処理検定 1 級」または日本商工会議所主催の「簿記検定 2 級」以上の者
		本学に 4 年間在学在籍した学生で、当該在学在籍期間の学費を完納している者
若干名	その他	（特別）入学試験の成績又は実技等の学業成績が極めて優秀であり、人物も優れ、将来広く音楽界において貢献できる見込みのある者（準特別）特別奨学生の対象者に準ずると認められる者（甲種）入学試験の成績又は実技等の学業成績が優秀であり、人物も優れ、将来広く音楽界において貢献できる見込みのある者　※自薦なし
6 名	その他	・前年度の学業優秀者が対象。・応募制ではなく、学科等からの推薦。・学部生のみが対象。・採用された年度のみ。
	入学後	・学部生のみが対象。・留学生は除く。・経済的理由により修学が困難である学生。・採用された年度のみ。
5 名（大学・短大の合計人数）	入学後	以下の 2 点を満たす者。1 学業・人物ともに優秀であり、奨学支援が必要であると認められる者。2 日本学生支援機構・その他の奨学金を受けていない者。
2 名（大学・短大の合計人数）		
1 名（大学・短大の合計人数）		
2 名（大学・短大の合計人数）		
1 名（大学・短大の合計人数）		
8 名（大学・短大の合計人数）		
1 名（大学・短大の合計人数）		
14 名		
55 名		学業、人物ともに優秀であり、奨学援助が必要であると認められる者

	学校名・団体名	制度名	対象の専攻分野	対象詳細	支給額	支給期間	
東京都	東京家政大学	髙橋奨学金	なし	主に留学生	年額5万円	当該年度で一回	
		中地・阿部奨学金	教育・教員養成	児童学科3年、児童教育学科3年	図書カード2万5000円分	在学中に1回のみ	
	東京経済大学	東京経済大学奨学金	なし		月額3万円	年度毎	
		東京経済大学葵友会大学奨学金			月額3万5000円		
		父母の会修学支援奨学金			授業料減免の金額により20万円・10万円・5万円を給付		
		TKU進一層賞(1. 学芸部門)			特賞10万円〜奨励賞5000円		
		TKU進一層賞(2. 資格取得部門)			資格により3000円〜10万円		
		TKU進一層賞(3. 課外活動部門)			団体30万円以内、個人15万円以内		
		TKU進一層賞(4.ゼミ学外活動部門)					
		安城記念奨学金			最高50万円以内(審査委員会により決定)		
	東京工科大学	東京工科大学同窓会奨学金	なし	学部全学年	10万円	1回のみ	
		大新東奨学金		2〜4年			
		奨学生入試		新入生	130万円/年	最長4年間	
	東京慈恵会医科大学	東京慈恵会医科大学保護者会互助部会奨学金	保健	医学	年額50万円	在学中1度のみ	
		本多友彦慈恵医学教育奨励基金					
	東京純心大学	江角記念奨学金	なし	3年	後期授業料相当額	当該年度	
		後援会奨学金		全学年	20万円		
	東京女子医科大学	医学部特別奨学金	保健(医学)		授業料及び実習費相当額又はその一部	1年間(1年毎に更新可)	

人数	申込時期	資格・条件
1 名（大学・短大の合計人数）		以下の 2 点を満たす者。1 学業・人物ともに優秀であり、奨学支援が必要であると認められる者。2 日本学生支援機構・その他の奨学金を受けていない者
4 名（大学・短大の合計人数）		以下の 2 点を満たす者。1 将来、保育士および、幼稚園・小学校教員等となる意思を持つ者。2 当該年度に渡辺学園関係の奨学金に採用されていない者。　※申込対象に、短大保育科 1 年を含む
継続含め200 名		学業成績優秀で家計困難な学生（全学年対象）
3 名		卒業生団体「葵友会」による奨学金。学業成績優秀かつ TOEIC400 点以上で家計困難な学部生（1 年対象）
学生緊急経済支援制度の対象者と連動	入学後	学生緊急経済支援制度と連動し、授業料減免の該当者へ給付。全額減免 20 万円、半額減免 10 万円、1/4 額減免 5 万円
人数制限なし		研究論文・学芸作品で優秀なものを選考して表彰
	その他	指定する資格に合格した学生を表彰（会計・法律・英語・情報・その他分野）
		学術・スポーツなど様々な分野で優れた実績を挙げた団体・個人を表彰
	入学後	「学外コンクール等入賞」は、学外の論文、プレゼンテーション等各種コンクールにおいて優れた成績を修めたゼミナール活動を対象。「社会貢献活動等」は、学内外の社会貢献活動等を行ったゼミナール活動を対象とします
		卒業生・安城欽寿氏の寄付により創設された奨学金。難関資格試験・国家試験に挑戦する学生を選考・選抜
10 名以内	入学後	本学の学部生　前年度 GPA2.8 以上 36 単位以上修得（学部 1 年生は GPA2.8 以上）　経済的に困窮している者　年度内に何らかの奨学金を受けていない者
5 名		前年度の GPA が 2.8 以上の者　修得単位基準あり　スカラシップ・学長賞受賞者以外
103 名	学校出願時	「奨学生入試」「A 日程」「B 日程」を「統一入試」として実施
10 名	入学後	家庭の経済上の理由、特に不慮の事故等で学費を支弁することが困難となった、人物・学業・健康が良好な 2 年～ 6 年の学生（前年度の世帯所得が 1000 万円程度以下）
若干名	入学後	創立者の建学の精神を理解、実践し、人物・成績とも優れた者、あるいは、家庭の経済事情により学業継続が困難となった者
10 名程度		申請時の年度において、国並びに地方公共団体及び公益法人等公的機関から、年間授業料の 75％相当額以上の奨学金等の給付を受けていない者
若干名	入学後	学資負担者の死亡等により学費の納入がとくに困難である者。学業成績が良好である者。心身ともに優れている者

	学校名・団体名	制度名	対象の専攻分野	対象詳細	支給額	支給期間	
東京都	東京女子体育大学	藤村学園スカラシップ制度	教育		34～37万円	入学初年度	
		藤村学園育英奨学生			20～35万円の3ランク	年度ごと	
		藤村学園スポーツ奨学生			5～15万円の3ランク		
		藤村トヨ奨励金			5万円		
	東京女子大学	「挑戦する知性」奨学金	なし	新入生	学納金相当額（入寮者は寮経費相当額も）	4年間。毎年度、学業成績等による継続審査あり。奨学金が支給されない場合あり	
		東京女子大学予約型給付奨学金			入学金相当額	1年間	
		安井てつ給付奨学金		学部2～4年次	50万円		
		東京女子大学給付奨学金		学部全学年	1年次：20万円 2～4年次：40万円	1年間	
	東京神学大学	一般奨学金	なし	入学初年度を除く全学年	審査の上決定		
		指定奨学金					
		入学時奨学金		学部入試試験合格者			
	東京聖栄大学	東京聖栄大学入試成績優秀特待生	なし	1年	30万円		
		東京聖栄大学学業成績優秀奨学生		2・3年	10万円		
		教育ローン利子補給奨学金		全学生対象	国の教育ローン借入金利子相当額		
	東京造形大学	東京造形大学年間優秀奨学金	芸術	2～4年	20万円	単年度	
		東京造形大学派遣留学生奨学金			20万円		
		東京造形大学校友会留学奨学金		各課程を卒業5年以内の校友会員	20万円～60万円		
		東京造形大学学長賞		2～4年	5万～20万円（最高）		

人数	申込時期	資格・条件
若干名	学校出願時	建学の精神に基づき、本学の教育理念を理解し、対象の入試において優秀な成績を修めた者
年度により異なる	入学後	経済的理由（世帯の収入700万円未満）により、学資の援助を必要とする者で、建学の精神に基づき、学習や競技活動等に真摯に取り組み、優れた資質を有する者
		国際競技連盟が主催後援する大会に日本代表として出場した者。日本選手権、日本学生選手権など全国大会に本学学生として出場し、3位以上の成績を収めた者
各学年3名		建学の精神に基づき、学修・研究等に真摯に取り組み、優れた資質を有し、本学の範となる優秀な学生
約10名	その他	知のかけはし入学試験を受験し、入学する者
約100名	その他	一般選抜で本学を受験する者
3名		東京女子大学給付奨学金に申請した2～4年次の学生のうち、各学年最も成績が優秀な学生
30名～	入学後	学業成績が優秀であり、かつ経済的援助を必要とする学生
不定	その他	経済的に修学が困難な者で、本学奨学金委員会の認めた者　※教職者になることなく卒業、退学、学籍喪失する場合には、全額返還の義務あり
		経済的に修学が困難な者で、本学奨学金委員会の認めた者
	入学手続時	入学にあたって、本奨学金受給者として本学教授会の認めた者
5名以内		入学者選抜試験において特に優秀な成績で合格し入学した者
各学年6名以内	入学後	前年度1年間における学業成績が特に優秀で、品行方正かつ心身ともに健全な者
対象者全員		保護者が学生納付金等相当額の国の教育ローンの融資を受けた者で、以下の選考基準を満たした者①本学に在籍している者②経済的理由により、学費の納入等が困難であると認められること③品行方正であること④学業を継続するという強い意志が認められること⑤学費支弁者の申請直近時の家計基準が別に定める基準以下であること
30名（令和2年度実績）		学業優秀者
10名（学部・院）	その他	海外協定校に派遣留学を希望する英語力を有する者
3～9名		東京造形大学を卒業後5年以内の校友会員
2～3名（学部・院）		制作作品が著名なコンクールにおいて受賞、学術活動が表彰されるなど社会的に高い評価を受けた者

	学校名・団体名	制度名	対象の専攻分野	対象詳細	支給額	支給期間	
東京都	東京電機大学	特別奨学金	工学	2〜4年	28万円		
		東京電機大学学生応急奨学金			50万円以内		
		学生サポート給付奨学金			25万円		
	東京都市大学	五島育英会基金奨学金	なし	2年生以上	10万円	標準修業年限	
		東京都市大学桐華奨学基金奨学金		学部指定／都市生活学部／人間科学部	授業料一部相当額		
		夢に翼を奨学金（TAPアワード）		TAP参加者（2年次）	30万円		
		東京都市大学黒澤敦・淑子奨学金			半期授業料全額または一部相当額		
	東京富士大学	TFUスカラシップ制度	社会科学	新入生	特待生ランクに応じた入学金及び学納金の減免	標準修業年限	
		高田奨学生制度		2〜4年	授業料年額の25%〜50%		
		東京富士大学奨学金		全学年	年間学納金の半額にあたる金額を限度	毎年度審査	
	東京薬科大学	学校法人東京薬科大学応急援助奨学金（学部）	なし	全学年	40万円	単年度	
	東京理科大学	東京理科大学家計急変奨学金	なし	全学年	経済状況に応じて決定	採用年度のみ	
		新生のいぶき奨学金		新入生	薬学部年額80万円、理学部第一部・工学部・理工学部・先進工学部年額60万円、経営学部年額40万円	標準修業年限内（年度ごとに審査あり）	
		乾坤の真理奨学金（BS）			年額50万円		

	人数	申込時期	資格・条件
	予算額の範囲内	入学後	人物優秀で学業成績優秀、かつ学費支弁が困難な者
			1 年以内に家計急変があった者が対象。人物優秀で学業成績優秀、かつ学費支弁が困難な者
	14 名		1 年以内に家計急変があった者。学内外の給付型奨学金を受給していないこと。採用後、学生行事において、学生ボランティアスタッフとして協力することができる者
	各学科学年で 1 名	入学後	学業・人物共に優秀で模範的な者
	若干名		勉学意欲があり、かつ経済的事由により修学が困難な学生。
			TAP 留学中の成績、準備教育の成績及び英語能力テスト結果による成績上位者
			授業料負担者が病気や災害等により死亡あるいはそのことが原因による後遺障害により収入が得られず、学費の支弁が困難な者
	対象者全員	入学手続時	【特待生選抜】A〜C 特待全体の学習成績の状況が 3.3 以上かつ学力、品行ともに優れた者で、アドミッション・ポリシーに沿った者　※入学試験に面接などが課されている場合、上記の基準を満たしていても、面接などの結果次第では特別待遇での合格とならない場合もある。
			【一般選抜】A 特待：90％以上の得点率（2 科目判定に限る）、B 特待：80％以上の得点率（2 科目判定に限る）、C 特待：70％以上の得点率（2 科目判定に限る）。継続条件あり　※入学試験に面接などが課されている場合、上記の基準を満たしていても、面接などの結果次第では特別待遇での合格とならない場合もある。
			【大学入学共通テスト利用選抜】A 特待：90％以上の得点率（2 科目判定に限る）、B 特待：80％以上の得点率（2 科目判定に限る）、C 特待：70％以上の得点率（2 科目判定に限る）。継続条件あり　※入学試験に面接などが課されている場合、上記の基準を満たしていても、面接などの結果次第では特別待遇での合格とならない場合もある。
	各年在学生の 5％以内	その他	品行方正で学業成績優秀な者
	不定	随時	災害、その他経済状況の急変により就学困難となり、かつ学業継続の意志のある者
		随時	学部生の保証人（主たる家計支持者）の死亡により家計が急変し、修学の意志があるにもかかわらず学業の継続が著しく困難となった者
	若干名	入学後	過去 1 年以内に、家計が急変し、修学が極めて困難になった者
	年間 100 名程度	その他	本学昼間学部への入学を志願する、以下の条件すべてに該当する者。1. 一般入学試験（B 方式）を受験し、4 月入学する者（理学部第二部は対象外）2. 日本国籍を有する者、または永住者、定住者、日本人（永住者）の子。3. 入学を希望する学部・学科の所在するキャンパスに、父母と居住する実家からの通学が困難な者（下宿生）4. 父母それぞれの最新の所得証明書または課税証明書に記載されている収入・所得金額の合計が以下の条件に該当する者（給与・年金収入金額（課税前）700 万円未満、その他、事業所得金額 292 万円未満。複数種類の収入・所得がある場合、合算して総合的に判定）
	若干名	学校出願時	一般入学試験（A 方式又は B 方式）を受験し、4 月に入学する成績優秀者（理学部第二部の志願者は対象外）

147

	学校名・団体名	制度名	対象の専攻分野	対象詳細	支給額	支給期間	
東京都	東洋学園大学	東洋学園大学奨学金制度	なし	2～4年	年額45万円	1年間	
		罹災者救援減免制度		全学年	年額上限45万円		
		東洋学園特待生制度（特待生A）		新入生	年額90万円（1年のみ対象）		
		東洋学園特待生制度（特待生B）			年額45万円（1年のみ対象）		
		東洋学園特待生制度（特待生E）		新入生～4年	年額90万円	最大4年間	
	東洋大学	東洋大学 学業成績優秀者奨学金(旧 東洋大学第1種奨学金)	なし	学部2～4年生	30万円	採用年度（1年間）のみ	
		東洋大学 経済的修学困難者奨学金「エール」(旧 東洋大学第2種奨学金)			授業料半額相当（1年間）		
		東洋大学 生計維持者の逝去に伴う奨学金 (旧 東洋大学第3種奨学金)					
		東洋大学 海外留学促進奨学金			7万円～300万円		
		東洋大学 特別被災奨学金			春学期または秋学期の学費の全額～1/3支給		
		東洋大学 交換留学奨学金			1年間の留学：年間授業料相当額、1学期の留学：年間授業料半額相当額	採用年度のみ	
		東洋大学 認定留学奨学金					
		東洋大学協定校語学留学奨学金			年間授業料4分の1相当額		
	二松学舎大学	二松学舎奨学生	なし	2～4年	当該年度授業料の半額相当額		
		中洲賞の褒賞としての奨学金		4年	当該年度授業料相当額		
		二松学舎サービス株式会社奨学金		1年～4年			
		二松学舎大学父母会成長支援型奨学金			3万円～15万円		
		奨学生選抜付入学試験制度による奨学生			授業料及び施設費	標準修業年限48ヶ月	

人数	申込時期	資格・条件
若干名	入学後	経済的理由により修学の継続が困難と認められる者で、学業成績優秀・心身健全である者
対象者全員		天災・人災などにより家屋半壊以上の被害を受けた者
若干名	その他	一般選抜合格者の上位成績優秀者
		総合型選抜E方式合格者の上位成績優秀者
各学年・各学科1〜2名	その他	学業成績及び修得単位の基準を満たし、且つ人物の優秀な者
毎年度予算で設定された人数（未定）	入学後	学業成績、人物ともに優良であり、経済的困窮度が高く修学困難な者
要件を満たし、申請のあった者		勉学意欲、人物ともに優良であり、入学後に家計支持者の死亡により経済的に修学困難となった者
要件を満たした者		本学指定の海外留学プログラムに参加し、かつ本学が設定する語学基準等を満たす者
出願条件を満たし、申請のあった者	その他	災害救助法の適用を受けた災害により、生計維持者の住家に被害を受けた者
交換留学生全員	入学後	学内選考試験合格者
認定留学生全員		
要件を満たした者		学内選考試験合格者のうち、所定の語学条件を満たした者
20名	入学後	学部に1年以上在籍する正規の学生、家計状況が困窮している者、人物・学業成績共に良好な者、休学者は除く
4名		卒業予定者で通算GPA成績最優秀な学生3名以内
各学科・各学年でそれぞれ1名とし、合計19名以内	その他	各学科・各学年の単年度GPA優秀者、（ただし、4年次生については累積GPA優秀者、上記の特待生は除く）
		本学の正規課程に在籍する学部生で、教員採用合格者や公務員試験合格者、父母会が指定した資格を取得した学生
文学部20名以内・国際政治経済学部10名以内	入学後	当該入試合格者のうち、文学部では最大20名　国際政治経済学部では最大10名、2年次以降は毎年度、成績による審査を行い、最長4年次まで資格を継続できる

学校名・団体名	制度名	対象の専攻分野	対象詳細	支給額	支給期間	
日本社会事業大学	学内給費生制度	社会科学		授業料相当額、半額又は4分の1額	単年度のみ	
	障害学生奨学生給付制度			年間教育充実費相当額を上限		
日本獣医生命科学大学	大学奨学金	なし		学費の半額相当額	1年間	
日本女子体育大学	二階堂学園奨学基金	なし	学部生	月額:2万5千円	当該年度	
	松徳会奨学金		2〜4年	年額学業30万円、スポーツ・舞踊25万円		
日本女子大学	日本女子大学桜楓奨学金	なし	学部生	30万円	年1回	
	森村豊明会奨励賞（学部）			50万円		
	日本女子大学特別活動給付奨学金（学部）		2年以上の学部生	20万円		
	日本女子大学泉会緊急支援金（学部）		学部生	10万円	原則1回	
	日本女子大学泉会学業支援給付奨学金		3年次の学部生	30万円	1回	
	日本女子大学泉会spring新入生奨励金		1年次の学部生	20万円		
	世界トップ100大学留学奨学金		本学が協定を結んでいる海外の大学のうち、世界ランキング100位以内の大学に留学する学部学生	留学先大学による（200万円〜400万円）	半年または1年間	
	協定大学留学奨学金		協定大学に留学する学部学生	留学期間による（50万円〜100万円）		
	認定大学留学奨学金		認定大学に留学する学部学生	留学期間による（20万円〜40万円）		
	泉会奨励金		協定大学に留学する学部学生	20万円	1回	
	協定大学留学学生優秀賞			30万円		

東京都

150

人数	申込時期	資格・条件
61名	入学後	学業成績・人物ともに優秀で経済的理由により授業料の納付が困難な者
不定		身体などの障がいに起因して、修学上特別な経済的支出を必要とする者
若干名	入学後	主たる家計支持者の死亡・疾病・失業・被災等により、修学困難になった者
27名	その他	学業・人物ともに優秀かつ健康であって、経済上補助を必要とする者　※日本学生支援機構奨学生及び松徳会奨学生を除く
学業5名、スポーツ・舞踊2名		本学学生の模範となるような優れた人物のうち、前年度学業において特に優秀な成績を収めた者、又は前年度スポーツ・舞踊部門で特に優秀な成績を収めた者　※二階堂学園奨学生及びスポーツ・舞踊奨学生を除く
30名	入学後	経済的理由により学業継続が困難で、かつ成績、人物ともに良好な者
学部生、大学院生合わせて2～4名		専門の各分野で特に際立った成果をあげ、将来の社会貢献をめざしている者
学部生、大学院生合わせて1名		女子教育、社会活動、学術、文化、芸術、スポーツ等の分野で優れた業績をあげた人物・学業ともの良好な者
対象者全員		主たる家計支持者の死亡・失職等により家計が急変した者
10名		日本学生支援機構の貸与奨学金を受給中の者（収入基準等有り）
15名		首都圏（1都3県（東京・千葉・埼玉・神奈川））以外の国内高等学校出身者で、学業・人物ともに優秀であり、学寮に入寮した者
2名		学内留学選考に合格し、世界ランキング100位以内の協定大学へ留学する者
15名程度	その他	学内留学選考に合格し、学業成績・人物ともに優秀と認められた学生　※採用人数により、奨学金金額が減額される場合があります
20名程度		学内留学選考に合格し、協定大学へ留学する者
1名		協定大学留学学生のうち、学業成績・人物共に最も優秀な者

	学校名・団体名	制度名	対象の専攻分野	対象詳細	支給額	支給期間	
東京都	日本赤十字看護大学	日本赤十字看護大学伊藤・有馬記念基金奨学金(学生奨学金)	保健	看護学部・さいたま看護学部	年額20万円以内	当該年度	
		日本赤十字看護大学伊藤・有馬記念基金奨学金(外国留学奨励金)			年額10万円以内		
		日本赤十字看護大学大嶽康子記念奨学金			年額20万円以内		
		日本赤十字看護大学松下清子記念奨学基金			年額15万円以内		
		日本赤十字看護大学松下清子記念奨学金(海外研修・国際交流支援)			年額20万円以内		
		日本赤十字看護大学保護者会奨学金					
		日本赤十字看護大学保護者会海外留学奨学金			年額5万円以内		
		日本赤十字看護大学保護者会学業成績優秀者奨学金		看護学部	3万円		
	日本体育大学	メイドー・MCS・長谷川奨学金	なし	2～4年	25万円	単年度	
		雄渾奨学金		1～4年	20万円		
	日本大学	日本大学特待生	なし	2年次生以上	甲種:授業料1年分相当額の半額及び図書費 乙種:授業料1年分相当額の半額	当該年度1年間	
		日本大学創立130周年記念奨学金 第2種		法学部第二部,通信教育部を除く	年額30万円		
		日本大学アスリート奨学金 第1種		競技スポーツ部に入部予定の者	入学金・授業料・施設設備資金相当額及び図書費		
		日本大学アスリート奨学金 第2種		競技スポーツ部に所属している学生	授業料・施設設備資金相当額及び図書費		
		日本大学付属高等学校等出身アスリート奨学金 第1種		日本大学付属高等学校等出身の競技スポーツ部に入部予定の者	入学金・授業料・施設設備資金相当額及び図書費		

人数	申込時期	資格・条件
十数名 （学部・大学院共通）	入学後	経済的理由により修学が困難と認められる者　※毎年応募可
若干名 （学部・大学院共通）		大学が主催する海外留学、海外研修、ボランティア、クラブ等の課外活動の他、個人で海外活動を予定している者　※毎年応募可
5名（学部・大学院共通）		家庭の年収（父母・本人・配偶者含む）が500万円未満であること。当該年度岡村育英会採用者ならびに特待生は除く
十数名 （学部・大学院共通）		経済的理由のため修学困難な者
若干名 （学部・大学院共通）		本学及び学外団体主催の海外活動に参加し、当該年度に渡航する者で、目的及び計画が明確で効果が期待されるもの　※毎年応募可
若干名 （学部共通）		・経済的理由により修学が困難なもの（一家庭の総収入500万円以上の場合は応募の対象外）　※毎年応募可
若干名		本学が主催する海外留学・研修を希望する者（ただしボランティア活動、3月に行われる海外研修は申込不可）保護者会費を納入していること。家庭の年収（父母・本人等）が500万円未満であること。当該年度に本学給付金を得ていない者。
15名	その他	学部2年生～4年生の成績上位者各学年5名
6名（令和2年度実績）	入学後	課外活動等の大学生活において目標に向けて強い意志をもって取り組んでいる者
46名（令和2年度実績）		日本学生支援機構等、奨学金の貸与を受けてもなお、経済的に困窮している者。
461名 （令和2年度実績）	入学後	学業成績・人物ともに優秀な者
189名予定 （令和2年度実績）		学業成績が優秀であるにもかかわらず経済的理由により修学が困難である者
5名	入学手続時	入学前の競技成績が特に優れ，入学後の活躍が期待できる入学予定者
15名	入学後	スポーツ競技の成績が特に優れた在学生
10名	入学手続時	入学前の競技成績が特に優れ，入学後の活躍が期待できる入学予定者

	学校名・団体名	制度名	対象の専攻分野	対象詳細	支給額	支給期間	
東京都	日本大学	日本大学付属高等学校等出身アスリート奨学金　第2種	なし	日本大学付属高等学校等出身の競技スポーツ部に所属している学生	図書費	当該年度1年間	
		日本大学事業部奨学金			年額10万円	当該年度1年間（一括支給）	
		日本大学小澤奨学金	社会科学	法学部、経済学部、商学部学生	年額12万円		
		日本大学オリジナル設計奨学金	理系全般	理工学部、生産工学部、工学部学生	年額20万円		
		日本大学校友会奨学金（奨学金付教育ローン）	なし	全学年（通信教育部除く）	在学中の利子相当額		
		日本大学法学部奨学金　第1種	社会科学	法学部生	授業料1年分相当額の40%	当該年度1か年	
		日本大学法学部奨学金　第2種	社会科学	法学部生	第一部生：年額30万円，第二部生：年額15万円	当該年度1か年	
		日本大学法学部奨学金第3種			往復航空運賃（エコノミークラス）		
		日本大学法学部永田奨学金			年額12万円		
		日本大学法学部山岡奨学金					
		日本大学法学部杉林奨学金					
		日本大学法学部校友会奨学金第1種			第一部生：年額30万円，第二部生：年額15万円		
		日本大学法学部校友会奨学金第2種			年額24万円または48万円		
		日本大学法学部後援会奨学金第1種		法学部第一部生	授業料1年分相当額の半額		
		日本大学文理学部奨学金	なし	学部生2年生以上	年額24万円	1年間	
		日本大学文理学部後援会奨学金		全学年			
		日本大学文理学部校友会奨学金					
		日本大学経済学部奨学金　第1種	社会科学	1年次生	授業料相当額	当該年度1年間	
		日本大学経済学部奨学金　第2種		2年次生以上	授業料相当額の半額		

154

人数	申込時期	資格・条件
15名		スポーツ競技の成績が特に優れた在学生
若干名		経済的支援を必要とし，学業成績及び人物が優良な者
9名		学業成績が優秀で人物が優れ，国家試験（司法試験・公認会計士試験・税理士試験等）の受験を志す者
6名		学業成績が優秀で人物が優れ，国家公務員採用総合職試験の受験を志す者
若干名		校友会の準会員で，人物に優れ，経済的理由により学業継続が困難な者（もしくは父母等）が，本学指定の金融機関と教育ローンを締結し，利子相当額を校友会が給付することにより，在学中の元金返済を据え置く
12名		学業成績が特に優秀で人物が優れている者
第一部生：25名，第二部生：5名		優良な資質を持っており経済的理由により学費の支弁が困難である者
若干名		学業成績及び人物が優秀で海外学術交流協定校等に正規生として留学し専門的研究を志す者
10名	入学後	学業成績及び人物が優秀で国家試験（司法試験・国家公務員採用総合職試験等）の受験を志す者
16名（学部，大学院合わせて）		学業成績及び人物が優秀で弁理士試験の受験を志す者
第一部生：5名，第二部生：2名		日本大学校友会年会費（準会員）を納入している者で優良な資質を持っており経済的理由により学費の支弁が困難である者で卒業後も校友会活動に貢献できる者　※理学を含む
対象者全員		日本大学校友会年会費（準会員）を納入している者で日本大学大学院法務研究科に入学が許可され法務研究科への入学を学部に確約した者で卒業後も校友会活動に貢献できる者
10名程度		日本大学法学部後援会費を納入している者で学業成績が優秀で人物が優れており経済的理由により学費の支弁が困難である者
54名		学業・人物優秀な者
70名（学部，大学院合計）		経済的理由により学費等の支弁が困難な者
15名		
未定		経済的理由により学費等の支弁が困難で入学時に成績が特に優秀な学生
		経済学部奨学金第1種奨学生であった者で経済的理由により学費等の支弁が困難で学業成績が優秀な学生

	学校名・団体名	制度名	対象の専攻分野	対象詳細	支給額	支給期間	
東京都	日本大学	日本大学経済学部奨学金　第4種	社会科学	全学年	年額48万円（後期採用者は24万円）	当該年度1年間	
		日本大学経済学部後援会奨学金 第1種			年額30万円（後期採用者は15万円）		
		日本大学経済学部後援会奨学金 第2種			年額48万円		
		日本大学経済学部校友会奨学金		2年次生以上	年額12万円		
		日本大学商学部絆奨学金		商学部 全学年	30万円又は15万円		
		日本大学校友準会員商学部奨学金					
		日本大学商学部後援会奨学金					
		日本大学商学部校友会奨学金					
		日本大学商学部奨学金			授業料相当額の半額		
		日本大学芸術学部奨学金　第1種	芸術	芸術学部 全学年	30万円を限度	一括	
		日本大学芸術学部奨学金　第2種			30万円、50万円		
		日本大学芸術学部奨学金　第3種			授業料相当額を上限		
		日本大学芸術学部奨学金　第4種			20万円を限度（アジア地域10万円、それ以外20万円）		
		日本大学芸術学部ジェームス＆道子・ダン奨学金			10万円		
		日本大学国際関係学部奨学金 第1種	社会科学	国際総合政策学科 全学年	授業料1年分の半額相当	1年間	
			教養・学際・その他	国際教養学科 全学年			
		日本大学国際関係学部奨学金 第2種	社会科学	国際総合政策学科 全学年			
			教養・学際・その他	国際教養学科 全学年			

	人数	申込時期	資格・条件
	未定	入学後	経済的理由により学費等の支弁が困難で学業成績が優秀な学生
			経済的理由により学費等の支弁が困難で後援会費を納入し学業成績が優秀な学生
	若干名	随時	家計が急変し，学費等の支弁が困難で後援会費を納入し学業成績が優秀な学生
	9名	入学後	学業成績が優秀で，校友会費（準会員）を納入している学生
	46名		商学部に在籍していること。経済的理由により修学困難であること。日本学生支援機構の給付奨学金との併用不可。半年間採用された場合は半額。
	36名		商学部に在籍していること。経済的理由により修学困難であること。校友会準会員であること。日本学生支援機構の給付奨学金との併用不可。半年間採用された場合は半額。
	33名		商学部に在籍していること。経済的理由により修学困難であること。後援会会費を納入していること。日本学生支援機構の給付奨学金との併用不可。半年間採用された場合は半額。
	16名		商学部に在籍していること。経済的理由により修学困難であること。校友会年会費を納入していること。日本学生支援機構の給付奨学金との併用不可。半年間採用された場合は半額。
	9名		学業成績が特に優秀でかつ人物が優れており，修学意志が堅固で優良な資質の学生であること。
	52名（令和2年度実績）		優秀な資質を持ちながら経済的理由により修学が困難である者　※各学科1名
	若干名		専攻分野において特に優れた業績を認められた者
			学費支弁者が災害に罹災し甚大な被害を受けた、もしくは不慮の理由で家計が急変し学費等の支弁が困難である者
			交換留学・派遣留学又は大学や芸術学部が実施する語学研修などにより海外渡航する者
	1名		芸術学部音楽学科ピアノコースの学生のうち，学業成績及び人物が優れ，試演会・演奏会において演奏作品が優秀であると認められた者
	若干名		2年次以上の学部・短大・大学院の学生学業及び人物ともに優秀な外国人留学生以外の者
			学部・短大・大学院の学生。不足の事態発生等により学費の支弁が困難であり修学意志が堅固な者

	学校名・団体名	制度名	対象の専攻分野	対象詳細	支給額	支給期間	
東京都	日本大学	日本大学 国際関係学部 柳川海外交流奨学金 第1種	社会科学	国際総合政策学科 全学年	留学在籍料 1年分 相当額	1年間	
			教養・ 学際・ その他	国際教養学科 全学年			
		日本大学 三島後援会奨学金 (第1種)	社会科学	国際総合政策学科 全学年	8万円 または 12万円	春期(前期) 秋期(後期)	
			教養・ 学際・ その他	国際教養学科 全学年			
		日本大学 国際関係 学部校友会奨学金	社会科学	国際総合政策学科 全学年	25万円	1年間	
			教養・ 学際・ その他	国際教養学科 全学年			
		日本大学 三島同窓会 奨学金	社会科学	国際総合政策学科 全学年	2万円〜6万円		
			教養・ 学際・ その他	国際教養学科 全学年			
		日本大学 三島後援会奨学金 (第2種)	社会科学	国際総合政策学科 全学年	プログラムにより 異なる	2か月間〜 2年間	
			教養・ 学際・ その他	国際教養学科 全学年			
		日本大学理工学部 奨学金　第1種	理系 全般	2年次以上(外国 人留学生を除く)	40万円	1年間	
		日本大学理工学部 後援会奨学金		全学年	50万円		
		日本大学理工学部 校友会奨学金		理工学部 卒業見込者	20万円		
		日本大学理工学部 校友会特別奨学金			50万円		
		日本大学生産工学部 奨学金　第1種	工学	全学年	年額50万円	当該年度 1か年	
		日本大学生産工学部 奨学金　第2種			年額30万円		
		日本大学生産工学部 校友会奨学金			10万円、20万円、 30万円のいずれか		
		日本大学工学部 第2種奨学金		工学部 年次生のみ	授業料相当額		
		日本大学工学部 第4種奨学金		学部 全学年	年額30万円		
		日本大学工学部 後援会奨学金		学部 1〜2年次生	25万円	半期(半期 毎に申込)	

人数	申込時期	資格・条件
1名	入学後	柳川三郎先生が寄与した基金を運用し，学部・大学院の学生で主としてドイツにおいて研究・研修する者
各期50名程度		三島後援会からの支援を受け，学部・短大・大学院・専攻科の学生で自宅通学不可能な者，または遠隔地からの新幹線通学の者
若干名		学部・短大の学生。第1種：2年次以上に在学中で学業成績が優秀で人物が優れている者。第2種：1年次に在学中で入学時成績及び最終学校の学業成績が優秀で人物が優れている者（特待生等他の奨学金を受けている者は除く）
		学部・短大・大学院・専攻科の学生。三島同窓会奨励奨学基金を基にして国家試験合格・学術・文化・スポーツ及び社会活動に顕著な成果を収め著しく大学の名誉を高めた者
		三島後援会からの支援を受け、国際関係学部の提携校である海外の大学及び教育機関に派遣する学生
30名（令和2年度実績）		学業成績及び人物が優秀で、学費支弁が困難な者
15名（令和2年度実績）		学費支弁が困難な者（後援会費を納入していること）
6名（令和2年度実績）		卒業見込者のうち、学業成績及び人物ともに優秀で、貸与奨学金を受けているもの。
2名（令和元年度実績）		自然災害等の罹災あるいは家計急変等のため、学費支弁が困難な者（校友会準会員費を納入していること）。
9名（大学院含む）		学業成績及び人物が特に優秀な者
14名（大学院含む）		優秀な資質を持ちながら，経済的隆宇藤諸般の事情により学業継続が困難な者
若干名		経済的理由等諸般の事情により学業継続が困難な者
	入学手続時	入学時の成績が優秀な者
12名	入学後	学業及び人物優秀な者で、経済的理由により学費等の支弁が困難な者
20名		工学部後援会費を納入している者で，経済的理由により学費等の支弁が困難な者

	学校名・団体名	制度名	対象の専攻分野	対象詳細	支給額	支給期間	
東京都	日本大学	日本大学工学部父母会・校友会給付奨学金	工学	学部3～4年次生	25万円	半期（半期毎に申込）	
		日本大学工学部北桜奨学金		学部全学年	24万円	当該年度1か年	
		日本大学工学部五十嵐奨学金		（学部）4年次生のみ	年額10万円		
		日本大学医学部土岐奨学金	医学部 全学年		年額20万円	当該年度	
		日本大学医学部永澤奨学金					
		日本大学歯学部佐藤奨学金　第1種	保健	歯学部2年生以上	年額10万円・年額20万円	当該年度1か年	
		日本大学歯学部佐藤奨学金　第2種			年額10万円		
		日本大学歯学部同窓会奨学金		全学年			
		日本大学松戸歯学部鈴木奨学金　第1種（大学）		2年次生以上		1年間	
		日本大学松戸歯学部鈴木奨学金　第2種（大学）		全学年	年額24万円		
		日本大学松戸歯学部大竹奨学金（大学）		2年次生以上	年額10万円		
		日本大学生物資源科学部奨学金	なし	学部新入生	1，一般入学試験入学者：授業料及び施設設備資金相当額 2，付属高等学校等推薦入学試験入学者：入学金相当額	1か年	
		日本大学生物資源科学部大森奨学金		学部最終学年	20万円		
		日本大学生物資源科学部後援会奨学金（学部）		学部全学年	40万円以上60万円以内		
		日本大学生物資源科学部校友会奨学金（学部）					
		日本大学薬学部奨学金　第2種	保健	全学年	年額30万円		
		日本大学薬学部校友会奨学金			年額20万円		
		日本大学薬学部校友会準会員奨学金			年額30万円		

人数	申込時期	資格・条件
23名	入学後	学業及び人物優秀な者で父母会費及び校友会年会費（準会員）を納入している者。また、経済的理由により修学が困難な者
若干名	随時	学業及び人物優秀な者で緊急の経済的理由により学費等の支弁が困難な者
12名	入学後	学業及び人物優秀な者　※農学（獣医学）を含む
2名（令和2年度）		学業成績が優秀で人物が優れている者
0名（令和2年度）		
30名（令和2年度実績）		人物が優れ特に学業成績が優秀な者
5名（令和2年度実績）		人物が優れ課外活動、学校行事等に顕著な功績がある者
3名（令和2年度実績）		学業成績が優秀で、人物が優れていること。課外活動において顕著な成果を収め学部の発展に貢献したと認められること
30名（令和2年度実績）		学業成績が優秀で、人物が優れている者
1名（令和2年度実績）		経済的理由により学費の支弁が困難な者。学業成績が優秀で、人物が優れている者
1名（令和2年度実績）		学業成績が優秀で、人物が優れている者。又は、課外活動において顕著な成果を収め学部等の発展に貢献したと認められる者
6名	入学手続時	入学試験の成績が特に優秀であること。高等学校在学中の学業成績が優秀であること。人物が優れ健康であること
12名	その他	学業成績が優秀で、人物が優れていること。特待生その他により本大学における奨学金の給付を受けていないこと
17名	入学後	経済的理由により修学が困難であること。特待生その他本大学における奨学金の給付を受けていないこと
13名		
大学・大学院合わせて5名		学業成績及び人物が優秀で、学費の支弁が困難であること
大学・大学院合わせて2名		
大学・大学院合わせて7名		

	学校名・団体名	制度名	対象の専攻分野	対象詳細	支給額	支給期間	
東京都	日本大学	日本大学薬学部校友会（桜薬会）奨学金	保健	全学年	年額20万円		
		日本大学薬学部 マツモトキヨシ 奨学金　第1種			年額30万円		
		日本大学薬学部 岩崎壽毅奨学金					
		通信教育部奨学金	なし		授業料1年分 相当額を上限	採用決定後 7月に給付	
		通信教育部 坂東奨学金			授業料1年分の 半額相当額を上限		
	文化学園大学	文化学園大学・文化学園大学短期大学部 奨学金	なし	全学年	年間授業料の 半額相当額	1年間	
		文化学園大学・文化学園大学短期大学部 紫友会奨学金		学部4年次	10万円		
		文化学園大学海外提携校への留学奨励金			半期5万円 1年間10万円	在学中1回	
	文京学院大学	教育支援奨学金（B'sエデュケーション）	なし		年額36万円	申請年度	
		生活支援特別 給付制度（スカラB）			年額12万円	入学後 2年間	
		通学支援特別 給付制度（スカラC）			年額6万円		
	法政大学	新・法政大学 100周年記念 奨学金	なし	学部1〜4年生	文系20万円、 理工系25万円	1年間	
		法政大学評議員・ 監事奨学金		学部1年生	25万円を上限		
		鈴木勝喜奨学金		学部2〜4年生	50万円を上限		
		福田明安奨学金			30万円を上限		
		一般社団法人 法政大学校友会 奨学金			文系25万円、 理工系30万円 を上限		
		法政大学 学友会奨学金			文系25万円、 理工系30万円を 上限		
		大成建設株式会社 奨学金					
		法政大学 後援会クラブ奨学金			25万円を上限		
		株式会社橙青 奨学金			文系20万円、 理工系25万円		
		株式会社 エイチ・ユー奨学金		学部2〜4年生			

人数	申込時期	資格・条件
大学・大学院合わせて 3 名	入学後	学業成績及び人物が優秀で、学費の支弁が困難であること
大学・大学院合わせて 6 名		
10 名		
若干名		・通信教育部に在学中の 2 年生以上であること・経済的理由により学費等の支弁が困難であること・学業成績が優秀で人物が優れていること
		・通信教育部に在学中の 2 年生以上で学業成績が優秀で人物が優れていること
15 名程度	入学後	経済的に修学困難な学生であり、かつ成績・人物ともに優れた者
10 名まで		
		本学海外提携校とのプログラムによる留学が承認された者
23 名	入学後	学力・人物ともに極めて優秀でありながら経済的理由により学業継続が困難な者。申請年度の前期までの GPA が原則 2.9 以上であること
30 名	学校出願時	全学統一入試ならびに一般入試 I 期の合格者の中で、成績優秀者
20 名		
170 名程度	入学後	学業成績が優れ、教育上経済的援助が必要な者
若干名		関東一都六県以外の出身の経済的援助が必要な自宅外通学生
30 名		
若干名		学業成績が極めて優れ、教育上経済的援助が必要な者
40 名程度		学業成績が極めて優れ、教育上経済的援助が必要な者

	学校名・団体名	制度名	対象の専攻分野	対象詳細	支給額	支給期間	
東京都	法政大学	法政大学サポーターズ奨学金	なし		20万円を上限	1年間	
		法政大学吉田育英会奨学金		学部1～4年生	文系20万円、理工系25万円		
		法政大学「開かれた法政21」奨学・奨励金（成績最優秀者奨学金）		学部2～4年生	30万円		
		チャレンジ法政奨学金（入試出願前予約採用型給付奨学金／地方出身者対象）		学部受験生	文系38万円、理工系43万円		
		L・U（リーディング・ユニバーシティ）奨学金			5万円		
		法政大学後援会奨学金			当該期の大学納付金相当額を上限		
		林忠昭奨学金		文系学部	年額30万円を上限		
				理工系学部	年額35万円を上限		
		法政大学生活協同組合奨学金			年額20万円を上限		
		法政大学家計急変学生支援奨学金			年額25万円を上限		
		牧野奨学金		文学部2～4年(当該年度編入学生、通信教育部生、科目等履修生、留級生、外国人留学生は除く)	年額25万円		
		法政大学経営学部赤坂優奨学金		経営学部2～4年			
		和ちゃん奨学金		現代福祉学部2～3年	年額15万円		

	人数	申込時期	資格・条件
	40 名程度		学業成績が優れ、教育上経済的援助が必要な者
	若干名		帰国生のための入試で入学した者のうち、学業成績が優れ、教育上経済的援助が必要な者
	300 名		前年度成績上位者
	200 名	その他	東京・神奈川・埼玉・千葉県以外の国内高等学校または中等教育学校出身者で、各申請資格を満たす者。入試出願前に採用決定し、合格後、入学した者に給付する。
			在学中に下記の難関試験に合格した学部生。申請は合格した年度に限る。気象予報士試験、行政書士試験、高度情報処理技術者試験（プロジェクトマネージャ試験、システムアーキテクト試験、IT ストラテジスト試験、IT サービスマネージャ試験、エンベデッドシステムスペシャリスト試験、データベーススペシャリスト試験、ネットワークスペシャリスト試験、システム監査技術者試験）、情報処理安全確保支援士試験、社会保険労務士試験，税理士試験（複数科目合格者に在学中 1 回のみ給付）、中小企業診断士試験、通訳案内士試験、不動産鑑定士試験。同年度に税理士試験（全科目）に合格し、「開かれた法政 21」指定試験合格者奨励金を受給する方は、L・U キャリア・アップ奨励金を受給することは不可。「高度情報処理技術者試験」内で複数の試験に合格した場合でも給付は在学中 1 回のみ。また、「高度情報処理技術者試験」と「情報処理安全確保支援士試験」の両方に合格した場合でも在学中 1 回のみの給付。 ※ 2021 年度より 5 万円に変更
			学部生（休学・留級者、通信教育部生、科目等履修生は除く）であり、家計急変（事由発生から 1 年以内）のため当該期の学費の支払が困難な人。過去に本奨学金の給付を受けたことのない人。教育上、経済的援助が必要と認められること。．学業成績が優れていること
			文学部哲学科牧野英二教授及び牧野千歳氏ご夫妻のご寄附及び遺贈により創設された文学部生のための制度
			起業に強い関心を有する学業成績が優秀な者
			学業成績が優秀で、とりわけ障がい者福祉に強い関心を有する学生

	学校名・団体名	制度名	対象の専攻分野	対象詳細	支給額	支給期間	
東京都	武蔵大学	武蔵大学給付奨学金	なし	全学年	前学期10万円、後学期10万円	1年間	
		武蔵大学白雉奨学金			年額20万円		
		武蔵大学特別奨学金		2～4年生	12万円		
		武蔵大学地方学生奨励奨学金			10万円		
		武蔵大学提携教育ローン金利援助奨学金		本学が指定する信販会社より提携教育ローンを借用して学納金を納付し、当該年度中にその利息を支払った者	当該年度末残高に奨学金掛け率＊を掛けた金額（千円未満切り捨て、上限5万円）		
		武蔵大学学生国外留学奨学金		協定留学生対象	年間授業料相当額（限度額）1年間留学の場合、本学の授業料相当額の2分の1を限度に奨学金を給付。留学先の授業料が本学の授業料を超える場合は、本学の授業料の2分の1を上限として、その差額分をさらに給付する。	最長1年間	
		武蔵大学学生海外研修奨学金		全学年	30万円（限度額）	1回限り	
		武蔵大学課外活動奨励奨学金			A：年額20万円限度、B：年額5万円限度、C：年額5～30万円以内		
		武蔵大学野澤奨学金		経済学部2～4年生	年額10万円		
		ロンドン大学と武蔵大学とのパラレル・ディグリー・プログラム（PDP）奨学金	社会科学	経済学部のPDP履修生	A.ロンドン大学学費等相当額 B.ロンドン大学学費等相当額の半額 C.LSE GeneralCourseの授業料等の一部（100万円上限）	1年間	
		グローバル・スタディーズコース（GSC）奨学金	人文科学	人文学部のGSC履修生	海外短期集中外国語学習参加費用英語48万円、独語・仏語24万円、中国語、韓国・朝鮮語12万円		

人数	申込時期	資格・条件
制限なし	入学後	成績・人物優秀で経済的援助の必要な家計急変者
10 名以内		ひとり親世帯等で既定の修得単位を満たし、かつ成績・人物優秀の者
55 名		学業成績が一定基準以上かつ人物優秀者
各学年 15 名		地方出身者で学業成績が一定基準以上かつ人物優秀者
学部と大学院合計で 50 名程度		同年度中に同ローンを借用して学納金を納付し、当該年度中にその利息を支払った者
30 名程度	その他	協定留学生と認められた者（選考委員会あり）
5 名	入学後	選考に合格し、知識の習得と国際的視野を広げたい学生
A：2 件、B：20 件、C：10 件		A：大学に公認されている課外活動団体の構成員であって、課外活動において国際的活躍・交流を企画し実践する者、B：自主的な研究活動または社会貢献活動等を企画し実践した個人、C：大学に公認されている課外活動団体の構成員であって、課外活動において顕著な活躍が認められる者
5 名以内		経済学部生で既定の修得単位を満たし、かつ成績・人物優秀の者
A.10 名（上限）B.20 名（上限）C.2 名以内		A.PDP 履修者のうち、特に学業成績が優秀な者 B.PDP 履修者のうち、学業成績が優秀な者 C.LSE GeneralCourse へ留学をする者
各年度の GSC 所属者数（上限）		GSC に所属し、海外短期集中外国語学習を行う者

	学校名・団体名	制度名	対象の専攻分野	対象詳細	支給額	支給期間	
	武蔵大学	グローバル・データサイエンスコース（GDS）奨学金	社会科学	社会学部のGDS履修生	1の履修による海外英語研修参加費用（上限40万円）、2の履修による海外渡航費用及び旅行傷害保険の費用（上限30万円）	1年間	
	武蔵野音楽大学	福井直秋記念奨学金特別給費奨学金（特待生）	芸術	新入生（1年）	年間授業料全額相当	1年	
				2〜4年	年間授業料半額相当年間授業料1/4相当		
		福井直秋記念奨学金給費奨学金		新入生（1年）	入学金相当		
				2〜4年	年額15万円		
		福井直秋記念奨学金特別成果給費奨学金		全学年	年額30万円		
		福井直秋記念奨学金緊急給費奨学金			最高20万円		
	武蔵野大学	武蔵野大学開学記念奨学金（一般）	なし	学部生（留学生、特典付き入学者を除く）	年額12万円	1年間	
		武蔵野大学開学記念奨学金（特別）		学部生（2年生以上）	年額15万円		
		武蔵野大学沼田奨学金		学部生	年額50万円以内		
		武蔵野大学高楠大蔵経記念奨学金			年額24万円以内		
		即如門主伝灯奉告法要記念奨学金			年額12万円		
		武蔵野大学教育ローン利子補給奨学金			利息分年額5万円以内		
		武蔵野大学後援会奨学金			授業料相当額の範囲内	最大1年間	
		武蔵野大学学修奨励金（特別奨励賞）			年額20万円	1年間	
		武蔵野大学学修奨励金（努力賞）			年額10万円		
		武蔵野大学育成型特別奨学金	社会科学	法学部、経済学部	4年間で最大500万円相当	最大4年間	
		MUBS奨学金	なし	学部生	年額30万円		
		武蔵野大学法曹・士業プログラム特別奨学金	社会科学	法学部法律学科	目指す資格に応じて年額5〜20万円	1年間	

人数	申込時期	資格・条件
各年度のGDS所属者数（上限）	入学後	GDS コースに所属し、1 海外英語研修を履修するもの 2GDS 実践を履修するもの
全額：3名 半額：2名 1/4：3名	その他	入学試験の成績が特に優秀な学生を選考
全額：5名 半額：3名 1/4：9名		給費奨学金採用者の最上位者
32 名程度		入学試験の成績が特に優秀な学生を選考
30 名程度		人物・学業全般に優れ、向上心あふれる全学の模範となるような学生に支給される。前年度に取得した単位数の合計が、卒業に必要な標準修得単位数以上であり、かつ前年度の成績評価において GPA の値が在籍する学部の上位である者
若干名		音楽的・学術的又は社会的な活動において特に顕著な成果をあげた者
数名		家計の急変により、学業継続が困難になった者
35 名	入学後	優秀な学生で経済上修学困難な者
3 名		特に優秀な学生で熱意を持って研究に精進する者
23 名		学業人物共に優秀で、仏教伝道を志す者
1 名		仏教精神を体し、学業人物共に優秀な者
0 名		
0 名		本学指定の金融機関教育ローンを利用し、学費を完納した者
25 名		在学中の保護者の死去等による家計事情の急変がある者
54 名		前年度の学業成績が特に優秀な者
81 名		前年度の成績が前々年度より著しく向上し、努力の成果が見られる者
125 名	学校出願時	育成プログラム特待生採用審査に合格した学生
9 名	入学後	日本学生支援機構の奨学金の貸与を受けている学業人物ともに優秀な卒業年次の学生
27 名（令和2 年度実績）		司法試験や、司法書士、不動産鑑定士、宅地建物取引士などの士業を目指す者

	学校名・団体名	制度名	対象の専攻分野	対象詳細	支給額	支給期間	
東京都	**武蔵野大学**	武蔵野大学大学院薬科学研究科進学促進奨学金	保健	薬学部（科目等履修生）	協議の上で決定する	1年間	
	武蔵野美術大学	武蔵野美術大学奨学金	芸術		Aコース：30万円 Bコース：25万円	1年間	
		武蔵野美術大学校友会奨学金		卒業年次生	10万円		
		武蔵野美術大学地方出身学生支援奨学金			30万円		
		武蔵野美術大学奨学金緊急採用			家計状況により決定		
	明治学院大学	ヘボン給付奨学金	なし	最短修業年限内の者（ただし入学初年度の春学期は対象外）	審査により決定（2020年度実績：27万円〜6万円）※半期あたり	学期毎に一時金として給付	
		学業優秀賞		2年以上、最短修業年限内の者	25万円または15万円	年度毎に一時金として給付	
		認定留学（長期）奨学金			25万円／学期、ただし、留学プログラムによっては別途金額設定有り	当該留学により本学での学籍が留学となる学期	
		カリキュラム留学生奨学金		経済学部国際経営学科および法学部グローバル法学科の2年次生が対象	25万円	一時金として給付	
		小野國嗣基金（奨学金）		3年以上	審査により決定（2020年度実績：20万〜8万円）	年度毎に一時金として給付	
		新型コロナウイルス感染症対応給付奨学金			審査により決定（2020年度実績：40万円／学期）	学期毎に一時金として給付	

人数	申込時期	資格・条件
1 名	入学後	本学薬学部に在籍し、本学大学院薬科学研究科修士課程の科目を履修する者で、成績優秀者又は経済的事由により援助が必要であると認められた者
210 名	入学後	A コース：「高等教育の修学支援新制度」における給付奨学金の認定者　B コース：「高等教育の修学支援新制度」における給付奨学金の認定を受けていない者　※大学院生（修士課程）と併せて 210 名に支給
12 名	入学後	勉学に熱意を持つ造形学部 4 年生を対象とし、卒業制作企画案により選考
学部：7 名／大学院（修士）：3 名	入学後	学部、大学院（修士）のどちらかに在籍し、経済的理由により修学が困難で、かつ出願時点で保証人が過去 3 年以上継続して、島しょ部を除く東京都、千葉県、埼玉県、神奈川県以外の都道府県に在住している者
適宜	入学後	家計支援者が死亡、破産等により家計が急変した学生で、修学の継続が困難な学生
審査により決定（2020 年度実績：春学期 345 名、秋学期 365 名）	入学後	以下の①～④すべてを満たす者①経済的援助が必要であると認められ、修学上支障のない健康状態を有する者②日本学生支援機構奨学金、その他の貸与奨学金を受給している者。又は当該年度、日本学生支援機構奨学金（2 年以上は第二種奨学金に出願した者）、その他の貸与奨学金に出願したが採用とならなかった者③原則として在学年次の標準単位を取得している者。1 年と編入生は、入学年度に限り標準単位にとらわれない④在学年次 4 年以内の者（休学期間を除く）。ただし、編入生は、入学後 3 年間は出願することができる
学科毎に各学年 1 名または 2 名	入学後	各学年学科の成績上位者を大学が指名
有資格者全員	入学後	本学学生国際交流規程第 5 条第 1 項第 1 号に該当する学部学生（ただし、同第 8 条第 2 項に定める短期留学による者は除く。）
有資格者全員	入学後	本学学生国際交流規程第 5 条第 1 項第 3 号に該当する学部学生
若干名（2020 年度実績：4 名）	入学後	将来社会福祉又は心理学関連領域の職業に従事することを志している者。キリスト者であることが望ましい　※大学院生も対象
条件を満たす者全員	入学後	て新型コロナウイルス感染症に起因する家計急変の事由が 1 ～ 3 に該当すること。(A)生計維持者 (父母) の年収について、市区町村が発行する「令和 2 年度 (令和元年分)所得証明書」に記載された「所得金額」が、父母合計で日本学生支援機構の第二種奨学金の家計基準を満たしていること。(B) 生計維持者が給与所得者の場合は、雇用保険に加入している (いた) こと※ただし、母子・父子家庭の場合は、雇用保険に未加入でも可とする。●新型コロナウイルス感染症に起因する家計急変の事由 1 生計維持者の一方 (又は両方) が死亡した場合。2 生計維持者の一方 (又は両方) が 2020年 3 月 1 日以降に失職 (非自発的失業の場合に限る) もしくは生計維持の母体となる会社等が倒産・解散した場合。3 世帯収入 (父母 2 名の収入合計) において直近 2 ヶ月の平均収入額が 2019 年 1 月～ 12 月の平均収入月額より 40% 以上減少している場合。※ 2020 年 2 月 29 日以前に退職している場合は、審査対象外。

	学校名・団体名	制度名	対象の専攻分野	対象詳細	支給額	支給期間	
東京都	明治大学	おゝ明治奨学金	なし	新入生	授業料年額2分の1相当額	4年間（標準修業年限。毎年度継続審査あり）	
		明治大学特別給費奨学金	教養・学際・その他	法学部、文学部、理工学部、情報コミュニケーション学部の新入生	授業料年額相当額		
		明治大学学業奨励給費奨学金	なし	全学年	授業料年額相当額，授業料年額2分の1相当額，または授業料年額4分の1相当額	単年度	
		明治大学校友会奨学金「前へ！」		1～3年生	年額20万円		
		創立者記念経済支援奨学金		全学年	年額24万円または36万円		
		創立者記念課外活動奨励金			年額3万円～50万円		
		明治大学スポーツ奨励奨学金			授業料年額または授業料年額2分の1相当額		
		明治大学給費奨学金			年額20万円～40万		
		明治鋼業奨学金			年額3万円		
		明治大学連合父母会一般給付奨学金			年額25万円※変更の可能性あり		
		明治大学連合父母会緊急給費奨学金			年額20万円～40万円		
		明大サポート奨学金			授業料年額の4分の1相当額		
		明治大学連合父母会特別給付奨学金			年額40万円（文系）。年額70万円（理系）。		
		明治大学災害時特別給費奨学金			授業料年額または授業料年額2分の1相当額		
	明治薬科大学	「めざせ明薬・予約型奨学金」（給付型）	保健（薬学）		入学年に100万円	在学中1回限り	
		明治薬科大学奨学金			年額20万円	年1回	

172

人数	申込時期	資格・条件
約1000名	その他	学部別入学試験、大学入学共通テスト利用入学試験、全学部統一入学試験の合格者から採用。
人数は公表しておりません。		学部別入学試験、大学入学共通テスト利用入学試験、全学部統一入学試験の合格者から採用。採用人数は学部により異なりますが、公表はしておりません。
	入学後	各学部での学業成績優秀者に給付
寄付金額による		経済的理由により修学が困難な学生に、地域性および経済状況を重視した上で選考し、給付。
人数制限なし	入学後	経済的に困窮している学部生で，両親ともにおらず，自活している者や，身体に障がいのある者。
		文化・芸術・スポーツ等の分野において顕著な成果を収め、もしくは社会的評価をうけたもの。または国際交流・協力地域連携、ボランティア等の分野においてほかの学生の模範となる顕著な行動を行ったもの。また、これから新規活動にチャレンジするもの
180名以内		体育会運動部に所属し、スポーツ活動で卓越した成績を収めた者
1440名以内		学業成績が良好で、経済的理由により修学困難な者
3名程度		学業成績が優秀であり、特に援助が必要であると認められる者
約100名		学業成績が良好で、経済的理由により修学困難な者
人数制限なし	随時	在学中に家計が急変し、学費の支払いが困難な者
		在学中に家計が急変・困窮し、学費の支払いが困難な者
		在学中に家計支持者が死亡した者
		自然災害等により被害を受けた者
薬学科70名以内、生命創薬科学科15名以内	その他	以下の①～④のすべての条件を満たしている者 ①高等学校又は中等教育学校等を卒業した者及び2022年3月に卒業見込みの者又は高等学校卒業程度認定試験の合格者及び2022年3月31日までに合格見込の者。②2022年度B方式後期入学者選抜試験で本学を受験する者で、勉学意欲、人物ともに優良であること。③父母の「令和3年度（令和2年分の収入・所得内訳記載）の所得証明書」記載の収入・所得金額を合算した金額が以下の基準である者
100名程度		学業優秀、心身健全、かつ、向学心旺盛な人物

	学校名・団体名	制度名	対象の専攻分野	対象詳細	支給額	支給期間	
東京都	明治薬科大学	恩田剛堂特別奨学金	保健（薬学）	1年	年額10万円	入学年度1回限り	
		国家公務員総合職合格奨励金			50万円	在学中1回限り	
		次世代を担う研究者育成奨励金			1万円		
		維持員拠出特別表彰奨学金			3万円		
	明星大学	明星学苑明星大学特待生奨学金（学部）	なし		50万円	単年度	
		明星大学勤労奨学金			年額36万円（月額3万円）	1年間（最長3年間継続可）	
		明星大学建築学系小佐野奨学金	工学		40万円		
		明星学苑明星大学石間奨学金	なし		30万円	単年度	
		明星学苑災害被災学生等の特別支援措置			入学金及び年間学費の1年分相当額の10分の1～入学金及び年間学費1年分相当額		
		明星学苑明星大学修学支援緊急奨学金（4年生枠）					
		明星学苑明星大学修学支援緊急奨学金（緊急対応枠）			50万円	採用年度から卒業までの最短年数で最長4年間（ただし継続審査あり）	
		明星学苑明星大学明星ファミリー奨学金			申請者を除く、兄弟姉妹1人につき20万円	単年度	
		明星学苑明星大学児童福祉奨学金			入学金及び年間学費の半額（学部により異なる）を減免	4年間（ただし継続審査あり）	
		明星学苑明星大学スポーツ・文化活動特別推薦奨学金			①または②のいずれか ①50万円 ②20万円	①最大4年間継続可（毎年審査あり）②単年度（入学年度のみ）	
		明星学苑明星大学特別奨学生奨学金（明星大学特待生奨学金）			20万円または50万円	単年度（入学年度のみ）	

人数	申込時期	資格・条件
対象者全員	入学後	両親もしくは祖父母のいずれか1名が現に明治薬科大学維持員である者
	随時	国家公務員総合職採用試験に合格し就職を決めた者
	その他	日本学術会議協力学術研究団体、若しくは定款を保有している研究団体が開催する学術集会及びそれらの団体が共催する学術集会から授与された、優秀発表賞、優秀ポスター賞、優秀演題賞等の賞を受賞した演者
若干名		社会に対して本学の名誉となる活動を行った者、または学内にて特筆すべき好ましい活動を行った者
40名	入学後	(1)2年生以上の在学学部学生 (2) 本学が定める成績基準を満たす者
大学・大学院併せて50名程度		(1) 在籍学部学生1〜3年生 (2) 経済支援が必要で、学内事務局の実務体験に対し、誠実に行うことができる者
1名		(1) 明治大学理工学部理工学建築学系又は建築学部に在籍する4年生 (2) 学業・人物ともに優秀である者 (3) その他大学が指定する条件を満たす者
		(1) 在学学部4年生（卒業学年）(2) 卒業後の就職先が決定している者 (3) その他大学が指定する条件を満たす者
対象者全員		地震又は風水害等で「災害救助法」(昭和22年制定) 適用地域に学費支弁者が居住している在籍学部学生で以下の (1)〜(4) の内容のいずれかに該当する者 (1) 学費支弁者が災害で死亡した場合 (2) 学費支弁者の居住する家屋が、災害により全壊又は大規模半壊の損害を受けたと認定された者 (3) 学費支弁者の居住する家屋が、災害により半壊の損害を受けたと認定された者 (4) 学費支弁者の居住する家屋が、災害により半壊に至らない損害を受けたと認定された者
		(1) 在学学部4年生で、学費支弁者が在学中に失業又は破産等した者 (2) その他大学が指定する条件を満たす者
年度による		(1) 在学学部学生で 1.2. のいずれかの理由により家計が急変し、収入が減少した者 1. 学費支弁者が在学中に死亡した者　2. 学費支弁者が在学中に障害者手帳第1種若しくは障害者手帳第2種を取得し、就労が困難となった者 (2) その他大学が指定する条件を満たす者
		(1) 在籍学部学生 (2) 現戸籍上その他方法で兄弟姉妹と証明でき、かつ学費支弁者が同一である者 (3) 申請者及び兄弟姉妹が当該年度5月1日に本学の学部又は明星中学校・高等学校に在籍する者
若干名	学校出願時	児童養護施設等に在籍し、学業・人物共に優秀である者
		(1) 在籍学部学生 (2) 明星大学スポーツ・文化活動特別推薦入試による入学者 (3) 本学の学友会の体育会又は文化会に所属する学友会団体のうち、大学の長が指定するクラブに所属する者で特に優れた能力を有し、将来の活躍が期待される者
最大90名程度		(1) 在籍学部学生 (2) 一般入学試験前期A方式又は一般入学試験中期A方式において成績上位で合格をし、明星大学特待生奨学金制度の適用を受け、入学した者

	学校名・団体名	制度名	対象の専攻分野	対象詳細	支給額	支給期間	
東京都	目白大学	目白大学予約奨学金	なし		授業料の半額相当額	最長4年間	
		目白大学入学者選抜優秀者特別奨学金			入学金相当額（25万円）を免除		
		教育後援「桐光会」奨学金【応急支援奨学金】			当該学期の学納金を限度（上限50万円）		
		教育後援「桐光会」奨学金【修学支援奨学金】	なし		当該学期の学納金の一部（上限30万円）		
	ヤマザキ動物看護大学	山崎良壽記念奨学金	なし	全学年	30万円		
					被災状況、急変状況等に応じて支給		
	立教大学	立教大学学部給与奨学金	なし		文系学部年額50万円 理学部年額70万円 GLAP ※年額80万円	単年度	
		立教大学大柴利信記念奨学金	文系全般		年額50万円		
		立教大学「自由の学府」奨学金	なし	新入生のみ	文系学部年額50万円 理学部年額70万円	4年間（継続審査あり）	
		立教大学GLAP奨学金	教養・学際・その他		年額120万円		
		立教大学緊急給与奨学金	なし		年額30万円	単年度	
		立教大学グローバル奨学金			支給基準により年額10万円〜60万円		

176

人数	申込時期	資格・条件
100 名程度	その他	以下の（1）～（4）の条件、すべてを満たす必要があります。 (1) 日本国内の高等学校（全日制・定時制）、中等教育学校後期課程を 2022 年 3 月に卒業見込みの者または卒業後 1 年を経過していない者。(2) 東京都、神奈川県、千葉県、埼玉県在住者（受験者）は、家計支持者の給与収入合計金額（同居・別居を問わず家計支持者が複数名いる場合は全員の給与収入の合計金額）が 910 万円以内（給与外所得者は、確定申告書 B 票の所得合計金額が 400 万円以内）。(3) 前号に定める都県以外の在住者（受験生）は、家計支持者の給与収入合計金額（同居・別居を問わず家計支持者が複数名いる場合は全員の給与収入の合計金額）が 1,000 万円以内（給与外所得者は、確定申告書 B 票の所得合計金額が 440 万円以内）。※給与収入所得者の収入と給与外所得者の収入を合算する場合は、総合的に判断します。(4) 2022 年度目白大学入学者選抜のうち、全学部統一選抜、一般選抜 A 日程、大学入学共通テスト利用選抜 A 日程、大学入学共通テスト利用選抜外部英語検定試験併用方式のいずれかで受験する者（総合型選抜または学校推薦型選抜に合格し、入学手続きをした者を除きます）
成績上位者 100 名		一般選抜 A 日程による合格者のうち、成績上位者 100 名（全学科合計）。目白大学総合型選抜および学校推薦型選抜の入学予定者で、入学者選抜優秀者特別奨学金を希望する場合は、一般選抜 A 日程を受験して成績上位者 100 名に入った場合、納入済みの入学金が返還されます。
		入学後に生じた天災・災害により主たる学費支弁者が甚大な被害を受けた又は主たる学費支弁者の死亡等、予期せぬ家計状況の急変で学業継続困難となった学生。GPA2.0 以上で学年に応じた修得済単位数等の基準有り　※受給限度は 1 事由につき 1 回まで。給付金は本人を経由せず直接学納金に充当する
		学習意欲があり、成績優秀であるが経済的困難を抱えている学生。GPA2.5 以上（4 年次秋学期のみ 2.0 以上）で学年に応じた修得済単位数等の基準有り　※受給限度は在学中 2 回まで。但し、1 度採用された場合、2 回目の申請は最終学年の秋学期のみ可能
若干名	入学後	入学後の学業成績優秀者で、将来の指導者を目指す学生
	その他	大規模災害被害者及び家計急変者
70 名程度	入学後	経済的理由により修学が困難な者
6 名		経済的理由により修学が困難な関東以外の出身者
500 名程度	学校出願時	立教大学への入学を志望する日本国内 (東京都、神奈川県、埼玉県、千葉県以外) の高等学校出身者で、経済的理由により入学が困難な学生に対し、入学後の経済支援を行うことを目的とした奨学金。
若干名		立教大学グローバル・リベラルアーツ・プログラム（GlobalLiberalArtsProgram）（以下「GLAP」と記載）での学修を希望しながらも経済的理由により？学が困難な受験？に対し、？学後の経済？援を？うことを？的とした奨学？。
非公表	入学後	募集時期から遡って 1 年以内に生じた家計急変に伴い、学業継続が困難になった学生に対して支給する奨学金。
支給基準を満たした方全員		立教大学が実施する留学プログラムに参加する学生で経済支援を必要とする学生を対象とする奨学金。家計基準を満たす者が利用可能。

	学校名・団体名	制度名	対象の専攻分野	対象詳細	支給額	支給期間	
東京都	立教大学	立教大学校友会成績優秀者留学支援奨学金	なし		年額20万円	単年度	
		高松孝治記念奨学金		キリスト教学科3・4年	年額5万円		
		鳥洞奨学金		法学部3年生	年額55万円	2年間(継続支給)	
		野口定男記念奨学金		学部学生	年額5万円		
		吉原奨学金					
		松崎半三郎記念奨学金		2年生以上	40万円		
		経済学部開設100周年記念奨学金		経済学部学生	30万円または20万円		
		ポール・ラッシュ博士記念奨学金		学部学生	年額70万円以内		
		立教大学理学部創立30周年記念奨学金		理学部学生	10万円、20万円、30万円のいずれか		
		田中啓允奨学金		2・3年	年額40万円以内		
		立教大学GLAP学業奨励奨学金	教養・学際・その他		年額20万円	単年度	
		立教大学学業奨励奨学金	なし				
		立教大学校友会奨学金			年額50万円		
		大川又三郎記念奨学金		3年生	年額30万円		
		ロザリー・レナード・ミッチェル奨学金		学部学生	論文5万円または10万円活動・研究奨励金20万円以内		
		立教大学しょうがいしゃ学業奨励奨学金	なし		年額20万円	単年度	
		立教学院竹田鐵三神父奨励金			5万円(支給例)		
		TN国際貢献奨励奨学金		文学部英米文学科・文学科英米文学専修	年額40万円		
		TN賞奨学金			年額5万円		

	人数	申込時期	資格・条件
	50 名	入学後	立教大学が実施する留学プログラムに参加する学部 2 年次？以上で成績が特に優秀な者を対象とする奨学金。
			学業成績優秀なキリスト教学科 3・4 年生
			＜末延財団による奨学金＞学業成績優秀な法学部 3 年生
			体育会に所属している学部学生
			優れた海外渡航計画を持つ学部 2 年生以上
			優れた論文を提出した経済学部学生
			ボランティア活動を行う学部学生
			優れた論文を提出した理学部学生
			アジア諸国のボランティア組織や NPO/NGO を訪問する優れた海外渡航計画を持つ学部 2・3 年生
	各学年 2 名		勉学意欲、人物ともに優れた学生の学業を奨励することを目的として、立教大学グローバル・リベラルアーツ・プログラム（GlobalLiberalArtsProgram）2 年次生以上に支給する奨学金。
	65 名	入学後	勉学意欲、人物ともに優れた学生の学業を奨励することを目的として、学部 2 年次生以上に支給する奨学金。
	10 名以内		立教大学学校友会が、卒業後の目覚ましい活躍が期待され、かつ学業成績の優秀な学部 4 年次生に対して支給する奨学金。学部 3 年次に出願し、支給は 4 年次となる。
			金融に関わる内容を研究している学部 3 年次生　＊各学部の特別進学制度適用者は、学部 4 年次を博士課程前期課程 1 年次とみなして出願資格を認めます。「大学院学生対象の奨学金」を確認してください。
			男女共同参画社会の実現への研究・活動を行っている学部学生
	非公表	入学後	しょうがい、傷病等のある学生の学業を奨励することを目的として支給給する奨学金。申請の後、資格を審査して支給する
			しょうがいのある立教学院の児童・生徒・学生の学校生活の奨励を目的に支給する
			文学部英米文学科 / 文学科英米文学専修のうち当該年度にハワイ大学ヒロ校に留学する者の中で、最も優秀な者
			文学部英米文学科 / 文学科英米文学専修のうち卒業論文執筆者の中で、最も優秀な成績の者

	学校名・団体名	制度名	対象の専攻分野	対象詳細	支給額	支給期間	
東京都	立教大学	文学部100周年海外留学奨学金		文学部	年額10万円		
		立教大学法学部櫛引賞		法学部2年春学期			
		立教大学コミュニティ福祉学部田中孝奨学金（児童養護）	社会科学	新入生のみ	「学費・その他の納入金相当額」「学修奨励金80万円※」	4年間（継続審査あり）	
		立教大学コミュニティ福祉学部田中孝奨学金（震災）			年額60万円	単年度	
		立教大学経済学部「東京税理士会奨励金」		経済学部	年額20万円		
	立正大学	立正大学特別奨学生	なし		年額40万円	採用時1回（1年次のみ）	
		立正大学学業継続支援奨学金			1期または2期授業料の半額相当額（上限）	在籍期間中1回のみ	
		立正大学学部橘経済支援奨学生			年間授業料の半額相当額	1年（半期毎に申込）	
		立正大学校友会成績優秀奨学生	なし		各学科で成績上位者に10万円	1年	
	ルーテル学院大学	緊急経済支援特別給付奨学金	なし		年額20万円		
		ムラサキスポーツ国際プログラム奨励奨学金			3～10万円		
	和光大学	輝け！未来の和光ルビー　和光大学給付奨学金（入学前）	なし	新入生	上限45万円（後期分授業料）	1年間	
		輝け！未来の和光サファイア　和光大学給付奨学金（在学生採用）		2～4年生	授業料年額の半額（後期分および秋期分授業料）		
		輝け！未来の和光ダイヤモンド　和光大学成績優秀者奨学金			授業料年額の半額（後期分授業料充当）		
	早稲田大学	めざせ！都の西北奨学金	なし	首都圏以外の学部新入生	学部により、年額45万円、65万円、70万円	正規の修業期間	
		大隈記念奨学金		学部生	年額40万円	当該年度	
		小野梓記念奨学金					
		校友会給付奨学金					
		教職員給付奨学金			年額30万円～36万円		

人数	申込時期	資格・条件
		当該年度に認定校留学が決定し、当該年度または次年度に留学する文学部学生のうち成績優秀な者
		学部 3 年次に立教大学の派遣留学制度に基づいて協定校に留学する法学部学生のうち 2 年次春学期までの成績が最も優秀な学生
若干名	学校出願時	児童養護施設入所児童への修学支援事業として、立教大学コミュニティ福祉学部の自由選抜入試の受験資格を満たして同試験に合格しながらも、経済的理由により修学が困難な者に対し、入学手続き前に経済的支援の用途を提出することで本学での修学の機会を提供し、進学を支援するとともに、入学後の本学での学業の促進を図ることを目的とした奨学金。
	入学後	東日本大震災被災家庭のコミュニティ福祉学部学生で、大学の定める基準を満たす者に支給する
		＜東京税理士会の寄贈により設立＞経済学部の正規課程（学部）に在籍し、在学中に税理士試験の複数科目に合格した者に支給する
	入学手続時	一般選抜入学試験（2 月前期）ならびに大学入学共通テスト利用選抜（前期）の成績上位者
	その他	(1) 学則第 50 条対象者であること。(2) その他特別に考慮すべき事情があると学生部長が認めた場合。
	入学後	(1) 成業の見込みがあり、学費の支弁が経済的に困難である者。(2) 国の修学支援制度を受給中（停止を含む）、申請中または特定の事由を有し採用の見込みがない者。
		(1) 出願時点において最短修業年数での卒業見込みであること。(2) 当該年度の年間修得単位数が 30 単位以上であること。
若干名	入学後	家計を支える者の死亡もしくは失業等の理由により学業の継続が困難になった者
		大学主催の国際プログラム参加者で成績が一定水準以上であること。
30 名以内	入学手続時	本学に入学する者で、学業成績が優秀であるにも関わらず、経済的に困難な状況にあると認められる者
70 名以内	入学後	本学の学部又は大学院に在籍する者で、学業成績が優秀であるにも関わらず、経済的に困難な状況にあると認められる者
8 名以内		特に学業成績が優秀である者
約 1,200 名	その他	1 都 3 県以外の高校卒業者及び 1 都 3 県以外在住で高卒認定試験合格者。給与収入 800 万円未満、その他事業所得 350 万円未満
104 名		学業成績を重視して選考
360 名		家計状況を考慮して選考
35 名		経済的に困難な学生を採用
5 名		修学上特に経済的に困難な学生を援助することを目的とする

	学校名・団体名	制度名	対象の専攻分野	対象詳細	支給額	支給期間	
東京都	早稲田大学	早大生協給付奨学金	なし	学部生	年額40万円	当該年度	
		津田左右吉奨学金		学部内でローテーション			
		海老崎ツル奨学金					
		楠本英隆奨学金					
		小池陽甫奨学金					
		大川功一般奨学金			年額25万円		
		大野高正奨学金	社会科学	商学部	年額20万円		
		サンゲツ奨学金		商学部・教育学部社会科学専修・社会科学部3年	年額23万円		
		商学部奨学金		商学部1年	年額15万円		
		染谷恭次郎奨学金		商学部2～4年			
		教育学部奨学金	教育・教員養成	教育学部	年額25万円		
		横溝克己奨学金	工学	創造理工学部経営システム工学科	年額30万円		
		環境資源工学会奨学金		創造理工学部環境資源工学科4年生			
		稲土奨学金		創造理工学部社会環境工学科2～4年	年額37万円		
		文学学術院学部奨学金	人文科学	文化構想学部・文学部	年額20万円		
		社会科学部卒業生奨学金	社会科学	社会科学部学生	年額40万円		
		浅井邦二奨学金	教養・学際・その他	人間科学部学生	年額20万円		
		人間科学部奨学金			年額33万円		
		稲門女性ネットワーク奨学金	なし	学部内でローテーション	年額30万円		
		法学部横川敏雄記念奨学金	社会科学	法学部学生	年額20万円		
		宮下尚大奨学金	工学	創造理工学部総合機械工学科3・4年（ロボットに心を持たせる研究に従事していること）あるいは探検部員	年額15万円		
		りそな稲門会奨学金	なし	学部内でローテーション			

人数	申込時期	資格・条件
13名		経済的に困難な学生を援助することを目的とする
3名		学業成績、家計状況及び人物の総合的な評価により選考
2名		経済的に困難な学生を援助し、社会に有益な人材を育成することを目的とする
3名		学業成績、家計状況及び人物の総合的な評価により選考
2名		経済的に困難な学生を援助することを目的とする
4名		学業成績及び人物の総合的な評価により選考
1名		公認会計士をめざす学生の援助を目的とする
3名	その他	学業成績、家計状況及び人物の総合的な評価により選考
2名		
3名		
7名		
2名		
3名		
20名		経済的に特に困難な学生を援助することを目的とする
4名		家計状況及び人物の総合的な評価により選考
1名		学業成績、家計状況及び人物の総合的な評価により選考
4名		
1名		
		主に家計状況に基づき、学業成績及び人物の総合的な評価により選考

	学校名・団体名	制度名	対象の専攻分野	対象詳細	支給額	支給期間	
東京都	早稲田大学	大社淑子奨学金	社会科学	法学部学生	年額40万円	当該年度	
		酒井晨史奨学金			年額20万円		
		法学部教育奨学金		法学部2年	年額40万円	36か月（2年次から3年間継続支給）	
		瓦葺利夫奨学金		商学部生	年額50万円	当該年度	
		岡内貞夫奨学金		商学部3・4年でマーケティング・広告を専門に勉強する者	年額13万円		
		中村光男奨学金		法学部生	年額50万円		
		新井祥夫奨学金		商学部生	年額40万円		
		政治経済学術院奨学金		政治経済学部の学生で、政治経済学会主催の論文コンクールに参加する者	年額20万円		
		青木茂男奨学金		商学部3年で会計学を勉強する者及び公認会計士論文試験合格者	年額15万円		
		新井清光奨学金					
		寺尾巖奨学金		商学部4年以上	年額30万円		
		増山瑞比古ラグビー部奨学金	なし	ラグビー蹴球部に所属する学生			
		田山輝明ゼミ稲門会奨学金	社会科学	法学部4年又は3年卒業対象者の内本学の法学研究科修士課程民法専修又は法務研究科進学予定者	年額40万円		
		商学部創設100周年記念交換留学奨学金	社会科学	交換留学で留学をする商学部学生			
		商学部寄附講座大学院進学奨学金		商学研究科修士課程に推薦により入学予定の商学部生	年額20万円		
		鈴木啓太起業支援奨学金	なし	在学中に起業を志す者で、1年以内に起業する予定のある者又は既に起業している者	年額60万円		

	人数	申込時期	資格・条件
	1名	その他	学業成績、家計状況及び人物の総合的な評価により選考
			家計状況、学業成績、人物の総合的な評価により選考
	若干名		法学部1年時に奨学課の奨学金登録を行った者（自宅外通学者のみ対象）の中から、学業成績と人物の評価により選考
	2名		主に経済的に修学困難な商学部生の中で、学業成績と人物にも優れた学生を援助することを目的とする
	1名		マーケティング・広告を学ぶ学業成績優秀な学生の支援を目的とする（学部で選考）
	2名		学業及び人物ともに優れた者で、勉学上の経済的援助を必要とする学生を援助することを目的とする
	3名		経済的に修学困難な学生の支援を目的とする
	5名		優秀な論文を作成した者を選考対象とする
	1名		学業成績、家計状況及び人物の総合的な評価により選考
			会計学を学ぶ学生を支給対象とし、学業成績、家計状況及び人物の総合的な評価により選考
			商学部に在学し、引き続き大学院商学研究科修士課程に推薦によって入学する予定の学生の勉学及び研究活動を支援することを目的とする（学部で選考）
	若干名		ラグビー蹴球部に所属する学生（学部・大学院）の経済的支援を目的とする
	1名		本学法学研究科修士課程民法専修又は法務研究科進学予定者で、勉学上の経済的援助を必要とし、学業及び人物ともに優れた者を援助
	2名		海外留学する成績優秀な学部学生の支援を目的としています。
	25名		本学商学研究科修士課程に推薦により入学予定の商学部生
	1～2名		在学中に起業を志す者で、1年以内に起業する予定のある者又は既に起業している者

	学校名・団体名	制度名	対象の専攻分野	対象詳細	支給額	支給期間	
東京都	早稲田大学	上田稔奨学金	教育・教員養成	教育学部英語英文学科に在籍し、本学の正規留学プログラムで、1年以上英語で教育を行う大学へ留学する者	年額20万円	当該年度	
		髙木啓行奨学金		本学教育学研究科数学教育専攻に進学予定の教育学部数学科在学生または卒業生	年額40万円		
		本橋金男・登志奨学金					
		不二山謙一奨学金	社会科学	法学部の1~4年生	年額50万円		
		オリーブ・佐々木洋子奨学金	工学	基幹理工学部機械科学・航空学科、創造理工学部総合機械工学科の学生	年額30万円		
		山田泰吉・あさ奨学金		全学部2~4年	年額100万円		
		首都圏出身学生支援奨学金		全学部2年	年額50万円	2年間	
		横山宏・敏子奨学金				当該年度	
		照田喜美枝墨田区出身学生修学支援奨学金		全学部の2~4年生のうち、墨田区出身の学生から各1名	年額100万円		
		岩田克弘奨学金			年額40万円		
		松本陽一奨学金		先進理工学部物理学科または応用物理学科の学生			
		照下忠・栄子奨学金					
		紺碧の空奨学金			入学検定料、入学金、学費等諸経費を免除・月額9万円	標準修業年限48か月	
茨城県	茨城キリスト教大学	茨城キリスト教大学保護者会奨学金	なし	全学年	30万円一括給付		
	筑波学院大学	学校法人筑波学院大学奨学金	社会科学	4年生	特別奨学生A 35万5000円		
				2~4年生	特別奨学生B 15万円		
					特別奨学生C 5万円		

人数	申込時期	資格・条件
5名	その他	教育学部英語英文学科に在籍し、本学の正規留学プログラムで、1年以上英語で教育を行う大学へ留学する者。
		教育学部数学科を卒業または卒業見込で、本学大学院教育学研究科数学教育専攻修士課程に進学する学生の支援を目的とする
1名		成績優秀で経済的に就学困難な学生の支援を目的とする
2名		学業成績、家計状況及び人物の総合的な評価により選考
		学業および人物ともに優れた者で、勉学上の経済的援助を必要とする学生を援助することを目的とする
		成績優秀で経済的に就学困難な学生の支援を目的とする
		東京都、神奈川県、埼玉県、千葉県出身者のうち、成績優秀で経済的に就学困難な学生の支援を目的とする
6名		成績優秀で経済的に就学困難な学生の支援を目的とする
3名		東京都墨田区出身者または墨田区に設置されている高校出身者のうち、成績優秀な学生の支援を目的とする
		経済的に困難な学生を援助することを目的とする
		先進理工学部の物理学科、応用物理学科に所属する学生に勉学に励んでもらうことを目的とする
		経済的に修学が困難な学生の支援を目的とする
若干名		出願時に満20歳未満で、児童養護施設に入所している者または児童養護施設を退所して2年以内の者且つ入学後独立して生計を営む予定で生活困窮のため経済支援を必要とする者
5名	入学後	経済的な理由により学業の継続が困難と認められる場合。人物・学業ともに優良な学生で、他の給付金を受けていない者。
1名	その他	学業、人物とも優れている者
各学年1名		
各学年3名		

	学校名・団体名	制度名	対象の専攻分野	対象詳細	支給額	支給期間	
茨城県	筑波学院大学	光塩会奨学金	社会科学	2～4年生	2万円		
	常磐大学	諸澤幸雄奨学金1種	なし	全学年（看護学部を除く）	年額17.5万円	年1回	
			保健	看護学部	年額23.75万円		
		諸澤幸雄奨学金2種	なし	全学年（看護学部を除く）	年額35万円		
			保健	看護学部	年額47.5万円		
		諸澤幸雄奨学金2種（緊急支援）	なし		年額17.5万円		
		ローズヴィラ水戸奨学金A	人文科学	現代社会学科3年生および4年生	年額40万円		
		ローズヴィラ水戸奨学金B	なし		年額35万円		
		ローズヴィラ水戸奨学金C	保健	看護学部2年生以上	年額55万円		
		ローズヴィラ水戸奨学金介護職員初任者研修奨学金	なし		年額5万円		
	流通経済大学	流通経済大学特別奨学生制度	文系全般	新入生	月額6万円、3万円	原則入学後4年間	
栃木県	足利大学	兄弟姉妹奨学金	なし	工学部 看護学部	授業料の半額	学期ごと	
		足利大学工学部創生工学科学業特待生	工学		学業特待生A74万円、B32万円	2年間（継続支給）	
		足利大学看護学部看護学科学業特待生	保健（看護）		学業特待生A94万円、B52万円		
	宇都宮共和大学	特待生奨学金	なし	新入生	授業料の全額または半額相当額	4年間	
					授業料の全額または半額		
					入学金の全額または半額相当額		
					入学金の半額相当額		
		ダイヤモンド奨学金		2年生以上	授業料の全額または半額相当額	1年間	
		ホテル・観光奨学金			授業料の半額		
		知識力奨学金			受験料全額		

188

人数	申込時期	資格・条件
4年生4名、2〜3年生各3名	その他	学業、人物とも優れている者
10名（院・短大含む）		心身・学術ともに優れ、経済的に学業の継続が困難と認められる学生
5名（院・短大含む）		家計支持者の失職、破産、事故、病気、死亡等により、または火災、風水害等のため家計状況が急変し、経済的に学業の継続が困難と認められる学生
20名（短大含む）	入学後	新型コロナウイルス感染拡大防止の施策により、家計支持者の収入が極端に減少した学生
3名		社会福祉士国家試験受験資格課程を履修する学生（日本学生支援機構奨学金を除く他の奨学金を受給していない学生）
3名（短大含む）		福祉の志があり、家庭の事情により学業の継続が困難な学生（日本学生支援機構奨学金を除く他の奨学金を受給していない学生）
2名		看護学部の学生で日本学生支援機構奨学金を除く他の奨学金を受給していない学生
4名（短大含む）		介護職員初任者研修を当該年度受講し修了した学生
月額6万円30名、3万円20名	その他	学業に秀で向上心に富み心身ともに健康な学生であって、経済的事由により大学教育を受けることが困難な者
	入学後	本学園の学校に複数の学生・生徒・園児が同時に在籍している家庭の2人目以降の学生・生徒・園児に支給する
年度により変動	その他	学校推薦型選抜（指定校・公募制Ⅱ期）、大学入学共通テスト利用選抜A・B、一般選抜A・Bの学業優秀者
学業特待生A2名以内、B6名以内		一般選抜A・B、大学入学共通テスト利用選抜A・Bの成績優秀者
全額、半額ともに若干名	その他	入学試験成績優秀者　※2年次以降については学業成績により見直すことがあり、また3年次には所定の進級条件を満たす必要がある
	学校出願時	高等学校の全体の学習成績の状況において大学が定める基準を満たしていること　※2年次以降については学業成績により見直すことがあり、また3年次には所定の進級条件を満たす必要がある
対象者全員	入学手続時	所定の条件を満たすもの
	その他	プレゼンテーション入試優秀者
全額、半額ともに若干名	その他	各学年での成績優秀者　※年度毎に審査
1名	その他	ホテル・観光業界を目指す特に成績優秀な学生　※シティライフ学部のみ
対象者全員	随時	対象となる国家試験及び国家試験に準じる資格試験の受験者

	学校名・団体名	制度名	対象の専攻分野	対象詳細	支給額	支給期間	
栃木県	宇都宮共和大学	通信教育奨学金	なし		通信教育の受講料半額		
		一人暮らしスタートアップ支援制度		新入生	月額1万円		
	国際医療福祉大学	国際医療福祉大学特待奨学金	なし	医学部以外の令和3年度入学者のうち、特待奨学生特別選抜、一般選抜前期、共通テスト利用選抜の成績上位合格者	在学期間中の授業料の30%～100%相当額を給付	標準修業年限48ヶ月（薬学部は72ヶ月）	
		国際医療福祉大学医学部特待奨学金	保健	医学部の令和3年度入学者のうち、一般選抜、共通テスト利用選抜等の成績上位合格者	1年次250万円、2年次～6年次230万円を給付。本学に入学した場合は入学金150万円を返還	標準修業年限72ヶ月	
		国際医療福祉大学年間成績優秀賞	なし	医学部以外の全学部、全学科	年間授業料相当額の50%を上限	当該年度	
		国際医療福祉大学医学部年間成績優秀賞	保健	医学部	年間授業料相当額の100%もしくは50%		
		あいおいニッセイ同和損害保険㈱奨学金	なし	全学部、全学科対象	年間60万円～180万円	決定年度～卒業年度まで	
	獨協医科大学	獨協医科大学特別奨学金	保健	医学部2年以上及び看護学部2年以上	医学部年額60万円、看護学部年額30万円	単年度とし標準修業年限内2回限り	
		獨協医科大学医学生教育ローン利子補給奨学金		医学部総合型選抜（旧AO）入試入学生又は、4年以上の者	年額20万円以内	単年度申請とし卒業までに要すると見込まれる最短の修業年限	
群馬県	関東学園大学	関東学園大学特待制度（入学時）	社会科学	指定校推薦入試合格者	入学金免除	入学時のみ	
				一般・スカラシップ入試合格者	入学金免除＋初年度授業料半額免除	初年度のみ	
					授業料全額免除	4年間（進級時に継続審査あり）	
				大学入学共通テスト利用入試合格者	入学金免除	入学時のみ	
				総合型入試合格者	授業料半額免除	4年間（進級時に継続審査あり）	

	人数	申込時期	資格・条件
	対象者全員	随時	星槎大学通信教育を利用し、小学校教諭もしくは特別支援学校教諭の単位を取得した者
		入学後	栃木県外からの入学者で宇都宮市内に一人暮らしをする学生。自宅から本学まで通学2時間以上かかる者
	526 名	学校出願時	入学試験の成績が優秀であること
	50 名		
	各学科・各学年・若干名	その他	成績結果が各学科各学年で最優秀の者
	1学年〜4学年対象、各学年での成績最優秀者3名		成績結果が各学年で3位以内の者
	若干名	入学後	成績優秀・品行方正で、経済的支援を必要とする者
	医学部4名、看護学部4名	入学後	家計急変の事由が入学後で、かつ申請まで概ね1年以内である者
	対象者全員	入学後	学生又は保護者等学費弁者が金融機関から教育ローンの融資を受けた者　※ローン利息分を1名当たり年額20万円を上限に給付
		入学後	本学が指定する評定平均値（3.5以上）を満たす者の中から、書類審査・面接・小論文を加味して決定
			数学Ⅰを選択し一般・スカラシップ入試で合格した者で、目安として得点率80%を上回った者の中から決定
			数学Ⅰを選択し一般・スカラシップ入試で合格した者で、目安として得点率70%を上回った者の中から決定
			・数学Ⅰを選択し一般・スカラシップ入試で合格した者で、目安として得点率60%を上回った者の中から決定 ・現代社会を選択し一般・スカラシップ入試で合格した者で、成績上位者の中から決定
			合格者の成績上位者の中から決定
			推奨部活動減免候補者の中から決定

学校名・団体名	制度名	対象の専攻分野	対象詳細	支給額	支給期間	
関東学園大学	関東学園大学特待制度（在学中）	社会科学		授業料半額免除	単年度	
共愛学園前橋国際大学	共愛学園ともさくら奨学金（緊急時）	なし	全学生	自己負担分の授業料全額相当額または半額相当額	申請後	
	共愛学園ともさくら奨学金（経済支援）			自己負担分の授業料半額相当額	後期授業料と相殺	
	学業奨励奨学金		2～4年	自己負担分の授業料全額または半額相当	授業料と相殺	
	コース学業奨励奨学金		全学生（各学年毎）	各コースで異なる	授業料と相殺又は給付（9月）	
	共愛ワークスタディ奨学金		全学生	半期毎に授業料1/4相当額	授業料と相殺	
	共愛学園特別奨学金			自己負担分の授業料半額相当額	6月	
	災害就学支援制度		1年次新入生	初年度自己負担分の授業料全額・半額・1/4相当、初年度アパート代補助月額1.5万～3万、入学検定料免除	入学時のみ	
群馬パース大学	神戸奨学金	なし	保健科学部2～4年生	30万円	1か年	
	兄弟姉妹奨学金		保健科学部	10万円		
	特待生奨学金（特待生S）			前期および後期授業料相当額	4か年	
	特待生奨学金（特待生A）					
	特待生奨学金（特待生B）			後期授業料相当額	1か年	
上武大学	資格取得奨励金制度		全学年	5000円～30万円		
高崎健康福祉大学	高崎健康福祉大学奨学金	なし	全学生	年間授業料の30%相当額	1年間	
高崎商科大学	ピアサポーター	なし		月額2万円	1年間	
	チューター					

群馬県

人数	申込時期	資格・条件
	その他	学業や各種活動において顕著な成績を収めた学生
対象者全員	随時	次の（1）（2）いずれかに該当し、かつ生活態度が良好で「大学等における修学支援のための法律」に基づく授業料減免対象者に採用されていない学生（1）災害等の被害により学費支弁が困難な状況に陥った学生（2）家計の急変により学費支弁が困難な状況に陥った学生
若干名（採用者なしの場合もあり）		日本学生支援機構の奨学金に申し込みをし、かつ「大学等における修学支援のための法律」に基づく授業料減免対象者に採用されていない学生　成績や取得単位数の条件もあり
各コース該当者	その他	2～4 年が対象で、各学年の GPA 順位最上位者が最優秀学業奨励賞。最優秀を除く各学年各コース最上位者が学業奨励賞の副賞として授与
		各コースがその教育目標に応じて設定する基準により給付される学業優秀者への奨学金
若干名（採用者なしの場合もあり）		学生が学内の業務に従事することで給付される奨学金。採用は 1 年間。中間時に更新審査あり。後期から業務開始
対象者全員		共愛学園（幼稚園・保育園を除く）に一世帯で 2 名以上が在学する場合、年長の者に対し、奨学金を給付
制限なし	学校出願時	日本学生支援機構が定めた地域に実家等があり、罹災証明書を提出できる者（罹災状況に応じて給付額は異なる）
各学科数名	入学後	・人物及び成績が優秀である者。・本学の特待生奨学金を受けていない者。・家計基準が本学の定める基準以下である者。・日本学生支援機構等から奨学金等の貸与を受けている者　※現金給付なし。左記支給額を当該年度後期授業料のうちから免除。毎年申請可能
対象者全員		・人物が優秀で成業見込みのある者。・家計基準が本学の定める基準以下である者。本学を卒業した者を含め、2 人目以上の兄弟姉妹が学部に在籍する者　※現金給付なし。左記支給額を 1 年次後期授業料のうちから免除
特待生 S、A、B 合わせて保健科学科学部入学定員の 10％前後	学校出願時	・一般選抜（前期）に出願し特待生を希望する者。・一般選抜（前期）で優秀な成績をおさめた者。・学業に積極的に取り組み、本学の教育・研究活動や学生生活の活性化に貢献できる者。・本学が定める家計基準以下である者　※現金給付なし。左記支給額を前期および後期授業料のうちから免除。進級時審査有
		・一般選抜（前期）に出願し特待生を希望する者。・一般選抜（前期）で優秀な成績をおさめた者。・学業に積極的に取り組み、本学の教育・研究活動や学生生活の活性化に貢献できる者。・本学が定める家計基準以下である者　※現金給付なし。左記支給額を入学年度の後期授業料のうちから免除
対象者全員	随時	本学指定の資格試験合格者　※各学部にて対応
70 名前後（大学院含む）	入学後	学業成績、人間性共に優れ、さらに家庭その他の事情により学費の援助を必要とする者　※毎年出願可能
15 名	入学後	ピアサポーターの活動を理解した上で、大学の定める成績等の条件を満たした者
4 名		チューターの活動を理解した上で、大学の定める成績等の条件を満たした者

	学校名・団体名	制度名	対象の専攻分野	対象詳細	支給額	支給期間	
群馬県	高崎商科大学	資格取得奨励金制度	なし		検定料相当額	資格取得時	
		ワークスタディ奨学金制度		全学年	月額3万円	1年間	
埼玉県	浦和大学	九里總一郎記念奨学金	なし	2～4年	25万円	年1回	
		特別奨学金（学習奨励費）	教育	4年生	30万円		
	埼玉工業大学	ジュニアマイスター奨学金制度	なし	新入生	ゴールド25万円/シルバー10万円	入学時	
		アグリマイスター奨学金制度			プラチナ・ゴールド25万円/シルバー10万円		
		全商資格取得奨学金制度			ゴールド認定者25万円/シルバー認定者10万円		
		学校法人智香寺学園特別奨学金制度		2年生以上	10万円	年1回	
		埼玉工業大学後援会奨学金制度					
		浄土宗宗立・宗門校奨学金制度		4年生			
	十文字学園女子大学	十文字奨学金	なし		50万円		
	城西大学	城西大学・城西短期大学奨学生制度（第一種特待生）			30万円	2回	
		城西大学・城西短期大学奨学生制度（第二種特待生）					
		水田三喜男記念奨学生制度	なし		上限40万円（各年度のプログラムにより金額に変動あり）	1回	
		城西大学・城西短期大学女性リーダー育成奨励生制度					

人数	申込時期	資格・条件
条件該当者全員	その他	本学が奨励する各種資格を取得した者
各学年 3 名	入学後	学業・人物ともに優秀、かつ経済的支援が必要となった者で学業継続に強い意志があると認められる者
5 ～ 10 名	その他	学業成績が優秀な者及び、学術又は文化・芸術・スポーツ・社会貢献活動等で成果をあげ、かつ大学の名声を高めた者
		公立小学校の教員採用試験に合格した者
申請者の全員	入学後	ジュニアマイスター顕彰制度に基づく称号（ゴールド又はシルバー）を有する者。
		アグリマイスター顕彰制度に基づく称号（プラチナゴールド又はシルバー）を有する者
		全商が実施する各種検定試験の 1 級（三種目以上）について高等学校在学中に合格した卒業見込の生徒を対象とする
成績優秀者のうちで該当者の全員		2 年生以上で，前学年の成績が優秀かつ心身共に健全な学生と認められた者
25 名		2 年生以上で，学業・人物ともに優秀で，経済的理由により学業の継続困難と認められる者
各学科 1 名	その他	4 年生で，志操堅固かつ学術優秀なる者。学科長から推薦された者
年度により変動	その他	学業及び人物が優れており、かつ経済的理由により修学が困難である者
14 名	入学後	各学部の成績優秀者（1 年生）但し、特待生入試制度による入学者、スポーツ奨励生及び父母後援会共済事業による授業料補助受給者は、併用できない。
46 名		各学部の成績優秀者（2 ～ 6 年生）但し、特待生入試制度による入学者、スポーツ奨励生及び父母後援会共済事業による授業料補助受給者は、併用できない。
10 名		(1) 学部 2 年次生（全学部）を対象とする。（過去に水田三喜男記念奨学生、又は女性リーダー育成奨学生として奨学金を受給したことがある者、特待生制度奨励生及び留学生は対象としない。）(2) 成績優秀で本学の建学理念を体現する学生であること。(3) 大学の教育・研究行事に積極的に関わり、リーダーとしての役割を十分に果たすことができる学生であること。(4)TOEIC(R)IP を受験している、または学内で実施される TOEIC(R)IP を受験すること。(5) 指定科目（応募要項に掲載）を履修していることが望ましい。
若干名		(1) 大学院及び学部に在籍する女子学生を対象とする。（大学院及び学部の最終学年生、過去に水田三喜男記念奨学生、又は女性リーダー育成奨学生として奨学金を受給したことがある者、特待生制度奨励生及び留学生は対象としない。）(2) 成績優秀で人格的にも優れており、英語力を有し本学の建学理念を体現する学生であること。(3)TOEIC(R)IP を受験している、または学内で実施される TOEIC(R)IP を受験すること。(4) 指定科目（応募要項に掲載）を履修していることが望ましい。

195

	学校名・団体名	制度名	対象の専攻分野	対象詳細	支給額	支給期間	
埼玉県	城西大学	城西大学海外教育プログラム（JEAP）留学生のための奨学金	なし		20万円	2回	
		スポーツ優秀団体奨励金			5万円		
		学校法人城西大学上原育英奨学金			30万円	1回	
		グローバルチャレンジ奨学金					
		学校法人城西大学緊急コロナ特別奨学金			最大20万円		
	女子栄養大学	北郁子奨学基金奨学金	なし	1・2年生	20万円	学納金納入時	
		荒井慶子グローバル人材育成奨学金			15万円〜80万円	期間の設定はなし（1回のみの支給）	
		香友会わかば奨学金		4年	10万〜20万円	4月	
	駿河台大学	学業成績優秀奨学生	なし		各学部各学年学業成績1位50万円2位20万円3位4位10万円5〜7位5万円	当該年度	
		駿河台大学同窓会給付奨学金			授業料の半額	初年度	
		スポーツ年間特待生			授業料相当額		
		駿河台大学給付奨学金			20万円	当該年度	
		駿河台大学留学奨学金			10万円		
		海外語学演習制度奨学金			5万円		
	聖学院大学	チャールズ・エリアス・ガルスト奨学金	なし	4年	25万円	4年次	
		女子聖学院短期大学記念国際交流奨学金		学部全学年	海外研修費用減免10%	当該年度	
		聖学院大学災害被災者修学支援奨学金			年間授業料20%〜学費全額（学納金より減免）		
	西武文理大学	西武文理大学奨学金A奨学金	社会科学		授業料100%		
		西武文理大学奨学金B奨学金			授業料50%		

人数	申込時期	資格・条件
5 名	入学後	
3 団体		
17 名		1.2021 年 4 月 1 日現在で、本学（短期大学を含む）に在籍する正規学生（本学外国人留学生授業料減免の出願資格を有するものを除く）　2.家計基準給与収入の場合：600 万円 (税込) 以下その他所得の場合：200 万円以下 (収入金額から必要経費を差し引いた額) ※父母の年間収入の合算をした金額が上記基準に該当すること　3.学業成績日本学生支援機構が定める第一種奨学金に出願するための学力基準を満たし修学年限内での卒業の見込みがあること
33 名	学校出願時	学校推薦型選抜 A 日程または B 日程での入学予定者及び大学入学共通テスト利用選抜 1 期または 2 期に出願する者で、本学が定める選考基準を満たしている者
若干名	入学後	本学に在籍している、大学院生・学部生・短期大学生・別科生で、学納金を既に納めており、今般の新型コロナウイルス感染症に係る影響により、経済的に困難に陥っている学生
12 名		経済的理由により学業の継続が困難と認められる者
全学で 5 名	その他	学業成績、学習態度及び授業出席状況に問題がないと判断された者、3 週間以上海外に留学・活動する者
各学科1 名以上		本学の建学の精神と教育理念を基に専門性を活かした社会活動を志向して学業向上に意欲を持って取り組んでいる者
2 年生以上各学部各学年毎に 7 名	その他	令和 2 年度以降の入学生適用。2 年生以上で学業成績および人物共に優秀な学生
対象者全員	入学後	卒業生の子女であって、新規入学する場合に、初年度の授業料半額を同窓会から給付
若干名	その他	スポーツ競技成績及び人物共に特に優れている学生
50 名	入学後	修学意欲が高く、経済的理由により修学が困難な学生。学内で当該年度に 20 万円以上の奨学金や授業料減免を受けている者は出願できない
対象者全員	随時	本学から海外の提携校に交換・派遣留学生として留学する学生
	その他	本学の海外語学演習制度に参加する学生
各学科 1 名	入学後	4 年生、学業成績優秀者（各学科 1 名）
適宜	随時	聖学院大学が主催する短期海外研修に参加する学生
		地震・風水害等の自然災害等により被災した学生
	随時	経済的理由により修学が困難で、学業優秀・品行方正な学生

埼玉県

	学校名・団体名	制度名	対象の専攻分野	対象詳細	支給額	支給期間	
	西武文理大学	西武文理大学奨学金 C 奨学金	社会科学		授業料 30%		
		西武文理大学奨学金 A 奨学金	保健		授業料 50%		
		西武文理大学奨学金 B 奨学金			授業料 30%		
		緊急対応奨学金			授業料 50%		
		就職支援講座受講援助奨学金			2 万円年度毎		
		資格検定試験受験援助奨学金			受験料 50%		
		資格取得奨励金 S 奨励金	社会科学 保健		30 万円		
		資格取得奨励金 A 奨励金			10 万円		
		資格取得奨励金 B 奨励金			5 万円		
		資格取得奨励金 C 奨励金			3 万円		
		資格取得奨励金 D 奨励金			1 万円		
	東京国際大学	特待生入試奨学金 (1) 学費全額免除奨学金 （特待生入試：特待生 A）（特定校特待生入試：特待生 A)	なし		学費の全額	最大 4 年間	
		特待生入試奨学金 (2) 授業料全額免除奨学金 （特定校特待生入試：特待生 B)			授業料の全額		
		特待生入試奨学金 (3) 初年度授業料全額免除奨学金 （特待生入試：特待生 B)				初年度	
		特待生入試奨学金 (4) ASP 学費全額免除奨学金 （アメリカ留学特待生入試：特待生 A）（アメリカ留学特待生入試：特待生 B）（特定校特待生入試：特待生 A）（特定校特待生入試：特待生 B)			ASP 学費の全額	留学時	
		特待生入試奨学金 (5) ASP 学費半額免除奨学金 （特定校特待生入試：特待生 C)			ASP 学費の半額		

	人数	申込時期	資格・条件
		随時	経済的理由により修学が困難で、学業優秀・品行方正な学生
			家計支持者の死亡、急な失業などにより学納金の納入が一時的な支障が生じ、経済的に学業継続が困難な学生
			就職課主催の資格・検定試験対策講座、就職対策講座の受験を希望する学生
			本学が指定する資格検定試験の受験者
			本学が指定する資格検定試験の合格者
	[特待生入試：特待生] 5 名 [特定校特待生入試：特待生 A] 10 名	学校出願時	特待生入試受験者および、特定校特待生入試受験者のうち、学業成績及び人物ともに極めて優秀で他の学生の模範となる学部学生
	20 名		特定校特待生入試受験者のうち、学業成績及び人物ともに極めて優秀で他の学生の模範となる学部学生
			特待生入試受験者のうち、全学部共通の基準により、極めて優秀な学部学生
	[アメリカ留学特待生入試：特待生 A] 5 名 [アメリカ留学特待生入試：特待生 B] 20 名 [特定校特待生入試] A.10 名、B.20 名		アメリカ留学 (ASP) 特待生入試受験者および、特定校特待生入試受験者のうち、全学部共通の基準により、極めて優秀な学部入学生
	70 名		アメリカ留学 (ASP) 特待生入試受験者のうち、全学部共通の基準により、極めて優秀な学部入学生

学校名・団体名	制度名	対象の専攻分野	対象詳細	支給額	支給期間	
東京国際大学	特待生入試奨学金（6）ASP寮費、食費全額免除奨学金（アメリカ留学特待生入試：特待生A）	なし		ASP寮費、食費の全額	留学時	
東邦音楽大学	東邦音楽大学奨学金	芸術	2～4年	年額40万円	1年間	
	東邦令和特別奨学金			月額2万円（年額24万円）		
	東邦音楽大学Konzertfach（演奏専攻）奨学金		学部Konzertfach（演奏専攻）2～4年次生対象	50万円		
	特待生制度（S）		学部新1年次生対象	入学金相当額及び30万円	入学初年度	
	特待生制度（A）			30万円		
獨協大学	獨協大学一種奨学金	なし		年額36万円または72万円	1年間	
	獨協大学社会人学生奨学金					
	獨協大学父母の会奨学金			年額36万円		
	中村甫尚・惠卿奨学金			年額30万円		
	獨協大学応急奨学金			一時金30万円	在学中一回限り	
日本工業大学	日本工業大学特別奨学生	工学	新入生	（1）1年次の授業料全額（98万円）＋2～4年次の授業料半額（49万円）＋毎月4万円（特待生）（2）年次の授業料全額（98万円）（3）1年次の授業料半額（49万円）	（1）4年（2）（3）1年間	
	日本工業大学入試奨学金			20万円		
	日本工業大学総合型選抜入試奨学金			1年次の授業料の半額（49万円）	1年間	
	日本工業大学秋山奨学金			30万円～		

人数	申込時期	資格・条件
5名	学校出願時	アメリカ留学 (ASP) 特待生入試受験者のうち、全学部共通の基準により、極めて優秀な学部入学生
若干名	入学後	経済的事由により修学が困難と認められ、人物及び学業成績が優秀である者。ただし、1年次生及び Konzertfach（演奏専攻）、パフォーマンス総合芸術文化専攻、「管楽器・弦楽器」特別特待生、音楽系特別特待生、附属高等学校特待生、留学生、特別社会人入学者、長期履修生については出願できない。
		GPA および専攻実技の成績、人物評価を総合的に判定し選考します。進級条件充足。前年度履修科目出席率80%以上。※留学生、[特定楽器] 特待生やその他特待生、特別社会人入学者、長期履修生、附属高等学校特待生、高等教育の修学支援新制度受給者は対象外となります。
	入学手続時	入学者選抜試験における専攻実技等の成績に基づき総合的に審査し、特に優れていると認められた者。
140名	入学後	人物・学業成績ともに優秀でありながら、経済的事由で学業に支障をきたしている者
若干名		社会人入試で入学した学生を対象とし、人物・学業成績ともに優秀でありながら、経済的事由で学業に支障をきたしている者
75名		人物・学業成績ともに優秀でありながら、経済的事由で学業に支障をきたしている者
4名		
5名	随時	修学の意思がありながら学業の継続が著しく困難と認められる者
全額7名（うち特待生5名程度）半額14名	学校出願時	特別奨学生入試に合格し、入学する方。出願条件は下記のとおり。(1) 高等学校を卒業見込みの方で、学業成績が優秀な方。(評定平均値4.3以上) (2) 本学を単願する方
50名以内		①特別選抜入試②一般選抜入試③共通テスト利用入試④専門高校入試 (S工業科) ⑤専門高校入試 (B工業科) ⑥一般推薦入試（公募制）
各学科2名以内		総合型選抜入試による合格者のうち、各学科・コース2名を上限
若干名		

学校名・団体名	制度名	対象の専攻分野	対象詳細	支給額	支給期間	
日本工業大学	日本工業大学奨学振興基金	工学	新入生	年額20～50万円	1年間	
	日本工業大学学業奨励奨学金		工学部2～4年	50万円又は20万円		
	日本工業大学工友会奨学金		工学部全学科	20万円	1年間（在籍期間中1回限り）	
文教大学	文教大学奨学金	なし		授業料の全額又は一部	1年間	
	文教大学緊急特別奨学金			授業料の半期分又は一部		
	石間奨学金		4年生	授業料の半額	一括支給	
武蔵野学院大学	武蔵野学院大学TOEIC奨学金	人文科学	全学年対象	検定試験料実費給付・書籍教材等の付与	年1回	
	武蔵野学院大学特別奨学金		新入生	入学金相当額（20万円）	申請時	
	武蔵野学院大学災害奨学金			学納金の全額、もしくは一部相当額	当該年度及び、修業年限最大4年間	
			全学年対象		当該年度及び、最短卒業期までの期間	
明海大学	明海大学資格取得奨励奨学金	なし	浦安キャンパス全学部	金額は受講する講座による		
	海外研修奨学金			上限25万円		
	奨学海外研修派遣			研修費等全額		
	海外留学特別奨学金			上限40万円		
	奨学海外研修派遣制度	保健	5年次（歯学）	研修費全額		
ものつくり大学	ものつくり大学生活支援奨学金	なし	学部全学年	20万円	年1回	
	ものつくり大学奨学金（学部生対象）		2年	30万円		
	ものつくり大学さくら奨学金		3・4年	12万円		
	総合資格学院奨学金		3年及び4年（建設学科）			

人数	申込時期	資格・条件
若干名	学校出願時	本学へ入学する方のうち、勉学意欲に富み、将来の学業伸展が期待できると判断された方
各学科若干名	その他	本大学に１年以上在籍する学部学生で学業成績が特に優秀で人物が優れている者
10 名（大学院含む）	その他	本学に１年以上在籍している学部学生及び大学院生で、かつ他の奨学金を受けていない者
予算額の範囲内	入学後	勉学の意欲を持ちながら経済的に就学が困難な者
予算額の範囲内	入学後	家計が急変し、修学の意思があるにも関わらず、学業を継続することが困難な者（採用は１度のみ）※その他応募条件あり
1 名	その他	越谷校舎に在籍する４年生で、卒業間近でありながら授業料支払いに困窮をきたす学生　※湘南校舎の学生は対象ではありません
予算の範囲内	その他	試験結果優秀者の内、学内の基準を満たす者
対象者全員	入学後	入学までにいずれかの資格を取得した者　○実用英語技能検定 ２級以上、○ TOEIC 540 点以上、○ TOEFL iBT 56 点以上
対象者全員	入学後	自然災害等で被災したことを証明する罹災証明書あるいは被災証明書等を提出できる者で、学業成績や学習意欲及び学生としての本分を全うできる者
対象者全員	随時	自然災害等で被災したことを証明する罹災証明書あるいは被災証明書等を提出できる者で、前学年次の成績評価において特に学業成績が優秀であること、そのほか大学行事等に積極的に参加していることを原則的な基準とする
対象者全員	入学後	本学オープンカレッジにおいて開講する指定の資格対策講座を受講し、当該資格を取得した場合、講座授業料相当額を給付する。
対象者全員	入学後	海外研修の許可を得た者で、かつ成績優秀な者
対象者全員	入学後	各学部学科で派遣候補学生を選考する。
対象者全員	入学後	海外留学奨学金給付対象者のうち、特に成績優秀な者
派遣学生全員		成績優秀者を選抜し、海外協定校に派遣する
入試前および在学採用併せて 30 名程度	その他	①家計が経済的に窮している者②学業意志が明らかで、通常の卒業が見込まれる者
20 名以内	入学後	①学部に在籍する２年の学生②学業優秀・人物・健康ともに優れ経済的に困窮している者③ものつくりに秀で、熱意があり、経済的に困窮している者
製造学科３年１名、製造学科４年１名、建設学科３年１名、建設学科４年１名	入学後	①学部に在籍する３年以上の学生②学業優秀・人物・健康ともに優れ経済的に困窮している者③ものつくりに秀で、熱意があり、経済的に困窮している者
3 年 1 名、4 年 1 名	入学後	①本学学部建設学科に在籍する３年及び４年の学生②学業優秀、人物健康ともに優れ将来を嘱望される者③家計が経済的に困窮している者

	学校名・団体名	制度名	対象の専攻分野	対象詳細	支給額	支給期間	
埼玉県	ものつくり大学	ものつくり大学同窓会奨学金（学部）	なし	学部2～4年	12万円	年1回	
千葉県	植草学園大学	植草こう特別教育資金制度	なし	2年次在籍者及び該当年度に卒業見込みの4年次在籍者	15万円（限度額）	一括	
		在学生スカラシップ制度		在学生（1～3年）	20万円		
	川村学園女子大学	六華会奨学奨励金給費生	なし	4年	8万円		
		遠隔地居住者支援制度			前期9万円後期9万円		
	神田外語大学	TOEFL奨学金、TOEIC奨学金	なし	対象者全員	・TOEFL奨学金580点達成者：3万円 600点達成者：7万円。579点以下からの達成者の場合：10万円。・TOEIC奨学金900点達成者：5万円		
		外国語学部国外留学奨学金		認定留学制度利用者	・留学期間が1学期間（6か月未満）の交換留学：15万円・留学期間が2学期間（1年未満）の交換留学：30万円・留学期間が1学期間（6か未満）の推薦・私費留学：25万円・留学期間が2学期間（1年未満）の推薦・私費留学：50万円・留学期間が2年間のダブルディグリー交換留学：60万円・留学期間が2年間のダブルディグリー推薦留学：100万円		
	敬愛大学	長戸路記念奨学金	なし		一人あたり20万円以内	在学中1回	
	国際武道大学	島嶼部入学者奨学金	なし		初年度授業料の半額	初年度	

人数	申込時期	資格・条件
8名（学部と大学院の合計人数が8名以内）	入学後	①学業優秀で学習意欲に富み、かつ、人物健康ともに優れ将来が嘱望されるもの②同窓会費を納入済みのもの
3～4名	その他	経済的理由により就学困難な者のうち、特に成績優秀な者、及び課外活動等において特に功績のあった者（給付奨学金との併用は不可）
		成績上位者5%
若干名	その他	①学業成績優良②品行方正③学部・学科の推薦
該当者		①自宅から大学まで公共交通機関の利用により概ね2時間30分以上を要す②我孫子キャンパスの学生は我孫子市内及び隣接市、目白キャンパスの学生は概ね1時間以内で通学可能な賃貸住宅に一人暮らし③家計支持者の所得が条件を満たしている
対象者全員		規定のスコアを新規に達成した学生（入学後の最高得点が規定のスコアを満たした学生で、過去に該当スコア達成したことに対して奨学金の授与を受けたことがない学生）
認定留学制度利用者	その他	1、本学学費を納入期限までに全額納入済みであること2、認定留学の条件を満たし、期限までに認定留学申請を行うと同時に『認定留学に係わる給付型奨学金申請書』を提出すること3、認定留学後速やかに単位認定手続きそ行い、1か月以内に『留学に伴う単位認定願兼留学終了届』を提出すること4、奨学金支給は在学中1回限りとする。ただし、半年未満の期間の留学を2度した場合に限り、合計2回支給されるが、その合算期間は1年を超えないものとする
2名（令和元年度実績）	入学後	建学の精神「敬天愛人」を具現化できるかつ次のいずれかに該当する者 1.成績優秀 2.修学意欲が旺盛だが経済的に就学困難 3.課外活動により貢献した者
原則30名まで	学校出願時	保護者が島嶼部（沖縄県全域、鹿児島県島嶼部、長崎県島嶼部、島根県島嶼部および北海道島嶼部）地域在住している者

千葉県

学校名・団体名	制度名	対象の専攻分野	対象詳細	支給額	支給期間	
三育学院大学	看護学科 特待生奨学金	なし		（A種）授業料相当額（B種）授業料の50%	入学年時	
	一般入学試験成績優秀者特別奨学金			50万円		
淑徳大学	淑徳大学 特別給付奨学金	なし		授業料相当額	1年間	
	淑徳大学 一般給付奨学金			授業料の1/2又は1/4相当額		
城西国際大学	水田奨学生制度	なし	全学部	15万円	年1回	
	水田国際奨学生制度			最大50万円	都度	
	学校法人城西大学 経済支援 特別給付奨学制度			30万円	1回	
清和大学	清和大学特待生	なし		授業料の全額及び半額相当	1年間	
	清和大学学力特待生			A特待：入学料全額分と4年間の授業料全額相当　B特待：入学料全額分と4年間の授業料半額相当	入学時より卒業予定の最短年間	
千葉工業大学	千葉工業大学 災害見舞奨学金 （学部）	なし		20万円を上限		
中央学院大学	本学特待生・奨学生制度	社会科学	新入生	入学金、授業料年額相当額		
			2～4年生	（成績優秀者）授業料年額相当、（社会・文化・スポーツ功績者）1種：授業料年額および施設設備費、2種：授業料年額、3種：前期授業料		
麗澤大学	一般支給奨学金	なし	全学生	対象となる学生の授業料及び施設費を上限に、その経済状態に応じて支給		
	海外留学奨学金		提携校への留学予定者	10～80万円	一括振込	
和洋女子大学	種方・むら竹会 奨学金	なし	1～4年	30万円	一括	
	ボランティア奨学金			10万円		

	人数	申込時期	資格・条件
	A種：若干名 B種：6名以内	学校出願時	新入生の中で指定校推薦入試志願者（系列校推薦入試合格者含む）、公募推薦Ⅰ期志願者に特待生選抜試験を実施し、その試験結果及び調査書によって選考
	4名	その他	一般入学試験に合格し入学する者の内、成績が優秀な者
	若干名	入学後	人物ならびに学業成績が特に優秀であること、学費の納入が困難な学生であること、健康であること
	各学部1名		成績・人物が優秀な者
	若干名	その他	海外教育プログラム（JEAP）を利用して海外に留学する者の中から成績・人物が優秀な者
			修学の意思があるにもかかわらず、入学後、家計支持者のやむを得ない事情ににより家計が急変し、学業継続が困難となった者
	若干名	その他	人物・成績ともに優れ、教授会にて推薦された学生
		学校出願時	人物・成績ともに優れており、入学後積極的に能力を磨く姿勢のある者
		その他	この奨学金は、全学年の在学生の中で当該学生が居住している家屋又は主たる家計支持者が生活の本拠として居住している家屋が火災、風水害、地震等で被災し、経済的困窮度が高くなった学生に対して、選考のうえ、奨学金を給付します。他の奨学金との併願が可能です。
		入学手続時	入学試験の成績上位者（学校推薦型選抜、一般選抜、大学入学共通テスト利用選抜成績上位者）
			・前年度の学業成績平均点90点以上、かつ、標準単位数以上を各年次で修得した者・社会・文化・スポーツなどで顕著な功績をおさめた者
		入学後	入学後、家計支弁者の失業、破産、事故、病気又は死亡若しくは火災、風水害の災害等により家計が急変し、学業の継続が困難となった学生
			大学が定める外部語学試験への合格またはスコア条件を満たす学生
	10名	入学後	修学意欲が高く、成績優秀な者（2年以上は成績条件あり）
	前期60名、後期40名		①経済的理由により修学が困難になった者②ボランティア活動に対し熱意のある者※採用後、和洋女子大学ボランティアチームでの活動に参加

	学校名・団体名	制度名	対象の専攻分野	対象詳細	支給額	支給期間	
千葉県	和洋女子大学	卒業生寄附金奨学金	なし	学科により異なる	学科により異なる	一括	
		海外留学支援金		2～4年	10万円		
		海外学習支援奨学金	人文科学	国際学類に所属する2年生以上	海外で学習する期間1ヶ月～6ヶ月：20万円／6ヶ月～1年以内：30万円		
神奈川県	麻布大学	成績優秀者に対する奨学金	なし	学部学生	10万円	一時金	
	神奈川大学	米田吉盛教育奨学金 神奈川大学給費生	なし	給費生試験受験生	入学金相当額＋法・経済・人間科学部100万円経営・外国語・国際日本学部110万円理・工学部135万円（自宅外通学者には生活援助金70万円）	4年以内	
		米田吉盛教育奨学金 神奈川大学 予約型奨学金		給費生試験、一般入学試験（前期）または大学入試センター試験利用入学試験（前期）を出願予定の者（受験生）	【地方出身学生】文系40万円、理系50万円【神奈川・東京出身学生】文系20万円、理系30万円		
		米田吉盛教育奨学金 神奈川大学 修学支援奨学金		2年以上	法・経済・経営・人間科学部22万円外国語・国際日本学部25万円理・工学部31万円	採用年度限り（再出願可）	
		米田吉盛教育奨学金 神奈川大学 新入生奨学金		1年生	法・経済・人間科学部21万円経営・外国語・国際日本学部24万円理・工学部30万円	一度限り	
		米田吉盛教育奨学金 神奈川大学地方出身学生支援奨学金			15万円		
		米田吉盛教育奨学金 神奈川大学 指定資格取得・進路支援奨学金			資格・進路による	一度限り（ただし、資格、試験が違う場合は可）	

人数	申込時期	資格・条件
学科により異なる		学科により異なる
前後期各 1 名	入学後	認定留学をする者
各 10 名		国際学類に所属し、1 ヶ月以上 1 年以下の海外学習をする者
各学科各年 3 ～ 4 名	入学後	【最高学年以外の学部学生】前年度に各学科各学年で定められた全ての必修科目 (動物応用科学科 4 年次は、3 年次に修得した専門選択科目を含む。) を修得し、その修得した科目の平均点が 80 点以上で、かつ人物が優秀な者【最高学年の学部学生】修業期間を通した必修科目 (動物応用科学科は、牧場実習を除く修得した専門選択科目を含む。) の平均点が 80 点以上で、かつ人物が優秀な者
給費生試験合格者（入学者）	学校出願時	給費生試験で給費生として採用された者
200 名	その他	高校を卒業見込みで、高校の成績が一定の基準（評定平均 4.0 以上）を満たし、主たる家計支持者及び従たる家計支持者（原則父母）の収入合計 700 万円以下の者
150 名	入学後	一定の成績基準 (通算標準修得単位数以上・前年度 GPA2.0 以上) 及び家計基準 (主たる家計支持者及び従たる家計支持者(原則父母)の収入合計 700 万円以下) を満たし、勉学意欲がありながらも、経済的理由により修学が困難な者
100 名		
該当者は全員		新入生奨学金に採用された者のうち、東京都（伊豆・小笠原諸島を除く）・神奈川県を除く地方出身者で自宅外通学をしている者
出願者の実績による		司法試験や公認会計士、税理士、国家公務員採用総合職試験等、難易度の高い資格試験合格や TOEIC® での高得点取得などに挑戦し、実績を上げた者

	学校名・団体名	制度名	対象の専攻分野	対象詳細	支給額	支給期間	
神奈川県	神奈川大学	米田吉盛教育奨学金 神奈川大学 海外活動支援奨学金	なし		【1】派遣交換留学生：6～10万円（月額）【2】短期海外研修等参加者：5万円	【1】留学の募集要項に定める留学期間内【2】在籍期間一度限り	
		米田吉盛教育奨学金 神奈川大学学術研究 活動支援奨学金			活動内容、実績による（2万円～）	採用年度限り （再出願可）	
		米田吉盛教育奨学金 神奈川大学学業成績 優秀者奨学金			最優秀者40万円、優秀者20万円		
		村橋・フロンティア 奨学金		1、2年生	文系40万円、理系50万円		
		神奈川大学 激励奨学金		寄付者の意向による	10万円		
		神奈川大学 宮陵会給付奨学金		原則として卒業年次生	学費半期分の50％相当額	採用年度限り	
		神奈川大学 後援会給付奨学金			20万円		
	鎌倉女子大学	フリージア奨学金	なし		年間24万円	当該単年度限り	
		スペリオル奨学金					
		特待生奨学金			1年次64万円、2年次以降32万円	最長で4年間	
	関東学院大学	関東学院大学 特待生	なし	3、4年生	年間授業料相当額	1年間	
		関東学院大学 給付奨学金		2～4年生	年間20万円		
		関東学院大学 学費教育ローン利息 補給奨学金		全学年	教育ローンの年間利息分相当額（限度額あり）		
		関東学院大学 冠奨学金			年間5～30万円		
		斉藤小四郎奨学金		3、4年生	年度ごとの支給可能限度額に基づき決定された金額		
		関東学院大学 兄弟姉妹奨学金		新入生	入学金相当額		

人数	申込時期	資格・条件
(1) 派遣交換採用者全員 (2) 300 名	入学後	(1) 派遣交換留学採用者 (2) 本学が実施する海外研修プログラム（推薦語学研修・SA プログラム（経営学部　国際経営学科対象）・英語海外研修（外国語学部　国際文化交流学科対象）・SEA プログラム（外国語学部　英語英文学科対象）・化学国際交流（理学部　化学科対象）・国際コミュニケーション（工学部　経営工学科対象））又は海外インターンシップに参加する者で、学業成績、人物ともに優れた者
出願者の実績による		将来における明確な目標を持ち、学業成績、人物ともに優れ、かつ、研究活動等において優れた実績をあげた者
		神奈川大学学業成績優秀者表彰制度により、各学部学科において成績優秀者として選出された者
若干名		勉学意欲旺盛にして、学業、人物共に優秀でありながら、経済的理由により修学が困難な者
寄付金による		1. 学業成績を含めてきわめて優秀な者 2. 学業成績が良好であるにもかかわらず、経済的理由により学業の継続が困難な者　3. ボランティア等各種社会活動や課外活動で活躍する者
若干名		勉学意欲を持ちながら、家計の急激な変化のため学業の継続が困難になった者
30 名		勉学意欲をもちながら、経済的に修学困難な者（過去に奨学金を受給した者は除く）
	入学後	経済的理由により修学が困難であると認められ、且つ本学の建学の精神に則り、他の学生の模範となる者。
	その他	本学の建学の精神に則り、他の学生の模範となり、且つ優秀な成績を修めたことにより、本学各学科長から推薦された者。
		「一般選抜 I 期（大学院）」「一般選抜（学部 / 特待生チャレンジ）」「一般選抜（短大 / 特待生チャレンジ）」の受験者のうち成績優秀者。※成績が基準〈GPA3.0〉を下回った者には支給されない
70 名以内		大学入学後の成績がきわめて優れ、心身ともに健康にして人物良好である者を学部長会議で選考し決定する
50 名以内		学部 2 年以上のうち、学業・人物ともに優秀で、経済的理由により修学困難な者で、日本学生支援機構奨学金貸与者
各学年 25 名以内	入学後	教育ローン利用者で学費を納入済の者、人物・学業・経済状況を総合的に審査
寄付金の件数により決定		寄付者の申し出内容条件にあった者
10 名以内		所属学部長の推薦する、キリスト教に理解のある 3・4 年次生
対象者全員		兄弟姉妹が本学の学部または、大学院に在籍している者

神奈川県

学校名・団体名	制度名	対象の専攻分野	対象詳細	支給額	支給期間	
関東学院大学	関東学院大学兵藤奨学金	人文科学	国際文化学部全学年	年度ごとの支給可能額に基づき決定された金額	1年間	
		社会科学	社会学部全学年			
	「関東学院女子短期大学記念」奨学金（第1種）	教養・学際・その他	人間共生学部全学年	学費相当額の全額又は半額（1年次生は諸納金含む）ただし高等教育修学支援制度支援対象者については、その支援金額を除く金額		
		家政	栄養学部全学年			
		教育	教育学部全学年			
	「関東学院女子短期大学記念」奨学金（第3種）	教養・学際・その他	人間共生学部全学年の2、3年次生	年間10万円		
		家政	栄養学部全学年の2、3年次生			
		教育	教育学部全学年の2、3次生			
	関東学院大学国際交流奨学金	なし	全学年	月額3万円	留学期間	
	交換留学生奨学金			留学先までの往復渡航費（航空券）		
北里大学	北里大学給付奨学金	なし	2年以上	原則学費年額の1/2相当額（医学部は学費年額の1/3相当額）	原則として採用年度1ヵ年以内	
	北里大学PPA給付奨学金					
	北里大学薬友会給付奨学金	保健	薬学部2年以上	年額10万円		
	北里大学医療衛生学部こまくさ給付奨学金		医療衛生学部3年・4年	年額60万円以内	出願年度1ヶ年以内、1回限り	

	人数	申込時期	資格・条件
	年度ごとに変動	入学後	学業奨励、キャリア支援、家計急変等による緊急時対応の三項目について、項目ごとの審査用件を満たす者
	若干名		家計支持者の失職・死亡・災害等による家計の急変などにより、学業の継続に支障を生じた者
	各学部の合計で 10 名以内		学業において優れた努力が認められる者
	30 名以内（学部生・大学院生の合計）		交換留学生、派遣留学生及びは語学派遣留学生として留学する学生、もしくは本学の協定校からの交換留学生で学業・人物ともに優秀な学生
	対象者全員		交換留学生・派遣留学生
	25 名程度	入学後	1. 主たる生計維持者の失職、死亡、災害等による家計状況の急変、またはその他経済的理由により学費支弁等に支障を生じた者　2. 強い勉学意欲をもち、人物優秀で成業の見込みのある者　3. 原則として学業成績が各学科及び各専攻単位の上位 3 分の 1 以内の者（ただし家計急変者は上位 4 分の 3 以内の者）　4. 原則として日本学生支援機構奨学金の貸与を受けている者　5. 当該年度の北里大学の他の給付奨学生（北里大学学生表彰に定めるものを除く）、学費全額免除の特別待遇奨学生（特待生）は出願不可
	年間 6 名程度		1. 主たる家計支持者の失職、死亡、災害等による家計状況の急変、またはその他経済的理由により学費支弁等に支障を生じた者　2. 強い勉学意欲をもち、人物優秀で成業の見込みのある者　3. 原則として学業成績が各学科及び各専攻単位の上位 3 分の 1 以内の者　4. 原則として日本学生支援機構奨学金の貸与を受けている者　5. 当該年度の北里大学の他の給付奨学生（北里大学学生表彰に定めるものを除く）、学費全額免除の特別待遇奨学生（特待生）は出願不可
	年間 10 名程度	その他	(1) 北里大学薬学部の 2 年生以上に在籍する者　(2) 主たる家計支持者の失職、死亡又は災害による家計急変、その他経済的理由により、学費の支弁等に支障を生じた者　(3) 勉学に強い意欲を持ち、人物が優秀で成業の見込みのある者　(4) 原則として、学業成績が各学科の上位 4 分の 3 以内である者　(5) 原則として日本学生支援機構奨学金又は他機関奨学金の貸与を受けている者
	原則 4 名以内		家計状況の急変、または経済的理由などにより学費の支弁が困難と認められ、勉学に強い意欲を持ち、人物が優秀で将来成業の見込みのある、医療衛生学部第 3 学年、または第 4 学年に在籍する学生を対象とした給付奨学金制度。給付期間は原則として出願年度 1 ヵ年以内。給付回数は原則として 1 回限り。

	学校名・団体名	制度名	対象の専攻分野	対象詳細	支給額	支給期間	
神奈川県	北里大学	北里大学学生表彰による奨学金（北島賞）	なし		10万円		
	相模女子大学	相模女子大学地方学生支援特別奨学金	なし	新入生	30万円		
		相模女子大学緊急給付奨学金			春学期又は秋学期いずれかの授業料相当額		
		留学奨励奨学金			協定校への留学の場合、授業料相当額。認定校への留学の場合、授業料相当額の半額		
		国際交流特待奨学金			1年間の留学の場合60万円半年間の留学の場合30万円		
	聖マリアンナ医科大学	聖マリアンナ医科大学奨学基金	保健	在学生	上限360万円		
		学業成績等優秀学生奨学金		第5学年学生	授業料等学校納付金を限度		
		保護者会短期留学支援奨学金		在学生	7万円以内		
	洗足学園音楽大学	前田記念奨学金	芸術	2～4年	10万円		
		前田音楽奨励賞		音楽コンクールに入賞した者	3万円		
		前田記念留学生奨学金		卒業生	50万円		
		洗足学園音楽大学資格取得支援奨学金		1～4年	資格科目により、1万5000円または3万円		
	鶴見大学	石間奨学金	なし	文学部・歯学部	30万円	採用年度限り	
		中根環堂奨学金			当該年度の授業料の全額又は一部の額	採用年度限り（再出願可）	
		歯学部特待生奨学金	保健	歯学部			
		文学部同窓会奨学金	文系全般	文学部	20万円		
		大本山總持寺奨学金	なし	文学部・歯学部		採用年度限り	

人数	申込時期	資格・条件
原則として各学年、各学科 2 名程度	その他	前年度の学業成績並びに人物が優秀な者
30 名	学校出願時	①地方から上京する学生であること②親と生計が別であること③所定の入学試験受験の成績優秀者
若干名	入学後	主たる家計支持者が家計の急変等の経済的理由により修学継続が困難な者・過去に奨学金給付を受けていない者
予算額の範囲内	その他	留学選考合格者・半年もしくは 1 年間の留学希望者で英語力（TOEIC）および学内成績が所定の基準以上、さらに面接試験優良者・所定の単位を修得している者
		留学選考合格者・協定校への留学希望者・英語力（TOEIC）および学内成績が所定の基準以上、さらに面接試験優秀者・所定の単位を修得している者
若干名	入学後	経済的理由により修学が困難な者で学業成績、健康状態及び人物ともに良好であると認められる者。東日本大震災に係る支援を含む
1 名	その他	学業成績が特に優秀であり、かつ、人物的にも優れ、他の学生の模範になると認められる者
若干名	入学後	短期留学（大学間協定に基づく短期留学あるいは英国大学医学部での臨床実習のための短期留学）をする者。
97 名	入学後	学業成績優秀かつ心身共に健康で他の学生の模範となり得る人物で、奨学金委員会により選考された者とする
15 名（大学・大学院合計）		音楽コンクールに入賞した学生で、業成績優秀かつ心身共に健康で他の学生の模範となり得る人物で、奨学金委員会により選考された者とする
2 名	その他	卒業（修了）後 1 年以内に音楽を学ぶため外国に留学する学生
	入学後	在学期間中に定められた資格を取得した者
各学部 1 名	入学後	卒業年次に在籍する者で、人物、学業成績共に優秀であり、経済的支援を必要としている者
文学部：16 名 歯学部：4 名		人格円満であって本学園の建学精神「大覚円成報恩行持」の実践者でかつ、経済的理由によって学納金の納付が困難であると認められる者
若干名		品行方正・学術優秀であり、他の模範となる者
前期：4 名 後期：4 名		学業・人物共に優秀であり他の模範となる者、並びに課外活動等に積極的に参加し顕著な活躍をした者
各学科 1 名		人格円満であって本学園の建学精神「大覚圓成報恩行持」の実践者で、他の模範となり、かつ健康で学業優秀な者

	学校名・団体名	制度名	対象の専攻分野	対象詳細	支給額	支給期間	
神奈川県	東海大学	松前重義記念基金学部奨学金（1種）	なし	第2～8セメスターの学生（医学部医学科を除く全学部学科）	半期20万円	半年	
		松前重義記念基金学部奨学金（2種）			半期10万円		
		ワークスタディ奨学金			月額2万5000円	原則1年間（10月～翌年9月末）継続制度あり	
		学修サポート給付型奨学金		医学部医学科および工学部航空宇宙学科航空操縦学専攻を除く	月額4万円	最大4年間	
		松前重義記念基金自己研鑽奨学金			個人30万円以内、グループ50万円以内	1年間	
		松前重義記念基金建学記念奨学金（建学記念論文）			最優秀：20万円、優秀：10万円、入選：5万円	年1回	
		キャンパス間留学奨学金			2～28万円（留学タイプにより異なる）	キャンパス間留学時期	
		後援会奨学金			一時金5万円または10万円	採用時のみ	
		医学部医学科奨学金	保健	医学部医学科	年額120万円	1年間	
		医学部医学科奨学金（ひまわり）					
		国際交流奨学金	なし		派遣先大学により異なる	留学派遣期間	
		工学部航空宇宙学科航空操縦学専攻留学奨学金	工学	工学部航空宇宙学科航空操縦学専攻	留学期間中の1セメスターにつき50万円	最大1年半	
	東洋英和女学院大学	東洋英和女学院大学かえで給費奨学金	なし	3・4年生	年額24万円	最長2年間	
		東洋英和女学院大学留学奨励奨学金		全学年	(1) 20万円 (2) 35万円または70万円		
	東京工芸大学	野呂奨学金	なし	学部生	15万円	当該1年間（在学中1回）	
		同窓会芸術学部奨学金	芸術	芸術学部3、4年の学部生	20万円		

人数	申込時期	資格・条件
対象学部学科の合計で、約518名	入学後	学業・人物ともに特に優れた者
対象学部学科の合計で、約1148名		学業・人物ともに優れた者
全学部学科、全学年の合計で約250名		人物・学業成績が優秀で、経済的理由により修学が困難な学生で学内において年間200時間の勤労作業を行える者
最大50名		事前に申請し、東海大学大学入学共通テスト利用選抜（前期）で合格した成績優秀者
個人：20名程度グループ：5団体程度		スポーツ活動・文化活動・ボランティア活動・社会活動等の分野において優れた活動計画を立て、その実現に努力している個人、グループ
若干名		大学の指定する課題について優秀な論文を提出した者
年間最大200名		本学キャンパス間留学制度に基づき履修を認められた者
罹災状況にもよるが、該当者は原則全員	随時	天災等により家計が急変し、修学が困難になった者
25名程度	入学後	学業・人物ともに優れた医学部医学科生
5名程度		学費納入が困難な医学部医学科生
年間約100名程度		本学と協定を結んでいる外国の大学への留学を許可された学業成績、人物ともに優秀な者
対象者全員	その他	ノースダコタ大学の実機訓練課程履修を許可された者
3年生：15名、4年生：15名	入学後	1・2年次において優秀な学業成績を修め、課外活動などに積極的に参加している学生
0名	その他	(1) 本学との協定に基づき交換留学生として留学する者、または本学が推薦した留学生として相手校に受け入れられて留学する者 (2) 上記 (1) の支給者の中で学業成績が極めて優秀であると認められた学生に対して追加給付する。
若干名	入学後	学術優秀・品行方正及び身体強健であり、経済的理由により修学に困難があると認められる学部生
各学科1名以内（デザイン学科は2名以内）		学力・人物ともに優れ、かつ、修学継続の意志が強固である2年次・3年次の学部生

学校名・団体名	制度名	対象の専攻分野	対象詳細	支給額	支給期間	
東京工芸大学	後援会教育奨学金	なし	2年以上の学部生	30万円	当該1年間（在学中1回）	
	緊急支援奨学金		本学の学部及び大学院に在学する正規学生	30万円以内	当該1年間（在学・在院中1回）	
	後援会共済奨学金		学部生及び大学院生	年間学納金の半額相当分	当該1年間（在学中1回）	
日本映画大学	今村昌平記念奨学金制度	芸術	4年次生	4年次の学費を全額（158万円）または半額（79万円）相当額		
	修学支援奨学金制度		外国人留学生及び社会人入学試験の入学者を除く全学生	年間50万円	標準修業年限内原則1年間に限る	
	自宅外通学支援奨学金制度		外国人留学生及び社会人入学試験の入学者を除く1年次生	年額30万円	1年次生1回のみ	
	社会人学生奨学金制度		社会人入学試験で入学した学生		標準修業年限内	
フェリス女学院大学	フェリス女学院大学奨学会学業成績優秀者給付奨学金	なし	2年・4年	10万円	採用年度	
	フェリス女学院大学奨学会自己研鑽給付奨学金		1〜4年	レベルに応じて、上限5万円、上限10万円、上限20万円		
	フェリス女学院大学経済支援給付奨学金		2〜4年	10万円		
	フェリス女学院大学石間奨学金		4年	40万円		
	フェリス女学院大学障がい学生奨学金		全学年	10万円		
	三宅賞	芸術	音楽学部演奏学科（声楽）卒業年次生または音楽研究科演奏専攻（声楽）修了年次生	上限5万円	採用年度限り	
	器楽部門賞		音楽学部演奏学科（器楽）卒業年次生または音楽研究科演奏専攻（器楽）修了年次生	上限3万円		

神奈川県

人数	申込時期	資格・条件
25 名以内	入学後	学業成績が優秀、かつ特に個性的な人物で、経済的理由により修学に困難があると認められる 2 年次以上の学部生
奨学原資の限度内	随時	・本学の学部及び大学院に在学する正規学生である者・授業への出席が良好である者・父母若しくはこれに代わって家計を支えている者が、会社の倒産又は解雇等により、無収入に近い状態となり、修学の継続が困難になった者
基金の限度内		保証人の死亡による家計事情の急変で修学に困難であると認められる学部生及び大学院生
5 名 (全額)、若干名 (半額)	その他	3 年次終了時における学業成績が優秀であること　※学生本人による申し込みは不要
20 名	入学後	経済的理由による授業料の納入が困難で、一定の学力基準を満たすこと
50 名		入学当初から自宅外通学が必要で賃貸による住居費用が本人又は学費負担者に生じる者であること。学費負担者の居住する自宅と大学との距離が 50km 以上あること。学費負担者の所得が一定の額に満たないこと
各年 10 名程度		学費負担者の所得が一定の額に満たないこと。一定の学力基準を満たすこと。
各学科ごと若干名	その他	成績優秀者
若干名	入学後	学内外の活動において顕著な自己研鑽を行った者
5 名以内		日本学生支援機構奨学金第一種家計基準以内の者、成績優秀者、標準修得単位修得者
1 名		学部 4 年次（卒業見込資格取得者）対象、日本学生支援機構奨学金の申込資格を有する者、日本学生支援機構第一種奨学金所得連動返還型無利子奨学金家計基準該当者、成績優秀者
若干名		各市区町村発行による障害者手帳に記載されている「身体障害者障害程度等級」が 1 級及び 2 級に認定されている学生
		演奏表現のほか学業・人物を総合的に判断して専攻分野の最優秀学生と認定される者

	学校名・団体名	制度名	対象の専攻分野	対象詳細	支給額	支給期間	
神奈川県	フェリス女学院大学	音楽芸術部門賞	芸術	音楽学部音楽芸術学科卒業年次生または音楽研究科音楽芸術専攻修了年次生	上限3万円	採用年度限り	
		江口奨学金第1種		音楽学部生及び大学院音楽研究科生	上限5万円		
		江口奨学金第2種		音楽学部音楽芸術学科2年以上	2年次:40万円、3年次:10万円、4年次:10万円		
		江口奨学金第3種		音楽学部演奏学科3年	10万円		
		江口奨学金第4種		音楽学部音楽芸術学科2年以上及び大学院音楽研究科音楽芸術専攻学生	上限10万円（総計20万円まで）		
		江口奨学金第6種		音楽学部生及び大学院音楽研究科生	上限10万円		
		江口奨学金第7種		音楽学部4年次生及び大学院音楽研究科2年次生	5万円		
		フェリス女学院大学榎本HY奨学金	なし	全学年	本学協定校授業料相当額、上限300万円（スコアに応じて異なる）	留学開始前一括支給	
		フェリス女学院大学派遣留学生奨学金1			(1) 1、在籍料及び施設設備費相当額または、2、在籍料相当額:1学期につき41万2500円〜65万3200円 (2) 1、在籍料の1/2相当額または、2、在籍料の1/4相当額:1学期につき10万3125円〜21万6250円	派遣前に支給	

人数	申込時期	資格・条件
	入学後	プロジェクト研究のほか、学業・人物を総合的に判断して、専攻分野の最優秀学生と認定される者
大学、大学院あわせて20名以内	その他	音楽学部が定める学外公演等に参加する者
2年次:2名以内3年次:2名以内4年次:2名以内		前年度の成績優秀者
5名以内		2年次修了公開演奏の成績優秀者
大学、大学院あわせて3名以内	入学後	各自で研究及び音楽活動を実施する者
大学、大学院あわせて2名以内		海外のコンクール及び音楽研修活動(留学を含む)に参加する者
大学、大学院あわせて3名以内(演奏学科・演奏専攻(声楽)1名以内/演奏学科・演奏専攻(器楽)1名以内/音楽芸術学科・音楽芸術専攻1名以内)	その他	在学中の成績により選考する。
定められた員数内		アメリカ、イギリス、オーストラリア、カナダにある本学協定校派遣留学生で、特に成績及び英語力が優れている学生、本学の累積GPAが3.00以上の者で、TOEFLiBT61点またはIELTS5.5以上の者
有資格者全員		(1)協定に基づき、留学先の授業料を支払う派遣交換留学生 (2)認定留学生

	学校名・団体名	制度名	対象の専攻分野	対象詳細	支給額	支給期間	
神奈川県	フェリス女学院大学	フェリス女学院大学派遣留学生奨学金2	なし	全学年	協定校により支給額、支給期間が異なる。(1) 月額2万円～4万円、(2) 一括支給4万円～8万円	(1) 派遣期間中、(2) 留学開始前に一括支給	
	横浜商科大学	資格取得奨励奨学金	社会科学	全学年	3～10万円		
		横浜商科大学同窓会奨学金		2～4年	40万円	1年間	
	横浜創英大学	横浜創英大学奨学金	なし	看護学部・こども教育学部	年額18万円	1年	
		横浜創英大学後援会家計支援奨学金			25万円	当該年度	
甲信越・北陸							
新潟県	敬和学園大学	敬和学園大学ケーリ・ニューエル奨学金	人文科学	全学生	年額5万円		
		敬和学園大学学業優秀奨学金		2年以上	10万～34万5000円	採用年度1年間	
		敬和学園大学学業支援金			63万5000円（授業料半額と施設設備費全額）	原則、採用年度1年間願い出により継続することがある	
		敬和学園大学資格取得奨励奨学金		全学生	2万円以内	1回	
		敬和学園大学スポーツ奨励奨学金		2年以上	競技成績による	採用年度1年間	
		敬和学園大学海外長期留学奨学金			留学先の授業料に準じた額ただし、17万2500円を上限とする		
	新潟医療福祉大学	新潟医療福祉大学奨学金制度	なし	2～4年	25万円	採用年度	
		新潟医療福祉大学学資融資奨学金制度		学部生	融資元本300万円を上限とする教育ローンの利子相当額		
	新潟経営大学	給費奨学金	社会科学	全学年	授業料相当額		
		留学奨学金			学納金相当額		

人数	申込時期	資格・条件
有資格者全員	その他	派遣交換留学生として留学が決定した者、日本学生支援機構の海外留学支援制度（協定派遣）との重複受給は不可
対象者全員	随時	本学在学中に指定の資格を取得した者
3 名	入学後	各学年において成績上位の者
看護学部各年次 2 名以内、こども教育学部各年次 2 名以内	入学後	本学在学中の学業成績が優秀で品行方正な学生、かつ経済的な支援を必要とする者
前後期合わせて 4 名以内		入学後に家計の事情が変わり、修学を継続することが困難と認められる学生
毎年 2 名程度	その他	・本学の正規課程に在学していること・公同の教会に所属していること・キリスト教主義大学の学生として、人物・学業ともに優れ、他の学生の模範であると認められる者
毎年 27 名		・本学の 2 年次以上の正規課程に在学している者・各学科、各学年の 1 位から 3 位の成績を収めた者・本学特待生でないこと・最短修業年限を超えていないこと
毎年 3 名以内	入学後	・本学の正規課程 2 年次以上に在学する者・本学特待生でないこと・最短修業年限を超えていないこと・外国人留学生でないこと・特待生に準ずる学業成績を収め、人物ともに優れている者
資格取得者	随時	・本学の正規課程に在学していること・難易度の高い資格を取得、又は試験に合格もしくは高得点を取得した者
対象者	入学後	・本学の正規課程に在学していること・本学の奨学生又は特待生でないこと・最短修業年限を超えていないこと・本学が別に定めるスポーツ活動において、特に優秀な成績を収め、かつ学業において他の学生の模範となるべき者
	随時	・本学の正規課程に在学していること・就業の継続が可能な単位を取得していること・本学の奨学金の貸与、又は給付を受けていないこと・当該年度の学費を所定の期日までに納付していること
上限 30 名	その他	本学に在籍する 2 ～ 4 生のうち、経済的理由により就学困難でかつ成績が優秀な者 ※採用決定後は本学所定の誓約書を提出
上限 50 名		本学の各学部に在籍し、経済的理由により学費の支弁が困難な者
各学年 1 名	その他	学業成績が極めて優秀である者
若干名	入学後	本学の海外協定校もしくは提携校等へ連続して 3 ヶ月以上留学する者

新潟県

学校名・団体名	制度名	対象の専攻分野	対象詳細	支給額	支給期間	
新潟経営大学	報奨奨学金	社会科学	全学年	10万円以内		
	資格特待生制度		新入生	1年次の授業料相当額		
				1年次の学納金相当額		
				（最長）4年間の学納金相当額		
			編入生	入学金相当額		
新潟工科大学	新潟工科大学産学交流会奨学金「未来応援プログラム」	工学		60万円	1年間	
新潟国際情報大学	表彰奨学金（学業優秀者）	なし	2〜4年	30万円		
	表彰奨学金（課外活動功労者）			個人：5万円 団体：10万円		
	学費給付奨学金		入学時	授業料の半額	8学期（4年間）	
	海外派遣留学制度奨学金		2〜4年	20万〜30万円		
	資格取得奨励奨学金		全学年	第一種：5万円 第二種：2万円 第三種：1万円		
	学費臨時給付奨学金			授業料・施設設備費の全額または半額（半期分）	在学中1回	
	20th記念奨学金			授業料・施設設備費の半額（半期分）		
	国家・地方公務員合格者表彰奨学金		4年	5万〜20万円		
新潟食料農業大学	新潟食料農業大学奨学金	なし		25万円	採用された年度	
	新潟食料農業大学学資融資奨学金			教育ローンの利子相当額		

人数	申込時期	資格・条件
対象者全員	随時	以下に定める資格試験に合格した学生、または高得点を出した学生。全国規模のコンクール、コンテスト等において 3 位以上、世界大会への出場という優秀な成果をあげた学生及び団体に給付。資格種類：税理士試験 1 科目または公認会計士試験短答式（但し日商簿記検定 1 級に合格していること）、日商簿記検定 1 級、日商リテールマーケティング（販売士）1 級、英検準 1 級以上合格または TOEIC730 点以上、中小企業診断士一次試験全科目、応用情報技術者、漢検準 1 級以上、観光英語検定試験 1 級、通訳案内士試験
対象者全員	入学後	入学前に次の資格を取得していること ・日本商工会議所　リテールマーケティング（販売士）1 級
		入学前に次のいずれかの資格を取得していること ・（公財）日本英語検定協会　実用英語技能検定準 1 級以上　・（独）情報処理推進機構　応用情報技術者
		入学前に次のいずれかの資格を取得していること・日本商工会議所　簿記検定 1 級　・（公社）全国経理教育協会　簿記能力検定上級
		入学前に次のいずれかの資格を取得していること ・日本商工会議所　簿記検定 1 級　・（公社）全国経理教育協会　簿記能力検定上級・日本商工会議所　リテールマーケティング（販売士）1 級・（公財）日本英語検定協会実用英語技能検定準 1 級以上　・（独）情報処理推進機構　応用情報技術者
70 名程度（大学院生含め）	入学後	将来の夢やキャリア形成が明確であり、実現性が高いこと。育成プログラムに参加できること。企業の期待に十分に応えられる学生であること　※平成 30 年度は 30 万円
15 名	その他	前年度の学業成績が特に優秀であること。国際文化学科 各学年 2 名、経営学科 各学年 2 名、情報システム学科 各学年 1 名（2 ～ 4 年次）。
該当者全員		前年度の課外活動状況が顕著であり、本学の名誉を著しく高めたと認められること
16 名（継続受給者除く）		推薦入学試験合格者対象奨学金試験の成績上位者（国際文化学科 3 名，経営学科 3 名，情報システム学科 2 名）。一般入学試験（前期）の成績上位者（国際文化学科 3 名，経営学科 3 名，情報システム学科 2 名）。入学後、半期ごとに継続審査あり。
該当者全員	入学後	本学の派遣留学または海外夏期セミナーのプログラムに参加すること
	随時	大学が指定した各種資格・検定試験に合格すること
若干名	入学後	家計急変により学業の継続が困難となった者
各期 7 名		家計急変により学業の継続が困難となり、規定の成績基準を満たしていること
該当者全員	随時	国家公務員、都道府県庁、政令指定都市およびその他自治体の一般行政職採用試験に合格すること
10 名（2 年次～4 年次）	入学後	（1）新潟食料農業大学学部に在籍する 2 年生、3 年生または 4 年生の者。（2）学業・人物ともに優秀であって、学費の支弁が困難な者。
10 名を上限		（1）新潟食料農業大学の学部に在籍する者。（2）学費の支弁が困難である者。

	学校名・団体名	制度名	対象の専攻分野	対象詳細	支給額	支給期間	
新潟県	新潟青陵大学	学業優秀奨学金	なし		入学金全額相当額または半額相当額	1回（入学年の5月）	
		親子奨学金			入学金半額相当額		
		兄弟姉妹奨学金			1、入学金全額相当額 2、対象者の兄姉が本学に在学する期間は、弟妹（下位学年に在学する者）に対して半額毎に10万円を給付	1.1回（入学年の5月）2.対象者の兄姉が本学に在学する期間	
		新潟青陵大学進学奨学金			入学金全額相当額	1回（入学年の5月）	
		授業料減免制度（特待生対象）			授業料全額相当額	標準修業年限	
		授業料減免制度（遠方居住者対象）			授業料半額相当額		
	新潟薬科大学	成績優秀者奨学金制度	保健	薬学部薬学科2〜6年	30万円	年度に1回	
			農学	応用生命科学部（応用生命科学科及び生命産業創造学科）2〜4年			
		新潟県外出身者サポート制度（薬学部）	保健	薬学部薬学科	月額1万円	標準修業年限（6年間）	
		新潟県外出身者サポート制度（応用生命科学部）	農学	応用生命科学部（応用生命科学科及び生命産業創造学科）		標準修業年限（4年間）	
山梨県	身延山大学	身延山学園奨学金制度			年額15万円（7万5000円を年2回給付）	1年間	
	山梨英和大学	山梨英和学院長野彌一記念奨学金学業継続支援奨学金	人文科学	1〜4年	15万円	当該年度限り	
		山梨英和学院長野彌一記念奨学金学業奨励奨学金			20万円		
	山梨学院大学	エクセレント奨学金	なし		15万円〜30万円	当該年度	
長野県	清泉女学院大学	ラファエラ・マリアスカラシップ1-1（入学時選考型）	なし	人間学部	入学年次入学金全額相当額		

人数	申込時期	資格・条件
各入試区分において各学部 1 名ずつ	その他	各入試区分（学校推薦型選抜・一般選抜 A・一般選抜 B）において最高得点にて合格した者
	入学後	本学（大学または短大）の卒業生の実子
		本人の兄弟姉妹が本学（大学または短大）の卒業生または在学生である者
		新潟青陵大学短期大学部（新潟青陵女子短期大学）を卒業後、新潟青陵大学へ進学した者
	その他	一般選抜 A 成績上位者（各学部 1 ～ 3 位）
	学校出願時	新潟県外もしくは新潟県内遠方（粟島浦村・佐渡市・湯沢町・津南町・上越市・妙高市・糸魚川市）に居住していて、主たる家計支持者の所得金額が 600 万円以下の者。
各学年の成績上位 10 名	その他	各学年の成績上位者　※ 2022 年度以降の入学生対象
各学年の成績上位 5 名		
各学年の成績上位 3 名		
対象者全員	学校出願時	新潟県外に所在地を置く高等学校等から推薦入試を利用して本学に入学した学生
5 名	入学後	身延山大学生
5 名	入学後	人物に優れ、本学院の定める学業基準及び家計基準を満たす者
1 名		本学院の建学の精神を高揚し、人物に優れ、学業において優秀な成績を修めた者
若干名	入学後	学業、資格取得、文化芸術、社会活動などの分野において優れた成果をあげ、他の学生の模範となること
心理コミュニケーション学科…6 名、文化学科…4 名	学校出願時	本学を第一希望とし、学習成績の状況（評定平均値）が 3.6 以上で、対象入試出願時に奨学判定を希望を登録する者（エントリー制）

	学校名・団体名	制度名	対象の専攻分野	対象詳細	支給額	支給期間	
長野県	清泉女学院大学	ラファエラ・マリアスカラシップ 1-1（入学時選考型）	なし	看護学部	入学年次入学金全額相当額		
		ラファエラ・マリアスカラシップ 2（在学型）			10万円（年）		
		緊急奨学金			20万円		
	松本歯科大学	特待生 1 種	保健	歯学	入学時298万円、第2～6学年350万円	6年間	
		入学時特待生			298万円	入学時のみ	
		学業特待生			350万円	第2学年以降	
富山県	富山国際大学	第1種奨学金	なし		学費の全部若しくは一部	1年	
		第2種奨学金（1）（特別奨学生）（受験生）	教育	子ども育成学部のみ	年間60万円又は30万円		
			社会科学	現代社会学部のみ	年間30万円		
		第2種奨学金(1)(特別奨学生)（在校生）	なし		年間60万円又は30万円		
		第2種奨学金（2）（諸活動特待生）（受験生）			入学金全額		
		第2種奨学金（2）（諸活動特待生）（在校生）			授業料の全部若しくは一部		
		奨励金（1）（成績優秀者）			10万円		
		奨励金(2)（諸活動優秀者）					
石川県	金沢学院大学	KGスカラシップ	なし		SA：授業料の全額／SB：授業料の半額／A：年間20万円	最大4年間（継続審査有）	
		スポーツ特待奨学金			SA：授業料の全額／SB：授業料の半額／A：年間20万円		
		吹奏楽特待奨学金			B1：入学金の全額／B2：入学金の半額	入学年度	
		KGスカラシップ（在学中）			SA：授業料の全額／SB：授業料の半額／A：年間20万円	最大3年間（継続審査有）	

人数	申込時期	資格・条件
看護学科…7名		本学を第一希望とし、学習成績の状況（評定平均値）が3.5以上で、対象入試出願時に奨学判定を希望を登録する者（エントリー制）
若干名	その他	●新入学生　入学年時春学期の成績基準を満たし、学生会活動などの実績、成果を修めた学生（公募制）　●在学生前年度の成績基準を満たし、学生会活動などの実績、成果を修めた学生（公募制）
	随時	家計事情の急変により、経済的に学業を継続することが困難となった時
5名	学校出願時	2021年度共通テスト利用選抜を受験する者、または2021年度本学が利用する大学入学共通テストの教科・科目を受験し、他の入学者選抜試験（編入学選抜を除く）の入学手続完了者。2021年度留学生選抜（D）を受験する者、または2021年度本学が利用する日本留学試験の教科・科目を受験し、他の入学者選抜試験（編入学選抜を除く）の入学手続完了者。
10名	その他	2021年度一般選抜、共通テスト利用選抜、留学生選抜（C・D）を受験する者。他の入学者選抜試験（編入学選抜を除く）の入学手続完了者で、2021年度本学が利用する大学入学共通テストまたは日本留学試験を受験した者。
各学年5名		各学年（第1〜5学年）において学業成績および人物が共に優れ、他の学生の模範となりえると認められた者
	随時	学資負担者の死亡等による家計の急変又は風水害等の被災
	学校出願時	特別奨学生選抜で合格して入学した者で、かつ、他の在学生の模範であると認められた者
	入学後	一般選抜の上位合格者で特別奨学生候補者となり入学した者
		特別奨学生選抜入試で合格して入学した者で、その後も優秀な学業成績を収め、かつ、他の在学生の模範であると認められた者
	学校出願時	学校推薦型選抜諸活動型及び特別選抜で合格し入学した者で、かつ、他の在学生の模範であると認められた者に対して、入学金、授業料の全部若しくは一部を給付する。
	入学後	諸活動型推薦入試及び特別入試外国人留学生入試（諸活動型）で合格し入学した者で、その後も諸活動において優秀な成果を収め、かつ、他の在学生の模範であると認められた者に対して、入学金、授業料の全部若しくは一部を給付する。
		学業成績において、前年度に著しく優秀な成果を収め、他の在学生の模範であると認められた2年次以上の学生。
		諸活動において前年度に著しく優秀な成果を収め、他の在学生の模範であると認められた2年次以上の学生。
SA：15名／SB：15名／A：25名		KGスカラシップ対象入試（学校推薦型選抜・KGスカラシップ一般選抜・KGスカラシップ共通テスト利用選抜）において、入試成績が優秀であり、かつ経済的理由により就学に困難が認められる者
該当者	学校出願時	スポーツ活動で優れた成績を有し、入学後も活躍が期待でき、かつ経済的理由により就学に困難が認められる者
		吹奏楽の活動で優れた成績を有し、入学後も活躍が期待でき、かつ経済的理由により就学に困難が認められる者
若干名	入学後	前年度の学業成績が優秀で、かつ経済的理由により就学に困難が認めれらる者

	学校名・団体名	制度名	対象の専攻分野	対象詳細	支給額	支給期間	
石川県	金沢工業大学	特別奨学生制度（スカラーシップフェロー）	なし		89万7200円（1年次年額）97万9200円（2年次以降年額）	4年間（継続条件有）	
		特別奨学生制度（スカラーシップメンバー）			年額25万円		
	北陸大学	家族入学助成金	なし	薬学部、医療保健学部、経済経営学部、国際コミュニケーション学部	20万円	初年度のみ	
		特別奨励金			20万円～40万円	2年次以上	
		資格取得奨励金			3000円～1万円	2年次生以上	
		留学助成金			派遣留学期間の授業料相当額	派遣留学期間	
		国際交流研修助成金			留学プログラムに応じた金額		
		バス通学助成金			出羽町または小将町から大学までの運賃の20%を助成	通学定期乗車券の利用中	
福井県	仁愛大学	応急奨学金	なし	■人間学部 心理学科/コミュニケーション学科 ■人間生活学部 健康栄養学科/子ども教育学科	申請のあった学期の授業料及び教育充実費の1/2		
		世灯奨学金			25万円	3年生時	
		課外活動等奨学金			個人1万～10万円・団体3万～30万円		
		同窓会 学生スポーツ・文化活動奨励金			団体1万円～10万円、個人5000円～50万円		
	福井工業大学	一般選抜奨学金（第1種）	なし		授業料100%減免	標準修業年限	
		一般選抜奨学金（第2種）			学納金50%減免		

人数	申込時期	資格・条件
50 名	学校出願時	入試による選考（継続条件有）
65 名		入試による選考（継続条件有）　※2 年次末に追加募集
該当者全員	入学後	両親、兄弟姉妹、配偶者が本学在学生または卒業生である学生
若干名	学校出願時	前年単年度の学業成績優秀者
該当者全員		在学中の学習成果として、本学が指定する資格取得者
	その他	本学指定の派遣留学をする者
		国際交流研修への参加を希望する学生
		通学定期乗車券を利用して通学する者
8 名	入学後	主たる家計支持者が死亡、もしくは疾病などにより学費負担が困難となった場合・主たる学費負担者が風水害、火災などの災害により学資負担が困難となった場合など。
		学業成績の基準については、2 年間の習得単位数が 80 単位以上の者かつ通算 GPA 値が 3.3 以上の者
		仁愛大学に在籍する学生または学生団体が、スポーツ活動、文化活動、特色ある活動等の各分野で秀でた成果を残した場合
入学試験の合計点が一定の基準を満たしている者のうち、成績上位者より最大 3 名	入学手続時	一般選抜 I 期 A 方式、大学入学共通テスト利用選抜 1 期の入学試験成績上位者
入学試験の合計点が一定の基準を満たしている者のうち、一般選抜奨学金（第 1 種）採用者を除いた上位者数名		

	学校名・団体名	制度名	対象の専攻分野	対象詳細	支給額	支給期間	
福井県	福井工業大学	推薦選抜奨学金	なし		授業料50%減免	標準修業年限	
		離島・沖縄県出身者支援奨学金			本学学納金の総額と国立大学標準額との差額		
東海							
岐阜県	朝日大学	朝日大学学業奨励奨学金1種	文系全般	法学部、経営学部、保健医療学部健康スポーツ科学科	授業料の全額	最大4年間	
		朝日大学学業奨励奨学金2種			授業料の半額相当		
		朝日大学スポーツ奨励奨学金1種			授業料の全額		
		朝日大学スポーツ奨励奨学金2種			授業料の半額相当		
		朝日大学修学支援奨学金				在学期間	
		朝日大学学資借入支援奨学金	なし	全学部	借入に伴う利息の一部に相当する額		
		会計奨励奨学金1種	社会科学	経営学部経営学科	授業料の全額	最大4年間	
		会計奨励奨学金2種			授業料の半額相当		
		吹奏楽奨励奨学金	文系全般	法学部、経営学部、保健医療学部健康スポーツ科学科			
		朝日大学看護学科特別奨学金1種	保健	保健医療学部看護学科	授業料の全額		
		朝日大学看護学科特別奨学金2種			授業料の半額相当		
		朝日大学留学奨学金	なし	全学部			
		朝日大学学生海外研修奨学金					
		北海道特別奨学生制度	文系全般	法学部、経営学部、保健医療学部健康スポーツ科学科	授業料の半額相当	最大4年間	
		沖縄特別奨学生制度					

	人数	申込時期	資格・条件
	特に指定なし	入学手続時	公募制推薦選抜 1 期の志願者、専門・総合学科推薦選抜 1 期の志願者、指定校推薦選抜の志願者で推薦選抜奨学金希望者かつ選抜試験成績の 2 科目合計 100 点満点中 80 点以上であること
			1～3 の条件をすべて満たす者 1. 高等学校または中等教育学校を当該試験年度に卒業見込みまたは卒業していること 2. 保護者が離島振興法および沖縄振興特別措置法に定める地域に居住していること 3. 保護者のうち、主たる家計支持者が離島振興法、沖縄振興特別措置法、奄美群島振興開発特別措置法および小笠原諸島振興開発特別措置法に定める地域において収入を得ていること
	対象者全員	その他	・一般入試または大学入学共通テスト利用入試の合格者で本学の定める基準を満たす者
			・信長入試、一般推薦入試、高大接続推薦入試（マーケティング）出願時の高等学校における学習成績の状況が本学の定める基準を満たす者 ・指定校推薦入試の合格者全員 ・一般入試または大学入学共通テスト利用入試の合格者で本学の定める基準を満たす者
			スポーツ推薦入試の合格者で勉学意欲が高く人物良好な者または経済的支援を必要とする者であって、本学が指定するスポーツ競技で本学が定める基準を満たす者
		入学手続時	学生の父母の前年合算所得が 400 万円未満の者であること。　※継続して給付を得る場合は毎年申請が必要
		入学後	学費支弁者の前年の課税所得が本大学が定める基準額以下の者　※借入目的が本学の学費納付を目的とする資金
		学校出願時	高大接続推薦入試（会計）エントリーシート提出時に、日商簿記検定 1 級または全国経理教育協会簿記能力試験上級に合格した者で、かつ出身高等学校長から推薦された者
			信長入試、一般推薦入試、高大接続推薦入試（会計）の出願時又はエントリーシート提出時において、日商簿記検定 2 級に合格した者で、かつ出身高等学校長から推薦された者
			吹奏楽推薦入試の合格者で吹奏楽の全国大会出場にコンクールメンバーとして出場した実績のある者で、入学後は本学吹奏楽部に所属し、活動と学業を両立できる者
	5 名	その他	一般入試 1 期または大学入学共通テスト利用入試 1 期の合格者のうち成績上位の 5 名
	15 名		一般入試 1 期または大学入学共通テスト利用入試 1 期の合格者のうち 1 種の対象者 5 名を除く成績上位の 15 名
	対象者全員	学校出願時	本学留学規定第 5 条の規定 (所属学部の教授会の承認及び学長の許可) により、留学を許可された者
			国際感覚を身につけるため、長期休業期間を利用して海外で研修を行う者
			北海道に父母との生活の基盤があり、北海道の高等学校を卒業した者で、入試合格者　※他の本学独自の奨学金を受給している者は除く
			沖縄県に父母との生活の基盤があり、沖縄県の高等学校を卒業した者で、入試合格者　※他の本学独自の奨学金を受給している者は除く

私立 東海

	学校名・団体名	制度名	対象の専攻分野	対象詳細	支給額	支給期間	
岐阜県	岐阜聖徳学園大学	課外活動特別奨学金	社会科学	経済情報学部 外国語学部	30万円	入学年度のみ	
		指定校制奨学金		経済情報学部			
		海外研修奨学金	保健	看護学部	20万円	当該年度	
		学生外国留学奨学金	なし	教育学部、外国語学部、経済情報学部、看護学部	留学先の授業料相当額を給付（上限あり）、航空運賃一部助成（派遣留学のみ）	留学期間	
		被災学生支援奨学金			審査の上、金額決定	事由発生時（入学者含む）	
		利子補給奨学金			学費ローンの元金を据え置き、金利手数料のみを支払うステップアップ分納方式の手数料	卒業年次の3月まで	
	岐阜女子大学	岐阜女子大学特別奨学金	なし		年額40万円	標準修業年限	
		岐阜女子大学遠隔地特別奨学金		全学年	4万円まで		
	中京学院大学	安達学園中京学院大学看護学部奨学金制度	保健	看護学部看護学科	30万円	毎年春	
	中部学院大学	学業優秀者奨学金 入試成績優秀者奨学金	なし	全学科	授業料の全額、半額、入学金のいずれか	原則卒業までの4年間	
		学業優秀者奨学金 一般入試特別奨学金			授業料の全額または半額		
		学業優秀者奨学金 大学入学共通テスト利用入試特別奨学金					
		修学支援奨学金			授業料半額		
		羽田奨学金	保健（看護）	社会福祉学科介護福祉コース、人間福祉学科	10万円		
		障がい学生奨学金	なし		2万～10万円	1年間	
静岡県	静岡英和学院大学	学内奨学金	なし	3年	半期15万5000円		
	静岡産業大学	静岡産業大学経済援助奨学金	なし		20万円	1年間	

人数	申込時期	資格・条件
課外活動特別推薦入試入学者	その他	課外活動特別推薦入試合格者
指定校制推薦入試入学者		指定校制推薦入試合格者
原則として20 名以内	入学後	「海外研修」を受講する学生
学部教授会で決定した人数		派遣・認定留学により、留学する学生（学部教授会で決定した人数）
	随時	災害により重大な被害を受け日常生活に支障をきたしている学生（入学者含む）
	入学後	経済的理由により、学費サポートプランを利用する学生（卒業年次のみ）
40 名以内	学校出願時	日本学生支援機構第一種奨学生推薦基準の収入以下で成績が優れた者
	入学後	国内遠隔地に保護者の住所地がある者
	入学後	経済的理由により学業の継続が困難であること。基準は大学基準に準ずる
	入学手続時	入学試験における成績優秀者
		経済的支援が特に必要な学生で、入学を希望する者。家計基準が 400 万円以下
		将来、介護・福祉関係の職に従事しようとする者
	入学後	障がいのため、修学上特別な費用を負担する者。身体障害手帳所有者
若干名	その他	①学業成績・人物ともに優秀で、募集時の通算成績が GPA2.5 以上の者②学費の補助を要する者③学校行事に積極的に協力する意思を要する者
各学部5 名以内	入学後	家計急変等の経済的理由により事由発生後 1 年以内、奨学金貸与・経済・単位修得状況による

	学校名・団体名	制度名	対象の専攻分野	対象詳細	支給額	支給期間	
静岡県	静岡産業大学	社会人学生修学・学事奨励金給付	なし		A：40万円 B：30万円 C：20万円	1年間	
	静岡福祉大学	静岡福祉大学特待生奨学金	なし	2～4年次の各年次ごとに、社会福祉学部及び子ども学部の各学科ごと	授業料の年額相当額	1年間	
					授業料の年額の2分の1相当額		
	聖隷クリストファー大学	M.H.奨学金	保健	看護学部3.4年次生	50万円	在学中1回のみ	
		難波千鳥奨学金		看護学部・社会福祉学部（介護）3.4年次生			
愛知県	愛知学院大学	愛知学院大学特待生奨学金	なし	2年以上	30万円	在学中1回限り	
		愛知学院大学応急奨学金		全学年	50万円		
		愛知学院大学新入生応急奨学金		新入生	1年次春学期分の授業料・教育充実費相当（上限50万円）		
		愛知学院大学開学50周年記念奨学金		全学年	30万円	当該年度	
		文学部・心身科学部同窓会奨学生	人文科学	文学部、心身科学部在籍者2年生以上	上限24万円	1年限り	
		文学部・心身科学部同窓会特別奨学生			35万円		
		文学部・心身科学部同窓会クラブ支援		文学部、心身科学部在籍の学生を含む公認クラブ	上限20万円		
		商経会奨学生	社会科学	商学部、経営学部、経済学部在籍の2年生以上	24万円		
		法学部同窓会奨学生		法学部在籍者の2年生以上			
		情報社会政策学部・総合政策学部同窓会奨学生		総合政策学部在籍者	上限30万円		
		情報社会政策学部・総合政策学部同窓会特別奨学金			半期授業料相当		
		歯学部同窓会奨学生	保健	歯学部在籍者	上限50万円		
		薬学部同窓会奨学生		薬学部在籍者	上限24万円		

236

	人数	申込時期	資格・条件
	各学部各年次5名以内	入学後	原則として入学日時点において満55歳以上
	12名	その他	特に成績が優秀な者。前年次のGPAが最高得点の者
			特に成績が優秀な者。前年次のGPAが2番目に高い者
	1名	入学後	卒業後、国内外を問わず看護師・保健師又は助産師として社会に貢献する志を有し、学業成績・人物ともに優秀な者
	2名		卒業後、国内外を問わず看護師または介護福祉士として社会に貢献する志を有する優れた者
	約140名	入学後	前年度32単位以上履修でGPA3.0以上
	50名(短期大学含む)		過去1年以内に主たる家計支持者の死亡、及び高度障害もしくは本人の意思によらない失業等による家計急変で収入が著しく減少または無くなった者
	20名(短期大学含む)	入学手続時	AO・推薦・一般入試・「センター試験」利用試験の合格者で入学金手続きを完了した者のうち過去1年以内に主たる家計支持者の死亡、及び高度障害もしくは本人の意思によらない失業等により収入が著しく減少または無くなった者
	28名(大学院含む)	入学後	学業成績優秀にして経済的理由により修学が困難と認められた者
	約10名		文学部・心身科学部在籍の2年生以上で学業・人物ともに優秀な者
	8名		文学部または心身科学部に在籍し、おもに経済的理由により修学困難なもの
	2団体		文学部・心身科学部及びクラブに在籍し、クラブ活動で評価を認められている者
	若干名		商学部・経営学部・経済学部2年生以上に在籍する者
			法学部在籍者の2年生以上
			総合政策学部に在籍し学業・人物ともに優秀であり修学にあたり経済的支援が必要と認められた者
			歯学部に在籍し、学費の納入が困難な者
			薬学部2～6年生。学業成績優秀にして経済的理由により修学困難な者また卒業後同窓会役員として活動できる者

	学校名・団体名	制度名	対象の専攻分野	対象詳細	支給額	支給期間	
愛知県	愛知学院大学	歯学部くすのき奨学金（スーパーエクセレンス）	保健	薬学部在籍者	1485万円	最大6年間	
		歯学部くすのき奨学金（エクセレンス）			560万円	1年次年額	
		愛知学院大学新入生特待生制度	なし	全学部全学科新入生	免除額125～230万円		
		愛知学院大学グローバル特待生制度	人文科学	文学部新入生	免除額128万円		
	愛知工科大学	ファミリー奨学金制度	工学	新入生	入学金納入額		
		学修奨学金制度		進級時	3万円		
		教育ローン利子補給奨学金制度		全学年	学納金に対する1年間に支払った利子相当額		
		大学入学共通テスト利用奨学金制度		新入生	入学金・一年次前期授業料納入額		
		指定校特別奨学金制度			入学金納入額		
	愛知工業大学	選抜奨学生	なし		授業料相当額の50%	原則4年間（継続審査有）	
		成績優秀奨学生		学部2年以上	月額5万円（年額60万円）	1年間	
		瑞若会奨学生			年額5万円		
		後藤すゞ子先生奨学金		全学生	原則として1人につき30万円以内		
	愛知淑徳大学	愛知淑徳大学学資援助 奨励給付奨学金	なし	学部生	10万	各学年1回	
		愛知淑徳大学学資援助 特別給付奨学金1（緊急支援）			50万	同事由に対して、在学中1回	
		愛知淑徳大学学資援助 特別給付奨学金1（災害支援）			20万		
		愛知淑徳大学学資援助 特別給付奨学金2 留学生支援（渡航支援）			5万		
		愛知淑徳大学学資援助 特別給付奨学金2 留学生支援（留学支援）			5～30万（留学先、留学期間により）	1回	
		愛知淑徳大学同窓会奨学金		学部4年生	10万円		

238

人数	申込時期	資格・条件
1 名	入学手続時	前期試験 A にて成績優秀で入学した上位の学生。心身共に健康で人物良好である者。
6 名		前期試験 A・共通テスト利用試験 1 期（3 科目、4 科目型）にて成績優秀で入学した上位の学生。心身共に健康で人物良好である者。
264 名		前期試験 A・共通テスト利用試験 1 期合格者で対象試験での得点率が 70％以上
5 名		文学部の公募制推薦入試 A・B 合格者で資格・検定のいずれかの基準を満たしている者。資格・検定は英検準 1 級・TOEIC750・TOEFL-iBT57・GTECCBT1080・IELTS4.5・TEAP（4 技能）280 とする。
対象者全員	入学手続時	本学卒業生の子弟及び在学生の兄弟・姉妹が入学した場合
各学科、各学年 2 名	その他	学業成績が極めて優秀で、人物も優れている者
対象者全員	入学後	金融機関の教育ローンから融資を受けている在学生
	学校出願時	大学入学共通テストにおいて、本学が入学選考に利用する科目のうち、数学・理科のいずれか 1 科目が 70 点以上の者
		学校推薦型選抜（指定校）の合格者のうち、全体の評定平均値が 3.6 以上の者
若干名	その他	一般入試前期日程入試 A 方式合格者のうち成績優秀な者（各専攻募集人員の 5％）
各年次・各専攻 1 名		在学生で前年度末までの学業成績が上位であり、人物評価等総合的にみて極めて優秀な者
		在学生で前年度末までの学業成績が優秀な者
若干名	随時	就学の意思があるにもかかわらず、学資負担者の死亡等により学資負担が困難であると認められる者
各学年 46 名	その他	学部の 3 年および 4 年生（休学期間のある者は除く）で、特に学業成績が優秀な学生。
若干名	入学後	主たる家計支持者の死亡、疾病、失業、破産（入学後に発生した事由を対象とし、申請時 1 年以内の事情に限る）により、経済的に就学が困難な者。その他、修得単位数の条件あり。
		主たる家計支持者の地震・風水害等の被災（入学後に発生した事由を対象とし、申請時 1 年以内の事情に限る）により、経済的に就学が困難な者。その他、修得単位数の条件あり。
交換留学生全員		交換留学生としての認定を受けて海外の交流協定校に 1 学期または 1 年留学する者。
若干名		交換留学生試験等の優秀者で交換留学生としての認定を受けて海外の交流協定校に 1 学期または 1 年留学する者。
各学科・専攻 2 ～ 4 名		4 年次前期までの通算 GPA3.0 以上の者。申請年度 3 月に卒業見込みの者。愛知淑徳大学同窓会の活動に理解のある者。

	学校名・団体名	制度名	対象の専攻分野	対象詳細	支給額	支給期間	
愛知県	愛知大学	愛知大学スカラシップ	なし	新入生	授業料及び教育充実費の半額相当額	入学年度のみ	
		学業奨励金		2年次以上	授業料半額相当額	採用年度のみ	
		教育ローン援助奨学金（大学）			教育ローンの年利率相当額（上限あり）、採用初年度のみ保証料相当額（上限あり）	標準終業年限	
		応急奨学金（大学）			授業料及び教育充実費相当額	申請した学期	
		愛知大学スポーツ奨学金		新入生	授業料及び教育充実費の年額相当額または半額相当額	標準終業年限	
		愛知大学教育研究支援財団 一般給付奨学金（大学）			年額12万円		
		愛知大学教育研究支援財団 後援会学業奨励金		2年次以上	年額20万円		
		愛知大学教育研究支援財団入試前予約採用給付奨学金「知を愛する奨学金」		新入生	年額50万円	標準終業年限	
		愛知大学教育研究支援財団 後援会応急奨学金			授業料及び教育充実費相当額	申請した学期	
		交換留学奨励金			1学期一律20万円、2学期40万円を上限	半年もしくは1年	
		認定留学奨励金			1学期一律5万円、2学期10万円を上限		
	愛知東邦大学	東邦STEP奨学金	社会科学	全学年	大学授業料全額＋東邦STEP受講料	半期	
		邦友会育英金（同窓会）	なし		5万円	在学中1回	
	愛知みずほ大学	奨学A制度	なし	新入生	授業料相当額	採用年次	
		奨学B制度		2年以上	月額2万円		
		奨学C制度		全学年	理事長が定める額	1年間	

人数	申込時期	資格・条件
最大 300 名	その他	2021 年 3 月に日本の高等学校卒業見込みの者で、前期入試及び共通テスト利用入試（前期）5 教科型の成績上位者。
各学年 43 名		前年度に修得した科目の単位数及び成績が特に優れている者。
	入学後	日本政策金融公庫等が取り扱う教育ローンを利用して、学費等を期限内に納入したもの。
		主たる生計維持者の死亡・失職等により家計が急変し、学業の継続が困難になったもの。
各学年、全額相当額 5 名、半額相当額 5 名程度	その他	最重点クラブの中からスポーツ特別入試に合格し、選手として活躍が期待される者。
40 名程度	入学後	学業優秀であり、経済的理由により修学困難と認められるもの。
各学年 7 名	その他	前年度に修得した科目の単位数及び成績に基づき審査を行い、優秀な成績を修めたもの。
各学年 5 名	学校出願時	東海 4 県（愛知、岐阜、三重、静岡）以外の国内高等学校出身者で、学業・家計基準を満たすもの。
	入学後	大学の応急奨学金受給者で給付期間終了後も経済的理由により学業の継続が困難なもの。
	その他	本学の規程に基づき交換留学を認められたもの。
		本学の規程に基づき認定留学を認められたもの。
若干名	その他	東邦 STEP のプログラムに積極的に取り組み，優れた成果をあげた受講生
		卒業生との関係が 1 親等又は兄弟・姉妹であること
年度による	その他	入学試験の成績及び出身高等学校長の調査書等により総合的に審査　※その年次の学業成績が優れている場合には、2 年次以降も引き続き授業料の 2 分の 1 相当額の奨学金を給付
		1 年次の学生は入学試験の成績、出身高等学校長の調査書等により総合的に審査、2 年次の学生は人物及び学業成績が優れている者　※採用年次以降における学業成績が引き続き優れている場合には、採用年次の場合と同様の奨学金を給付
		在学中に家庭の事情等に大きな変化を生じた場合等　※事情によっては、奨学金の給付期間を延長

学校名・団体名	制度名	対象の専攻分野	対象詳細	支給額	支給期間	
一宮研伸大学	勤労奨学金		全学年	20万円	1年間	
桜花学園大学	桜花学園奨学金			授業料相当		
岡崎女子大学	愛知県外出身者支援奨学金制度	なし		24万円		
金城学院大学	金城サポート奨学金	なし	新入生、他	年間の学費が全学科一律50万円になるように差額を給付	12ヶ月 最長48もしくは60ヶ月	
	金城学院緊急奨学金		全学年	授業料年額以内	12ヶ月	
	金城学院大学 父母会奨学金			年額60万円		
	金城学院大学 利子補給奨学金			学費ローンの利子分		
	金城学院 スマイス奨学金			授業料年額以内		
	金城学院大学 海外留学生奨学金			年額最大50万円（留学にの種類、地域による）		
	短英同窓会 留学奨学金	人文科学		年額20万円		
	西田スヱ子 留学奨学金			年額 1位30万円、2位20万円、所定の条件を満たすごとにプラス5万円		
	盛田和昭特別奨学金	なし	卒業年次生	年額15万円		
	金城学院大学 社会人奨学金		入学者	20万円		
至学館大学	至学館大学・至学館大学短期大学部修学支援奨学金（給付型）	なし	大学院生・社会人入学生及び外国人留学生は除く	授業料相当額の4分の1	当該年度限り	
	至学館大学・至学館大学短期大学部奨学特待生／学業奨学特待生					
	至学館大学・至学館大学短期大学部奨学特待生／スポーツ奨学特待生		強化指定クラブの部長の推薦を受けた者	年間の入学金、授業料及び教育充実費の相当額を上限とする額		
	至学館大学・至学館大学短期大学部夢・チャレンジ奨励金			上限200万円	奨励対象案件あたり1回のみ	

愛知県

人数	申込時期	資格・条件
4 名	その他	本学に在籍する学生で、学業及び態度が良好であること。年間 200 時間の勤労作業を忠実に履行できる者
	随時	入学後に経済的事由により就学困難となった者で、かつその理由を明らかにできる者
対象者全員	入学手続時	愛知県外に在住し、入学後は自宅外または自宅から通学する本学が指定する条件を満たした者※入学手続時及び進級時に審査有り
200 名	入学手続時	一般入試（前期）試験の成績上位者 100 名、共通テスト利用入試（前期）成績上位者 100 名　2 年次以降も各学科での上位 40% 以内であれば、継続して給付
若干名	その他	突発的な事情によって経済的に修学が難しくなった学生
3 名		金城学院大学貸与奨学金受給者のうち、GPA2．7 以上の学生
各年度の学期ごとに 50 名以内	随時	日本学生支援機構奨学金を申請し、不採用となった者で、提携機関の学費ローンを利用する者
若干名	その他	学力・人物ともに優秀なキリスト者または求道者学生
各募集定員	随時	所定基準を満たした海外留学をする本学学生
1 名	その他	
2 名		所定基準を満たし、欧米圏に海外留学をする本学学生
若干名		就職を希望し 所定の基準を満たした本学卒業年次生
対象者	入学手続時	「社会人入学試験」「社会人編入学試験」「大学院社会人入学試験」での入学者
予算額の範囲内	入学後	経済的理由により著しく修学が困難であり、日本学生支援機構奨学金・国の教育ローン及び本学が提携する団体の教育ローンのいずれかを利用している者。所定の成績基準及び家計の経済基準を満たす者
各学科・学年（第 2 学年以上）の入学定員 2%（編入学定員を除く）		前年度までの成績による席次が、各学科・学年（第 2 年次以上）の入学定員の上位 2%（編入学定員を除く）に相当する順位までに該当する者。
予算額の範囲内	その他	スポーツ競技で基準以上の成績を修めた者。また、強化指定クラブの部長の推薦を受けた者。
	入学後	学芸、スポーツ、地域貢献等の様々な分野で、将来に向けて目標を明確にもち、その夢の実現をめざしてチャレンジしようとする学生及びその団体。

	学校名・団体名	制度名	対象の専攻分野	対象詳細	支給額	支給期間	
愛知県	至学館大学	至学館大学・至学館大学短期大学部教育ローン利子補給奨学金	なし		申請年度に支払う利子の合計額（上限5万円）	当該年度限り	
	椙山女学園大学	椙山女学園大学同窓会奨学金	なし	学部1年生	30万円/年額	1年間	
		椙山女学園同窓会奨学金		2年次以降の学部生	20万円/年額		
		学校法人椙山女学園同窓会奨励金		学部1年生	10万円/年額		
		看護学部奨学金A	保健		60万円/年額		
		看護学部奨学金B			36万円/年額		
		教育ローン利子補給奨学金			椙山女学園教育ローンの各期の利子50％または100％	各期（前期・後期）	
		椙山女学園大学振興会海外留学奨励補助金	なし		10万円/年額	留学期間	
		椙山女学園大学石間奨学金		卒業見込み資格を取得した4年生	40万円/年額	1年間	
	大同大学	大同大学入学時特別奨学生〈第一種・第二種〉		学部新入生	〈第一種〉年額の全額〈第二種〉年額内60万円	入学年度から最短修業年限	
		総合型選抜・推薦系入学時特別奨学生〈第一種・第二種〉			〈第一種〉入学金の全額〈第二種〉入学金の半額	入学時	
		入学時スポーツ特別奨学生〈第一種・第二種〉			〈第一種〉年額60万円〈第二種〉入学金	〈第一種〉入学時から最短修業年限〈第二種〉入学時	
		大同大学 在学生学業特別奨学生			【2019年度以前入学者】年額22万円【2020年度以降入学者】年額12万円	年1回	
		大同大学 在学生スポーツ特別奨学生			年額22万円	採用年度から最短修業年限	
		大同大学学業奨励生		2年以上	【2019年度以前入学者】5000円相当の金品【2020年度以降入学者】1万円相当の金品	年1回	
	中京大学	教育資金融資奨学金	なし	院生も対象	融資金の利子の一部	1年間	

人数	申込時期	資格・条件
予算額の範囲内	入学後	本学の指定教育ローンを利用し、学費を完納した学生。（留年生を含む）
若干名	入学後	経済的理由により修学の意思を有しながら修学困難な者
		学業成績優秀者または一芸に秀でた芸術を有する者
5 名以内		同窓生特別推薦入試により入学し、高い目的意識と勉学意欲を有する者
8 名以内		一般入試 A の成績が優秀な者（前年度の学業成績が学部内で上位であれば 2 年次以降も継続可）
2 年次以降各学年 6 名以内		看護学部奨学金 A の受給者以外で前年度の学業成績優秀者
若干名		本学園が提携する金融機関の教育ローンを利用した者
35 名程度（予定）		学部と海外の大学等の協定による 6 ヶ月以上の研修留学。または、6 ヶ月以上の認定留学（ともに前年度 GPA が 2.0 以上の者）
1 名		経済的理由により修学の意思を有しながら修学困難な者
	入学手続時	1.M 方式入学試験、前期入学試験又は大学入学共通テストにおいて、特に優秀な成績であること　2. 学力が優秀であること　3. 心身ともに健康であること　※取消の要項有
		1. 高等学校在学時（3 年 1 学期・前期時点）における資格取得が特に優秀な者。もしくは、学業成績が優秀な者で本学が実施する総合型選抜および推薦系入学試験による入学者　2. 人物に優れ、他の学生の模範となる者
		1. 高等学校におけるスポーツ競技歴が特に優秀であり、かつ学業成績優秀で本学が実施するクラブ推薦入学試験による入学者　2. 人物に優れ、他の学生の模範となる者　※取消の要項有
	その他	2 年次、3 年次及び 4 年次に在学する学生で、学業、人物共に優れ、他の学生の模範となる者の内、前年度の学業成績が各学科上位の優秀な学生を審査によって採用する。
	入学後	入学後にスポーツ競技成績が特に優秀かつ学業に意欲があり、クラブの顧問及び監督に推薦され、人物に優れ、他の学生の模範となる者。
	学校出願時	2 年次以上の学部生で、学業、人物、健康ともに優れ、他の学生の模範とするに足る者の内、前年度の学業成績が各学科上位 1 割以内の学生を対象とする。
予算の範囲以内	入学後	①教育資金融資を利用して学費の全部又は一部を納付し、その融資状況の証明ができる者②学業を継続して確実に卒業できる見込みがある者

学校名・団体名		制度名	対象の専攻分野	対象詳細	支給額	支給期間	
愛知県	中京大学	緊急支援奨学金	なし	院生も対象	50万円	1年間	
		災害支援奨学金			20万円		
		教育後援会奨学金			学費相当額（1学期分）		
		入試成績優秀者給付奨学金		新入生	入学金・授業料・教育充実費相当額	4年間	
	中部大学	中部大学育英奨学生	なし	2年次以上	年額30万円	1年間	
		中部大学スポーツ・文化活動奨励奨学生（大学）			年額10万円単位で学費相当額まで		
		中部大学同窓会育英奨学生			年額10万円		
		中部大学同窓会リーダー育成地域連携住居入居者育成支援金			年額6万円		
		中部大学同窓会リーダー育成　一人暮らし応援支援金			年6万円		
		中部大学海外留学・研修奨学金海外短期研修奨学金（学部）			1回につき10万円		
		中部大学海外留学・研修奨学金派遣留学奨学金			月6～8万円	4か月または8か月	
		中部大学海外留学・研修奨学金海外長期研修奨学金			参加奨励奨学金：10万円、特別奨学金：月額5万円	4か月（特別奨学金）	
		中部大学海外留学・研修奨学金大学院進学者短期研修奨学金		学部4年生（本学の大学院進学予定者）	1回につき20万円		
	東海学園大学	東海学園大学卒業生奨学金	なし		入学金相当額		
		東海学園同窓生子女奨学金					
		東海学園大学短期大学部（東海学園女子短期大学）校友会奨学金			10万円		

	人数	申込時期	資格・条件
	予算の範囲以内	入学後	①保証人（学費支弁者）の失職（自己都合を除く）・破産・会社の倒産・行方不明による家計事情で修学困難な事が証明できる者②出願時、家計事情発生後6カ月以内の者③他の奨学金との併用要件を満たす者　※同事由に対し、1回のみ
			①保証人（学費支弁者）が所有する住居の火災や風水害を受けたことが証明できる者②風水害については、災害救助法の指定地域に限る③学業を継続して確実に卒業できる見込みがある者④出願時、事由発生後3カ月以内の者
			①保証人（学費支弁者）の死亡又は高度障害等の証明ができる者②学業を継続して確実に卒業できる者③出願時、事由発生後3カ月以内の者④他の奨学金との併用要件を満たす者⑤教育後援会費を納めている者　※中京大学同窓会が主催の奨学金。出願の受付は学生支援室が行う。同事由に対し、1回のみ
	235名	入学手続時	入試結果及び出身高校での学業成績や運動技能が優秀な者　※成績が著しく不振になった場合などは打ち切りあり
	各学年80名	その他	成績、人物とも優秀な学生
	大学・大学院併せて20名		健康でかつスポーツ及び文化活動等で優れた成績をあげた学生
	200名		成績、人物とも優秀な学生。学内の他の給付奨学生は出願不可
	予算の範囲内		高蔵寺ニュータウンの地域連携住居に入居し、募集開始時期から過去1年間の地域貢献活動参加回数が3回以上ある者。一人暮らし応援支援金との併給不可
			実家が遠方にあり、親元を離れ、春日井市内に3ヶ月以上継続して一人暮らしをしている本学学部学生。地域連携住居入居者育成支援金との併給不可
	1プログラムあたり最大8名		本学の海外研修（短期研修プログラム）に参加することが認められた学生のうち、選考基準を満たし、選考委員会で選考された者（プログラム参加人数に応じて支給人数が2〜8名の間で変動する）
	交換派遣留学の人数枠内		協定に基づき海外の大学に派遣されることが認められた学生で、選考基準を満たし、選考委員会で選考され派遣先大学から受入許可が得られた者（支給月額は日本学生支援機構の短期派遣奨学金地域基準に準拠。ただしオーストラリアは月額8万円）
	1プログラムあたり20（特別奨学金）		協定に基づき海外の大学に1学期間長期研修生として派遣されることが認められた者。参加奨励奨学金は参加者全員に支給。特別奨学金は選考基準を満たし、選考委員会で選考された者に支給
	20名		本学の学部から本学の大学院に進学する者で、大学院進学者短期研修に参加することが認められた者のうち、選考基準を満たし、選考委員会で選考された者
		入学後	東海学園大学・東海学園女子短期大学(東海学園大学短期大学部)を卒業し、再度本学に入学する者。出身学部以外の学部へ入学、編入学する者。
			東海中学校・東海高校・東海学園高校(東海女子高校)・東海学園大学・東海学園女子短期大学(東海学園大学短期大学部)卒業生の子女。
			短期大学部、女子短期大学の卒業生の子女。東海学園同窓生子女奨学金と重ねて受給が可能。

	学校名・団体名	制度名	対象の専攻分野	対象詳細	支給額	支給期間	
愛知県	東海学園大学	兄弟姉妹奨学金	なし		入学金相当額（入学時のみ）、2人目授業料半額相当額		
		学業優秀者奨学金			12万円		
		特別奨学金			実績に応じて変動		
		留学プログラム奨学金			長期留学：30万円、短期留学：各学期10名程度に10万円支給※英語検定試験の結果により、別途奨学金加算支給		
		利子補給奨学金			当該年度分の利子相当額以内		
		東海学園大学教育後援会育英奨学金			1種:10万円、2種:申請年度の授業料相当額の3分の1を限度とする		
	同朋大学	入学特待生I種	文系全般		入学時および在学中4年間の授業料の半分相当額		
		入学特待生II種			入学金相当額		
		福祉科等入学特待生			入学時および在学中4年間の授業料の半分相当額		
		チャレンジ特待生					
		同朋大学特待生制度第1種			当該年度の授業料の半期分相当額		
		同朋大学特待生制度第2種			当該年度の授業料の1/4相当額		
		同朋大学共育後援会奨学金制度			10万円		
		同朋大学共育後援会特別奨学金制度第1種			当該年度の学納金の半期分を限度		
		同朋大学共育後援会特別奨学金制度第2種			30万円以内		
		同朋大学同窓会奨学金制度			10万円		
	豊橋創造大学	スカラシップ50		経営学部保健医療学部	入学金を除く学納金相当額の2分の1		

人数	申込時期	資格・条件
		家計を同一にする兄弟姉妹が本学に入学し、同時期に在学する場合、2人目の入学生。または、同時に兄弟姉妹が入学する場合のいずれか1名。
若干名	入学後	各学部各学年（1年生を除く）。前年度までの成績で選考委員会が推薦。
		在学中に、学術・文化・スポーツなどにおいて、全国国際レベルで顕著な成績をあげた者及び受賞した者。
		本学留学プログラムに参加・終了する者。
		経済的な理由により本学と提携する機関の「学費サポートプラン制度」「教育ローン」を利用した者。該当者(申請者)を学内選考。
若干名		在学中に、学費支弁の補助が必要と認められる学生で、人物・学業共に優れ、修学継続の意欲がある者。保護者が教育後援会会員であること。
2名		各選抜試験（学校推薦型選抜（指定校）、総合型選抜（アドミッションズ・オフィス方式）、(福祉科等特別)、「大学入学共通テスト」利用者選抜を除く）において、成績の優れた者
8名		
社会福祉学部5名		
2名		
		2年次以上の在学生で前年度の学業成績特別優秀者
		2年次以上の在学生で前年度の学業成績優秀者
		学費出資者に経済的急変が生じ修学困難となった者
		身体に障がいのある者の物品購入費援助
		2年次以上の在学生で前年度の学業成績優秀者
	その他	総合型選抜区分、学校推薦型選抜区分での合格者（手続完了者）および一般入試前期（A方式）受験者の中から選抜。　※2年以降、前年度の学業成績が基準を満たせば継続

学校名・団体名	制度名	対象の専攻分野	対象詳細	支給額	支給期間	
名古屋音楽大学	特待生制度	なし	1年次秋学期〜4年	授業料の全額・半額・4分の1相当額		
	入学時特待生制度		新入生	1年次の授業料の全額・半額・4分の1相当額		
名古屋外国語大学	成績優秀学生奨学金	なし	1〜3年次	当該年度の授業料相当額のうち10万円		
	成績優秀者育英奨学金		前年度成績優秀学生奨学金受給者	当該年度1期の授業料相当額のうち10万円を減じた額		
	課外活動・社会貢献等優秀学生奨学金		全学年	実績・成績に応じた額		
	海外留学奨学金		留学を許可された者	「資格・条件」参照		
名古屋学院大学	名古屋学院大学奨学金	なし		当該年度授業料を除く学費の半額（学費減免）	当該学期	
	緊急援助奨学金			当該学期学費の半額（学費減免）		
	入学生緊急奨学金			入学初年度の入学金を除いた学費の半額	1年間	
	名古屋学院大学同窓会奨学金			10万円		
名古屋学芸大学	学業成績最優秀奨学金	なし	全学年	5万円		
	学業成績優秀者「育英奨学金」			当該年度の半期授業料の2分の1相当額から5万円を差し引いた額		
	課外活動等優秀奨学金			5万円		
	名古屋学芸大学学生海外留学生奨学金			留学先国、留学形態により異なる		
名古屋経済大学	大学顕彰学業成績優秀者（大学）	なし	1〜3年	5万〜20万円	2月	
	大学顕彰学術・文化及びスポーツ等優秀者（大学）		全学年	1万〜50万円	1回限り	

	人数	申込時期	資格・条件
	若干名	入学後	①前年度の成績が優れ、特に実技（あるいはそれに相当する科目）の成績に秀でている者②学生生活が健全な者
			学校推薦型選抜、総合型選抜（1～4回目）、一般選抜（A日程）の全合格者のうち、本学が選出する者。一般選抜（実技系特待生）を受験し合格した者。
	39名	その他	各学科各学年の学業成績優秀者（平成30年度実績）
			前年度成績優秀学生奨学金受給者のうち主たる家計支持者の収入が基準以下の者
	若干名		課外活動・社会貢献活動等において著しく優秀な実績を残したと認められる者
	制限なし	入学後	・留学時点で学部2年次以上である・留学目的及び留学計画が明確である・人物が優れていること・学業成績が優秀である・留学に耐え得る健康状態である・十分な外国語能力を有する・保証人の承諾を得ている※TESS1・2・3・4：留学費用（留学先授業料・居住費・渡航費・保険料・教科書代・ビザ申請料）認定：年間60万円・20万円（留学先による）UCR特別：留学費用から標準的実習給与を引いた額
	70名以内	入学後	国の修学支援制度の認定を受けており、経済的理由により修学困難と認められ、かつ学業良好と認められる学生。成績基準あり。
	若干名		1年以内の家計急変により修学困難となった学生
	該当者	入学手続時	本学に入学する学生で、1年以内に家計支持者が失職（自己都合を除く）、会社破産のため家計が急変し、入学困難となった場合
	若干名	入学後	経済的理由により修学困難と認められ、かつ学業良好と認められる学生。家計基準・成績基準あり。
	53名		各学科各学年の学業成績優秀者（4年後期を除く）
	若干名		各学科各学年の学業成績優秀者（4年後期を除く）のうち経済的支援を要する者
	20名程度	入学後	1. 課外活動において極めて優秀な成績を収めた者　2. 社会活動において極めて高い評価を受け、かつ、本学の名誉を著しく高めた者　3. 人命救助、災害救助に貢献した者　4. 指定した資格試験（実用英語技能検定準一級以上、又はTOEFL（PBT:ITPを含む）500点以上、若しくは、TOEIC(IP含む)615点以上)を在学中に取得した者
			1. 留学時に原則2年次以上に在学していること 2. 留学目的及び留学計画が明確であること 3. 人物が優れていること 4. 学業成績が優秀であること 5. 心身ともに健康であること 6. 留学先大学が必要とする十分な外国語能力を有すること 7. 留学する大学の入学許可書を有すること 8. 留学にあたり、保証人の承諾を得ていること
	各学部3名	その他	各学部1～3年の学業成績優秀者
	個人1名・団体1団体		学術・文化及びスポーツの分野において、特に顕著な成績をあげた個人及び団体

	学校名・団体名	制度名	対象の専攻分野	対象詳細	支給額	支給期間	
愛知県	名古屋経済大学	資格取得・検定合格者奨学金（大学）	なし	全学年	1万～60万円	在学期間中	
		検定試験受験奨励金（大学）			2000～8000円		
	名古屋商科大学	創立者奨学金（大学）	なし		10万円（半年額）	標準修業年限	
		学長奨学金（大学）			5万円（半年額）		
		同窓会奨学金			10万円（年額）		
		学生寮奨学金（大学）			第1種：月額4万円 第2種：月額3万5000円 第3種：月額3万円		
					第1種：月額3万5000円 第2種：月額3万円		
					月額1万円		
		学修奨励生奨学金			第一種：年額90万円 第二種：年額60万円 第三種：年額30万円		

人数	申込時期	資格・条件
制限なし	随時	在学中に指定する資格を取得した者
各学年 5 名 前期 15 名 後期 20 名	入学後	前回の定期試験における学修成績の平均ポイントが 3.50 以上で出席率が 95% 以上であり、各学年上位 5 位であること。前学期の履修単位が 18 単位（日進 / 長久手キャンパス在学生は 4 年次前期 14 単位、名古屋キャンパス在学生は 3 年次前期以降 14 単位）以上、奨学金支給期間までに学納金が入金されていること（体育科目、集中講義科目、教職科目、留学に関連して認定される科目、成績評価がつかない科目は登録単位数ならびにポイント計算に含みません）
各学年 10 名、 前期 30 名、 後期 40 名		前回の定期試験における学修成績の平均ポイントが 3.50 以上で出席率が 95% 以上であり、各学年上位 6 位から 15 位までであること。前学期の履修単位が 18 単位（日進・長久手キャンパス在学生は 4 年次前期 14 単位、名古屋キャンパス在学生は 3 年次前期以降 14 単位）以上、奨学金支給期間までに学納金が入金されていること（体育科目、集中講義科目、教職科目、留学に関連して認定される科目、成績評価がつかない科目は登録単位数ならびにポイント計算に含みません）
12 名		2 年次以上で、体育会もしくは文化会のクラブに所属し、継続的に活動していること、または学生団体 3 団体の役員として活躍していること。かつ、前年度の学修成績の平均ポイントが 2.80 以上で出席率が 95% 以上であること
294 名	その他	本学が実施する入学試験を受験・入学し、成績・人物ともに優秀な者で本学学生寮（千代田寮ならびに名東寮）に入居する者に限ります。2 年次以降は各年度終了時点における学修成績ならびに出席率が以下の基準を満たした者に限ります。<第 1 種>前年度の平均ポイントが 2.40 以上、平均出席率が 95%以上であること<第 2 種>前年度の平均ポイントが 2.20 以上、平均出席率が 95%以上であること<第 3 種>前年度の平均ポイントが 2.00 以上、平均出席率が 95%以上であること上記に関わらず、前期の学修成績の平均ポイントが 1.5 未満の場合は、後期の奨学金給費が停止されます
8 名		本学が実施する入学試験を受験・入学し、成績・人物ともに優秀な女子学生で本学東山アネックスに入居する者に限ります。次年度以降は各年度終了時点における学修成績ならびに出席率が以下の基準を満たした者に限ります。<第 1 種>前年度の平均ポイントが 1.60 以上、平均出席率が 95%以上であること<第 2 種>前年度の平均ポイントが 1.30 以上、平均出席率が 95%以上であること
320 名		本学が実施する入学試験を受験・入学し、成績・人物ともに優秀な者で本学学生寮（米野木寮・三本木寮・三本木キャンパス寮・三ヶ峯寮第一・三ヶ峯寮第二・三ヶ峯寮第三）に入居する者に限ります。2 年次以降は各年度終了時点における学修成績ならびに出席率が以下の基準を満たした者に限ります。米野木寮：前年度の平均ポイントが 1.20 以上、平均出席率が 95%以上であること。三本木寮・三本木キャンパス寮・三ヶ峯寮第一・三ヶ峯寮第二・三ヶ峯寮第三：前年度の平均ポイントが 1.30 以上、平均出席率が 95%以上であること
若干名	学校出願時	本学が実施するスカラシップ試験を受験し入学した者で、成績・人物ともに優秀な者。3 年次および 4 年次の支給にあたっては、次の要件を全て満たしていること。(1)1 年次と 2 年次通算の学修成績（前期と後期を合わせた学修成績の平均ポイント）の平均が 2.60 以上であること。(2) 1 年次と 2 年次通算の平均出席率が 95% 以上であること (3) 1、2 年次各学期の登録単位数が 16 単位以上であること。もしくは当該学期の授業期間中に留学奨励奨学金の支給を受け、国際交流プログラムに参加していること

	学校名・団体名	制度名	対象の専攻分野	対象詳細	支給額	支給期間	
愛知県	名古屋商科大学	強化クラブ奨学金	なし		S：年額90万円 A：年額60万円 B：年額30万円 C：入学金相当額	標準修業年限	
		TOEFL iBT 受験奨学金		本学提携校に留学を希望する者	1万5千円		
		税理士・公認会計士コース奨学金		「税理士・公認会計士コース」に登録した者	備考参照		
		Global Field Study Program 奨学金		Global Field Study Program 参加者。Program A：世界一周、Program B：北南米一周、Program C：アジア一周	(1) 往復航空運賃（大学手配エコノミークラス 上限15万円）(2) バスならびに船、鉄道に係る現地交通費（大学が認める交通手段のみ）(3) 現地ユースホステル宿泊費30泊以内（アメリカ15泊：1泊3千円以内、ヨーロッパ15泊：1泊2千円以内、南米15泊：1泊2千円以内、アジア20泊：1泊2千円以内）		
		ギャップイヤー・プログラム奨学金		ギャップイヤー・プログラム参加者	(1) ヨーロッパ研修開始都市までの往復航空運賃（上限15万円）(2) ユーレイルセレクトパス（ヨーロッパ鉄道パス）代 (3) 海外研修開始後3日間及び最終日のホテル宿泊費 (4) 現地空港とホテル間の送迎 (5) 現地ユースホステル宿泊費20泊分（上限500ユーロ最終成績に応じて変動します）		
		フロンティアスピリットプログラム奨学金		フロンティアスピリットプログラム参加者	(1) 留学先授業料 (2) 往復航空運賃（本学手配のエコノミークラス）		
		国際ボランティアプロジェクト奨学金		国際ボランティアプロジェクト参加者	往復航空運賃（本学手配のエコノミークラス 上限15万円）		

254

	人数	申込時期	資格・条件
	若干名	学校出願時	クラブ入試受験者で、高等学校在学中に特に優秀な学業成績・顕著な活動実績をあげた者の中から、書類審査、セレクションおよび面接の総合判定により、本学該当クラブ監督が優秀と認め、S～C として選考した者。入学後、2 年次以降の支給にあたっては、当該支給年度の前の年度の出席率が 95% 以上であること
		入学後	※学内で実施する TOEFL iBT の受験料 (235 アメリカドル) の補助として 1 万 5 千円を支給します
			※・日商簿記検定 1 級、全経簿記検定上級、税理士試験の受験料相当額を支給。・日商簿記検定 1 級合格者に受験学期の授業料 50%相当額を支給。・公認会計士試験の受験料のうち、1 万円を支給。・税理士試験科目合格者 (2 科目以上) もしくは公認会計士試験合格者：4年間の授業料の 1/3 相当額以上
			以下の要件を全て満たしていること。(1) 各学部に所属する 2 年次から 4 年次の正規学生であること。(2) 入学以来通算の学修成績平均ポイント 2.20 以上、出席率 95% 以上。(3) 選考時点で授業料等が完納済みであること
		その他	選考時点で授業料等が完納済みであることプログラム参加の選考に合格した者
		入学後	以下の要件を全て満たしていること。(1) 各学部に所属する 2 年次から 4 年次の正規学生であること。(2) 入学以来通算の学修成績平均ポイント 2.20 以上、出席率 95% 以上。(3) 英国及びカナダは TOEIC500 点以上、中国は中国語の学習経験があること。(4) 選考時点で授業料等が完納済みであること
			以下の要件を全て満たしていること。(1) 参加学期の前二学期の学修成績平均ポイントが 1.80 以上 (2 年次以上)。(2) 参加学期の前二学期の平均出席率が 95%以上 (2 年次以上)。(3) プログラム参加の選考に合格した者。(4) 「国際ボランティア論」の単位修得者もしくは履修中の学生。(5) 選考時点で授業料等が完納済みであること

	学校名・団体名	制度名	対象の専攻分野	対象詳細	支給額	支給期間	
愛知県	名古屋商科大学	提携校短期留学プログラム奨学金	なし	提携校サマープログラム、または提携校ウィンタープログラム参加者	奨学金 A：(1) 往復航空運賃（本学手配のエコノミークラス 上限 15 万円）(2) 派遣先大学の授業料（上限 10 万円）奨学金 B：(1) 往復航空運賃（本学手配のエコノミークラス 上限 15 万円）(2) 派遣先大学の授業料（上限 5 万円）		
		学部交換留学奨学金		交換留学協定を締結する大学、またはビジネススクール留学者	往復航空運賃（上限 15 万円）		
		香港中文大学交換留学奨学金		香港中文大学交換留学者			
		ダブルディグリープログラム奨学金		ダブルディグリー留学協定を締結する大学、またはビジネススクール留学者			
		派遣留学奨学金		延世大学留学者	(1) 往復航空運賃（本学手配のエコノミークラス 上限 15 万円）(2) 留学先授業料		
		海外インターンシッププログラム（CAPI）奨学金		海外インターンシッププログラム参加者	(1) 往復航空運賃半額相当額（本学手配のエコノミークラス）(2) 宿泊費の半額相当額		
	名古屋女子大学	名古屋女子大学家政学部食物栄養学科 MA 奨学金	家政	1～4 年	12 万円	1 年間	
		春光会（同窓会）奨学金	なし		15 万円		
		NJ 奨学金			18 万円		
		越原学園創立 100 周年記念学長特別奨学金		1 年	12 万円	1 年間（継続有）	

人数	申込時期	資格・条件
		奨学金 A：以下の要件を全て満たしていること。(1) 入学以来通算の学修成績平均ポイント 2.70 以上、出席率 95% 以上。(2) TOEIC650 点以上。(3) 派遣先提携校が個別に定める語学力の基準を満たしていること。(4) 選考時点で授業料等が完納済みであること。奨学金 B：以下の要件を全て満たしていること。(1) 入学以来通算の学修成績平均ポイント 2.20 以上、出席率 95% 以上。(2) TOEIC550 点以上。(3) 派遣先提携校が個別に定める語学力の基準を満たしていること。(4) 選考時点で授業料等が完納済みであること
	入学後	以下の要件を全て満たしていること。(1) 各学部に所属する 2 年次から 4 年次の正規学生であること (2) 入学以来通算の学修成績平均ポイント 2.40 以上、出席率 95% 以上。(3) TOEIC650 点以上並びに、TOEFL iBT80 点または TOEFL PBT550 点以上。(4) 留学先大学が定める語学要件を満たしていること。(5) 選考時点で授業料等が完納済みであること。　※留学先大学の授業料は提携に基づき免除
		入学以来通算の学修成績平均ポイント 2.40 以上、出席率 95% 以上。　中国語または英語及び中国文化の学修に熱意を有する学生。　選考時点で授業料等が完納済みであること　※香港中文大学の授業料及び寮費は免除
		以下の要件を全て満たしていること。(1) 各学部に所属する 2 年次から 4 年次の正規学生であること。(2) 入学以来通算の学修成績平均ポイント 2.60 以上、出席率 95% 以上。(3) TOEIC650 点以上並びに、TOEFL iBT80 点または TOEFL PBT550 点以上。(4) 留学先大学が定める語学要件を満たしていること。(5) 選考時点で授業料等が完納済みであること。　※留学先大学の授業料は提携に基づき免除
		各学部に所属する 2 年次から 4 年次の正規学生であること。入学以来通算の学修成績平均ポイント 2.40 以上、出席率 95% 以上。選考時点で授業料等が完納済みであること。韓国語の学修経験があること
		各学部に所属する 1 年次から 3 年次の正規学生であること。選考時点で授業料等が完納済みであること。プログラム参加の選考に合格した者
4 名		将来管理栄養士を目指し、学業人物ともに優れていること
短大・大学合計 5 名	入学後	学業人物健康ともに優れていること ボランティアで同窓会の運営を援助することが可能なこと
短大・大学合計 3 名		
短大・大学合計 100 名	入学手続時	入学時に決めた具体的目標に向けて計画的に努力すること

	学校名・団体名	制度名	対象の専攻分野	対象詳細	支給額	支給期間	
愛知県	**名古屋造形大学**	名古屋造形大学クリエイティブ奨学金	芸術		A奨学生：学費のうち入学金及び研究実習費を除いた額の2分の1免除 B奨学生：学費のうち入学金及び研究実習費を除いた額の4分の1免除 C奨学生：入学金相当額免除	4年間	
		名古屋造形大学卒業生の子に対する奨学金			入学金相当額		
		名古屋造形大学兄弟姉妹授業料減免			授業料の1/2減免	在学する期間	
		名古屋造形大学学業奨励奨学金制度			20万円		
		名古屋造形大学緊急・修学支援					
		名古屋造形大学桃美会緊急修学支援			1名50万円を限度		
	名古屋文理大学	名古屋文理大学第一種奨学金	なし	3、4年生対象	年額30万円	1年	
		名古屋文理大学第二種奨学金一般入試(前期)			授業料の半額	最大2年間	
		名古屋文理大学第二種奨学金大学入学共通テスト試験利用入試(前期)					
		名古屋文理大学第二種奨学金高大接続入試ワークショップ参加型	文系全般	フードビジネス学科、情報メディア学科	入学金相当額	1年次	
		名古屋文理大学第二種奨学金高大接続入試資格取得型					
		名古屋文理大学第二種奨学金高大接続入試スポーツ特待生	なし		施設設備費	最大4年間	
		名古屋文理大学第二種奨学金同窓会会員関係者奨学			入学金の半額	1年次	

人数	申込時期	資格・条件
A 奨学生：4 名以内 B 奨学生：8 名以内 C 奨学生：20 名以内	学校出願時	入学試験等において特に優秀な成績をおさめた新入生を選考する。（継続採用のため審査あり）
申込者全員	入学後	名古屋造形大学（名古屋造形芸術大学を含む）、名古屋造形芸術短期大学の卒業生の子
		名古屋造形大学に兄弟姉妹が在籍していること
該当者		学業に優れ、健康な者
申込者		経済的急変により学業継続が困難になった者
該当者	その他	
6 名程度	入学後	本学に在学する優れた学生で、経済的事情により修学困難な者（書類審査と面接により選考）
若干名	学校出願時	一般入試 (前期) の成績上位者
合格者全員		大学入学共通テスト試験利用入試（前期）の 3 科目型受験で 210 点以上、または、2 科目型受験で 150 点以上の合格者
若干名		指定のワークショップに参加しそこでの成果や意欲などと面接を併せて総合的に評価
		所定の資格を取得していることに対して専門的知識・技能の評価を行い、面接での意欲や積極性・主体性とともに総合的に評価
		スポーツで優れた活動成績を有し、入学後も本学でその活動発展が期待できる者　※次年度継続条件有
対象者全員		入学を希望する本学園同窓会の会員・準会員、2 親等以内の者が申し込みを行い合格した者

	学校名・団体名	制度名	対象の専攻分野	対象詳細	支給額	支給期間	
愛知県	名古屋文理大学	名古屋文理大学第二種奨学金高大接続入試専門課程生徒対象特待生	文系全般	フードビジネス学科、情報メディア学科	授業料の半額	1年次	
		名古屋文理大学第三種奨学金	なし		入学金および学費の半額	4年間	
		名古屋文理大学第四種奨学金		2、3、4年生対象	年額5万円	1年	
		名古屋文理大学第五種奨学金			年額20万円		
	南山大学	南山大学同窓会給付奨学金	なし	卒業年次生	50万円	申請年度	
		南山大学給付奨学金		全学年	30万円		
		南山大学友の会給付奨学金		1年			
		南山大学奨励奨学金（学業成績）		2年以上	20万円	選考年度	
		南山大学奨励奨学金（学術、文化、スポーツ）		全学年	個人30万円、団体50万円		
		南山大学創立50周年記念奨学金		2年以上	第1種70万円・第2種35万円	申請年度	
		南山大学「みちのく未来基金奨学生」勉学支援奨学金			月額5万円	標準修業年限が満了するまで	
		南山大学友の会奨学金海外留学奨学金			30万円	1回	
		南山大学派遣留学奨学金（留学給付奨学金）（南山大学ヒルシュマイヤー国際交流奨励金）					
		南山大学派遣留学奨学金（留学奨励奨学金）			留学期間1学期につき10万円または15万円		
	日本赤十字豊田看護大学	大規模災害被災学生奨学金	なし	新入生	年間授業料相当額を上限	入学年度のみ	
	日本福祉大学	日本福祉大学経済援助給付奨学金	なし		25万円		
	人間環境大学	人間環境学部特別奨学生制度A	なし	人間環境学部新入生	授業料全額相当額	1年間（2年以降も前年度の学業成績により最長4年間）	

人数	申込時期	資格・条件
若干名	学校出願時	本学での勉強を強く希望する専門学科および総合学科生徒
若干名		人物良好で学習意欲が高い地域社会人入学者より選考
各学科2、3、4年次生より各2名	入学後	学業成績優秀者（所属学科のGPA第1位、第2位）
1名		卓越した学生（正課教育及び課外活動等において特に活躍が認められ、他の学生の模範となると認められた者）
第1種2名・第2種6名		入学後、毎年度開催する説明会（6月開催予定）への参加が必要。毎年、出願者の中から一定の成績を修めていることを条件として、経済的困窮度の高い学生を採用
50名		
22名		
32名以内		当該年度学部長表彰の被表彰者の中から選考
		前年度、学術、文化、スポーツの分野において特に顕著な成果を上げた個人または団体の中から選考
第1種2名・第2種6名	入学後	日本学生支援機構奨学金（緊急採用・応急採用）又は南山大学随時奨学金を前年度に貸与された学部学生が対象。毎年、出願者の中から一定の成績を修めていることを条件として、経済的困窮度の高い学生を採用
対象者全員		公益財団法人みちのく未来基金奨学金受給者
学部・大学院計10名		南山大学学生留学規程により留学する者および委員会が特に適当と認めた者で、学業成績優秀、人物良好かつ留学目的が明確である者から経済状況をも勘案
学部・大学院計100以内		
該当者	入学後	学生が入学した年度の前3カ年間において、学費負担者が災害救助法適用地域において被災し、その影響で家計が急変したため、経済的支援が必要と認められる者
前期20名、後期20名（学部・大学院合計）	その他	①奨学金の貸与を受けている者（JASSO・自治体等種別は問わない）②学業に熱意を有する者（学費減免奨学生は申請不可）
A、Bあわせて最大60名	学校出願時	特別奨学生選抜試験の成績により選抜

	学校名・団体名	制度名	対象の専攻分野	対象詳細	支給額	支給期間	
愛知県	人間環境大学	人間環境学部特別奨学生制度 B	なし	人間環境学部新入生	授業料半額相当額	1年間（2年以降も前年度の学業成績により最長4年間）	
		看護学部特別奨学生制度 A	保健（看護）	看護学部新入生	授業料全額相当額		
		看護学部特別奨学生制度 B			授業料半額相当額		
	学校法人名城大学	入試成績優秀奨学生	なし	新1年次生	授業料年額の1/2	入学年度	
		学業優秀奨励制度		新3年次生（薬学科は新5年次生）	3万円相当の金品	当該年度	
		学業優秀奨学生		新4年次生	授業料年額の1/2		
		修学援助 A 奨学生		学部生（1年次を除く）	年額一律30万円		
		修学援助 B 奨学生					
		利子補給奨学生			当該年度までの学費を限度とする借入額の支払利子に、教育ローン利用者の年収に応じた給付率（50%または100%）を乗じた額	最短修業年限に相当する年数を限度として給付	
		大規模自然災害経済支援奨学生			授業料・実験実習費・施設費の年額、又は年額の1/2（被災状況による）。入学試験出願者は、入学検定料、入学金の全額も給付する	当該年度	
		校友会奨学生			校友会が決定		
		社会人学生奨学生			授業料及び実験実習費年額の1/2	入学年度から通算4年間（毎年度更新手続きが必要）	
		派遣交換留学奨学生			【アジアへの交換留学】月額：4万円【アジア以外への交換留学】月額：6万円	派遣期間	

人数	申込時期	資格・条件
A、B あわせて 最大 60 名	学校 出願時	特別奨学生選抜試験、一般入試、大学入学共通テスト利用入試の成績により選抜
A、B あわせて 最大 20 名		特別奨学生選抜試験の成績により選抜
		特別奨学生選抜試験、一般入試、大学入学共通テスト利用入試の成績により選抜
全学で 46 名	入学 手続時	一般入学試験（A 方式）において、各学部成績上位の者
260 名	その他	新 3 年次生で、2 年次までの学業成績及び人物優秀者（薬学科は新 5 年次生で、4 年次までの学業成績及び人物優秀者）
各学科で 1 名 （薬学科は 2 名）		新 4 年次生で、3 年次までの学業成績及び人物優秀者
90 名以内	入学後	学部生（1 年次を除く）で修学の意思があるにもかかわらず、経済的理由により修学が困難な者
該当者	随時	学部生、大学院生で主たる家計支持者（学資負担者）の死亡、疾病、失業（自己都合を除く）、または、火災、風水害等の被害により家計が急変し、修学の意思があるにもかかわらず、経済的に著しく困難となった者　※随時、学務センター生活支援窓口にて相談を受付
	その他	経済的な理由により、本学と提携する銀行（三菱ＵＦＪ銀行）の教育ローンを利用した者
		災害救助法が適用された（又は外務省による国際緊急援助が行われた）大規模自然災害により家計が急変し、修学が困難になった学生及び入学試験出願者　※入学試験出願者は入学センターへ、入学願書の出願時に、在学生は生活支援窓口へ
校友会が指定	入学後	人物優秀者で学業成績または体育技能優秀者
該当者	入学 手続時	社会人入学試験により入学した学部生
30 名以内	随時	海外協定校との交換留学制度に基づく留学を認められた者で人物・学業成績優秀者、または各該当言語の語学能力検定試験高得点取得者。留学期間が 3 か月以上 1 年以内を対象とする。留学期間が 3 か月未満の場合は海外研修奨学生として取り扱う　※国際化推進センターにて申請手続き

	学校名・団体名	制度名	対象の専攻分野	対象詳細	支給額	支給期間	
愛知県	学校法人名城大学	海外研修奨学生	なし		5万円	当該年度	
		海外英語研修派遣支援A奨学生			20万円又は研修費用総額の1／2のいずれか少ない額		
		海外英語研修派遣支援B奨学生			5万円		
		本学卒業等補助奨学生			入学金の額		
		法学部中山健男奨学金	社会科学	法学部	20万円		
三重県	皇學館大学	特別奨学生	なし		学費（授業料及び教育充実費）の2分の1相当額	1～4年次生（4年間）	
		特待生（入学年次）				1年間	
		特待生（2～4年次）			学費（授業料及び教育充実費）の全額相当額		
		給付奨学金		学部3、4年次生	10万円		
		岡田奨学金		学部2、3、4年次生			
		櫻井奨学金		学部全学年	海外留学費用の一部（2万4千円～12万6千円）		
		長谷奨学金	文系全般	文学部3、4年次生	10万円		
		慶光院俊奨学金					
		安部奨学金		文学部2、3、4年次生、神道学専攻科生			
		蓴の会教育奨励賞	なし	学部2、3、4年次生	3万円（図書カード）		
		蓴の会グローバル人材育成支援奨学金		学部全学年	海外留学費用の一部		
		館友会奨学金		各学部3年次生	10万円	1年間	
		学長奨励賞		学部全学年	1万円～5万円		

264

	人数	申込時期	資格・条件
	該当者	随時	本大学の大学間学術交流協定 (条件を満たす学部または研究科間を含む) に基づく海外研修者で、研修期間が 7 日以上の者ただし、人間学部の海外研修 1 は除く　※国際化推進センターにて申請手続き
	毎年 180 名以内	その他	国際化推進センターが募集する海外英語研修プログラム又は学部等と国際化推進センターによる連携海外英語研修プログラムに参加する者で、学部等の国際委員会が実施する選考により採用された者　※国際化推進センターにて申請手続き
	該当者		国際化推進センターが募集する海外英語研修プログラム又は学部等と国際化推進センターによる連携海外英語研修プログラムに参加する者　※国際化推進センターにて申請手続き
		入学手続時	・本学卒で研究科、他の学部へ入学する者・本学に籍を置いた者で退学ののち、再度入学する者
	4 名以内	その他	名城大学法学部及び大学院法学研究科在学生のうち、学業成績・人物ともに優れている者又は学内外における諸活動において顕著な成績を収めた者
	若干名	学校出願時	指定した入試の成績が特に優秀な学生
		入学手続時	
		入学後	学年次の学業成績が特に優秀な学生
			成績が優秀と認められる学生
			建学の精神を体し、学業及び人物優秀な学生
			本学が企画する海外留学に参加する学生　※支給額は平成 29 年度実績
			神道に関する学術を研究し、卒業後も引き続いて神道を専攻する学生又は神職若しくは神社に関する業務に従事する学業成績及び人物優秀な学生
			優秀な神職を養成するため神職課程を履修し、神道に関する学術を研究している学生で、卒業後神職又は神社に関する業務に従事する成績及び人物優秀な学生
			神職課程を履修し、神道に関する学術を研究している成績及び人物優秀な学生
	21 名		学生の勉学研究意欲の高揚を奨励
	若干名		本学が企画する海外留学に参加する学生　※支給額は平成 29 年度実績
	6 名		学生の健全な育成のために、成績優秀、品行方正、あるいは学友会活動において顕著な成績を挙げた学生
	若干名	その他	課外活動等で特に顕著な成績を挙げたクラブ（部）、その他団体及び個人

	学校名・団体名	制度名	対象の専攻分野	対象詳細	支給額	支給期間	
三重県	鈴鹿大学	総合型選抜・学校推薦型選抜奨学金	なし	全学部	入学金相当額（25万円）または10万円	入学時	
	四日市大学	四日市大学特待生奨学金（在学生対象）	なし	2年以上	後期授業料	1回	
		人間たれ奨学金			入学金全額と授業料半額	原則4年間継続支給。毎年度継続審査を実施（家計基準、学業成績基準等）	

近畿							
滋賀県	成安造形大学	成安造形大学給付奨学金	なし	新入生	（年額）総合領域45万2,000円、地域実践領域35万2,000円、総合領域・地域実践領域以外の領域96万2,800円	4年間	
		成安造形大学特待生選抜奨学金					
	長浜バイオ大学	長浜バイオ大学学内奨学金	なし	2年生以上	月額3万3,000円	12か月	
		長浜バイオ大学サポーター奨学金			月額2万円		
		長浜バイオ大学家計急変奨学金		入学以降に生じた家計急変事由により、修学が困難となった学生	1回30万円	1回	
		長浜バイオ大学学費支援奨学金		家計状況により、修学が困難となっている学生	1回20万円		
	びわこ成蹊スポーツ大学	大阪成蹊学園被災学生等に対する特別援助	なし	在学生	家屋が半壊または床上浸水の場合は20万円、一部損壊または床下浸水の場合は10万円		
京都府	大谷大学	大谷大学入試特別奨学金	なし	新入生	第1学年後期授業料相当額		
		大谷大学育英奨学金		2～4年生	後期授業料相当額	採用年度（出願資格を満たしていれば、毎年の出願可）	

人数	申込時期	資格・条件
各学部 1〜2 名	学校出願時	総合型選抜（自己 PR 方式）または学校推薦型選抜（指定校方式／公募制方式）の合格者で、入学後に実施される奨学生試験の成績が優秀な者。評定平均値 3.5 以上の者
若干名	その他	2 年以上の GPA 上位者
20 名以内	学校出願時	【A】2022 年度四日市大学公募制推薦入試（A 日程）、一般入試（A 日程）、大学入学共通テスト利用入試（Ⅰ期）、共通テストプラス入試のいずれかを受験する方。 【B】国内の高等学校（もしくは中等教育学校）を 2022 年 3 月卒業見込みの方、または卒業した方で、評定平均値が 3.0 以上で ある方。 【C】日本国籍を有する方、または永住者、定住者、日本人（永住者）の配偶者・子。 【D】次の D -1 もしくは D -2 に該当する方。D -1 主たる家計支持者の年収・所得が所定の基準を満たす方 D-2 本学が特に経済的困難にあると認めた方
募集定員の約 25%	入学手続時	給付奨学生入試〈給付奨学生入学試験前期・後期（大学入試センター試験利用方式）とAO入学試験 1 期（給付奨学生選抜型）と公募推薦特待生入学試験 2 期（給付奨学生選抜型）〉に合格し、入学した学生（主たる家計支持者の収入による制限あり）
募集定員の約 5%		公募推薦入学試験 2 期〈特待生選抜型〉に合格し、入学した学生
各年次ごと若干名	入学後	前年度の年間成績（GPA）上位者を学内にて審査・選考の上、推薦・決定する
		前年度の年間成績（GPA）上位者を学内にて審査・選考の上、サポーターと協議の上、決定する
前期後期 各 5 名（学部・大学院合わせて）		入学以降に生じた家計急変事由により、就学が困難となった学生を経済的に援助するための奨学金
前期後期 各若干名		家計状況により、就学が困難となっている学生を経済的に援助するための、創立 10 周年記念募金を基金とした奨学金
	入学後	災害救助法適用地域に本人もしくは家計支持者が居住している者（その他条件あり）
AO 入試合格者入試および大学の指定する入試における各学科定員の上位 5% 以内	入学手続時	対象入学試験の成績が優秀であり、本人からの申請があった学生
各学科より若干名	入学後	学業・人物ともに優秀な学生

	学校名・団体名	制度名	対象の専攻分野	対象詳細	支給額	支給期間	
京都府	大谷大学	大谷大学教育ローン援助奨学金	なし	新入生（第3学年への編入生含む）	当該年度に負担した利子の合計額（上限3万円）	正規の最短修業年限内は継続可	
		石間奨学金		4年生	33万3,000円	正規の最短修業年限内1回限り	
		雲井奨学金		全学生	20万円		
		大谷大学教育後援会家計急変奨学金			25万円	在学中1回限り	
		大谷大学教育後援会文芸奨励賞			最優秀賞：5万円、優秀賞：3万円、佳作：1万円		
		大谷大学教育後援会勤労学生表彰奨学金			8万円	正規の最短修業年限内1回限り	
		大谷大学教育後援会学費支援奨学金		4年生	20万円		
		東本願寺奨学金				在学中1回限り	
	京都医療科学大学	京都医療科学大学島津奨学金特待新入生奨学金	保健	入学者	1〜3位に90万円、4〜6位に45万円	入学年度のみ	
		京都医療科学大学島津奨学金特待生奨学金		2〜4年生	1位90万円、2位45万円、3位30万円、4〜9位20万円	該当年度のみ	
		京都医療科学大学島津奨学金経済支援奨学金		1〜4年生	最高で40万円		
		京都医療科学大学島津奨学金資格取得奨励奨学金（受験奨励金）			①放射線取扱主任者試験受験者：1万円、②TOICE試験受験者：2000円		
		京都医療科学大学島津奨学金資格取得奨励奨学金（合格報奨金）			放射線取扱主任者試験合格者：10万円		
		京都医療科学大学島津奨学金経済支援奨学金			海外研修渡航費用等の一部		

人数	申込時期	資格・条件
20名以内 （短期大学部・ 大学院含む）	入学後	経済的理由により金融機関等の教育ローンを利用し、入学金・授業料等を納入した学生
3名以内 （短期大学部 含む）		当該年度に卒業が見込まれ、家計支持者の年間収入合計が別途定める基準以下の学生
各学年より 若干名		最短修業年限を超えておらず、家計支持者の年間収入合計が別途定める基準以下の学生
32名以内 （短期大学部・ 大学院含む）		出願時より遡って1年以内（新入生は入学後）に家計急変事由が発生し、修学の継続が困難になった学生
最優秀：1名、 優秀：2名、 佳作：13名 （短期大学部・ 大学院含む）		所定用紙にて文芸作品に応募し、優秀作品と認められた者
5名以内 （短期大学部 含む）		学費や生活費をアルバイトや奨学金に頼り、家庭からの援助が皆無に近く、かつ人物・学業ともに他の学生の模範となる学生
		経済的理由により学費納入が著しく困難であり、学費延納手続きを完了している学生
5名以内		正課外活動（文化・芸術・スポーツ・課外活動団体・ボランティア・学生サポート等）、または正課外の勉学に対して自己アピールできる者
合格者成績 上位6名	学校 出願時	一般入試（前期日程）合格者の成績上位6名。推薦入試合格者で奨学金チャレンジ判定を利用した者も含む
各学年9名	その他	学業・人物ともに優れた者で、年度末の成績上位9名
全学年で 15名以内	入学後	学力基準、家計基準を満たす学生。在学中2回まで申込可能
制限なし		在学中であれば、申請回数に上限は設けない
		在学中1回まで申請可能
参加者数に よる		海外研修の参加が認められ渡航先が決定している者

	学校名・団体名	制度名	対象の専攻分野	対象詳細	支給額	支給期間	
京都府	京都華頂大学	京都華頂大学奨励奨学金	なし		10万円	年1回	
		京都華頂大学育英奨学金					
		京都華頂大学入学時成績優秀者特別奨学生			授業料の2分の1	最長4年間	
	京都看護大学	京都看護大学特別奨学金Ⅱ	なし		年額20万円〜30万円		
	京都光華女子大学	経済支援奨学金	なし	全学年	年額20万円	当該年度のみ	
		東本願寺奨学金（大学）			年額10万円		
		資格特待生制度		指定資格によっては対象の専攻分野の限定あり（『資格・条件』に記載）	・実用英検2級以上、情報処理技術者試験合格（ITパスポート以外）、日商簿記検定2級以上：前期学費（授業料・施設設備費）相当額・情報処理技術者試験合格(ITパスポート)：入学金相当額		
		キャンパスローン利子補給奨学金		・全学年（ただし本学のキャンパスローン利用者）・経済救済貸与奨学金を受けている看護学科生	本学のキャンパスローン利用者に係る当該年度の利子相当額（年間5万円を上限）		
		緊急支援奨学金		全学年	学費負担者の死亡または家屋全壊の場合：50万円、学費負担者の事故または家屋半壊の場合：25万円		
		光華女子学園奨学会奨学金		卒業年度後期で卒業予定の者	後期学費相当額		
		スポーツ振興奨学金		全学年	入学金の100・80・50・30％相当額　学費の100・80・50・30％相当額　寮経費の100・80・50・30%		

	人数	申込時期	資格・条件
	若干名	その他	学業・人物ともに優れた者。GPA 上位者
		入学後	学業・人物ともに優れた者で、かつ経済的支援を必要とする者
	入学試験合格者の成績上位4名		・一般（A および B 日程）入学試験合格者（成績上位 4 名以内）　・学生としての本文を遵守する者・　入学後、2 ～ 4 学年は前年度 GPA3.1 以上
	各学年 3 名	その他	2 ～ 4 生の前年度成績優秀者
	大・短合わせて60 名		1.学習意欲があり学業を確実に修了できる見込みがあると認められる者で、経済的理由により就学困難な学生であること。　2.日本学生支援機構第二種奨学金の学力基準・家計基準を満たしていること。なお、2 年生以上の学生は前年度の要卒科目における総修得単位数が標準修得単位数を満たしていること
	10 名		経済支援奨学金に申請した学生のうち、経済支援奨学金に次いで、経済的に困難な者。ただし、奨学生として採用された場合、必ず宗派が定めるレポートの提出および後年に実施するアンケートに協力できる者
	1年生のうち、資格特待生として資格のある者全て	入学後	本学が指定する入学試験に合格し入学した者で、本学が指定する資格を有している者。・実用英検 2 級以上：健康栄養学科および看護学科を除く全学科・情報処理技術者試験合格者（IT パスポート・IT パスポート以外）、日商簿記検定 2 級以上：キャリア形成学科
	大学・短大を合わせて各学年 10 名以内		・学習意欲があり、学業を確実に修了できる見込みがあると認められる者で、本学の指定するキャンパスローンを利用し学費を納入した者であること。　・日本学生支援機構第二種奨学金の学力・家計基準を満たしていること
		随時	天変地変による財産の損失、学費負担者の不慮の事故または死亡により学費の支弁や生活が困難になった者
		その他	卒業年度後期であり、人物・学業ともに優秀な学生で、学費の支弁が困難となった者
		入学後	運動能力に極めて秀でた実績がある学生または同等の潜在能力を有する学生（現在は陸上競技部（中長距離）を対象）

	学校名・団体名	制度名	対象の専攻分野	対象詳細	支給額	支給期間	
京都府	京都光華女子大学	留学奨学金	なし	留学選考基準を満たしている者全て	本学の授業料・施設設備費相当額	当該年度のみ	
		光華ファミリー入学試験奨学金		全学年	入学金相当額の半額		
		こども教育学科特待生奨学金	教育	受験生	入学金および4年間の授業料と施設設備費相当額		
	京都産業大学	京都産業大学入学試験成績優秀者奨学金	なし	学部生（1年次生及び2年次生）	（年額）所属学部の半期学費額※入学年度から2年間（継続審査あり）	入学年度から2年間	
		京都産業大学課外活動優秀者奨学金		学部生	（年額）所属学部の半期学費額	当該年度限り	
		京都産業大学むすびわざ支援奨学金		学部2年次生〜4年次生（外国人留学生を除く）	（年額）所属学部の年間学費額または半期学費額	2年次から3年間	
		京都産業大学応急育英給付奨学金		学部生（外国人留学生を除く）	（年額）上限 所属学部の半期学費額	当該年度限り	
		京都産業大学災害給付奨学金			（年額）上限 所属学部の半期授業料相当額		
		京都産業大学教育ローン利子給付奨学金			（年額）上限5万円（当該年度に負担した利子額）	当該年度限り（毎年出願可）	
		京都産業大学海外インターンシップ支援金		学部生	1、往復航空運賃 2、航空運賃に係る税金 3、空港利用料及びサーチャージ費、4、ビザ申請手続きに係る費用を支給する。ただし、1〜3までの総額に対して、渡航先に応じた上限額を超えない範囲で支給する。なお、4については実費費用を支給する。	当該年度限り	

人数	申込時期	資格・条件
	入学後	協定校に留学する、留学選考基準を満たしている者
	入学手続時	・本学が設置する各校園に在籍している学生生徒等および卒業生の四親等以内の者 ・本学園に勤務している専任教職員および本学園を退職した専任教職員の四親等以内の者
5 名以内		特待生志願者として、一般前期 A 日程を受験し、合格した者のうち、人物とも特に優秀と認められる者。高校 3 年 1 学期までの全体の評定平均値が 4.2 以上の者
全学部あわせて約 100 名	入学後	一般選抜入試 [前期日程][中期日程] スタンダード 3 科目型で, 各学部の成績上位 3% の合格者, 次世代型リーダー選抜入試で選考結果が極めて優秀な合格者（上限 2 名）
若干名		課外活動において、全国大会優勝、権威ある国際大会の日本代表者、もしくはこれに相当する実績がある者
21 名以内		学業成績が特に優秀で、かつ、経済的理由により修学の継続が困難な者
特に定めず		入学後において主たる家計支持者の死亡、やむを得ない事情による失職または廃業、会社倒産、自己破産等により家計が急変し、学費納入または修学の継続が困難な者
	随時	自然災害により被災した学費支弁者が災害救助法等の適用地域の指定を受けた地域に在住しており、経済的理由により学費納入が困難な者
学部生・大学院生合わせて 100 名以内		金融機関の教育ローンを利用して学費等を納入した者
対象者全員	入学後	「インターンシップ 4（海外インターンシップ）」履修者のうち、当該学年に休学をしていない者で、渡航日直近のセメスターの GPA が 2.0 以上であり、家計収入が所定の基準額以下である者

	学校名・団体名	制度名	対象の専攻分野	対象詳細	支給額	支給期間	
京都府	京都産業大学	京都産業大学海外インターンシップ支援金	文系全般	学部生（経済・経営・法学部生）	最大 27 万 5000 円から「当該実習生が実習先から支給される給与の総額」又は「左記の給与が支給されない場合、給与の代わりに実習先から支給される滞在費等」を控除した金額を支給。ただし、左記に掲げる金額が支給上限額に等しく又はこれを超えるときは、支給しない。		
		京都産業大学外国留学支援金	なし	学部生（外国人留学生を除く）	（年額）最大 75 万円	留学期間中	
		京都産業大学海外留学特別奨学金			（年額）100 万円		
		学校法人京都産業大学「サギタリウス基金」京のまち下宿支援奨学金		学部新入生	20 万円（大学の学生寮に入寮している場合は 10 万円）	当該年度限り	
		学校法人京都産業大学「サギタリウス基金」同時在学支援奨学金		学部生（1 年次生）	10 万円（申請時のみ）		
	京都女子大学	京都女子大学奨学金	なし	全学年	当該学期授業料全額相当額、当該学期授業料半額相当額、10万円、5万円のいずれか	当該学期内	
		京都女子大学育友会奨学金			予算範囲内で決定		
		京都女子大学成績優秀特別奨学生制度1 号特別奨学生		1 回生	年額 44 万円	入学後1 年間	
		京都女子大学成績優秀特別奨学生制度2 号特別奨学生		2 回生、3 回生、4 回生	年額 15 万円	1 年間	
		京都女子大学入学前予約採用型奨学金		1 回生	年額 25 万円	入学後1 年間	
	京都精華大学	学試験成績優秀特待生			年間授業料の1/4 の額		
		成績優秀者給付奨学金					

人数	申込時期	資格・条件
対象者全員	入学後	「長期インターンシップ（海外）」の履修者として許可された者
		在学留学生として許可された者
学部生 3名以内		学業成績 GPA（通算）3.0 以上かつ英語運用能力の基準を満たし、1年間の交換留学生として英語による学部留学を行う者
100 名以内		学部新入生のうち、経済的理由により学費納入または修学の継続が困難な下宿生（自宅外通学生のうち京都市内に居住する新入生）
特に定めず		学部生で入学初年度の者、かつ兄姉が本学の学部または大学院に同時に在籍する弟妹である者
予算範囲内で決定	入学後	修学の熱意があるにもかかわらず、経済的理由により修学困難と認められる者
	その他	修学の熱意があるにもかかわらず、経済的困窮などの理由により学費の支弁が困難になった者
「資格・条件」に記載のとおり		一般入学試験前期 A 方式における入学試験の成績が、所属する学科・専攻の入学試験合格者の上位 7%以内の者
		入学後 1 年間、2 年間、および 3 年間の成績が、所属する学科・専攻の上位 7%以内の者
40 名		本学への入学を第一志望とし、一般入学試験前期を受験する者のうち、経済的理由で入学後の修学が困難と認められる者
15 名		一般選抜入試 1 期 B 日程の合格者のなかで優秀な成績を収めた者
各学年 15 名		・学部 2 ～ 4 年生に在籍する者・標準的な単位数を前年度までに修得している者（2年生：31 単位、3 年生：62 単位、4 年生：93 単位）・前年度 GPA が 3.0 以上の者・対象となる当該年度に休学していない者

	学校名・団体名	制度名	対象の専攻分野	対象詳細	支給額	支給期間	
京都府	京都精華大学	海外プログラム学修奨励奨学金			年間授業料の1/2の額		
	京都橘大学	京都橘大学経済援助給付奨学金	なし		授業料相当額以内または授業料・教育充実費相当額以内	単年度ごと	
		京都橘大学緊急就学援助奨学金				同一事例につき1回	
		京都橘大学入学時成績優秀者特別奨学金			1、2回生後期授業料	2年間	
		京都橘大学SAP奨学金	人文科学	SAP(正課の1年留学プログラム)参加者	留学先授業料(本学通年授業料相当額を上限)	在学中1回	
		留学先授業料支援制度			留学先授業料自己負担額の全額～半額		
	京都ノートルダム女子大学	新入生支給奨学金	なし	新入生	採用当該年度授業料の半額以内	1年	
		上級生支給奨学金		学部2年次生～4年次生			
		特待生奨学金			10万円		
		テレジアン課外活動給付奨学金		大学総クラブ会を構成する公認団体に所属している2年次生以上の者	上限20万円		
		マリアンスカラシップ		学部4年次生	採用当該年度授業料の半額以内		
		保護者会特別援助奨学金		学部生	上限20万円		
		入学前予約採用型給付奨学金		新入生	25万円	入学後の5月中旬頃	
		米国姉妹大学留学奨学金			～37万5,000円	留学期間中(約10か月)	
		グローバル英語コース留学奨学金	人文科学	国際言語文化学部、英語英文学科、グローバル英語コース	100万円	留学期間中(半年または1年間)	
		英語英文学科留学特待生奨学金		国際言語文化学部、英語英文学科	75万円～100万円	留学期間中(1年間)	
		京都ノートルダム女子大学 新型コロナウイルス感染拡大に伴う緊急支援奨学金	なし		20万円	1年間	

人数	申込時期	資格・条件
20 名		・海外協定校への交換留学および海外プログラム（ショートプログラムは除く）を履修する者 ・上記の派遣期間が半年間以上の者・前年度 GPA が 3.0 以上の者・TOEFL-iTP の得点が 550 点以上の者・標準的な単位数を前年度までに修得している者（2 年生：31 単位、3 年生：62 単位、4 年生：93 単位）・対象となる当該年度に休学していない者・過去に本奨学金を受給していない者
120 名程度	入学後	人物、学業ともに優れ、経済的理由により修学困難な者。ただし、高等教育の修学支援新制度の支援対象者は対象外
若干名	随時	予期できない事由により家計が急変し、緊急に支援の必要がある者（証明書類の提出が必要）
学部ごとに定員の 1 割	学校出願時	学力、人物ともに優秀で他の学生の模範となる学生。入試成績優秀者から選考
制限なし	入学後	参加者全員が対象（ただし経営学科生は TOEIC400 点以上が条件）　※経営学科生および教職課程履修生の留学期間は半年間
20 名		SAP 出発前の TOEIC のスコアにより選考（全額、75％、半額の別あり）　※経営学科生および教職課程履修生の留学期間は半年間
若干名	その他	高等学校の学業成績が優秀で、家庭の経済的理由により奨学金が特に必要であると認められる者
	入学後	大学の学業成績が優秀で、家庭の経済的理由により奨学金が特に必要と認められる者
各学年各学科から 1 名	その他	前年度の学業成績・人物ともに優秀で他の学生の模範であると認められ、所属学部・学科から推薦された者
若干名	入学後	大学公認の課外活動団体に所属し、熱意をもって課題活動を行い、成果をあげている学生で、経済的援助を必要としている者
		学業成績・人物ともに優秀で修学の熱意があるにもかかわらず、家庭の経済事情の悪化のため、学業継続が困難になった者
	随時	修学の熱意があるにもかかわらず、家計支持者の収入の急変のため、経済的に学業継続が困難になった者
25 名	その他	本学への入学を強く希望し、一般入試 1 期またはセンター入試 1 期を受験する者。勉学の熱意を持ちながらも経済的理由により本学入学後の修学が困難と思われる者。本学の定める家計基準に該当する者
～ 20 名	入学後	本学が協定を結ぶ米国姉妹大学へ米国姉妹大学留学制度により留学する者。TOEFL-iBT 61 点以上
		グローバル英語コース留学制度により留学する者。申請時までに以下のいずれかを受験し、基準を満たしていること。TOEFL-iBT 52 点以上、TOEFL ITP 470 点以上、TOEIC 500 点以上、IELTS 4.5 以上　※資格・条件の内容が一部変更となる可能性あり
～ 3 名		本学が協定を結ぶ姉妹大学へ留学し、留学期間終了後、本学へ復学して学業を継続する者。英芸文学科において 1 年次の必修科目を所定の成績（A）で合格する見込みであり、要卒単位のうち 1 年次に 40 単位以上を修得する見込みであること。TOEFL-iBT 61 点以上他団体等からの留学のための奨学金を受給しない者
若干名		新型コロナウイルス感染症の直接的・間接的な影響により家計が急変した世帯の学生で、修学が困難な状況となった者

私立 近畿

京都府

学校名・団体名	制度名	対象の専攻分野	対象詳細	支給額	支給期間	
京都文教大学	入試奨学金（成績優秀者）	なし		25 万円		
	入試奨学金（課外活動優秀者）					
	成績優秀者奨学金					
	指月奨学金			72 万（年 24 万×3 か年）	2 年次～4 年次の 3 年間	
	教育後援会奨学金（修学支援）			30 万円		
	教育後援会奨学金（海外留学支援）			10 万円以内		
	プラバー奨学金			卒業年次の学期学費未納分に充当		
	天災その他の災害奨学金			当該学費の 2 分の 1 相当		
京都薬科大学	京都薬科大学給付型奨学金（新入生特待生）	保健	新入生	半期授業料（90 万円）	6 月給付	
	京都薬科大学給付型奨学金（成績優秀者部門）		2 年次～6 年次	5 万円～20 万円		
	京都薬科大学給付型奨学金（研究・課外活動優秀部門）					
	京都薬科大学給付型奨学金遠隔地出身者（新入生予約制度）		新入生	60 万円（月額 5 万円）	4 月給付	
	海外短期留学者			米国：20 万円 ドイツ：10 万円		
嵯峨美術大学	嵯峨美術大学奨学金	なし		60 万円～36 万円	在学中に 2 度	
	ワークスタディ奨学金			月額 2 万 5,000 円	1 年間	
	学校（指定校）推薦型選抜奨学金			37 万 5,000 円		
	スカラシップ（特別奨学生）選抜奨学金			50 万円		
種智院大学	種智院大学特待生奨学金	なし	2 年次から対象	授業料の全額または一部	1 年	
	種智院大学修学支援奨学金					

人数	申込時期	資格・条件
	入学手続時	併願制での成績優秀者
		学校推薦型入試合格者。推薦事由が課外活動実績優秀であると本学が認めた者
各学年 6 名	その他	成績優秀
9 名		家計基準あり。成績制限あり
各学期 9 名		家計急変者
未定		国際交流協定校、協力校へ留学した者
		経済的理由により卒業困難な 4 年次生
	随時	災害救助法適用地域に家計支弁者が居住しているもしくはしていた学生
約 10 名	その他	・新入生：入試成績上位者《採用人数》一般入試 A 方式：4 名、一般入試 B 方式：5 名、一般入試 C 方式：1 名
各学年約 15 名		・各学年成績優秀者上位 15 名　※新入生特待生制度を利用して入学した学生が、上位 10 位以内であれば 90 万円給付
約 10 名	入学後	研究課外活動において顕著な実績または成果を挙げた者
約 12 名	その他	通学に片道 120 分以上を要する所在地に自宅（保証人の在住地等）があり、大学入学後、下宿生活を予定している学生で、学費負担者を含む、同一世帯における前年度の年間収入を合算した金額が基準以下の者（6 年間受給可能：毎年継続審査あり）
留学決定者全員		
	入学後	成績評価や家庭の年間収入について基準を満たす者
		成績評価、家庭の年間所得について基準を満たす者。　本学の業務に従事することで、自身の社会性を向上させるとともに、経済的事情を抱える学生に対する支援を行うことを目的とする
		1.　学校（指定校）推薦型選抜を受験して入学する者。 2.　学生本人の父・母または父母に代わって家計を支えている方（主たる家計支持者一人）の給与収入が 600 万円以下、その他所得の場合は 200 万円以下であること。
	入学手続時	スカラシップ（特別奨学生）選抜に合格した者
1 名	入学後	成績優秀であること
2 名		大学が定める家計基準以下で、成績優秀であること

	学校名・団体名	制度名	対象の専攻分野	対象詳細	支給額	支給期間	
京都府	種智院大学	種智院大学新入生奨学金給付生選抜制度	なし		成績によって金額が異なる	1年	
		種智院大学同窓会奨学金		2年次から対象	20万円		
	同志社女子大学	同志社女子大学奨学金	なし		授業料相当額の1/2以内	春または秋学期	
		松下紀美子記念奨学金			30万円	秋学期	
		花谷明子記念奨学金				春学期	
		同志社女子大学同窓会《Vineの会》奨学金				秋学期	
		同志社女子大学瀧山徳三・季乃記念海外留学奨励金			50万円以内		
		E.L.ヒバード奨学金					
		同志社女子大学現代社会学部奨学金			5万～7万円		
		同志社女子大学英語英文学会奨学金			5万～20万円	春学期	
		同志社女子大学日本語日本文学会奨学金			5万円	秋学期	
		同志社女子大学生活科学会奨学金			5万～7万円	秋学期	
		同志社同窓会奨学金			15万円	春学期	
		同志社同窓会ミス・デントン記念奨学金			10万円		
		同志社女子大学指定奨学金			5万円	秋学期	
	同志社大学	同志社大学奨学金	なし		学部により異なる30万円～43万円		
		同志社大学奨学金（特別枠）					
		同志社大学育英奨学金			30万円		
		同志社大学修学特別支援奨学金			20万円。修学支援法に基づく授業料等減免と併給した場合の支給額は減免後の授業料相当額を限度とする		

人数	申込時期	資格・条件
大学が定める成績基準以上であれば制限なし	学校出願時	総合型選抜（プレゼン型）、一般選抜、共通テスト利用選抜の成績優秀者
4名	入学後	学業・人物ともに良好であり、かつ経済的理由により修学の維持が困難と認められること
70名程度	その他	家計および学力基準あり
少数		
		学部，大学院在学生で最終年次の者。
		学部在学生で最終年次の者の内、大学院進学予定者。
50名程度		現代社会学部生のみ対象。家計および学力基準あり
少数		英語英文学科、英語英文学専攻生のみ対象。家計および学力基準あり
		日本語日本文学科生のみ対象。家計および学力基準あり
10名程度		生活科学部、生活科学研究科生のみ対象。家計および学力基準あり
少数		家計および学力基準あり
		社会人学生のみ対象。家計および学力基準あり
20名程度		計8種、個別に条件あり。(親権者死亡、不慮の災害、留学生で経済的困難、など)
272名	入学後	学資支弁が極めて困難な者。2年生以上は成績が学部・学科上位1/3以内かつ所定単位数以上を修得している者日本学生支援機構の給付奨学金および修学支援法に基づく授業料等減免との併用不可　※詳細は出願のしおり等を確認
43名		学資支弁が極めて困難な者。2年生以上は成績が学部・学科上位3/4以内かつ所定単位数以上を修得している者日本学生支援機構の給付奨学金および修学支援法に基づく授業料等減免との併用不可新型コロナウイルス感染症拡大の影響を受けて、家計急変が生じる世帯の学生　※詳細は出願のしおり等を確認
100名(予定)		学術、文化、スポーツ等に優れた成果をあげた者　※詳細は出願のしおり等を確認
若干名		災害・不慮の事故・病気等で家計支持者が死亡または後遺障Fにより就労不能となった場合、災害等により住宅が半壊以上の被害を受け、著しく家計が急変した場合　※詳細は出願のしおり等を確認

私立 近畿

京都府

学校名・団体名	制度名	対象の専攻分野	対象詳細	支給額	支給期間	
同志社大学	同志社大学寄付奨学金	なし		10万円		
花園大学	学業特待生奨学金	なし	全学部	1回生次授業料全額または半額	入学年度の1年間	
				1回生次授業料全額		
				4年間の授業料全額	4年間（継続には審査あり）	
佛教大学	佛教大学入学試験成績優秀者奨学金	なし	新入生	当該学部の半期学費相当額	最長4年間	
	佛教大学奨学金		2〜4年生の学部生	30万円	単年度	
	総本山知恩院奨学金			5万円		
	大本山金戒光明寺奨学金			10万円		
	大本山清浄華院奨学金		別科2年生			
	大本山百万遍知恩寺奨学金		2〜4年生の学部生			
	宗立宗門校奨学金					
	佛教大学育英奨学金			30万円		
	佛教大学課外活動奨学金					
	佛教大学教育後援会奨学金		春学期：2〜4年生の学部生、別科2年生。秋学期：学部生、別科生	1種：10万円2種：20万円		
	佛教大学同窓会奨学金		学部生・別科生	10万円		
	佛教大学教職員互助会奨学金		8セメスター在学中の学部生	当該学科年次の半期授業料相当額		
	佛教大学学資給付金		学部生・別科生			
	佛教大学災害奨学金			被災状況により審査		
	新型コロナウイルス対策緊急奨学金			当該学科年次の半期授業料相当額		
明治国際医療大学	特待生選抜制度	なし	全学部の新入生	成績に応じて授業料の全額または半額相当額	最大4年間（毎年度継続審査有）	

人数	申込時期	資格・条件
15 名	その他	学部長・研究科長等に推薦された学力・人物ともに優秀な者　※公募はしない
	入学手続時	自己推薦入試（A 日程【総合評価型】）での一定以上のスコア合格者
		一般推薦（A 日程【総合評価型】）での一定以上のスコア合格者
		一般推薦 A・B 各日程での各学部成績上位 5% 以内の合格者
		大学入学共通テスト利用方式得点率 70% 以上での合格者
		大学入学共通テスト利用方式得点率 80% 以上での合格者
若干名	入学手続時	一般入試 A 日程において総合得点率が 80% 以上の合格者で各学部合格者の上位 3% 以内にあり、大学へ申請書類を提出した者　※最長 4 年間の継続あり（進級時に審査あり）
5 名	入学後	学業・人物ともに優秀であり、大学が推薦する者　※大学推薦制
2 名		学業・人物ともに優秀であり、本山の趣旨に添う者　※大学推薦制
5 名		
若干名		学業・人物ともに優秀であり、かつ経済的支援を必要とする者
		課外活動において卓越した成果をあげ、本学の栄誉を高めた者
春学期と秋学期合わせて 1 種 40 名、2 種 20 名		最短修業年限で卒業が可能であり、学費納入が困難な者
学部生・別科生と大学院生合わせて 20 名		最短修業年限で卒業が可能であり、学費納入が困難な者。卒業・修了後に、同窓会活動に積極的に参加できる者申請時に面談あり
春学期と秋学期合わせて 15 名以内		当該年度（9 月または 3 月）卒業が可能であり、大学在籍中の不慮の家計急変により、学費納入が困難な者申請時に面談あり
若干名		在籍 12 か月以内の不慮の家計急変により、学費納入が困難な者申請時に面談あり
	随時	非常災害被災により経済的理由から修学が著しく困難になった者
	入学後	新型コロナウイルス感染症の感染拡大に伴う家計急変により、学費納入が困難な者
定員の 10% 以内	学校出願時	一般入試 A 日程・共通テスト利用入試 A 日程および特待生選抜試験の成績によって選抜

学校名・団体名	制度名	対象の専攻分野	対象詳細	支給額	支給期間	
明治国際医療大学	スポーツスカラシップ制度	なし	全学部の新入生	スポーツ成績に応じて給付	最大4年間（毎年度継続審査有）	
	メディカルアスレチックトレーナー育成支援制度	保健	鍼灸学科・柔道整復学科	授業料の20%相当額		
立命館大学	近畿圏外からの入学者を支援する奨学金		学部受験生	文系学部（映像学部除く）：年額30万円理系学部・映像学部：年額50万円	標準修業年限まで※ただし継続審査あり	
	西園寺記念奨学金（成績優秀者枠）			理系学部および映像学部、グローバル教養学部は30万円、文系学部（映像学部、グローバル教養学部を除く）は15万円		
	エクステンションセンター特別奨励生		エクステンションセンターが指定する講座を受講する者	受講料相当額		
	西園寺記念奨学金（難関試験合格者枠）		公認会計士試験、国家公務員総合職などの難関国家試験に合格した学生	30万円		
	+R 学部奨学金			15万円、10万円、5万円、3万円のいずれか		
	学びのコミュニティ学外活動奨励奨学金（正課授業）			対象の学習活動に要した費用額により異なる		
	Challenge 奨学金		学部生限定	5万円〜30万円	単年度	
	立命館大学アスリート・クリエーター育成奨学金		学部学生	50万円〜100万円	単年度限り再出願可	
	海外留学チャレンジ奨学金		奨学金対象プログラム参加者	参加プログラムにより異なる	当該プログラム限り	
	海外留学サポート奨学金（予約採用型）					
	海外留学サポート奨学金（家計急変型）					
龍谷大学	アカデミック・スカラシップ奨学金（在学採用型）	なし	学部2年生以上	20万円	1年間	
	優秀スポーツ選手奨学金		学部2年生以上（【S給付】については新入生）、大学院2年生以上	【S給付】【F給付】学費相当額、【A給付】50万円、【B給付】20万円、【C給付】10万円	1年間（【S給付】については4年間）	

※左端の縦書き：私立 近畿 ／ 京都府

284

人数	申込時期	資格・条件
鍼灸学科 10 名・柔道整復学科 5 名	学校出願時	スポーツ課外活動の成績によって選抜
		高校在学時に体育系クラブに所属し、入学後はアスリートをサポートするスタッフとして、本学のアスレチックトレーナー部に所属し活動する方
600 名程度	その他	遠方（近畿圏外）から立命館大学への入学を強く志望する一般選抜の受験を予定している者。生計維持者 (父・母) の年間収入が給与収入 900 万円未満、事業その他所得 414 万円未満であること
各学部の定員の 2%以内	入学後	学士の学位を得るための教育課程において優秀な成績をおさめ、本大学における学びと成長の模範となる学生
70 名程度（大学・大学院計）		公認会計士、国家公務員総合職、外務省専門職などの難関国家試験に挑戦する学生
		公認会計士、国家公務員総合職などの難関国家試験に合格した学生
予算の範囲内で学部長が定める		各学部の学士の学位を得るための教育課程において良好な成績をおさめ、所属する学部の教学的取組みにおいて優れた成果をあげたと認められる学生。学部が定める選考基準にもとづき、受給者を決定
対象の学習活動に参加した人数		授業における学習活動について、当該授業を受講している学部学生の活動費用の一部相当額を奨学金として給付
予算の範囲内		正課や課外の通常の活動範囲を超えて抱いた社会問題意識に対して、その解決を目指し、自主的に取り組む者。
最大 40 名		スポーツ、文化・芸術、研究の各分野で顕著な実績を修め、世界・日本のトップを目指す者
原則、プログラム参加者全員		奨学金対象プログラムへの参加
		経済上の理由によりプログラムへの参加が困難と見込まれる学生の参加費用の一部を支援
		留学プログラム参加決定後あるいは参加中に家計状況が急変し、プログラム参加または継続が困難な者に対し、参加費用の一部を支援
300 名程度	入学後	学業成績・人物が特に優秀な者
60 名〜90 名程度	その他	学業・スポーツ活動ともに積極的に取り組む強い意志が確認できる者

学校名・団体名		制度名	対象の専攻分野	対象詳細	支給額	支給期間	
京都府	龍谷大学	課外活動等奨学金	なし	学部2年生以上、大学院2年生以上	【A給付】50万円、【B給付】20万円、【C給付】10万円	1年間	
		家計奨学金		1~4年生	35万円、25万円または15万円		
		BIE Program 奨学金		BIE Program 修了学生	【5-week Program】10万円、【Semester Program】30万円		
		私費派遣留学生奨励奨学金		私費派遣留学生	15万円		
		災害給付奨学金		学部、大学院	原則として、授業料の範囲内で奨学委員会が決定		
		親和会海外研修奨学金			【自己研鑽コース】上限10万円、【研究コース】上限30万円		
		親和会学生救済型奨学金			半期授業料の範囲内		
		六角仏教会奨学金	教養・学際・その他		上限15万円		
		家計急変奨学金	なし		理工学部・農学部・国際学部グローバルスタディーズ学科40万円、上記以外の学部30万円		
		障がい学生支援奨学金			上限20万円		
		災害学費援助奨学生		新入生	原則として、入学申込金と授業料の範囲内で奨学委員会が決定	1年間（入学年度）	
		国際学部グローバルスタディーズ学科交換留学給付奨学金	人文科学	国際学部グローバルスタディーズ学科生	50万円	申請した当該年度	
		国際学部グローバルスタディーズ学科提携留学給付奨学金			【最優秀者】30万円、【優秀者】10万円		
大阪府	藍野大学	自宅外通学者奨学金給付制度	なし	入学を希望する学生	毎月5万円	入学後、2年。年間2回に分けて給付（各30万円）	
		学校法人藍野大学学業成績優秀学生生徒給付奨学金制度			年間15万円	1年間	

人数	申込時期	資格・条件
10 名程度	入学後	学業・課外活動等に積極的に取り組んでいる者
300 名程度		修学の意思があるにもかかわらず、経済的理由により修学困難である人物・学業成績ともに優れた者
10 名程度		BIE Program（本学独自の留学プログラム）の成績が優秀な者
30 名程度		留学前に目的意識を明確に定め、留学先において学業を中心とした諸活動へ積極的に取り組む者
若干名	随時	自然災害等により被害を受けた地域に本人または父母のいずれか（または家計支持者）が居住しており、学費支弁が困難であると認められる者
	入学後	日常の研鑽テーマを海外においてより積極的に実証・研修しようとする意欲ある者
		親和会員である家計支持者の家計急変等の事由により、修学が極めて困難な者
		真宗学の学術振興に資する研究について、その研究概要等が優秀な者
		学業成績および人物が特に優秀な者で、家計等の経済的条件が急変し、学業を継続することが困難な者
		障がいを持ちながらも、学業・人物ともに優れた修学の熱意が顕著な者
	学校出願時	入学日より遡って 1 年以内に自然災害等による災害救助法が適用された地域に、本人または父母のいずれかもしくは家計支持者が居住しており、学費支弁が困難であると認められる者
	その他	国際学部の卒業要件として必修の留学を交換留学にて行う者
		国際学部が卒業要件として認める提携留学を行い、優秀な成績を修めた者
若干名	学校出願時	入学試験出願時において、自宅から大学までが 50 キロメートル以上で、入学後、アパート等を借りて自活する新入学生
最大 20 名	その他	学校法人藍野大学が設置する学校に在籍する、2 年生以上の学生生徒であり、学業が優秀である者

	学校名・団体名	制度名	対象の専攻分野	対象詳細	支給額	支給期間	
大阪府	追手門学院大学	追手門学院大学桜みらい奨学金学業・課外活動奨励型	なし	2年生以上	ポイントにより年間授業料相当額、年間授業料相当額の2/3、年間授業料相当額の1/3、20万円	単年度限り	
		追手門学院大学教育後援会給付奨学金	なし		37万5,000円	当該学期限り	
		追手門学院大学教育後援会修学援助給付奨学金			50万円	単年度限り	
	大阪青山大学	入学試験成績優秀者給付奨学金	なし		1年次前期授業料の半額	入学時1回限り	
		塩川学修奨励金			10万円	期初1回	
		同窓生家族入学金支援制度			入学金の半額相当額	入学時1回限り	
		教育後援会奨学金			年額30万円まで	単年度限り	
		修学特別支援金			15万円	1回限り	
	大阪医科大学	学校法人大阪医科薬科大学鈎奨学基金	保健	医学部学生	50万円	1回	
		学校法人大阪医科薬科大学伊藤奨学基金			60万円		
		大阪医科大学看護学部入学時特待生		看護学部入学者	年額50万円		
		大阪医科大学看護学部 給付奨学金		看護学部2年生～4年生、各学年4人ずつ			
	大阪大谷大学	入学試験成績優秀特別奨学金	なし	全学年（審査により継続）	文系20万円、理系70万円（理系の継続は30万円）	文学・教育・人間社会各学部は4年間、薬学部は最長6年間	
		修学支援給付奨学金		2回生以上	各学部・学科該当の半期の納付金	2回生以上の在学期間において1回限り	
	大阪音楽大学	遠隔地出身者支援給付奨学金	芸術	音楽学部音楽学科	20万円（年額）	4年間（進級時に更新審査有	

人数	申込時期	資格・条件
約100名	入学後	家計支持者の年間収入、学業成績（GPA）が基準を満たしている者。課外活動実績があればポイントに加える
春学期15名以内、秋学期15名以内（新入生は秋学期のみ）		教育後援会会員を父母または保証人に持つ、本学学部学生で修学の熱意があるにもかかわらず経済的な理由により修学が困難な者
対象者全員	随時	教育後援会会員を父母または保証人に持つ学部学生で学費支弁者の死亡により学費支弁者の属する世帯収入が著しく減少したことにより家計が急変し、学費等の納入が困難になった者（3か月以内に申請必要）
入試成績優秀者上位10％以内の者	入学手続き時	一般入試A日程A方式における各学科の成績優秀者上位10％以内の者
前年度の学業成績が上位4%以内の者	その他	各学科の2年次生以上で、人物に優れ、前年度の学業成績が上位4%以内の者
	入学後	親または兄弟姉妹が大阪青山学園（大阪青山大学・大阪青山大学短期大学部）の卒業生または在籍学生である学生
	随時	人物・成績ともに優秀で在学中に学資支弁者の死亡により家計が急変し、学資の捻出が困難となった者
	その他	jassoの給付奨学金の対象外の者で、経済的に修学が困難な学生
2名	入学後	学業・人物ともに優秀かつ健康であって、経済的理由により修学困難な医学部女子学生
3名		学業・人物ともに優秀かつ健康であって、経済的理由により修学困難な医学部学生
4名		一般入試の成績上位者4名　※該当者に対しては合格通知発送時に通知。欠員が生じた場合は該当者を繰り上げ、追って通知。推薦入試で合格した方が一般入試を受験して、成績上位入学者4名のうちに入った場合も対象となる
12名	その他	成績・人物ともに優秀であって、経済的事由がある者　※該当者に対しては新年度の成績発表時に通知。欠員が生じた場合は該当者を繰り上げ、通知
文系約50名、理系約40名	その他	(1) 入試（公募制推薦・一般・大学入学共通テスト利用の各前期入試）における成績上位合格者　(2) 継続支給の為毎年学業成績審査有。
前期3名、後期3名以内	入学後	本学に在籍し、学業成績・人物が学生の模範となる者で、修学の熱意があるにもかかわらず経済的理由により就学可能な2回生以上の学生
10～20名程度	学校出願時	総合型選抜・学校推薦柄選抜合格者のうち、遠隔地出身（本学から自宅までの道のりが概ね100kmを越え、公共交通機関を用いた通学時間が片道2時間以上を要する）で、専門実技課題の成績上位者

	学校名・団体名	制度名	対象の専攻分野	対象詳細	支給額	支給期間	
大阪府	大阪音楽大学	大阪音楽大学 オーケストラ 給付奨学金	芸術	音楽学部 音楽学科	20万円（年額）		
		大阪音楽大学 奨学制度 国内・海外音楽講座 受講助成金		2年生、3年生、4年生	国内音楽講座： 10万円以内 海外音楽講座： 20万円以内		
		大阪音楽大学 奨学制度 海外提携校留学 助成金			留学期間 4か月 以上6か月まで： 50万円以内 3 か月以上4か月未 満：40万円以内		
		大阪音楽大学 奨学事業財団 海外留学奨励金		全学年	12万円		
		大阪音楽大学 奨学事業財団 国内・国外音楽 講習会参加奨励金			国内（近畿圏内）の 会場：2万円 国 内（近畿圏外）の 会場：5万円 海 外の会場：7万円		
		大阪音楽大学 奨学事業財団 国内・国外音楽コン クール参加奨励金			1万円		
		大阪音楽大学 奨学事業財団 国内・国外音楽コン クール入賞奨励金			国内（近畿圏内）の 会場：3万円 国 内（近畿圏外）の 会場：6万円 海 外の会場：8万円		
	大阪学院大学	企業後援会奨学金	なし	全学年	10～20万円 （年額）	単年	
	大阪河崎 リハビリテー ション大学	河崎学園ファミリー 奨学金（新入生対象）	なし		入学金相当額 （28万円）		
		指定校奨学金 （新入生対象）			入学金相当額又は その1/2の額		
		特待生 （在学生対象）		2～4年	授業料 1/2以内の額		
		経済支援特別奨学金 在学生対象）		全学年	20万円		
		河﨑賞			卒業時総額 100万円以内の額		

人数	申込時期	資格・条件
総合型選抜または学校推薦型選抜合格者から若干名	学校出願時	管楽器（オーボエ又はファゴット）を専攻する学生。弦楽器（ヴァイオリン、ヴィオラ、チェロ、コントラバスのいずれか）を専攻する学生。管楽器専攻（オーボエ・ファゴット）志願者は入学後に「オーケストラ」及び「吹奏楽」の授業を履修すること。弦楽器専攻（ヴァイオリン、ヴィオラ、チェロ、コントラバス）志願者は入学後に「オーケストラ」及び「専門合奏（弦楽アンサンブル）」の授業を履修すること
若干名	入学後	選考基準による成績審査、面接審査結果（海外については外国語面接を含む）、国内・海外で実施される音楽研修・セミナーから主レッスン等担当教員、および当該専攻（コース）教育主任の了解を得て受講希望先を 1 つ選択し申請すること　※当該年度に本学の奨学制度「給付奨学金」または「海外提携校留学助成金」の適用を受けた学生は申請できない
50 万円：3 名以内、40 万円：4 名以内　ただし、併設短大との適用者合計人数とする		選考基準による成績審査（必要に応じて実技審査あり）、外国語による面接審査、学長等による最終審査結果　※学生の交換等に関する提携または覚書を締結した海外の大学・音楽院から留学先を選ぶこと。適用は在籍期間中 1 回限りとする
	随時	1 年以上の留学期間を有し、学業成績ともに優れ、本学を卒業・修了しようとする者。申請は年度内に 1 回限り　※「海外提携校留学助成金」適用者を除く
		国内については、審査（オーディション）を通過した講習会への参加であること。学業成績ともに優れている者。申請は年度内に 1 回限り　※「国内・海外音楽講座受講助成金」適用者を除く
		学業成績ともに優れている者。申請は年度内に 1 回限り
		コンクール入賞者（第 1 位～ 3 位）であること。学業成績ともに優れている者。申請は年度内に 1 回限り
40 名程度	入学後	学業成績・人物ともに優秀であり、健康にして将来有為な人材となる見込みのある者で、前年度の GPA ポイントが上位 3 分の 1 以内の者。なお、1 年生は高等学校の評定平均値（2.3 年生）が 3.5 以上の者
対象者全員	入学手続時	河崎グループの教員及び職員の親族（3 親等以内）、学校法人河崎学園の在学生の親族（3 親等以内）、学校法人河崎学園の卒業生の親族（3 親等以内）。
	その他	本学が指定する高等学校から入学した者。詳細は、担当部署にお問い合わせください。
各学年 3 名程度		学業成績が優秀で、他の模範となる学生。
10 名程度		学業等が優秀でありながら、経済的理由により修学困難な学生。
1 ～ 3 名程度		在学中の 4 年間において、学業成績が優秀でかつ、素行が他の模範となった学生であること

私立 近畿

大阪府

学校名・団体名	制度名	対象の専攻分野	対象詳細	支給額	支給期間	
大阪経済大学	大阪経済大学入試成績優秀者特別奨学金	なし	新入生	秋学期授業料相当額	1年間	
	大阪経済大学同窓会遠隔地学生奨学金			20万円（経営学部第二部のみ10万円）		
	大阪経済大学遠隔地学生奨学金					
	大阪経済大学緊急修学援助奨学金		全学年	一学期授業料相当額の半額		
	大阪経済大学大樟奨学金		2～4年生	年間授業料相当額の半額		
	大阪経済大学勤労・社会人学生奨学金		経営学部第二部の全学年			
	大阪経済大学アスリート支援奨学金		新入生	年間授業料相当額または秋学期授業料相当額	1年間（継続制度あり）	
	大阪経済大学教育ローン援助奨学金		全学年	当該期間に負担した利息合計分（上限2万5000円）	半年間	
大阪経済法科大学	学業奨励奨学金経済学部奨学金	経済学部	経済学部2年以上	上限20万円	採用時（一括給付）	
	学業奨励奨学金法学部奨学金	法学部	法学部2年以上			
	学業奨励奨学金経営学部奨学金	経営学部	経営学部2年以上			
	学業奨励奨学金国際学部奨学金	国際学部	国際学部2年以上			
	学業奨励奨学金資格取得奨学金	なし		10万～30万円		
	教育後援会奨学金定時採用			年額24万円（月額2万円）	採用年度	
	教育後援会奨学金応急採用			上限20万円	採用時（一括給付）	
	資格取得奨学金		新入生	20万又は10万円		
大阪芸術大学	新入生奨学金			30万円	初年度	
	学業成績優秀者奨学金	芸術		50万円		
	交換留学生奨学金					

人数	申込時期	資格・条件
30 名	その他	一般選抜（前期）の成績優秀者
20 名	入学後	遠隔地からの入学生（下宿生）で、学業・人物ともに良好かつ経済状況困難な学生※学業成績基準あり
30 名		
新入生5名、2〜4年生15名		突発的な事由による経済事情の急変等により、家計が悪化し、学費支弁が特に困難となった学生※学業成績基準あり
各学年30名程度	その他	学業・人物ともに優れた学生※前年度の学業成績により選考
若干名	入学後	正社（職）員またはそれに準ずる勤労をしている学生で、学業・人物ともに良好かつ経済状況困難な学生※学業成績基準あり
	その他	申請時に、スポーツAO入試において指定されている競技種目で合格し、本学への入学予定者であること。指定競技種目のクラブ部長から推薦を受けていること。
各学期35名	入学後	特定の教育ローンを利用して学費等を納入した学生（学部生・大学院生）
若干名	入学後	経済学部に所属する2年以上で、学力・人物ともにすぐれ、学業において特に優秀な成績を修めた者
		法学部に所属する2年以上で、学力・人物ともにすぐれ、学業において特に優秀な成績を修めた者
		経営学部に所属する2年以上で、学力・人物ともにすぐれ、学業jにおいて特に優秀な成績を修めた者
		国際学部に所属する2年以上で、学力・人物ともにすぐれ、学業jにおいて特に優秀な成績を修めた者
		難易度の高い国家資格取得をめざす者で、一定の学力水準に達した者
		学業の継続と向上を目指し、経済的理由により修学困難と認められる者
	その他	対象の入学試験に合格し、入学手続を行う者のうち、所定の資格取得を証明するものを、期日までに大学・入試課に提出した者
200 名	入学手続時	各種入学試験における成績優秀者
各学年40名以内（令和2年度以前の入学者）各学年80名以内（令和3年度以降の入学者）	入学後	成績優秀者
		本学と姉妹提携および交流協定を結んでいる海外の大学に短期留学する学生（学部3〜4年次生、大学院生対象）

	学校名・団体名	制度名	対象の専攻分野	対象詳細	支給額	支給期間	
大阪府	**大阪芸術大学**	緊急奨学金	芸術		50万円		
		震災・災害奨学金			60万円を限度とする		
		大学院研究奨励金			50万円		
	大阪工業大学	成績優秀奨学金	なし	2年次以上	年間授業料の半額相当額	1年間	
		テラサキ奨学金（学部）	工学	工学部電気電子システム工学科および電子情報通信工学科の学生			
		特別奨学金（学部）		工学部都市デザイン工学科および応用化学科所属の学生	12万5,000円／人数（人数には院生も含む）		
		柴山奨学金（学部）		工学部電気電子システム工学科所属の学生	31万円／人数（人数には院生も含む）		
		副島奨学金（学部）		工学部機械工学科所属の学生	3万5,000円／人数（人数には院生も含む）		
		学園校友会奨学基金（学部）	なし		13万円/人数 ※人数には院生も含む		
	大阪国際大学	家賃補助制度	なし	新入生	月額2万円	初年次12か月	
		大阪国際大学学業優秀者奨学金		2～4年次生	20万円		
		大阪国際大学課外活動奨励者奨励金		全学年	上限20万円（資格取得）上限50万円（クラブ活動）		
		大阪国際大学・大阪国際大学短期大学部海外留学・研修奨学金		短期海外研修参加者	上限8万円／人	海外研修参加中に1回	
		大阪国際学園奥田政三教育・研究基金					
		大阪国際大学・大阪国際大学短期大学部海外留学・研修奨学金		協定校への派遣対象学生	派遣地域により異なる（上限8万円／月）	交換留学期間	
		大阪国際学園奥田政三教育・研究基金			派遣地域により異なる（上限5万円／月）		
		大阪国際大学・大阪国際大学短期大学部海外留学・研修奨学金		認定留学合格者	派遣地域により異なる（上限3万円／月）	認定留学期間	
	大阪産業大学	奨学金給付語学研修	なし		20万円		

人数	申込時期	資格・条件
	随時	家計支持者の死亡により著しく家計が急変し、就学が困難になった方
		災害救助法の適用地域の指定を受けたが地域に家計支持者が居住し就学が困難になった方
40 名	入学後	成績優秀かつ経済的理由により就学が困難になった方
90 名	入学後	学部の 2 年次以上に在学し、学業成績、人物ともに優秀で、経済理由により就学困難と認められる者
1 名		学部の 2 年次以上に在学し、学業成績、人物ともに優秀で、経済理由により奨学金の受給が必要であると認められる者
若干名		工学部都市デザイン工学科もしくは応用化学科の学生で、学業成績・人物とも優れ、かつ特に学業を奨励するに足る者
		工学部電気電子システム工学科の 2 年次以上に在学し、学業成績、人物ともに優れ、特に学業を奨励するに足る者
		工学部機械工学科の 2 年次以上に在学し、学業成績、人物ともに優れ、特に学業を奨励するに足る者
		学部に在学し、将来教員を目指す者で、学業成績、人物ともに優れ、特に学業を奨励するに足る者等
	入学手続時	沖縄県の高校に通い、家族が沖縄県に居住する自宅外通学者。
対象者		大阪国際大学表彰規定により当該年度に表彰を受けた者
奨学金選考試験合格者	その他	短期海外研修参加者で奨学金を希望する者　※奥田政三教育・研究基金との併給不可
		短期海外研修参加者で奨学金を希望する者　※大阪国際大学・大阪国際大学短期大学部　海外留学・研修奨学金との併給不可
交換留学選考試験合格者		交換留学選考に合格した者　※奥田政三教育・研究基金との併給不可
		交換留学選考に合格した者　※大阪国際大学・大阪国際大学短期大学部　海外留学・研修奨学金との併給不可
認定留学合格者		認定留学の資格を満たし、奨学金試験に合格した者　※奥田政三教育・研究基金との併給不可
15 名	入学後	学業成績、人物ともに優秀で、面接により選考　※英語最大 10 名、中国語最大 5 名

	学校名・団体名	制度名	対象の専攻分野	対象詳細	支給額	支給期間	
大阪府	大阪産業大学	ベトナム交流プログラム	なし		往復航空運賃		
		海外派遣留学			30万円～60万円／年		
		国際学部アメリカ短期研修	人文科学	国際学部	10万円程度	当該年度	
		海外研修1・2	社会科学	経済学部	15万円～25万円程度		
		春期英語中期留学	なし		20万円	当該年度	
		海外留学プログラム	人文科学	国際学部	83万円	12か月	
					56万円		
					150万円	11か月	
		海外研修プログラム			10万円	当該年度	
					半期75万円、1年150万円		
		高大接続グローバル研修			25万円		
	大阪樟蔭女子大学	大阪樟蔭女子大学緊急給付奨学金	なし		該当年度に納入すべき授業料及び施設費の半額相当額	当該年度内	
		大阪樟蔭女子大学給付奨学金			該当年度に納入すべき授業料の半額相当額		
		大阪樟蔭女子大学後援会奨学金			30万円		
		大阪樟蔭女子大学教育ローン利子補給奨学金			該当年度の3月末までの支払利子額		
	大阪電気通信大学	入学試験成績優秀者奨学制度（一般入学試験前期）	なし	新入生	学費の全額（入学金・諸経費は除く）	入学後4回（継続審査あり）	
					学費の半額（入学金・諸経費は除く）		
		大阪電気通信大学教育ローン利子補給奨学金		全学年	在学中におけるローンにかかる利子相当額	在学中	
		大阪電気通信大学特別奨学金		新入生	入学金相当額	入学時のみ	
	大阪物療大学	大阪物療大学一般選抜特待奨学金制度	保健	一般選抜前期日程の合格者	79万円	1年間	
		大阪物療大学特待奨学金制度		本学に在籍する2～4年次生	各年度の授業料等の50%相当額		

私立 近畿

296

人数	申込時期	資格・条件
10 名	入学後	研修に柔軟に積極的に取り組み、意見を発表できる者、面接により選考　※大学・大学院合わせて最大 10 名
若干名		学業成績、語学能力、人物ともに優秀で面接により選考　※人数は派遣先により変わる。派遣先：アメリカ・カナダ・ドイツ・中国・韓国
5 名		学業成績、人物ともに優秀で面接により選考　※派遣先：アメリカ　ロサンゼルス
15 ～ 20 名程度		応募者多数の場合選抜あり　※派遣先：アメリカ・ベトナム
若干名		英語または学内成績が優秀で面接等により選考　※アメリカ　ワシントン
数名		
2 名		フランス語の成績および面接により選考　※フランス
3 名		(1) GPA2.25 以上　(2) ハングル能力検定試験 5 級合格　※韓国
平成 30 年度は 5 名		平成 30 年度は HSK3 級 300 満点で 180 点以上取得、留学志望理由を中国語で書き、孔子学院からの推薦書が必要　※孔子学院総部／国家漢辦の孔子学院奨学金、派遣先は上海外国語大学
2 名		ドイツ語またその他の学業成績が優秀な者、面接等により選考　※ドイツ
2 名（半期）、1 名（通年）		英語またその他の学業成績が優秀な者、面接等により選考　※派遣先：カナダ　バンクーバー
4 名		英語または学内成績が優秀で面接等により選考　※ニュージーランド高大連携
若干名	入学後	著しく成績が不良でない者で、原則として本学在学中に、家計の急変により、学業継続の意志があるのもかかわらず、就学が困難と認められた者。ただし、申請前 1 年間に事由が生じた場合に限る
10 名以内		成績が不良でない者で、学業継続の意志があるにもかかわらず、経済的事情により就学が困難と認められた者。成績基準あり
10 名以内		学業継続の意志があるにもかかわらず、経済的事情により就学が困難と認められる者
対象者全員		著しく成績が不良でない者で、オリコ学費サポートプランの教育ローンを利用している者。家計支持者の年収基準あり。
総数 30 名	入学手続時	各学科の第 1 志望合格者で得点率 70%以上の方のうち、得点順位の上位 50 名
20 名		
対象者全員	その他	指定の教育ローンを利用し、学費を納入
		本学に現在在学する学生の親族・本学または大阪電気通信大学短期大学部を卒業した者の親族
2 名	入学手続時	一般選抜前期日程の合格者のうち、成績優秀者上位 2 名。修業年限で卒業することが条件となる。
各学年 2 名	入学後	本学に在籍する学生のうち、修学に熱意を持ち人物・成績ともに優秀で、他の学生の模範として学業に取り組んでいる者。修業年限で卒業することが条件

	学校名・団体名	制度名	対象の専攻分野	対象詳細	支給額	支給期間	
大阪府	大阪薬科大学	大阪薬科大学特待奨学金	保健	前年度の成績優秀者等（1年次生および6年次生除く）	最優秀者30万円、特別優秀者20万円、優秀者10万円	1年間	
		大阪薬科大学一般奨学金		全学生	月額3万円		
	関西医科大学	関西医科大学慈仁会給付奨学金	保健	医学	月額5万円	1ヵ年	
		関西医科大学看護学部学生給付奨学金		看護学			
		関西医科大学リハビリテーション学部学生給付奨学金					
	関西外国語大学	関西外大・荒川化学・戸毛敏美奨学金	文系全般	2年生以上。ただし、3年次編入生は4年生のみ	年間20万円	1年間	
		関西外大同窓会奨学金		2年生以上	年間36万円	1回限り	
		課外活動支援奨学金		クラブに入部している学生	交通費、食費、宿泊費等の必要経費		
		谷本国際交流奨学金（フルスカラシップ・スカラシップ）		成績優秀な本学派遣留学生で選考試験合格者	フルスカラシップ：留学先大学の授業料、住居費、食費 スカラシップ：留学先大学の授業料	3年間、2年間、1年間、1学期間	
	関西大学	関西大学「学の実化」入学前予約採用型給付奨学金	なし	1年次	年額30万円～55万円（学部、出身高校の地域により、給付金額が異なる）	標準修業年限（ただし、毎年学業成績および「修学状況報告書」による継続審査あり）	
		関西大学新入生給付奨学金			年額30万円～45万円（学部により異なる）	1年間（2年次以降は関西大学学部給付奨学金への出願が可能）	
		関西大学学部給付奨学金		2年次以上		1年間（再出願可）	
		植田奨励金			（年額）50万円		

人数	申込時期	資格・条件
最優秀者1名、特別優秀者2名、優秀者4名（各年次）	その他	学業成績の優れた学生、または学術文化の発展、社会活動、学生自治活動等に顕著な功績があったと認められる学生または学生団体　※毎年の選考において、繰り返し特待奨学生となることができる
各学年20名程度	入学後	・経済的事情で学業もしくは研究の継続に支障をきたしている者　　・学業成績が上位3分の1以内（新入生については、高等学校の評定平均が3.5以上または入試順位が入学者の2分の1以内）の者　※毎年の審査を経て繰り返し奨学生となることができる。本学の特別奨学金との同時出願不可
2～6学年の各学年から3名	その他	学業成績および人物性行の良好であるもの
2～4学年各3名		各学年前年度成績上位3名および人物性行が良好な者
2～4学年各5名		各学年前年度の成績上位5名
学部・短大合わせて10名	入学後	中国語科目を習得もしくは履修中の者。かつ成績優秀で経済的理由により修学が困難な者
22名		学業・人物ともに優れ、成績優秀かつ経済的理由により修学が困難な者
対象者		課外活動において顕著な活動をし、大学の名誉を高めた者あるいは団体
選考試験合格者		学内成績・TOEFL等を基準とした学内選考試験合格者
	その他	本学への入学を強く希望し入学前に予約採用を受けた者のうち、一般入学試験またはセンター利用入学試験により入学した学部学生で、経済的理由により修学が困難な者
		学部新入生のうち、経済的理由により修学が困難で、かつ、入学試験の成績が特に優秀な者
	入学後	2年次以上に在学する学部学生のうち、経済的理由により修学困難で、かつ、学業成績が特に優秀な者
		2年次以上に在学する優秀な学生で、家計状況により修学が困難であるが修学に熱意のある者

	学校名・団体名	制度名	対象の 専攻分野	対象詳細	支給額	支給期間	
大阪府	関西大学	赤井・柳楽・久井・野田奨学基金給付奨学金	なし	2年次（野田奨学基金給付奨学金は総合情報学部生のみ対象）	（年額）24万円	3年間	
		関西大学校友会学部給付奨学金		2年次以上	（年額）24万円	3年間または1年間	
		賛助企業等からの寄付金による奨学金		全年次		1年間（再出願可）	
		関西大学家計急変者給付奨学金				1年間（在学中1回限り）	
		関西大学教育後援会家計急変者給付奨学金			（年額）25万円		
		関西大学災害時支援給付奨学金			授業料相当額を上限とする	1年間	
		スポーツ振興奨学・奨励金			個人：上限30万円、団体：上限100万円	1年間（再出願可）	
		関西大学文化・学術活動等奨励金			個人：20万円を上限として業績・企画内容により決定、団体：業績・企画内容により決定	1年間（同内容での企画・業務部門両方の出願は不可）	
		国際交流助成基金交換派遣留学奨学金			1学期間：25万円 2学期間：50万円	留学期間に準ずる	
		国際交流助成基金短期派遣奨学金			1回につき1万〜8万円コースにより給付金額が異なる		
	関西福祉科学大学	一般選抜奨学金	なし		220〜300万円	4年間	
		大学入学共通テスト利用選抜奨学金					
		学校推薦型選抜（課外活動）入試奨学金	教養・学際・その他		10〜30万円	入学年	
		学校推薦型選抜（公募）奨学金	なし		55〜75万円		
		玉手山学園ファミリー入学時奨学金			10万円		
		社会人選抜奨学金			20万円		

人数	申込時期	資格・条件
		2 年次に在学する特に優秀な学生で、修学の熱意があり、家計状況により修学が困難な者
		2 年次以上に在学する学業成績が優秀な学生で、家計状況により修学が困難であるが修学に強い熱意のある者
	入学後	春学期に在学する学業成績が優秀な学生で、家計状況により修学が困難であるが修学に強い熱意のある者
		家計支持者の死亡や失業、廃業などの事由で家計が急変（入学以降、出願日から 1 年以内に発生した事由に限る）したことにより修学が困難となった者
		家計支持者が死亡し、家計が急変（入学以降、出願日から 1 年以内に限る）したことにより修学が困難となった者
	随時	(1) 災害救助法または天災融資法の適用された地域に居住する学部学生または学費支弁者が、災害により家屋の損壊、滅失または流失し、家計が急変した者　(2) 災害救助法または天災融資法の適用された地域に居住する学部学生の学費支弁者が、災害により死亡または所定の長期療養者となり、家計が急変した者
		スポーツ活動の面で卓越した成果をあげ、かつ、人物として優れた者、もしくはスポーツ活動の面で卓越した成果をあげた団体
	入学後	文化、学術、福祉、ボランティア活動等において優れた業績をあげ、または企画を有する個人または団体
		関西大学と協定を結んでいる大学で 1 学期間または 2 学期間留学生活を行う交換派遣留学生および DD プログラム派遣留学生
		短期派遣プログラムに参加する学生の内、学業成績が特に優秀である者
54 名		入試成績を基に選考
19 名		
制限なし	その他	高等学校在籍時のハンドボール部、吹奏楽部、女子バレー部での活躍（成績）が本学の定める基準に該当していること。また、調査書の学習成績の状況が 3.0 以上、学校長の推薦を受けた者で本学入学後 1 年次より必ず入部し活躍を継続できる者。
25 名		入試成績を基に選考
制限なし		学校法人玉手山学園の卒業生、卒業生・在校生の血縁者であること
		入学者全員

	学校名・団体名	制度名	対象の専攻分野	対象詳細	支給額	支給期間	
大阪府	近畿大学	近畿大学給付奨学金	なし		30万円	1年間（一括給付）	
		近畿大学入学前予約採用型給付奨学金					
	四條畷学園大学	四條畷学園大学奨学金制度	保健	2回生以上	年額30万円〜60万円	当該年度のみ	
	四天王寺大学	学内奨学金	なし	(1) 3セメスター生以上 (2) 1セメスター生以上	30万円		
		緊急・応急奨学金		全学年	10万円・20万円（家計急変内容による）		
		海外留学および長期研修奨学金		2セメスター生以上	10万〜83.7万円（成績や留学期間による）		
		海外語学研修奨学金		全学年	10万円		
		国際キャリア学科海外留学等特待生奨学金	教養・学際・その他	国際キャリア学科、2セメスター生以上	100万円以上相当（自己負担50万円）		
		グローバル教育奨学金	なし	全学年	1人の学生に対し支給額は対象となるプログラム費用の半額を基準。但し、原則として支給対象者の自己負担金が10万円を超えないよう、一人当たりの奨学金支給額を変動できるものとする。		
		入学試験成績優秀者奨学金		入学生	入学金相当額		
		入学試験成績優秀者遠隔地奨学金					
		学長表彰		全学年	(1) 1万円 (2) 2万円 (3) 3万円相当の記念品		

私立 近畿

302

人数	申込時期	資格・条件
300 名（大学院・短大含む）	入学後	家計支持者の収入が日本学生支援機構学部第一種奨学金の家計基準を満たし、新入生は高等学校の評定平均値が 3.8（医学部は 4.0）以上、2 学年以上は前年度までの累計成績において、席次が 3 分の 1 以内かつ、標準取得単位数を取得している人。他の給付奨学金との併給不可
150 名（短大含む）	その他	家計支持者の収入が日本学生支援機構学部第一種奨学金の家計基準を満たし、高等学校の評定平均値が 3.8（医学部は 4.0）以上の人。他の給付奨学金との併給不可
各学部（専攻）、学年学生数の 10%程度	入学後	学業成績優秀者。四條畷学園大学特待生制度との併用不可
(1) 10 名(2) 30 名（院・大学・短大合わせて）	入学後	(1) 学業成績が特に優秀である者（3 セメスター以上の者）(2) 学業成績が優秀で、経済的理由により修学が困難である者（2 セメスター以上の者）(3) 経済的理由により修学が著しく困難であるが、修学意欲がある者（1 セメスター以上の者）
		本学に入学後、主たる家計支持者の (1) 死亡、または (2) 勤務先の倒産・解雇による失職ならびに病気や事故等により、家計が急変し修学の継続が困難となった者
15 名（休学 3 名）成績優秀者 1 名（大学・短大合わせて）	その他	本学提携校等へ半年以上の留学を実施する者
年間 20 名（大学・短大合わせて）	入学後	外国の正規の高等教育機関およびその他の語学研修機関等において語学研修する者で、原則として 4 週間以上の語学研修を行う者
最大 10 名		英語能力・学習意欲が高く、本学が認める特待生対象プログラムに参加する学生（自己負担 50 万円）
	その他	本学が指定するグローバル教育研修に参加する者
		本学の一般入学試験前期日程における各学科合格者の上位 10%の者
		出身校の所在地および保護者の現住所が近畿地方ならびに三重県以外の日本国内の都道府県にある者のうち、本学の大学一般入学試験前期日程における成績が各学科合格者の上位 20%の者
(1) 11 名(2) 11 名(3)（大学・短大合わせて）5 件以内	入学後	学業成績が特に優秀あるいは課外活動等で顕著な功績のあった個人または団体

学校名・団体名	制度名	対象の専攻分野	対象詳細	支給額	支給期間	
四天王寺大学	四天王寺大学同窓会会長表彰	なし	全学年	5万円		
	同窓入学試験奨学金		入学生	入学金半額相当額		
	看護学部特別奨学金	保健	全学年	授業料全額免除または授業料半額免除		
摂南大学	学内特別奨学金	なし	学部生（1年次のみ）	(1) 年額47.5～93万円（各学部の年間授業料に教育充実費を加えた額の半額相当額）(2) 年額96～186万円（各学部の年間授業料に教育充実費を加えた額の相当額）	1年	
	学内一般奨学金		学部生（2年次～4年次）、薬学部生（2年次～6年次）	年額52万5000円～98万円（各学部の年間授業料に教育充実費を加えた額の半額相当額）		
	学園創立90周年記念奨学金		学部生（3年次）、薬学部生（4年次）	年額50万円		
	ベッドフォード奨学金	人文科学	外国語学部女子学生	年額6万円		
	サポーターズ奨学金	なし	学部生（2年次～4年次）、薬学部生（2年次～6年次）	年額9.2万円		
	学園校友会奨学基金奨学金		学部生	年額3万円（上限額）		
	海外留学奨学金	人文科学	外国語学部2年次生	第一種：50万円、第二種：25万円（上限額）	在学中1回	
千里金蘭大学	生活科学部チャレンジAO・指定校型奨学金	家政	生活科学部食物栄養学科	50万円（入学金相当額及び授業料25万円）または25万円（入学金相当額）または15万円	1年間	
		教育	生活科学部児童教育学科			
	入学試験成績優秀者奨学金	なし		初年度24万円を後期授業料より減免		

人数	申込時期	資格・条件
3団体（名）	入学後	課外活動等で顕著な功績のあった個人または団体
1入学者の上位2名 2以下10名	その他	同窓入試に合格し入学する者
		【入学生】本学の一般選抜前期日程における成績上位者【2年次以降】前年度までの成績優秀者
（1）定員334名 （2）定員62名	学校出願時	（1）所定の入学試験（一般入試前期A日程）における入試成績優秀者を「特別奨学生」として認定。認定者の中で全ての入学手続きを完了し、本学に入学した者に入学初年度に限り給付。（2）所定の入学試験（大学入試センター試験利用入試前期）における入試成績優秀者を「特別奨学生」として認定。認定者の中で全ての入学手続を完了し、本学に入学した者に入学初年度に限り給付
理工学部各年次13名以内、外国語学部・薬学部・法学部・経済学部各年次6名以内、経営学部各年次7名以内、看護学部各年次3名以内	入学後	本学の2年次以上に在学し、学業・人物ともに優秀で、経済的理由により就学困難と認められる者。学外諸団体の月額4万円（薬学部は6万円）を超える奨学金の給付を受けている者および外国人留学生を除く
各学部若干名		学内一般奨学生の資格を有し、かつ3年次（薬学部は4年次）に在学し、学業成績が特に優れており、学業を奨励するに足ると認められる者
1名	その他	外国語学部に在学する女子学生で、学業成績、人物ともに優れ、特に学業を奨励するに足る者
		学部に在学中（休学中を除く）で、標準修業年限を超えておらず、独立行政法人日本学生支援機構の貸与制奨学生（出願中を含む）であり、経済的理由により就学困難と認められる者
各学部上限3名程度	入学後	学部に在学し、将来教員を目指す者で、学業成績、人物ともに優れ、特に学業を奨励するに足る者等
上限30名		外国語学部英語プロフェッショナルコースに在学し、本学の海外留学規定に基づき英語圏の指定大学に留学する者　※留学中の学費は免除する
対象者全員	その他	総合型選抜チャレンジAO（1期から3期）及び学校推薦型選抜指定校型1期合格者で出身高校における全体評定平均値が3.5以上の者。評定平均値4.3以上、3.8以上4.2以下、3.5以上3.7以下により給付額が異なる。
食物栄養学科5名程度・児童教育学科4名程度・看護学科10名程度		一般入試前期（A方式）を受験した者のうち、学科別の成績上位者とする。選考試験の成績が60％に満たない者は対象としない

	学校名・団体名	制度名	対象の専攻分野	対象詳細	支給額	支給期間	
大阪府	千里金蘭大学	食物栄養学科特待生奨学金	家政	生活科学部 食物栄養学科	年額37.5万円を後期授業料より減免	最大4年間継続可	
		遠隔地学生奨学金	なし		年額12万	4年間（編入学生にあっては最短修学期間）	
		芳友会 ファミリー奨学金			入学試験検定料および入学金半額相当額	1年間	
		学業成績優秀者奨学金			年間授業料の3分の1相当額		
	相愛大学	珠光会奨学金	芸術	音楽学部 2、3、4回生	月額2万円	1年	
		珠光会斎藤奨学金		音楽学部弦楽器専攻	年額30万円以内		
		珠光会東儀奨学金			月額1万円		
		ミツバ奨学金	教養・学際・その他	人文学部 2、3、4回生	授業料等納付金の年額50%相当額		
	帝塚山学院大学	帝塚山学院大学奨学金	なし	学部2〜4回生、編入生（入学2年目以降）	授業料年額相当額の3分の1	年1回	
		学校法人帝塚山学院創立100周年記念奨学金		学部生	年額60万円以内	当該年度限り	
		留学スカラシップ		学部2回生以上	プログラム・派遣先により異なる	プログラム・派遣先により異なる	
		ドミトリースカラシップ		学部1、2回生、編入生3、4回生	年額10万円	年1回（2年限度）	
		帝塚山学院大学学業成績優秀者奨学金		学部2回生以上	年額20万円	年1回	
	常磐会学園大学	学校法人常磐会学園奨学金	教育	大学の学生で学業人物ともに優秀であるが経済的な事由により就学が困難な者に対して授業料の一部を給付し、学生の就学を支援することを目的としている	納入時の授業料の2分の1を上限とする	学則に示された最短修業年限	
	梅花女子大学	澤山奨学金	なし	2年以上	年間授業料の1/4	後期	

人数	申込時期	資格・条件
それぞれの入試において成績上位 5 名以内	その他	総合型選抜基礎学力型(A 日程・B 日程)において「生物」もしくは「化学」を選択した者。合格者のうち得点上位 5 名以内。大学入学共通テスト利用型選抜 (1 期) において「生物」もしくは「化学」を選択した者。合格者のうち得点率 60％を超えた者で得点上位者より 5 名以内。2 年次以降については学年の上位 1/2 以内であることが継続条件となる。
対象者全員	入学後	本学から自宅までの最短営業距離 (電車バス等) が 70km 以上離れた下宿者・マンション等居住者で、人格・学業成績の優れた者。
		本学園の同窓会（芳友会）会員の親族（3 親等以内）、または姉妹に在学生が在籍している者
各学科・各年次の成績上位 2 名以内	その他	本学に在籍する 2 年次以上で人格・学業成績の優れた者。2 年次以降、毎年前年度の成績をもとに判定
1 名ないし 2 名	入学後	オーディション有り
若干名		
1 名		
3 名以内		(1) 特別奨学生、休学中の者、留学生を除く (2) 所得基準・成績基準が定める基準を満たしている者 (3) 担任または、アドバイザー教員による推薦を受けられる者
24 名	入学後	就学の熱意があり、本学に 1 年以上在籍している者。・本学が定める家計基準以下で各学年終了時の累計 G.P.A が 2.0 以上で本学が指定する標準単位数を取得していること
若干名		学校法人帝塚山学院の設置校の在籍者で、家計の急変等により経済的に困窮度が高く、修学が困難となった学生・生徒で、学院の他の奨学金の給付を受けていない者
プログラム・派遣先により異なる		留学を希望する者で、試験や一定の審査に合格した者
対象者		大阪府外の遠隔地出身者で本学委託業者の紹介による物件に居住する者　＊学部 2 回生・編入 4 回生進級時審査あり＊条件を満たし申請により 2 年間継続可能
		学科・課程の 2 ～ 4 年次学生で全学期までの累計 G.P.A. が最上位の者
若干名	入学後	修得科目の成績の 1/2 以上が「優」以上
20 名程度	入学後	修学の熱意があるにもかかわらず、経済的理由により修学困難な者

学校名・団体名	制度名	対象の専攻分野	対象詳細	支給額	支給期間	
梅花女子大学	特別奨学金	なし	全学年	年間授業料の1/4、もしくは半期授業料相当額	随時	
羽衣国際大学	Be the One 特別給付型奨学金	なし	各学科各学年1名	授業料相当額	1年（ただし再度応募は可）	
	羽衣スカラーシップ		原則3年生、成績優秀者	年度によって変更あり	1年間	
阪南大学	入試成績優秀者奨学金	なし		40万円	1回	
				20万円		
	入試成績優秀者（特待生）奨学金			80万円	4年間	
				40万円		
	指定資格取得者奨学金			10万円	取得した対象資格数だけ申請が可能	
	阪南大学給付奨学金クラブ奨学金		1～4年		1回	
	阪南大学給付奨学金学部奨学金		2～4年	40万円		
	阪南大学後援会成績優秀者奨励奨学金					
	阪南大学後援会クラブ奨学金		1～4年	20万円		
東大阪大学	東大阪大学修学支援奨学金	教育	こども学部こども学科	入学金相当額（28万円）		
	東大阪大学奨学金			半期授業料の半額相当額（23万2,500円）		
	東大阪大学後援会家計急変奨学金			月額1万5,000円		

人数	申込時期	資格・条件
若干名	入学後	勉学の熱意を有するにもかかわらず、入学後、罹災、家計支持者の死亡その他突発的な理由により家庭の経済事情が急変し修学が著しく困難となった者
12 名	入学後	成績優秀でオフキャンパス活動に積極的に参加し、他の学生の模範となる学生
10 名		成績優秀者
50 名（各学部 10 名）	入学手続時	得点率 80%以上（240 点以上／ 300 点満点）※一般入試（前期）【3 教科型】
		得点率 75%以上（225 点以上 /300 点満点）※大学入学共通テスト利用入試 (前期)【3 教科型】
		得点率 80%以上（160 点以上／ 200 点満点）※一般入試（前期）【2 教科型】【ベスト 2 教科型】
		得点率 75%以上（150 点以上 /200 点満点）※大学入学共通テスト利用入試 (前期)【2 教科型】
		得点率 80%以上（200 点以上 /250 点満点）※公募制推薦入試 (前期)
		得点率 80%以上（240 点以上／ 300 点満点）かつ上位 10 位（2 年時以降は継続条件あり）※一般入試（前期）【3 教科型】
		得点率 75%以上（225 点以上 /300 点満点）かつ上位 10 位 (2 年時以降は継続条件あり)※大学入学共通テスト利用入試 (前期)【3 教科型】
		得点率 80%以上（160 点以上／ 200 点満点）かつ上位 10 位 ※一般入試（前期）【2 教科型】【ベスト 2 教科型】
		得点率 75%以上（150 点以上 /200 点満点）かつ上位 10 位 (2 年時以降は継続条件あり)※大学入学共通テスト利用入試 (前期)【2 教科型】
		本学が指定する資格を受験年度の 3 月末日までに資格を取得した証明書と申請書類を提出 ※専願制入試全てを対象
52 名（各学年 13 名）	入学後	クラブ活動で優秀な成績を修め、人物面が優秀であること。指定した以上の成績・単位数を修得していること
45 名（各学年 15 名）		学部が定める基準において優秀であること（2 ～ 4 年次生対象）
15 名（各学部、各学年 1 名）		指定単位数を修得したうえで、前年度（単年）の GPA が 3.5 以上（2 ～ 4 年次生対象）
15 名		クラブ活動で優秀な成績を修め、人物面が優秀であること。指定した以上の成績・単位数を修得していること
5 名	入学手続時	総合型選抜入試または学校推薦型選抜入試を受験して入学する成績優秀で経済的理由により修学が困難な者で、保護者（父母共に所得のある場合は 2 名分）の課税総所得金額が 400 万円以下
半期ごとに 1 名	入学後	本学に在籍する学生で学業人物ともに優秀で、修学の熱意を認めた者。前期成績等により後期に選考、後期成績等により次年度前期の選考を行う
予算額の範囲内		学業の継続と向上を目指し、入学後の家計急変による経済的理由により修学が極めて困難と認められる者 ※家計急変とは後援会会員である学費負担者の死亡・解雇（独立生計者の就学を理由とする退職を含む）・長期療養・事業の倒産・罹災、およびこれらに準ずるような理由による、収入の大幅な減少、もしくは支出の大幅な増大をいう

	学校名・団体名	制度名	対象の専攻分野	対象詳細	支給額	支給期間	
大阪府	東大阪大学	東大阪大学修学支援奨学金	人文科学	こども学部国際教養こども学	入学金相当額（28万円）		
		東大阪大学奨学金			半期授業料の半額相当額（23万2,500円）		
		東大阪大学後援会家計急変奨学金			月額1万5,000円		
	桃山学院教育大学	入学試験成績優秀者対象特別奨学金	なし	新入生	65万円	4年間	
		桃山学院大学成績優秀者奨励奨学金		2年以上	40万円	1年間	
	桃山学院大学	桃山学院大学成績優秀者奨励奨学金	なし	2年以上	年間学費半額相当額		
		桃山学院大学遠隔地出身学生援助奨学金		全学年	30万円		
		桃山学院大学課外講座学修奨励奨学金			キャリアセンター、社会福祉実習指導室、教職センターの開講講座および別に定める学外講座受講料相当額但し、10万円／年を限度）		
		桃山学院大学教育ローン利子補給奨学金			上限2万5000円		
		桃山学院大学長期派遣留学奨励奨学金			[1学期間] 15万円 [2学期間] 30万円		
		桃山学院大学短期海外研修援助金			最大6万円		
	森ノ宮医療大学	入学時成績優秀者学納金減免制度	なし		155万円	入学年度1回のみ	
		スポーツ特別奨学金	保健	鍼灸学科スポーツ特修コースのみ	入学金25万円、授業料の一部30万円	原則4年間	
		ひとり住まい支援奨学金	なし		20万円	入学年度1回のみ	
		成績優秀者給付奨学金			10万円、20万円	当該年度	

人数	申込時期	資格・条件
5 名	随時	総合型選抜入試または学校推薦型選抜入試を受験して入学する成績優秀で経済的理由により修学が困難な者で、保護者（父母共に所得のある場合は 2 名分）の課税総所得金額が 400 万円以下
半期ごとに1 名	入学後	本学に在籍する学生で学業人物ともに優秀で、修学の熱意を認めた者。前期成績等により後期に選考、後期成績等により次年度前期の選考を行う
予算額の範囲内	随時	学業の継続と向上を目指し、入学後の家計急変による経済的理由により修学が極めて困難と認められる者　※家計急変とは後援会会員である学費負担者の死亡・解雇（独立生計者の就学を理由とする退職を含む）・長期療養・事業の倒産・罹災、およびこれらに準ずるような理由による、収入の大幅な減少、もしくは支出の大幅な増大をいう
15 名	入学手続時	大学入学共通テスト利用型（前期）5 教科型において得点率が 60％以上の合格者
1 学年 3 名	入学後	本学における学業成績において他の学生の模範となるような優秀な成績かつ経済的な支援が必要な者
70 名	入学後	2 年以上の学部生（ただし、外国人留学生を除く）で、本学における学業において他の学生の模範となるような極めて優秀な成績を収め、経済的支援を必要とする者
100 名	入学後	自宅から本学の最寄り駅までの公共交通機関による移動時間が概ね 3 時間以上であり、かつ下宿している学生。学業成績が優秀な者（新入生は高校の調査書による）※当該年度のみ採用（ただし、毎年出願可）
2 年次生以上：100 名1 年次生：30 名	入学後	学業成績が優秀で、かつ、キャリアセンター、社会福祉実習指導室、教育支援室および別に定める学外講座を意欲的に受講する者
40 名	入学後	高等教育の修学支援新制度の対象外の学部学生で、本学提携教育ローンを借り入れた者。（学業・家計基準あり）
定員なし	入学後	対象プログラム：本学が実施する 1 学期間以上の留学プログラム本学の上記プログラムの派遣留学生として認められた者のうち、選考基準を満たす者。
定員なし	入学後	対象プログラム：国際センターが実施する短期海外研修本学の短期海外研修への参加が認められた者のうち、選考基準を満たす者。
15 名程度	入学手続時	一般選抜前期（3 科目型）に合格した保健医療学部全体の成績上位 15 名以内で本学に入学される方
若干名	入学手続時	総合型選抜前期【スポーツ実績評価型】に合格し、本学に入学される方
各学科5 名程度以内	入学後	総合型選抜後期【学力重視型】及び一般選抜前期（3 科目型）に合格したそれぞれの入試における各学科の成績優秀者上位 5 名程度以内で、入学後にひとり暮らしをされる方
各給付額につき各学科各学年 2 名以内（作業療法学科は各学科各学年 1 名以内）	入学後	(1) 毎年度末の学業成績優秀者 (2) 2 年次以上の学部学生の方 (3) 学生本人の父母またはこれに代わって家計を支えている者（主たる家計支持者一人）の直近の収入が、給与所得者の場合は 841 万円以下、給与所得者以外の場合は 355 万円以下である方　※単年度

	学校名・団体名	制度名	対象の専攻分野	対象詳細	支給額	支給期間	
大阪府	森ノ宮医療大学	キャリア活用社会人給付奨学金	なし		30万円	当該年度	
		森ノ宮医療大学教育ローン利子補給奨学金			本学の指定する教育ローン会社等より融資を受けた者に対して、学生納付金相当額の在学中における借入金に係る利子相当額を給付		
		森ノ宮医療学園ファミリー奨学金			10万円	入学年度1回のみ	
兵庫県	大手前大学	大手前学園奨学金（1年生）	なし	1年	月額2万円	当該年度限り	
		大手前学園奨学金（2年生以上）		2年以上			
		大手前学園奨励金			第1種年額5万円		
					第2種年額1万円～10万円		
		大手前学園創立75周年記念奨学金		卒業年次	秋学期の学費相当額を上限とする	卒業年次の秋学期	
		大手前学園利子補給奨学金			提携銀行などに支払った利子相当額（上限5万円）	正規の修業期間内	
	関西国際大学	濱名ミサヲ先生記念奨学生	なし		1号：授業料全額免除、2号：授業料半額免除	半期ごと認定	
		学習奨励金			1号：授業料10％相当、2号：授業料5％相当		
		吹奏楽特別型	文系全般		1種：入学金および年間学費（授業料、教育改善費、教材費）の全額 2種：入学金および年間学費の半額 3種：入学金の全額	年間学費は4年間 入学金は1年間	
	関西学院大学	就学奨励奨学金	なし	学部全学年（ただし神学部のキリスト教伝道者コースを除く）	30万円～45万円（学部により異なる）	1年間	
		経済支援奨学金			15万円～22万円（学部により異なる）		
		特別支給奨学金		学部全学年	その年度の学費の半額相当か40万円のうち、額の少ない方の金額		

人数	申込時期	資格・条件
3 名程度	入学後	1.2021 年 4 月 1 日現在、満 25 歳以上になられる方で、本学保健医療学部入学後、一定の学業成績を上げ、大学が認める課外活動等において模範となる学生活動を行った方 2.2 年次以上の学部学生の方 3. 学生本人の父母またはこれに代わって家計を支えている者（主たる家計支持者一人）の直近の収入が、給与所得者の場合は 841 万円以下、給与所得者以外の場合は 355 万円以下である方
6 名程度		(1) 前年度の成績において、GPA の値が各学科各学年上位 3 分の 1 以内 (2) 2 年次以上の学部学生の方 (3) 学生本人の父母またはこれに代わって家計を支えている者（主たる家計支持者一人）の直近の収入が、給与所得者の場合は 841 万円以下、給与所得者以外の場合は 355 万円以下である方 ※単年度
若干名		森ノ宮医療学園の関係者（教職員、在学生、卒業生、大学院および専攻科の修了生等）の 2 親等以内の親族 ※当該年度限り
若干名	入学後	学業優秀・品行方正でかつ経済的に困窮している 1 年生
		学業優秀・品行方正でかつ経済的に困窮している 2 年生以上
各学年各学部 1 名		第 1 種（学業優秀者に対する奨励金）2 年生以上で、学業成績の平均点が最上位の者
		第 2 種（課外活動などでの成績優秀者）スポーツ・文化などの活動で卓越した成績を修めた者、または団体
若干名		卒業年次において経済的理由により修学困難とみなされる者。経済的条件と学業成績を総合的に選考
		・現在提携している国の教育ローン・三井住友銀行・三菱 UFJ 銀行・オリエントコーポレーションに限定・学業優秀・品行方正でかつ経済的に困窮している者
各学科 1 名	入学後	1 号：人物が良好で、健康に優れ、学業成績が極めて優秀であって、かつ修学意欲が旺盛と認められる者　2 号：学業成績が優秀であって、かつ修学意欲が旺盛と認められる者
要件を満たした者		各学期毎に 16 単位以上を取得し、1 号：GPA が 3.50 以上の者、看護学科 3 年生と 4 年生については、臨地実習単位を取得し、GPA が 3.50 以上の者 2 号：GPA が 3.30 以上の者、看護学科 3 年生と 4 年生については、臨地実習単位を取得し、GPA が 3.30 以上の者
年度ごとに決定	学校出願時	「吹奏楽特別型」入試による入学者
約 600 名	入学後	学力、人物ともに優秀で学資の援助を必要とする者修学支援法に基づく授業料等減免との併用不可。
約 200 名		修学の継続をめざしている者で、極めて家計困窮度が高く、学資の援助を必要とする者。修学支援法に基づく授業料等減免との併用不可。
約 15 名		原則として 1 年以内に家計支持者の死亡や病気・事故、倒産、自然災害などの理由で家計が急変し、学費納入が困難な者

	学校名・団体名	制度名	対象の専攻分野	対象詳細	支給額	支給期間	
兵庫県	関西学院大学	後援会奨学金	なし	学部全学年	その年度の学費の半額相当か40万円のうち、額の少ない方の金額	1年間	
		利子補給奨学金			1年間の支払利子相当額		
		産学合同育英奨学金		学部2～4年（ただし神学部のキリスト教伝道者コースを除く）	20万円～30万円（学部により異なる）。各学部で最も成績が優秀である者は30万円～45万円（学部により異なる）		
		クレセント奨学金		学部2～4年	20万円～30万円（学部により異なる）		
		奨励奨学金			30万円～45万円（学部により異なる）		
		同窓会奨学金			30万円		
		中谷記念奨学金		学部全学年	15万円		
		高大接続奨励奨学金		学部新入生	30万円～45万円（学部により異なる）	継続条件を満たせば4年間継続受給可能	
		ランバス支給奨学金					
		入学時クレセント奨学金				1年間	
	甲南女子大学	甲南女子大学遠隔地出身学生援助奨学金	なし	全学部生	月額2万円	1年間	
		甲南女子学園清友会（同窓会）奨学金		学部2年生以上	年額30万円		
		看護グローバル型選抜	保健	「資格・条件」に該当する合格者	海外研修費用の全額（上限50万円）		
		グローバル奨学金	なし		20万円（留学期間が1年間になる場合は40万円）	在学中1回限り	
		グローバル奨学金＋	人文科学	国際学部のみ	20万円		
		グローバル奨学金リーダーズ	なし		60万円		
		グローバル奨学金リーダーズ＋	人文科学	国際学部のみ	110万円		

人数	申込時期	資格・条件
約30名	入学後	原則として1年以内に家計支持者（後援会会員）の死亡や病気・事故、倒産、自然災害などの理由で家計が急変し、学費納入が困難な者
応募資格を満たす者		関西学院大学と提携する金融機関（三井住友銀行・三菱UFJ銀行・セディナ）が行う提携教育ローンを利用し、利子を支払った者
約200名	その他	学業成績が特に優秀で、勉学に熱意を有する者
約30名	入学後	文化、芸術、スポーツおよび社会貢献活動などの正課外活動において顕著な成果を修めた者
若干名		正課外活動（文化、芸術、スポーツ、社会貢献活動など）において特に顕著な成果をあげ、かつ人物として優れた者
13名		文化、芸術、スポーツおよび社会貢献活動などの正課外活動において顕著な成果を修め、メディア等を通して関西学院の名を広く高めた者
6名		体育会および応援団総部に所属する学生で、スポーツ活動など学生活動で優秀な成果をあげ、人物として優れた者であり、かつ経済的援助が必要な者
10名程度	その他	スーパーグローバルハイスクール対象公募推薦入学試験およびスーパーサイエンスハイスクール対象公募推薦入学試験に極めて優秀な成績で合格し、入学手続きを完了した者。2年次以降も条件を満たせば継続受給可能
約150名		受験前に本奨学金に出願し、採用候補者となった上で、全学日程・学部個別日程・関学独自方式日程および大学入学共通テストを利用する入学試験に合格し、入学手続を完了した者。2年次以降も条件を満たせば継続受給可能。修学支援法に基づく授業料等減免との併用不可。
約15名		スポーツ能力に優れた者を対象とした入学試験および文化芸術活動・ボランティア活動を評価する入学試験に極めて優秀な成績で合格し、入学手続を完了した者
30名	入学後	遠隔地出身学生（下宿生・学生寮生）で成績優秀かつ経済状況が困難であり、本学が定める家計・学力基準を満たしている者
5名		成績良好で修学の熱意はあるが家計の困窮度が高く、修学が極めて困難であり、本学の定める家計・学力基準を満たし、本人および大学生の兄弟姉妹が日本学生支援機構奨学生である者
	学校出願時	看護グローバル型選抜合格者
条件を満たす者全員		認定留学に参加する学生
年間50名以内	入学後	認定留学に参加する学生で、所定の語学基準を満たし、選考に合格した者
年間4名以内		認定留学に参加する学生で、所定の語学基準・GPA等を満たし、選考に合格した者

	学校名・団体名	制度名	対象の専攻分野	対象詳細	支給額	支給期間	
兵庫県	**甲南女子大学**	甲南女子大学特別認定留学奨学金	なし		上限 100 万円	在学中1回限り	
	甲南大学	甲南 100 周年記念栄誉特待生甲南平生拾芳奨励金	なし	3 年次以上の学部学生	年額 100 万円	当該年度限り	
		甲南 100 周年記念栄誉特待生文化・芸術部門奨励金		2 年次以上の学部学生	年額 50 万円		
		甲南 100 周年記念栄誉特待生スポーツ部門奨励金					
		甲南 100 周年記念栄誉特待生交換留学部門奨励金 1 交換留学（欧米・オセアニア圏）2 交換留学（アジア圏）3 語学プラス交換留学・奨励留学			(1) 年額 50 万円 (2) 年額 30 万円 (3) 年額 30 万円		
		甲南 100 周年記念栄誉特待生学部優秀部門奨励金		学部学生 3 年次	年額 60 万円		
		甲南 100 周年記念栄誉特待生甲南一貫教育部門奨励金		学部学生 1 年次	年額 50 万円		
		甲南学園奨学金		2 年次以上の学部学生、大学院生	(1) 学部：月額 2 万 5,000 円 (2) 大学院：月額 3 万円	(1) 学部：採用年度の 4 月から最短修業年限まで (2) 大学院：2 年を限度とする	
		中川路奨学金		2 年次以上の学部学生	月額 2 万 5,000 円	採用年度の 4 月から最短修業年限まで	
		甲南大学瀧川奨学金			月額 3 万円		
		甲南大学平友奨学金					
		甲南大学旧制甲南高等学校奨学金		3 年次以上の学部学生	月額 2 万円		
		甲南大学八木愼二"わがみちをすすめ"奨学金		2 年次以上の学部生	月額 4 万 5,000 円		
		甲南大学父母の会奨学金			月額 4 万円		
		甲南大学同窓会奨学金		学部学生 2 年次	月額 2 万円		

人数	申込時期	資格・条件
条件を満たす者全員	入学後	甲南女子高等学校内部進学選考(専願)を経て入学し、認定留学に参加する学生で、所定の語学基準・GPA等を満たし、選考に合格した者
5名(上限)	入学後	人物が特に優れ、在学中の活動が平生精神にかなう者
スポーツ部門奨励金と合わせて5名(上限)		(1) 在学中に全国規模の大会等に出場した者、もしくは (2) 文化芸術活動の発展に寄与し、活動が (1) と同等と評価された者
文化・芸術部門奨励金と合わせて5名(上限)		在学中に日本スポーツ協会加盟団体中央競技団体に関係する学生連盟等が主催する学生日本一を決める大会以上の大会に出場した者、又は、同連盟等の代表選手に選出された者
(1) 14名 (2) 22名 (3) 37名 (上限)		交換留学生、語学プラス交換留学生・奨励留学生として推薦された者
26名		各学部が定める基準を満たす者
2名		甲南高等学校長が推薦する者
1、16名 2、2名		学業・人物ともに優秀かつ健康で、学資の支弁が困難と認められる者　※年度ごとに継続資格の確認あり
2名		人物および学業ともに優秀かつ健康で、学資の援助が必要であると認められる者　※年度ごとに継続資格の確認あり
2名		学業・人物ともに優秀かつ健康で、学資の支弁が困難と認められる者　※年度ごとに継続資格の確認あり
1名		
1名		
3名		
5名		学業および人物ともに優秀かつ健康で、学資の支弁が著しく困難であると認められる者　※年度ごとに継続資格の確認あり
6名		人物が優秀かつ健康で次の条件を満たす者 (イ) 学業優秀者奨学生：学業成績に優れた者 (ロ) 課外活動優秀者奨学生：課外活動において顕著な業績を収めた者　※年度ごとに継続資格の確認あり

	学校名・団体名	制度名	対象の専攻分野	対象詳細	支給額	支給期間	
兵庫県	甲南大学	甲南大学同窓会チャレンジ基金	なし	2年次以上の同窓会の学生会員または甲南大学を卒業した大学院生	年額50万円を上限として給付	当該年度限り	
		甲南大学立野純三奨学金		1年次の学部学生	年額50万円		
		甲南大学"わがくるま星につなぐ"甲南の星奨学金			文系学部年額50万円 理系学部年額70万円	入学後2年間	
		甲南学園学習奨励金		全学年	1年／8万円、半期／3万円	一時金	
		甲南学園特別学習奨励金			〈語学条件によって異なる〉英語圏:1年/6万半期/3万1年/20万半期/10万1年/30万半期/15万 フランス語圏:1年/20万半期/10万ドイツ語圏:1年/20万半期/10万韓国語圏:1年/10万半期/5万中国語圏:1年/10万半期/5万		
	神戸海星女子学院大学	神戸海星女子学院大学・短期大学同窓会奨学金	なし	4年次生	20万円	当該年度	
		神戸海星女子学院大学後援会給付奨学金					
		神戸海星女子学院大学後援会緊急給付奨学金					
		留学奨学金A・A´		英語観光学科	A:協定校への長期留学 100万円、A´:非協定校への長期留学 50万円		

人数	申込時期	資格・条件
8 名 （上限）	入学後	甲南大学の 2 年次以上に在学する同窓会の学生会員または甲南大学を卒業した甲南大学院生で、不断の努力によって一層の能力向上を目指し、定められた条件を満たす者
4 名以内	学校出願時	申請できる者は、次のすべてに該当する者（1）公募制入試を受験し、入学を希望する者（2）出願時において出願者の主たる家計支持者の住民票記載の住所が中国・四国地域にあること（3）主たる家計支持者の収入金額は、原則として以下のとおりとする。・給与取得者（源泉徴収票の支払金額）：800 万円以下・給与所得者以外（確定申告等の所得金額）：350 万円以下
採用候補者数100 名		(1) 2021 年度甲南大学一般選抜（大学入学共通テスト利用型、大学入学共通テスト併用型含む）を受験し、入学を希望する者。(2) 出願時において、出願者の主たる家計支持者（申請者本人の父母又はこれに代わって家計を支えている者をいう。）の住民票記載の住所地が自宅通学圏以遠の地域にあること。(3) 日本国籍を有する者、又は永住者、定住者、日本人（永住者）の配偶者・子。(4) 日本国内の高等学校又は中等教育学校（通信制を除く）の出身者。(5) 上記の学校を当該年度 3 月卒業見込みの者又は既卒者（1 年以内）。(6) 上記の学校での全体の学習成績の状況が「3.8 以上」である者。(7) 主たる家計支持者の年収の合計が以下の者。1 給与所得者（源泉徴収票の支払金額）：800 万円以下 2 給与所得者以外（確定申告書等の所得金額）：350 万円以下（複数種類の所得がある場合は、合算して総合的に判断します。）
対象者全員	その他	外国留学（交換留学、語学プラス交換留学、奨励留学）で派遣される者のうち、「JASSO 海外留学支援制度（協定派遣）」及び「HUMAP（兵庫・アジア太平洋大学間交流ネットワーク）留学生交流推進制度（派遣）」の 2 つの奨学金をいずれも受給しない者。
英語圏：対象者全員		外国留学（交換留学、語学プラス交換留学、奨励留学）で派遣される者のうち、「JASSO 海外留学支援制度（協定派遣）」及び「HUMAP（兵庫・アジア太平洋大学間交流ネットワーク）留学生交流推進制度（派遣）」の 2 つの奨学金をいずれも受給しない者、かつ所定の語学条件を満たす者。
2 名	入学後	
1 名		修学の熱意はありながら、経済的理由により修学が困難と認められ、大学の定める学力・家計基準を満たしている者
若干名		GPA2.70、TOEIC スコア 600 点以上で前学期 18 単位以上修得

	学校名・団体名	制度名	対象の専攻分野	対象詳細	支給額	支給期間	
兵庫県	神戸海星女子学院大学	留学奨学金 B・B′	なし	英語観光学科	B：協定校への中長期留学　50万円、B′：非協定校への中長期留学　25万円	当該年度	
		留学支援金		英語観光学科	20万円		
				心理こども学科	10万円		
		入試成績優秀者奨学金（奨学金給付生試験合格者）			春学期及び秋学期の、授業料及び施設設備費の半額相当額を入学後に給付	入学年度	
		入試成績優秀者奨学金（大学入学共通テスト利用（1期）合格者）			授業料及び設施設備費を入学後に給付		
		入試成績優秀者奨学金（一般前期A合格者）					
	神戸学院大学	神戸学院大学支給奨学金（経済支援給付奨学金）	なし	全学年	年額36万円	1年間	
		神戸学院大学同窓会災害等奨学金			最高額30万円		
		神戸学院大学同窓会給付奨学金		1〜3年次生	年額36万円		
		神戸学院大学交換・派遣留学奨学金		全学年	交換留学については、30万円または60万円（ただし、留学期間が半期の場合は、半額）	1学期または1年間	
					派遣先大学の授業料相当額（ただし、留学期間が半期の場合はその学費相当額）（上限：本学学費）。また、種別によっては30万円、または60万円の加算支給あり（ただし、留学期間が半期の場合は半額）		
		神戸学院大学大学主催短期海外研修参加費補助金			1万5,000円または3万円	1年間	

人数	申込時期	資格・条件
若干名	入学後	GPA2.70、TOEIC スコア 550 点以上で前学期 18 単位以上修得
留学奨学金 A・A´、B・B´ 受給者を除く全員	入学後	留学者および海外研修参加者
若干名	入学後	GPA3.00 以上、英語資格所有者（英検 2 級以上）で各種海外研修参加者
各学科 1 名	学校出願時	指定校推薦又は学校推薦 1・2（専願）入学者選抜の志願者で、出願時にあらかじめ「奨学金給付」を希望する者に対して選考試験を行ない、その結果、成績優秀な者
人数制限なし	学校出願時	学力検査の結果が得点率 70%以上
		学力検査の結果が得点率 80%以上
100 名程度	入学後	日本学生支援機構奨学金などの貸与型の奨学金を借りてもなお学費支弁が困難な者
若干名	随時	自然災害等、不測の事態による経済的理由により修学困難な者
	入学後	大学の指定する対象種目団体に所属する学生で、顧問（部長）または監督の推薦を受けた者
交流協定校に派遣する交換留学生総数以内	随時	本学の学部生であり、IELTS・韓国語能力試験・中国語検定等の語学能力検定試験成績および学業成績が奨学金選考基準に達し、学業・人物ともに優秀な者　※交換留学生対象
	随時	本学の学部生であり、IELTS・中国語検定等の語学能力検定試験成績および学業成績が奨学金選考基準に達し、学業・人物ともに優秀な者　※派遣留学生対象
短期海外研修参加者総数以内		本学の学部学生であり、本学が主催し、国際交流センターが所管する短期海外研修の参加決定者

	学校名・団体名	制度名	対象の専攻分野	対象詳細	支給額	支給期間	
兵庫県	神戸学院大学	セメスター留学奨学金	教養・学際・その他	3年次生	英語コースS型 留学先授業料（本学学費充当分を除く）および現地住居費相当額、I型 留学先授業料（本学学費充当分を除く）および24万円、II型 留学先授業料（本学学費充当分を除く）	半期	
					中国語コース、I型 24万円、III型 15万円		
	神戸芸術工科大学	新入生特待生制度	なし	新入生	47万5,000円（初年度授業料の2分の1相当額）	入学初年度のみ	
		ジュニアマイスターゴールド特待生制度			95万円（初年度授業料相当額）		
		ジュニアマイスターシルバー特待生制度			47万5,000円（初年度授業料の2分の1相当額）		
		ジュニアマイスターブロンズ特待生制度			23万7,500円（初年度授業料の4分の1相当額）		
		指定資格等取得特待生制度					
		スカラシップ奨学生制度			47万5000円（初年度授業料の1/2相当額）		
		在学生特待生			23万7500円（初年度授業料の1/4相当額）	1年間	
		神戸芸術工科大学給付奨学金			年間授業料の1/2（上限）		
		谷岡奨学金			年額5〜30万円	当該年度限り	
		神戸芸術工科大学教育後援会奨学金		入学年次は後期より応募可	前期募集：年額15万円、後期募集：年額7万5,000円		
		奨学融資制度			最短修業年限中に生じる利息額	最短修業年限中	
	神戸国際大学	神戸国際大学奨学金	なし		月額3万円	1年。1年生は後期のみ	

人数	申込時期	資格・条件
英語コース S 型若干名、 I 型 8 名程度、 II 型 12 名程度	入学後	英語コース、1 年次、および 2 年次前期の GPA の平均値、英語の外部試験の得点、課外活動・学外活動の状況等の結果を基に選抜する
中国語コース S 型　若干名 1 型　4 名程度　3 型　原則、S・1 型以外全員		中国語コース、1 年次、および 2 年次前期の GPA の平均値、中国語の外部試験の得点、課外活動・学外活動の状況等の結果を基に選抜する
	その他	総合型選抜公募推薦入学試験 I 期、一般選抜入学試験 I 期、一般選抜大学入学共通テスト利用型入学試験 I 期／II 期の合格者のうち成績優秀者
		総合型選抜資格推薦入学試験 I 期・II 期の合格者のうち、全国工業高等学校長協会ジュニアマイスター顕彰制度においてジュニアマイスターゴールドの認定を受けた者
		総合型選抜資格推薦入学試験 I 期・II 期の合格者のうち、全国工業高等学校長協会ジュニアマイスター顕彰制度においてジュニアマイスターシルバーの認定を受けた者
		総合型選抜資格推薦入学試験 I 期・II 期の合格者のうち、全国工業高等学校長協会ジュニアマイスター顕彰制度においてジュニアマイスターブロンズの認定を受けた者
		資格推薦入学試験の合格者のうち、各学科が指定する資格・級およびコンテスト等の種別・賞位を 2 件以上取得した者
20 名		総合型選抜入学試験（体験型・面談型）、・総合型選抜公募推薦入学試験 I 期・II 期、学校推薦型選抜指定校推薦入学試験、学校推薦型選抜系列校推薦入学試験の入学手続き完了者で、スカラシップ試験での成績上位者　※新入生特待生認定者は対象外
		2 年次～ 4 年次の在学生を対象に、各学年・各学科ごとの前年度成績優秀者
若干名	随時	修学意欲や熱意があるにもかかわらず、学資負担者が死亡、または病気・事故による長期入院などにより家計が急変し、修学が困難な者
		文化・芸術・スポーツ・社会活動の各分野において、世界大会・全国大会に準ずる大会（コンペ）等に出品（参加）し、優秀な成績を修めた者。社会活動分野においては複数年にわたり対価や恩恵を求めず、地域や人のために活動に取り組んでいる者も該当する
前期募集： 約 10 名 後期募集： 約 10 名	その他	教育後援会費を納入し、本学に半期以上在学している学生で、優秀な資質を有しながら、経済的理由により修学が困難な者
		本学に在学する 1 年生から 4 年生の親または親権者が、本学園と提携している指定銀行で「神戸芸術工科大学提携教育ローン」の融資を受けた場合、在学期間中（最短修業年限）の利息を奨学金として給付
12 名	入学後	成績は修得単位 36 単位以上、および GPA2.2 以上。所得は日本学生支援機構の定める「第一種奨学金」の家計基準に準ずる

	学校名・団体名	制度名	対象の専攻分野	対象詳細	支給額	支給期間	
私立 近畿 兵庫県	神戸松蔭女子学院大学	夢・未来サポート特待生制度 夢サポ100	なし	1年生	年間授業料の全額相当額（2年生以降は学科内成績上位20％以内で継続支給）	最大4年間	
		夢・未来サポート特待生制度 夢サポ50			年間授業料の2分の1相当額（2年次以降は学科内成績上位20％以内で継続支給）	最大4年間	
		夢サポチャレンジ制度 夢サポ100			年間授業料の全額相当額（2年次以降は学科内成績上位20％以内で継続支給）		
		夢サポチャレンジ制度 夢サポ50			年間授業料の2分の1相当額（2年次以降は学科内成績上位20％以内で継続支給）		
		姉妹等奨学金		全年次	年間校納金の2分の1相当額	姉妹等が同時に在学している期間	
		松蔭ファミリー入学金優遇制度		1年生	入学金の2分の1相当額	当該年度1年限り	
		推薦選考スポーツ優秀者奨学金（S区分）			入学金および入学後4年間の年間校納金の全額相当額	4年間	
		推薦選考スポーツ優秀者奨学金（A区分）			入学金および1・2年生の年間校納金の全額相当額	1年以降	
		推薦選考スポーツ優秀者奨学金（B区分）			入学金および1年生の年間校納金の全額相当額	当該年度限り	
		推薦選考スポーツ優秀者奨学金（C区分）			入学金および1年次の年間校納金の半額相当額		
		推薦選考スポーツ優秀者奨学金（D区分）			入学金相当額		
		指定校特待生制度					

	人数	申込時期	資格・条件
	該当する入学試験成績順位が学科合格者の 1 ～ 10 位		一般入学試験 A 日程ならびにセンター入学試験 A 合格者のうち、成績順位が 1 ～ 10 位の者（入試得点率 85% 以上）
	該当する入学試験成績順位が 1 ～ 20 位		学校推薦型選抜 A 日程合格者のうち成績順位 1 ～ 20 位、一般選抜 A 日程ならびに共通テスト A 合格者のうち成績順位 20 位までの者（いずれも入試得点率 70% 以上）
	特待生資格試験の入試得点率 85 ％以上の者で一般入試 A 日程での「夢サポ 100」特待生候補者の得点以上であること	入学手続時	指定校、AO、有資格者特別入試、推薦入試 A・B・C 日程、帰国子女特別入試に合格し入学手続きを完了した者
	特待生資格試験の入試得点率 70 ％以上の者で一般入試 A 日程での「夢サポ 50」特待生候補者の得点以上であること		
	制限なし		姉妹等が本学（大学・大学院）に同時に在学している場合、後から入学した学生（同一家計）
			本学院（中学・高等学校・短期大学 (部)・大学・大学院を含む）を卒業している、または在学中である 3 親等以内の親族を持つ松蔭高校生特別推薦選考、AO 入試、有資格者特別入試、推薦入学試験（公募制）、帰国子女特別入学試験、一般入学試験、共通テスト利用入試、共通テストプラス型入試、外国人留学生特別入学試験、編入学試験を受験して合格した者
	1 名		
	制限なし		正規の競技団体主催による大会において、優秀な戦績をおさめた者（テニス部、ソフトテニス部、卓球部、なぎなた部に限る）
			特別推薦（指定校制）入学者全員

	学校名・団体名	制度名	対象の専攻分野	対象詳細	支給額	支給期間	
兵庫県	神戸松蔭女子学院大学	長期留学奨学金	なし	2年次以降	協定大学の1年間の授業料相当額、または本学の1年間の校納金の半額もしくは4分の1相当額、または本学の半期の授業料の2分の1相当額	当該留学年度	
		セメスター留学奨学金（英語）	人文科学	英語学科2年次	年間授業料の2分の1相当額 条件を満たす成績上位者には20万円を追加給付	当該留学年度 半年間限り	
		セメスター留学奨学金（中国語）		英語学科2年次または3年次（予定）	20万円	当該留学年度限り	
		1年留学奨学金		英語学科2年次後期から3年次前期	2年次年間授業料1/2相当額、3年次年間授業料1/2相当額、帰国後36万円。条件を満たす成績上位者には30万円を追加給付		
		社会人特別入学生奨学金	なし	1、2年次	年間校納金の2分の1相当額	1、2年次の2年間（編入学生は編入年度の1年間）（前年度の成績が上位25%以内であれば、引き続き出願可）	
		社会人特別編入学生奨学金		3、4年次		3、4年次の2年間	
		学長賞		卒業年次生	10万円	当該年度	
		課外活動優秀賞		2、3、4年次			
		教育後援会学生表彰 正課活動表彰		1〜3年次			
		教育後援会学生表彰 正課外活動表彰		全年次	上限5万円		
		千と勢会給付奨学金		4年次	後期校納金相当額	当該年度	
	神戸女学院大学	神戸女学院一粒の麦給与奨学金	なし		授業料の3分の1〜全額相当額	申請のあった学年度末までの半年間または1年間	

	人数	申込時期	資格・条件
	制限なし	入学後	海外の協定大学に長期（1年間）留学する者で、所属学科において学力・人物ともに優秀な学生
	所定の基準を満たすセメスター留学参加者全員	その他	所属学科において半期6ヵ月以内の留学を認められた者
	所定の基準を満たす英語学科生全員		留学を許可された英語学科生のうち、成績上位者（所定の条件を満たす）
	所定の基準を満たす1年留学参加者全員		所属学科において1年間の留学を認められた者
	制限なし	入学手続時	社会人特別入学試験の合格者（編入学試験含む）で修学の熱意があり、学資の援助を必要とする学生（本人所得の上限あり）
			社会人特別編入学制度の入学生（編入学年度4月1日現在35歳以上の者）
	若干名	その他	学業・課外活動において抜群の成績を修めた者
			課外活動において抜群の成績を修めた学生（個人・団体）
	各学科・各年次1名		1年間の正課活動（学業成績）において優秀な成績を修めた学生（学科ごと席次1位）
	最大12名（団体）		1年間の正課外活動（学業成績以外）において顕著な功績を修めた学生または団体
	若干名		経済的な事由により、4年次後期の学費を支払えず学業を継続することが困難となった者
		随時	人物・学力ともに優秀であり、学内もしくは学外の奨学金を受領しているが、それをもってしても学費の納入が極めて困難な者

	学校名・団体名	制度名	対象の専攻分野	対象詳細	支給額	支給期間	
兵庫県	神戸女学院大学	神戸女学院大学 KCH推薦入学選考 特待生給与奨学金	なし		授業料相当額	標準修業年限	
		神戸女学院大学 入学試験成績 優秀者給与奨学金			入学金および 授業料の 半額相当額		
		那須姉妹特別奨学金	芸術	音楽学部	30万円	1年間	
		神戸女学院大学 HAS給与奨学金	なし		授業料相当額	申請のあった 学期より標準 修業年限年 度末まで	
		特別奨学金			授業料の 3分の1相当額	標準修業 年限	
		森本敦子記念奨学金	芸術	音楽学部音楽学科 器楽専攻のオルガ ンを主専攻とする	授業料の 半額相当額	申請のあった 学期より標準 修業年限年 度末まで	
		神戸女学院大学給与 奨学金	なし		36万円	申請のあっ た学期の1 年間	
	神戸女子大学	奨励金授与制度	なし	全学部 2~4回生	10万円	採用年度 のみ	
		神戸女子大学 教育後援会 育英奨学生奨学金		前期：学部2回生 以上／ 後期：全学部生	20万円		
		加藤優子奨学金		新入学生	年額24万円	標準修業 年限4年間	
	神戸常盤大学	神戸常盤大学 修学支援奨学金	なし		最高100万円		
					年額30万円		
	神戸薬科大学	神戸薬科大学 奨学生制度	保健	各学年の 成績上位20名	1~10位：20万 円、11~20位： 10万円	採用年度 限り （毎年更新）	
		神戸薬科大学 同窓子弟奨学生制度		新入生	入学年度の 入学金の半額	在学中 1回限り	
		神戸薬科大学 応急援助奨学生制度			学部の半額授業料 相当額 （在学中1回限り）		
		神戸薬科大学 同窓会奨学生制度		5、6年次生	年額30万円	採用年度限 り（5年次 生は、次年 度にも出願 可能）	

人数	申込時期	資格・条件
3 名	学校出願時	KCH 推薦入学選考に合格し入学する者で、神戸女学院高等学部での成績・人物が特に優秀であって神戸女学院中高部長の KCH 特待生奨学金受給候補者推薦を受けた者
		（文学部・人間科学部）各学科の一般入学試験前期 A 日程の選考において優秀な成績を得た者　（音楽学部）本学の一般入学試験前期 A 日程専攻実技の選考において優秀な成績を得た者
1 会計年度 2 名	入学後	本学音楽学部生、または音楽研究科生で学力、人物ともに適格と認められる者
		人物・学力ともに優秀であり、母子家庭あるいは父母ともにいない家庭の子女で、日本学生支援機構第一種奨学金を受領しているが、それをもってしても学費の納入が極めて困難な 2 年次以上の者
		日本基督教団の教会に在職する牧師の子女である者
		音楽学部音楽学科器楽専攻のオルガンを主専攻とする在学生で学力、人物ともに適格と認められる者
各学年（2 ～ 4 年次）10 名		前年度の成績が優秀かつ経済的に困窮度の高い本学 2 年次以上の学生で、他に給与型奨学金の給付を受けていない者
84 名	入学後	学力・人物ともに優秀な者、または顕著な業績が認められ、将来優れた人材になると期待される者
10 名		在学中に学資の支弁が困難になり修学継続が著しく困難な者。教育後援会の会員であること　※ JASSO 応急採用基準に準ずる
1 名		全学生の範となる学業優秀者
	随時	成績優秀かつ修学の熱意があるにもかかわらず家計維持者の死亡や失職、または火災、風水害、震災等の災害により家計が急変した者
		新型コロナウィルスの影響で家計収入が減少した学生
120 名（20 名× 6 学年）	その他	学力、人物ともに特に優秀であること
対象者全員	入学後	2 親等内の親族（両親、祖父母または兄弟姉妹）のいずれかが本学（神戸女子薬学専門学校、神戸女子薬科大学を含む）を卒業している場合、もしくは奨学金を希望する者の入学前より引き続き本学に在学している場合
若干名	随時	主たる家計支持者の死亡、失業、廃業等により、家計が急変し、本学納付金の支弁が困難である者
6 名（3 名× 2 学年）	その他	人物・学業ともに優秀でかつ経済的理由により学業に専念することが困難な者。5 年次生は次年度再度申込みが可能

	学校名・団体名	制度名	対象の専攻分野	対象詳細	支給額	支給期間	
兵庫県	園田学園女子大学	特別待遇奨学生制度	なし		授業料全額	2年間	
		学資支援支給奨学金		全学年	学費（授業料および教育充実費の合計額）の3分の1	前期および後期	
		育友会学費援助金			ひとり1回10万円が上限	採用時のみ	
		褒賞奨学金		2年次以上	5万円	採用年度のみ	
	宝塚大学	宝塚大学奨学金制度（一般奨学生制度）	なし	2年次～4年次	年額30万円	採用年度の1年	
		宝塚大学奨学金制度（特別奨学生制度）		1年生	学費の半額相当額（75万円、看護学部は80万円）		
		宝塚大学奨学金制度（創作・研究活動奨励制度）		2年生～4年生	年額10万円		
		宝塚大学奨学金制度（提携教育ローン利子補給制度）			提携教育ローン金利のうち、1%相当額		
	姫路獨協大学	姫路獨協大学奨学金	なし	2～4年（薬学部は6年まで）	年間授業料相当額	1年間	
		学業支援奨学金		1～4年（薬学部は6年まで）	月額3万円		
		特別学業支援奨学金			月額5万円		
		緊急支援奨学金			授業料相当額(半期または年額)		
		海外留学 奨学金【派遣】		2年以上	月額8万円		
		海外留学 奨学金【交換】			月額5万円		
		海外語学研修奨学金		1～4年	上限は研修費用総額および航空費半分		
	兵庫医療大学	兵庫医療大学給付奨学金	なし	薬学部：第4学年次以上／看護学部：第3学年次以上／リハビリテーション学部：第3学年次以上	年額36万円	1年	

人数	申込時期	資格・条件
一般選抜 A：各学科成績上位 3 名以内、大学入学共通テスト利用選抜［前期］・［後期］：それぞれ各学科成績上位 2 名以内	学校出願時	試験の総得点率 7 割以上の成績をおさめた合格者から選考
	入学後	学力および資質が極めて優秀な学生で、経済的に修学が困難で学費の援助が必要な学生
	随時	学力および資質が優秀で学費の援助が必要な学生　※「学資支援支給奨学生」または「緊急支援貸与奨学生」として採用された学生、またはこれに準ずる学生のうち、さらなる援助が必要であると判断された場合
各学科学年で 1 名	その他	年間を通じて各学科・学年ごとに成績優秀者 1 名を選考の上、褒賞金を添えて表彰
約 30 名	入学後	学業成績・人物ともに優れ、かつ経済的支援を必要とする者
約 10 名		出身校等学校長または中等教育学校長または専修学校長の推薦を受けることができる学業成績・人物ともに優れ、かつ経済的支援を必要とする者
		作品制作および研究発表等において顕著な成績を収めた者であり、かつ経済的支援を必要とする者
若干名		経済的支援を必要とし、本学提携の教育ローンを利用する者のうち、修学状況が良好な者
各学部・学群　学年 1 名以内	その他	学業成績が極めて優秀な者
30 名以内	入学後	経済的理由により学業に支障をきたしている者
		学業に優れ、経済的理由により学業に支障をきたしている者
		家計の急変で、経済的理由により学業に支障をきたしている者
		本学が協定を締結している海外の大学へ派遣留学する学生であって、学業成績が優秀な者
		本学が協定を締結している海外の大学へ交換留学する学生であって、学業成績が優秀な者
		異文化理解研修に参加する者
薬学部：各学年 4 名以内　看護学部：各学年 3 名以内　リハビリテーション学部：各学年 3 名以内	入学後	日本学生支援機構奨学金の併用貸与（第一種および第二種）を受けているにもかかわらず、経済的理由により就学が困難であり、かつ申請年度に正規で進級し、前年度の成績が各学部各学年において上位概ね 2 分の 1 以内の者　※兵庫医療大学入学生・在学生特別奨学金との併用は認めない

	学校名・団体名	制度名	対象の専攻分野	対象詳細	支給額	支給期間	
兵庫県	兵庫大学	河野教育振興基金奨学金	なし	大学、短期大学共通	30万円	一括給付	
		兵庫大学 兵鸞奨学金A（大学）		大学	学納金の範囲内（30万円）		
		兵庫大学 兵鸞奨学金B（大学）			教育ローンなどの学資金借り入れの年間利子相当額		
		優秀学生制度		大学、短期大学共通	5万円		
		健康科学部給付奨学金	社会科学	健康科学部対象	35万円	分割給付	
	武庫川女子大学	武庫川学院奨学	なし		A：授業料の40%相当額。後期採用者は後期授業料の40%相当額 B：20万円	1学年度限り	
		武庫川学院鳴松会奨学			20万円		
		入試成績優秀者奨学金			年間授業料の50%（最大50万円）	入学後1回	
	流通科学大学	兄弟姉妹入学における入学奨学金	なし	1年	年額10万円	1年間	
		下宿サポート奨学金			入学時のみ 20万円	1回	
		中内学園特別奨学金		全学年	年額20万円	1年間	
		RYUKA特別奨学金			授業料全額（77万円/年額）または授業料半額（38万5000円/年額）	4年間	
		プレゼンテーション入試奨学金			授業料半額（38万5000円/年額）		
		資格利用型入試奨学金（前期型のみ）					
		公募推薦入試（前期2科目型）奨学金					
		公募推薦入試（後期2科目型）奨学金					

	人数	申込時期	資格・条件
			心身学術ともに優れているにもかかわらず経済的理由により修学困難な者。優秀学生被表彰者を除く学内の他の給付奨学金を受けていない者
			学力・人物が特に優れ経済的理由により修学が困難な者。優秀学生被表彰者を除く学内の他の給付奨学金を受けていない者
			学力・人物が特に優れ経済的理由により修学が困難な者で、教育ローンなどの学資金の融資を家計支持者が受けている者。優秀学生被表彰者を除く学内の他の給付奨学金を受けていない者
	若干名	入学後	【単年度優秀学生表彰】基準 3 通り (1) 学修活動において、特に優秀な成績を修め、他の学生の模範となる者 (2) 課外活動において、関西地域以上の大会で入賞した者 (3) 社会活動において、特に顕著な成績、成果を収め、社会的に高い評価を受けた者　※大学が年度末に選出する。「学長表彰および副賞（奨学金として 5 万円給付）」が授与される。大学と短大を合計して 40 名
			以下の条件をすべて満たすもの (1) 健康科学部の 2 年生に在籍し、学修状況が真摯で、修学継続が見込まれる者。(2)2 年次の終了時点で、健康科学部が定める履修要件を満たし次年度への進級が見込まれる者で、原則、学修成績が一定の水準「栄養マネジメント学科は GPA2.5」、「健康システム学科は GPA2.8」以上にある者。(3) 経済的な支援が必要と認められた者 (原則として経済的な支援の対象となる家計基準は、家計支持者において、給与所得者 800 万円以内、給与所得者以外 350 万円以内又は日本学生支援機構第二種奨学金の家計基準条件に適合する者。) (4) 本学の入試 (附属高校対象入試等) において減免制度の適用を受けていない者。(5) 高等教育の修学支援新制度による減免制度の適用を受けていない者。
	40 名程度	入学後	A：入学後家計急変により授業料の納入が困難になった者で、学業継続の意思のある者　B：授業料の納入が困難な者で、学業継続の意思のある者
	5 名程度		授業料の支弁が困難であり、学業優秀・品行方正であると認められる者（家計急変事情を重視）
	該当者	その他	一般入試 D（大学入学共通テスト利用型）における入学試験成績優秀者（該当者には大学から通知する）
	対象者全員		新入生で、兄弟姉妹が流通科学大学及び大学院在学生であり、かつ兄弟姉妹が申請時に休学していない者
			入学時に下宿を予定している方を対象に 20 万円を支給。対象者 1 名に対し、入学時 1 回限りの支給（賃貸借契約書の提出が必要）
	各学年 10 名以内		2 年次以上の学部学生で、学業成績基準および学業成績以外の基準の両方を満たした者を基に選考
	入学後の成績が一定条件を満たす者	入学後	大学入学共通テスト利用型入試（前期 2 科目型・3 科目型、後期 2 科目型・3 科目型）合格者で入学後の成績が一定条件を満たす者（継続要件あり）
	5 名		得点率 70% 以上かつ入試成績上位 5 名（継続要件あり）
	20 名		奨学金対象資格を志願時に 2 つ以上保有している者かつ入試成績上位 20 名（継続要件あり）
	10 名		得点率 70% 以上かつ入試成績上位 10 名（継続要件あり）
	5 名		得点率 70% 以上かつ入試成績上位 5 名（継続要件あり）

	学校名・団体名	制度名	対象の専攻分野	対象詳細	支給額	支給期間	
兵庫県	流通科学大学	一般入試（前期2科目型）（中期2科目型）奨学金	なし	全学年	授業料半額（38万5000円／年額）	4年間	
		一般入試（前期3科目型）（中期3科目型）奨学金			授業料全額（年額77万円）		
奈良県	畿央大学	冬木智子特別奨励賞	なし	2年次以上	年額20万円	1年間	
		畿央大学特別奨励賞			年額10万円		
		畿央大学特別奨学金			年額20万円		
		入学時成績優秀者特別奨学金			年額43万円	原則として4年間（3年次進級時に成績等の審査あり）	
		遠隔地出身学生支援特別奨学金			年額24万円	原則として4年間（成績・住所等の審査あり）	
	帝塚山大学	帝塚山学園特別褒賞金	なし		【Aランク：20万円】【Bランク：10万円】【Cランク：3万円】		
		帝塚山大学給付奨学金			各期18万円		
		帝塚山大学後援会奨学金			各期15万円		
		帝塚山学園海外留学奨学金			【正規留学（1年間）：120万円】【語学留学（6か月）：70万円】		
	天理大学	天理大学入学者選抜奨学金	なし	新入生	授業料の半額相当分	4年間	
		天理大学奨学金		2、3年生	年額30万円	1年間	
		天理大学修学援助奨学金		全学年	年額20万円		
		天理大学銀行融資奨学金			年額上限4万円		
		天理大学交換留学生奨学金		2～4年生	年額34万円	留学期間	

人数	申込時期	資格・条件
10 名	入学後	一般入試（前期 2 科目型）（中期 2 科目型）において、入試成績上位各 10 名を対象に、授業料半額（38 万 5000 円）を支給（継続要件あり）
5 名		一般入試（前期 3 科目型）（中期 3 科目型）において成績上位各 5 名を対象に、授業料全額（77 万円）を支給（継続要件あり）
5 名	入学後	学業成績・人物ともに他学生の模範となる学生
18 名		
50 名		経済的理由により修学が困難で、かつ学業成績優秀、明朗活発な学生
若干名	その他	対象となる入学試験における成績優秀者（各学科の全方式合格者のうち上位 10% 程度）
		本学から概ね 100km 以上の遠隔地にある高校出身の受験生で、対象となる入学試験における成績優秀者（各学科の全方式合格者のうち上位 20% 以内）
対象者全員	随時	在学中に公的資格を取得するなどした者をランク（A ～ C）分けして支給【A ランク：公認会計士・国家公務員総合職・税理士・司法書士・弁理士】【B ランク：応用情報技術者・教員採用試験・地方公務員上級行政職・国家公務員一般職・国税専門官・税理士（累積 2 科目以上）・CCNP（主要 2 科目）・情報セキュリティスペシャリスト・日商簿記 1 級・中小企業診断士・社会保険労務士・行政書士・不動産鑑定士【C ランク：宅地建物取引士・基本情報技術者・FP2 級・TOEIC750 点以上・CCNA・通関士】
年間100 名以内	入学後	学業・人物ともに優れ、経済的な事情により援助を希望する者【1 年次：高校の評定平均値 3.5 以上】【2 年次以上：前年度成績が学科内上位 3 分の 1 以内で所定の修得単位数を満たしていること】
年間6 名以内		経済的事情により援助を希望する者
【正規：全学部 6 名以内】【語学：各学部 2 名以内】		留学を希望する学生への国際性の涵養および勉学奨励のため給付
大学入学共通テスト10 名一般選抜15 名	その他	大学入学共通テスト利用選抜前期＜ 3 教科型＞合格者成績優秀上位 10 名、一般選抜前期合格者成績優秀上位 15 名
各年次：18 名	入学後	学業成績優秀者で経済的に修学が困難な者
20 名	随時	向学心があるにもかかわらず、経済的事由により学費納入が困難な者
30 名	入学後	経済的理由により、金融機関が取り扱う教育ローンを利用した者
	随時	学業成績が優秀な本学から派遣される交換留学生

	学校名・団体名	制度名	対象の専攻分野	対象詳細	支給額	支給期間	
奈良県	天理大学	天理大学認定留学生奨学金	なし	2～4年生	留学先大学の授業料年額相当分（上限46万円）	留学期間	
		天理大学留学生奨学金			月額3万円	1年以内	
	奈良学園大学	一般学生奨学金	なし		①学費（授業料・教育充実費）の全額相当額 ②学費（授業料・教育充実費）の半額相当額 ③入学金相当額のいずれか		
		スポーツ奨学金			授業料相当額		
		学園内進学者奨学金					
		ファミリー進学者奨励金			入学金相当額		
		家計急変時支援奨学金			30万円	年1回	
		課外活動奨励金					
		留学支援奨励金					
	高野山大学	高野山大学奨学金	なし		34万円または68万円		
		名越奨学金			24万円		
		松浦禪朝奨学金			5万円		
		高野山住職会奨学金			20万円	1年	
		佐伯奨学金			50万円		
		高野山大学同窓会奨学金			新入学生10万円 在学生20万円		
		申徳会奨学金			20万円		
		高野山真言宗徒弟奨学金			2万5,000円	4年	
中国・四国							
鳥取県	鳥取看護大学	鳥取看護大学奨学金	なし		授業料相当額（80万円）または半額	最大4年間	
岡山県	岡山理科大学	岡山理科大学濱田奨学金	なし	学部1～4年生 獣医学科は1～6年生	限度額月額5万円	1年間	
		岡山理科大学若林奨学金		学部4年生	限度額50万円	1回	

人数	申込時期	資格・条件
5名	随時	学業成績が優秀な本学が認定した認定留学生
		特に学業成績および人物優秀な本学から海外の大学へ留学する者
6名	入学後	一般選抜の成績優秀者（音楽実技・面接の点数は含まない）、大学入学共通テスト利用選抜の成績優秀者（音楽実技・面接の点数は含まない）、および特待生選考試験の成績優秀者。ただし、一般選抜前期日程及び中期日程は3教科型、後期日程は2教科型の受験者、大学入学共通テスト利用選抜はC3方式の受験者に限る
	入学手続時	スポーツにおいて技能が優れていること
		奈良学園大学(旧校名 奈良産業大学・奈良学園大学奈良文化女子短期大学部・奈良文化女子短期大学)を卒業した者及び在籍中の者の直系親族又は兄弟（姉妹含む）
制限なし	その他	家計が急変し、学費工面できなくなった時
	入学後	成績優秀者。文学部2回生から4回生まで
		成績優秀者。1回生、編入生は入試の成績による
2名まで		4回生のみ。3か年の成績平均点の上位者
大学院と合わせ5名まで		真言宗寺院の徒弟で成績優秀者
2名		通算成績の平均点が80点以上の者
若干名		成績優秀者、大学が定める家計基準以下
		学業・人物ともに優秀な者
学費出資者が高野山真言宗の者全員	その他	学費出資者が高野山真言宗の者
専願：4名前後 併願：4名前後	学校出願時	学業特待選考（1期）を受験し、合格した者
		学業特待選考（2期）を受験し、合格した者
若干名	その他	品行方正で勉学に対する強い意欲と能力を持ちながら継時的理由により修学が困難な者
		卒業予定者で、学費の支弁が困難と認められる者。成績・人物とも、給付するにふさわしく、将来良識ある社会人として活動する見込みがあると認められる者

学校名・団体名	制度名	対象の専攻分野	対象詳細	支給額	支給期間	
環太平洋大学	資格取得者奨学金	文系全般	全学科	授業料全額免除	標準修業年限	
				授業料半額免除		
			現代経営学科	授業料全額免除		
				授業料半額免除		
				授業料20%免除		
	成績優秀者奨学金（学校推薦型選抜 公募制、一般選抜）		全学科	授業料全額免除		
				授業料半額免除		
				授業料20%免除		
倉敷芸術科学大学	奨学金給付制度（課外講座受講者対象）	保健	生命医科学科・細胞検査士コース	10万円		
		教養・学際・その他	公務員対策講座受講者	10万円〜13万円		
就実大学	海外留学支援奨学金	なし		30万円以内	年2回	
	海外語学研修助成金			半期授業料分		
	学術・文化・スポーツ奨励金			助成対象経費の2分の1以内（上限50万円）	年1回	
	就実の木（みのなるき）奨学会			上限18万円	1回	
中国学園大学	学業成績優待生制度（在学生）	なし	3・4年	10万円	該当年次年1回	
美作大学	学業成績特待生（新入生）	なし	新入生	年額25万円	1年間	
	学業成績特待生（在学生）		在学生			
エリザベト音楽大学	エルネスト・ゴーセンス奨学金	芸術		上限100万円		
	海外研修奨励賞			上限10万円		
	遠隔地帰省支援奨学金			個人に応じた給付額		
比治山大学	比治山大学奨学金	なし	全学年	半期15万円	1年間（1年次は後期（半期））	

	人数	申込時期	資格・条件
	基準を満たした者	入学手続時	英語検定 1 級・準 1 級取得者、IELTS6.0 以上、TOEFLiBT80 以上、TOEIC730 以上、GTEC（4 技能）1190 以上 (オフィシャルスコアに限る)　※毎年、奨学金付与に関する継続審査あり
			英語検定 2 級取得者、IELTS5.0 以上、TOEFLiBT35 以上、TOEIC550 以上、GTEC(4 技能）960 以上 (オフィシャルスコアに限る)　※毎年、奨学金付与に関する継続審査あり
			日商簿記 1 級取得者または応用情報技術者試験合格者　※毎年、奨学金付与に関する継続審査あり
			日商簿記 2 級取得者または基本情報技術者試験合格者　※毎年、奨学金付与に関する継続審査あり
			IT パスポート試験合格者または情報セキュリティマネジメント試験合格者　※毎年、奨学金付与に関する継続審査あり
			筆記試験および面接試験で満点の 85% 以上の者　※毎年、奨学金付与に関する継続審査あり
			筆記試験および面接試験で満点の 80% 以上の者　※毎年、奨学金付与に関する継続審査あり
			筆記試験および面接試験で満点の 75% 以上の者（注：第一志望学科で受験の場合のみ）　※毎年、奨学金付与に関する継続審査あり
	該当者全員	その他	細胞検査士試験合格者
			公務員試験合格者
	若干名	入学後	人物・成績および家庭の経済状況
			成績と人物
			就実の名を高め、地域の評価に値すると認められた個人および、団体の学術・スポーツ・文化活動が対象
	10 名以内		レポート・面接により選考、および担任・学部長からの推薦
	若干名	入学後	学業・人物ともに優れた者で学部が推薦する者
	審査により決定	学校出願時	各高校の成績優秀者で高校推薦を受けた受験生が対象で、入学試験の成績状況に基づき採否を審査　※入学金半額相当額を給付
	2～3 名	その他	各学年次毎に好成績の学生を採用。採用期間は 1 年で、成績状況により連続採用可能
	申込者	入学後	6 か月以上の国内外での長期研修を行うことが各自の音楽研究に資すると認められる学生
			演奏、語学系の海外研修のための旅費の一部を給付
			中国地方 5 県以外に帰省する学生
		入学後	勉学意欲がありながら、経済的理由により著しく修学が困難な者

学校名・団体名	制度名	対象の専攻分野	対象詳細	支給額	支給期間	
比治山大学	比治山大学後援会奨学生	なし	全学年	半期15万円	前期または後期（半期）	
	比治山学園国信玉三奨学生		全学年※1年次は9月申込【編入生含む】	月額2万円	1年間（1年次は後期（半期））	
広島経済大学	入学試験成績優秀奨学生奨学金	社会科学		奨学生A：1年次の授業料および施設費の年額相当額（98万円）、奨学生B：1年次の授業料および施設費の年額相当額の50％（49万円）	最長4年間	
	入学試験資格スカラシップ奨学生奨学金			奨学生A：1年次の授業料および施設費の年額相当額（98万円）、奨学生B：1年次の授業料の年額相当額の50％（39万円）		
	石田学園学業奨学金			月額1万円	1年間	
	石田学園アクティブ奨学金			月額1万円～6万円		
	石田学園学部との5年プログラム生奨学金			月額3万円	2年間	
広島工業大学	入試特待生制度	なし		入学時の成績により100万円、50万円または20万円	入学年次	
	広島工業大学同窓会奨学金		申請者	年額12万円	1年間	
	成績優秀者奨学金制度		別途、定められた条件を満たす者	年額40万円		
広島国際大学	広島国際大学学内奨学金	なし	2年次以上	【年額】保健医療学部、総合リハビリテーション学部、看護学部（51万5000円）、健康科学部医療栄養学部以外（37万5000円）、健康スポーツ学部、健康科学医療栄養学科（40万円）、薬学部（60万円）	1年間	

人数	申込時期	資格・条件
大学・短大合わせて3名程度	入学後	修学意欲があるにもかかわらず家計支持者の死亡、失業、または災害等により家計が急変し、修学が極めて困難となった者／事由発生より1年以内
4月3名9月1名		学業・人物ともに優秀であり、かつ健康でありながら、家庭の経済的事由から学資の援助を受けることが望ましいと認められる者。GPA3.0以上　※比治山大学後援会奨学生との重複採用なし
条件に該当する者	入学手続時	入学試験において優秀な成績で入学した者
		資格スカラシップ推薦入学試験で入学した者
各学年7名以内	その他	（2年生以上対象）学業において特に優れかつ人物優秀であると認められる者
10名以内		（全学年対象）様々な分野において若者らしい積極的な活動を行なっている者
条件に該当する者		5年プログラムの合格者
人数制限なし	入学手続き時	入学時の成績が基準を満たしている優秀な者
10名	その他	広島工業大学に在学し、学資の支弁が困難と認められる者
		別途、定められた条件を満たす者のうち、奨学生GPA順位が、当該学科及び年次において1位の者について、学科の推薦等を経て決定する。A特待生、B特待生、入試特待生Ⅰ、鶴虎太郎奨学会奨学金、広島工業大学同窓会奨学金は重複して受給できない。
89名以内	入学後	広島国際大学の2年次以上に在学し、学業・人物ともに優秀で、経済的理由により就学困難と認められる者

	学校名・団体名	制度名	対象の専攻分野	対象詳細	支給額	支給期間	
広島県	広島国際大学	広島国際大学特待生奨学金[薬学部以外]	なし	新入生	年間授業料および教育充実費の半額相当額を基本2年間免除	2年間	
		広島国際大学特待生奨学金[薬学部]			[1型] 年間授業料および教育充実費の全額免除 [2型] 年間授業料および教育充実費の半額免除 [3型] 年間授業料および教育充実費の半額相当額を基本2年間免除	[1型]6年間 [2型]6年間 [3型]2年間	
		広島国際大学学園創立90周年記念奨学金		2年次以上	【年額】保健医療学部、総合リハビリテーション学部、看護学部（25万7500円）、健康科学部医療栄養学科以外（18万7500円）、健康科学部医療栄養学科（20万円）、薬学部（30万円）	1年間	
		広島国際大学教育ローン金利助成奨学金		全学年	年間授業料および教育充実費の3％を上限		
		広島国際大学サポーターズ奨学金		2年次以上	【年額】10万円（令和2年度）		
	広島修道大学	広島修道大学修学奨学金	なし	全学年	年額20万円	1年間	
		広島修道大学同窓会奨学金					
		広島修道大学経済支援奨学金					
		広島修道大学在学生スカラシップ		2～4年生	年額15万円		
		広島修道大学課外活動スカラシップ		全学年	個人10万円 団体30万円		
		広島修道大学資格取得スカラシップ			最優秀賞5万円 優秀賞3万円		

人数	申込時期	資格・条件
薬学部を除く 全学部 計 35 名以内	学校出願時	一般入試前期 B 日程を受験した者のうち、第一志望とする学科・専攻において 2 科目の合計点の上位者、かつ合計点の得点率が 75% 以上の者
[1 型] 5 名 [2 型] 10 名 [3 型] 8 名	学校出願時	[1 型] 一般選抜前期 B 日程において薬学部を第 1 志望とする者で 2 科目の合計点の得点率が 80% 以上で、成績上位 5 位までを認定。[2 型] 一般選抜前期 B 日程において薬学部を第 1 志望とする者で 2 科目の合計点の得点率が 75% 以上で、成績上位 15 位以内から得点順に認定。[3 型] 一般選抜前期 B 日程において薬学部を第 1 志望とする者で 2 科目の合計点の得点率が 75% 以上で、特待生 1 型・2 型認定者を除き成績上位者から得点順で認定。
毎年度始めに 公表	入学後	広島国際大学 2 年次以上に在学し、学業・人物ともに優秀で、経済的理由により就学困難と認められる者
予算額の 範囲内	入学後	本大学の指定金融機関の教育ローンにより借入れをし、経済的理由により就学困難と認められる者
毎年度始めに 公表	入学後	広島国際大学 2 年次以上に在学し、修学意欲があり、経済的理由により就学困難と認められる者
10 名以内	入学後	前期募集は前年度において、後期募集は前年度 10 月から当該年度 9 月において、家計が急変し極めて修学が困難な者。（本学学部に在学する正規学生で、標準修業年限内で所定の単位を修得している者）　※標準修業年限内 1 回限り。同一年度の同窓会奨学金および経済支援奨学金との併用不可
7 名	入学後	修学意欲があるにもかかわらず家計困窮により学業の継続が困難と認められる者。（本学学部に在学する正規学生で、標準修業年限内で所定の単位を修得している者）　※標準修業年限内 1 回限り。経済支援奨学金および同一年度の修学奨学金との併用不可
10 名以内	入学後	修学の熱意があるにもかかわらず、経済的な事由により学業の継続が困難とされる者。（1 〜 3 すべてに該当する者。1. 本学学部に在学する正規学生 2. 標準修業年限内で所定の単位を修得している者 3. 広島修道大学学習奨学金・日本学生支援機構奨学金・地方公共団体・民間の奨学金等を貸与中または申請中の者）　※標準修業年限内 1 回限り。同窓会奨学金および同一年度の修学奨学金との併用不可
171 名	入学後	学業成績が優秀な者　※他奨学金との併用可
	入学後	本学学部に在学する正規学生であって、その学業・人物ともに優れており、特に文化活動、体育活動その他の課外活動等において顕著な実績を挙げた者で、当該年度に学長賞を受賞した者または団体　※他奨学金との併用可
	入学後	本学学部に在籍する正規学生で学業・人物ともに優れ、特に難易度の高い資格取得者で資格取得表彰最優秀賞または優秀賞を受賞した者　※他奨学金との併用可

	学校名・団体名	制度名	対象の専攻分野	対象詳細	支給額	支給期間	
広島県	広島修道大学	広島修道大学国際交流スカラシップ	なし	全学年	３か月以上の派遣学生および認定留学生：月額３万円、３か月未満の派遣学生：地域により５万円または10万円　交換留学生：20万円（6か月以上）、10万円（6か月未満）グローバルコース生：40万円		
	広島女学院大学	広島女学院大学合同メソジスト教会女性局給付奨学金	なし		各年度総額20万円を限度に最大5名に給付	1回限り	
		ゲーンス奨学金		3・4年生	20万円		
		大学協力会修学援助費			半期授業料相当額上限		
	広島文化学園大学	スポーツ特別奨学金		スポーツ健康福祉学科	授業料年額10万円免除、授業料年額30万円免除、入学金と授業料全額免除のいずれか	4年間	
				子ども学科・コミュニティ生活学科・食物栄養学科・保育学科			
	広島文教大学	武田ミキ記念基金奨学金	なし		月額２万円	1年間	
		美樹会奨学金					
		スポーツ・芸術文化活動特待制度			入学金相当額		
山口県	宇部フロンティア大学	利子補給制度	なし		上限年額５万円		
	梅光学院大学	梅光特待　Ⅰ	なし		学費全額	1年	
		梅光特待　Ⅱ			学費の1/2		
		梅光特待　Ⅲ			学費の1/4		
		グローバル特待　Ⅰ			学費全額		
		グローバル特待　Ⅱ			学費の1/3		
		エアライン特待			学費の1/2		

人数	申込時期	資格・条件
	入学後	本学の海外協定校へ留学する者および広島修道大学認定留学規程、広島修道大学大学院認定留学規程により外国の大学、大学院に留学を許可された者　※他奨学金との併用可
最大 5 名	入学後	1. 経済的理由のため修学が困難な者　2. キリスト教活動に関わるキリスト者、あるいはキリスト教活動に理解のある者
4 名		経済的事由から学業継続が著しく困難となった者で、成業の見込みのある者
	随時	1. 学費を負担する保証人の死亡により学業の継続が困難となった者　2. 不慮の災害等により学業の継続が困難となった者
給付資格の基準を満たしている者	その他	次の対象種目において給付資格の基準を満たし、入学後も学業とクラブ活動を両立できる者。硬式野球（男子）、サッカー（男子）、バスケットボール（男子、女子）、陸上競技（男子、女子）、テニス (男子、女子)、バドミントン（男子、女子）、ダンス（男子、女子）
		女子バレーボール部において、学業とクラブ活動を両立できる者
6 名	入学後	学業・人物ともに優秀で、経済的事情により、学資援助を要する者
3 名		学業（1 年次）・人物ともに優秀で、経済的事情により、学資援助を要する者
若干名	学校出願時	学校推薦型選抜〔指定校推薦（スポーツ・芸術文化活動重視型）〕の合格・入学者。かつ以下種目において、スポーツ活動では都道府県大会ベスト 4 以上、芸術文化活動では都道府県大会金賞以上に相当する実績を有し、出願までに本学教員と事前面談を終えたうえで、入学後も当該活動を継続する者。スポーツ活動：サッカー・バスケットボール・バレーボール・卓球。芸術文化活動：吹奏楽部・和太鼓部
	その他	教育ローンを借り入れた場合の校納金に対する利子を補給
3 名	その他	学業成績および品行が特に優れている者
5 名		学業成績および 品行が特に優れていて、入学後は海外留学に積極的に参加する者
申請資格を満たす者全員		
5 名		将来航空業界を目指す者。入学後は本学が指定するエアライン関連プログラムに参加すること

	学校名・団体名	制度名	対象の専攻分野	対象詳細	支給額	支給期間	
山口県	山口学芸大学	特待生奨学金制度	なし	在学生（年度ごとに見直し）	96万円又は48万円	年2回（前期・後期）に分けて支給	
		県外生特別奨学金制度			24万円又は12万円		
		予約制特別奨学金制度			学納金の金額又は半額に相当する金額		
徳島県	四国大学	四国大学教育特別奨学金制度	なし	全学年	年間20万円	採用年度	
		震災により被災した志願者に対する特別措置		志願者	検定料、入学金、学費、入寮金、寮費	入学初年度	
		四国大学スポーツ分野特別奨学金制度		全学年	本学が定めたA〜C区分に応じて80万円から20万円	4年間（進級時適格認定あり）	
		四国大学芸術・メディア分野特別奨学金制度			本学が定めたAまたはB区分に応じて年間80万円または40万円		
		四国大学吹奏楽分野特別奨学金制度			本学が定めたBまたはC区分に応じて年間40万円または20万円		
		四国大学グローバル分野特別奨学金制度			本学が定めたAまたはB区分に応じて年間80万円または40万円		
		四国大学地域創生人材育成奨学金制度	社会科学		年間40万円		
		四国大学教育ローン利子補給金給付制度	なし		入学金、学費等、その他経費に対する支払い利子額		
		四国大学大学院奨学金			前後期授業料の半額	採用年度	
香川県	四国学院大学	褒賞金	なし		7万円	2年次以上	
		予約型支給奨学金			年額20万円	当該年度入学生	
		指定校選抜S特待生支給奨学金		1年次のみ	授業料の全額相当額・半額相当額	1年次	
		スポーツおよび文化芸術活動特別支援奨学金			A奨学金：29万円（入学金相当額）		

	人数	申込時期	資格・条件
	若干名	学校出願時	高校（中学校を含む）卒業予定者で、調査書の全体の評定平均値が 4.0 以上である者　※特待生の資格は年度ごとに見直しを行い、2 年目からは全学生を対象に成績上位者の中から制度の趣旨に沿った学生を選考し奨学金を支給
			県外に居住する高校（中学校を含む）卒業予定者　※受給資格は年度ごとに見直し
		その他	本学を卒業見込みの者の中で、在学時の成績優秀で、進学後の学習意欲や志が明確な者。また、進学に際し、経済的な支援も必要な以下の学生。(1) 山口学芸大学大学院教育学研究科への進学を希望する者
	40 名	その他	学業・人物ともに優秀で修学に熱意のある者
	対象者全員		本人または学資負担者が震災・豪雨災害等による被災者
	若干名	学校出願時	本学が指定するスポーツの分野で高等学校等在学中に優れた成績を収めた者
			本学が指定する芸術・メディアの分野で高等学校等在学中に優れた成績を収めた者
			本学が指定する吹奏楽の分野で高等学校等在学中に優れた成績を収めた者
			語学力で優れた資格を取得した者
	10 名	その他	経営情報学部経営情報学科の学生のうち、学業・人物ともに優秀で、公務員として地域創生に寄与したいという強い意思を持つ者で「経営情報学科キャリア養成プログラム CCP（公務員）」を受講する者
	若干名	入学後	金融機関が取り扱う教育ローンを利用して学費等を納入した場合、その納付金額に対する支払い利子額の一部を奨学金として在学期間中に限り給付
			本学学生であって、成績・人物ともに優秀で、修学に熱意のある者
	若干名	その他	人物学業ともに優秀な学生
	35 名		本学を第一志望とし（大学院、編入は除く）、経済的に修学困難な者。入試出願前に支給を決定するもので原則 4 年間支給。2 年次以降は経済状況および成績により継続審査する
	5 名ずつ	学校出願時	指定校選抜 S に合格し、優秀な成績を修めた学生で、経済的に就学困難である者。
	10 名以内	入学手続時	本学のスポーツおよび文化芸術活動を強化して活性化することを目的として奨学金を支給する

		学校名・団体名	制度名	対象の専攻分野	対象詳細	支給額	支給期間	
香川県		四国学院大学	スポーツおよび文化芸術活動特別支援奨学金	なし		B 奨学金：75 万円（授業料全額相当額）	標準修業年限	
						C-1 奨学金：37 万 5,000 円（授業料半額相当額）C-2 奨学金：18 万 7,500 円（授業料 4 分の 1 相当額）		
			HK 奨学金	芸術	2 年次以上	年額 24 万円（月額 2 万円）	1 年	
			渥美貴文記念奨学金	なし	2 年次・3 年次	年額 10 万円		
			利子補給型支給奨学金			在学期間中の利子相当額（保証料含む）	1 年	
			留学補助（協定）			授業料の全額相当額・半額相当額		
			留学補助（認定）			授業料の半額相当額		
			協力協定校奨学金			授業料の全額相当額・半額相当額	標準修業年限	
			舞台芸術特別奨学金	芸術				
		高松大学	一般奨学生	なし		授業料全額又は 2/3 または 1/3 相当額	1 年間	
			特別奨学生			授業料全額又は半額、入学金全額または半額相当額	入学時から修業年限	
			スポーツ奨学生					
			職業会計人育成特別奨学生	社会科学	経営学部経営学科会計コース			
			小学校教員養成特別奨学生	教育	発達科学部子ども発達学科			
			学術振興基金からの勉学奨励金	なし		規程に基づきその都度審議による		
愛媛県		聖カタリナ大学	学園奨学生A	文系全般	社会福祉学科、人間社会学科、健康スポーツ学科	授業料の 30%	正規の修業年限	
			学園奨学生B					
			看護学科奨学生	保健	看護学科			

人数	申込時期	資格・条件
10 名以内	入学手続時	本学のスポーツおよび文化芸術活動を強化して活性化することを目的として奨学金を支給する
1 名	入学後	経済的状況が厳しく、かつ、本学学生として模範的な学生生活を送っていると判断される者
1〜2 名		GPA が 3.5 以上の者で、かつ、本学学生として模範的な学生生活を送っていると判断される者
		四国学院大学提携教育ローン（百十四銀行）の利用者
若干名		姉妹校協定に基づき留学が許可された学生
		認定留学が許可された学生
		協力協定校から入学し、協力協定校校長の推薦のあった者
5 名		本学を第一志望とし建学の精神をにない模範的な学生生活を送ると期待できる者。自立心と共に舞台芸術 (演劇、ダンス、アートマネジメントなど) を意欲的に学ぶ強い意思を継続できる者。芸術、文化、地域コミュニティーに強い関心を持ち、創作活動に積極的に挑戦する意欲を有する者。スカラーを対象とする授業や公演に必ず参加できる者
各学部若干名	入学後	勉学意欲が旺盛で人物、学業成績ともに秀れた者
	学校出願時	勉学意欲が旺盛で人物、学業成績ともに秀れた者。半期ごとに審査あり
		スポーツの特定の競技種目において、全国大会出場の実績を有する者、又は都道府県レベルの大会において優秀な成績を挙げた者で、勉学意欲が旺盛な者（対象とする競技種目については学生募集要項で定める）。半期ごとに審査あり
		学業成績が特に優秀で会計に強い関心・意欲を持ち、税理士等の高度の資格取得を目指す者（経営学部生対象）。半期ごとに審査あり
		学業成績が特に優秀で小学校教員を目指す者（発達科学部生対象）。半期ごとに審査あり
	随時	海外研修等における国際交流への助成
若干名	学校出願時	(1) 評定平均値 4.0 以上。(2) 両親の収入合計が、給与所得者は 500 万円以下、給与所得者以外は 210 万円以下　※入学後、年 2 回の継続審査あり
		(1) 評定平均値 4.3 以上。(2) 両親の収入合計が、給与所得者は 800 万円以下、給与所得者以外は 330 万円以下　※入学後、年 2 回の継続審査あり

学校名・団体名	制度名	対象の専攻分野	対象詳細	支給額	支給期間	
聖カタリナ大学	専願特待生	文系全般	社会福祉学科、人間社会学科、健康スポーツ学科	授業料の30%	正規の修業年限	
	特待生		社会福祉学科、人間社会学科、健康スポーツ学科			
	看護学科特待生A	保健	看護学科	授業料の全額		
	看護学科特待生B			授業料の50%		
	スポーツ特待生A	文系全般	社会福祉学科、人間社会学科、健康スポーツ学科	授業料の全額		
	スポーツ特待生B			授業料の50%		
松山大学	松山大学奨学金	なし	全学年	月額3万円	1年間	
	松山大学温山会奨学金		新入生のみ	月額1万円		
	松山大学父母の会奨学金					
	松山大学入学試験成績優秀者スカラシップ奨学金	文系全般	入学試験において選考	授業料全額相当	6年間（条件あり）	
	松山大学入学試験薬学部成績優秀者スカラシップ奨学金	理系全般				
	松山大学入学試験薬学部特別指定校スカラシップ奨学金			授業料半額相当		
	松山大学入学試験スポーツスカラシップ奨学金	なし		授業料全額相当	4年間（条件あり）	
	松山大学成績優秀者スカラシップ制度特別奨学金	文系全般	2年生以上	授業料半額相当	1年間	
	松山大学薬学部成績優秀者スカラシップ制度特別奨学金	理系全般				
	松山大学スポーツスカラシップ制度特別奨学金	なし				
	松山大学薬学部提携特別教育ローン利子給付奨学金	理系全般	薬学部生のうち希望者全員	利子相当額	在学期間	
	松山大学特別奨学金	なし	全学年	学費の全額あるいは半額相当	1年間あるいは2年間	

人数	申込時期	資格・条件
	学校出願時	(1) 評定平均値 4.5 以上。(2) 両親の収入合計が、給与所得者は 800 万円以下、給与所得者以外は 330 万円以下　※入学後、年 2 回の継続審査あり
	その他	一般選抜または共通テスト利用選抜の成績優秀者
若干名		試験選抜の成績最優秀者
		試験選抜または共通テストプラス選抜 (A 日程) の成績優秀者
	学校出願時	(1) 評定平均値 3.0 以上。(2) 指定種目は、剣道 (男・女)、サッカー (男)、硬式野球 (男) とし、公認された全国大会に出場し、その個人の実力が上位と認められ、入学後もその活躍が著しく期待できる者。
		(1) 評定平均値 3.0 以上。(2) 指定種目は、剣道 (男・女)、サッカー (男)、硬式野球 （男）とし、県大会若しくは地区大会で上位の成績を収めた者及び個人の実力が高く評価され、入学後もその活躍が期待される者。
約 60 名	入学後	学業・人物ともに優れ、かつ経済的な事由で学費の支弁が困難な者に対し給付する。成績基準あり
10 名		
15 名		
20 名	入学手続き時	一般入学試験 1 期日程において、経済学部、経営学部、人文学部の合格者のうち、入学試験成績上位 20 名の中で該当学部へ入学した者
若干名		以下の入学試験上位者より若干名　1. 一般入学試験 1 期日程受験者および、一般公募推薦入学試験、指定校推薦入学試験の合格者　2. 一般入学試験 2 期日程受験者 3. 大学入試センター試験利用入学試験（前期日程 B 方式）受験者
10 名程度		薬学部指定校推薦入学試験において、薬学部教授会が指定した特別指定校から入学した者
6 名		経済学部または経営学部の「各種活動優秀（スポーツ）特別選抜入学試験」を受験し、柔道（男子）・女子陸上（中・長距離）の 2 種目のいずれかにおいて、松山大学スポーツスカラシップ制度に定める採用基準を満たす者
51 名	入学後	GPA および各学部が定める評価基準を総合評価した者の上位者
成績上位者		松山大学薬学部生のうち、成績優秀者
10 名		スポーツ分野において著しく優秀な成績を挙げた者
希望者全員		松山大学薬学部に入学および在学する学生で、保証人等が「松山大学薬学部提携特別教育ローン」を利用して学費の納入をした場合、奨学金として融資を受ける利子に相当する金額を給付する
若干名		主たる家計支持者の死亡等、突発的な事由により学費の支弁が著しく困難になった者

学校名・団体名	制度名	対象の専攻分野	対象詳細	支給額	支給期間	
九州・沖縄						
九州共立大学	学力奨学生制度（優秀奨学金）	なし	2～4年	授業料半額相当	1年間	
	学力奨学生制度（奨励奨学金）					
九州国際大学	学術奨学生	なし		授業料の50%	1年間	
	九州国際大学同窓会奨学金			月額1万円以内		
九州産業大学	経済支援奨学金	なし	1・2年次	年額36万円	1年間	
	災害時奨学金		全学年	年間修学費の全額又は半額（被害状況による）※本学の事情により減額することがある		
	上野拓記念奨学金			年額24万円		
	遠隔地学生予約型奨学金		1年次	年額36万円		
	中村治四郎奨学金【学業特待枠】		2年次	在学する学科の年間授業料相当額		
九州情報大学	学校推薦型選抜特別推薦（指定校）奨学生	なし	特別推薦（指定校）選抜で合格した者	60万円	4年間（ただし2年終了時に再審査）	
				30万円		
				入学金22万円		
	学校推薦型選抜一般推薦（公募）奨学生		一般推薦（公募）選抜で合格した者	60万円		
				30万円		
	一般選抜、大学入学共通テスト利用選抜奨学生		一般選抜、大学入学共通テスト利用選抜で合格した者	60万円		
				30万円		

人数	申込時期	資格・条件
経済学部各学年1名・スポーツ学部各学年1名	入学後	模範生かつ学力優秀な者で、以下の条件を満たす者①学友会・部活・サークル等に所属し、積極的に活動を行い、懲戒処分を受けていないこと②前年度のGPAが3.5以上であること③前年度の授業の出席率が80%程度であること
3名（原則として文化・スポーツ・社会貢献で各1名）		文化・スポーツ・社会貢献で成果・業績をあげた者で、以下の条件を満たす者①前年度の実績で優秀な成績を収めていること。各種団体等から表彰を受けていること②スポーツに関しては、全国大会及びそれに準ずる大会で優秀な成績を収めていること③前年度のGPAが1.5以上であること
若干名		2年生～4年生。前年度までの学業成績ならびに人物ともに優秀な者
学部・大学院合わせて40名程度	入学後	1. 令和3年4月1日(月)現在、九州国際大学に在学していること。2. 向学心にもえ、有能な素質をもっているもので、将来、有為な人材になると予測されること。3. 経済的理由で就学困難であること。4. 授業料の減免・免除を受けていないこと。5. 他の奨学金を受けていないこと（貸与については可）。
50名程度（大学・短大合計）	入学後	次の項目すべてに該当する者。(1) 本学の学部に在学している者。ただし、外国人留学生を除く。(2) 勉学意欲が旺盛であり、かつ、品行方正と認められる者。(3) 経済的に修学困難と認められる者。
被災者	随時	自然災害等で被災し、経済的に修学困難と認められる学生を対象とする。非正規学生（研究生及び科目等履修生をいう。）及び外国人留学生を含まない
3名	入学後	九州産業大学に在籍する品行方正な学部学生で、勉学意欲を持ちながら、経済的に修学困難と認められる者。（外国人留学生を除く）
100名（大学・短大合計）	学校出願時	次の項目すべてに該当する者。(1) 入学前に遠隔地学生奨学金の予約申請を行い、奨学生候補者として本学に入学した者。(2) 福岡県外に家族が居住し、本学入学後、自宅外から通学する者。(3) 経済的に修学困難と認められる者。
79名	入学後	人物及び学業成績が特に優秀であって他の学生の模範となる者
受験生の10%程度	学校出願時	奨学生選考試験の得点が特に優秀（8割以上）な者
受験生の30%程度		奨学生選考試験の得点が優秀（7割以上）な者
受験生の60%程度		奨学生選考試験の得点が7割未満の者及び未受験者
受験生の10%程度		奨学生選考試験の得点が特に優秀（8割以上）な者
受験生の30%程度		奨学生選考試験の得点が優秀（7割以上）な者
受験生の10%程度		一般選抜（8割以上）、大学入学共通テスト利用選抜（7割以上）
受験生の30%程度		一般選抜（7割以上）、大学入学共通テスト利用（6割以上）

353

	学校名・団体名	制度名	対象の専攻分野	対象詳細	支給額	支給期間	
福岡県	九州情報大学	スポーツ奨学生	なし	本学指定のスポーツで優秀な実績があり、スポーツ奨学生選抜で合格し、指定部に入部する者	60万円	4年間（ただし2年終了時に再審査）	
					30万円		
					入学金22万円		
		吹奏楽奨学生		吹奏楽で優秀な実績があり、吹奏楽奨学生選抜で合格し、吹奏楽に入部する者	60万円	4年間（ただし2年終了時に再審査）	
					30万円		
					入学金22万円		
		社会人奨学生		社会人選抜で合格した者	30万円	4年間（ただし2年終了時に再審査）	
		編入学奨学生		編入学選抜で合格した特別指定校推薦者	年額30万円	2年間	
				編入学試験で合格した指定校推薦者及び編入学試験で合格した特別指定校推薦者	入学金22万円		
	九州女子大学	学力奨学生制度	なし	2～4年生	授業料半額	1年間	
		福原弘之奨学生制度		4年生	授業料全額		
	久留米工業大学	学業優秀奨学金	工学	2年以上	10万円	当該年1回限り	
		二又奨学金		3年以上	半期授業料（42万円）	在学中1回限り	
		育英奨学金		全学年	半期授業半額（21万円）		
		課外活動奨励金			上限個人10万円・クラブ40万円		
	久留米大学	久留米大学給付奨学金（文系学部）	なし	全学年	各納期の授業料及び教育充実料		
		久留米大学奨学金（医学部医学科）	保健（医学）	2～6年	各納期の授業料及び施設拡充維持料		
		久留米大学奨学金（医学部看護学科）	保健（看護）	全学年	各納期の授業料、教育充実料及び実験実習料		

私立
九州・沖縄

人数	申込時期	資格・条件
4 名	学校出願時	指定部を退部した者は、退部した学期よりスポーツ奨学生としての資格を取り消すものとする
10 名		
6 名		
2 名		吹奏楽部を退部した者は、退部した学期より吹奏楽奨学生としての資格を取り消すものとする
5 名		
3 名		
		得点が特に優秀（7 割以上）な者
		選抜の成績が出身学校別に上位 2 名まで
		選抜の成績が出身学校別に上位 2 名以外
若干名	入学後	学力優秀で、学友会、部活、サークル等に所属し、リーダーシップを発揮している模範生
1 名		勉学意欲旺盛で成績優秀でありながら、家庭の経済的理由により著しく就学が困難である者
若干名	入学後	学業成績が特に優秀な者で各学科より推薦された学生　※各年度毎推薦されれば複数回受給可
5 名		本学に 2 年以上在籍している学生で、学業・人物とも優秀で、かつ健康であり学費の支弁が困難と認められる学生　※スカラシップとの併用不可
前・後期各 7 名以内		学業を続ける意思がありながら、経済的な理由により修学が困難と認められる学生※ 1 年生は後期から出願可、スカラシップとの併用不可
		課外活動において優れた成績をおさめた学生又はクラブ
文・法・経済・商学部　各学部 8 名以内人間健康学部 4 名以内	随時	健康で学業成績及び人格良好な学生で、家計急変により授業料の納入が困難な者
2 名以内		

福岡県

学校名・団体名	制度名	対象の専攻分野	対象詳細	支給額	支給期間	
産業医科大学	開学40周年記念奨学金給付制度	保健	医学部	15万円	半学期ごと	
			産業保健学部	5万円		
	特待生（学業成績優秀者）		医学部	20万円	全学期ごと	
			看護学科	10万円		
			環境マネジメント学科			
	特待生（学業成績躍進者）		医学部			
			看護学科	5万円		
純真学園大学	純真学園大学入学者奨学生	なし		授業料相当額の半額	1年間	
	純真学園大学在学者特待生					
	純真学園大学在学者奨学生					
西南学院大学	西南学院大学給付奨学金	なし	学部学生（専攻科生および選科生を除く）	37万5000円	当該年度	
	西南学院大学緊急支援特別奨学金					
	西南学院大学教職員による奨学金					
	西南学院大学成績優秀者奨学金		学部学生（神学部は選科生を含む）の3、4年生	25万円または15万円		
	C.K.ドージャー記念奨学金		学部学生または専攻科生（ただし、外国人留学生は除く）	委員会において決定した額（前年度実績：なし）		
	ジョイ・コープランド記念奨学金					
	泉昭雄記念奨学金					
	河合田鶴記念奨学金					

人数	申込時期	資格・条件
20 名	その他	経済的理由によって授業料等の納入が困難であり、かつ、学業優秀と認められる者および学生の学資を主として負担している者が不慮の災害等を受け、授業料等の納入が困難と認められる者
15 名		
10 名以内／各学年		在学生で学業成績および人物評価が優秀な者
6 名以内／各学年		
2 名以内／各学年		
3 名以内／各学年		在学生で学業成績が前年度から著しく躍進し、かつ、人物評価が優秀な者　※ 2 ～ 6 年次の各学年各ランク最高躍進者
原則 2 名以内／各学年		在学生で学業成績が前年度から著しく躍進し、かつ、人物評価が優秀な者　※ 2 ～ 4 年次の各学年最高躍進者
若干名	その他	一般選抜一期及び学校推薦型選抜合格者の成績優秀者
各年次各学科1 名		成績優秀者
若干名		学習意欲に優れているにもかかわらず、経済的理由により修学困難な者
50 ～ 100 名程度	入学後	学部学生（専攻科生および選科生を除く）で人物、学力ともに優秀で、かつ、学資の援助が必要な者
15 ～ 30 名程度		学部学生（専攻科生および選科生を除く）で本年度において家計が急変した者または学費の支弁が困難な者
9 名程度		学部学生（専攻科生および選科生を除く）で人物、学力ともに優秀で、正課外活動において顕著な成果がある者
90 名程度	その他	西南学院大学に在籍する学部学生（神学部については選科生を含む）のうち、3・4 年生を対象として、特に学業成績の優れた者
若干名	入学後	1 年以上の信仰暦を持ち、活動的な教会生活をしているクリスチャンで、かつ、バプテスト派教会員（大学院生、学部学生または専攻科生。ただし、外国人留学生は除く）
		身体障害者手帳の交付を受けている本学の大学院生、学部学生または専攻科生（ただし、外国人留学生は除く）
		バプテスト派教会員以外の神学部学生で（大学院生、専攻科生および選科生を含む）将来、牧師または伝道者となる決意を有する者で、かつ、人物・学力とも優秀で学資の支弁が困難な者

学校名・団体名	制度名	対象の専攻分野	対象詳細	支給額	支給期間	
西南学院大学	海外派遣留学生奨学金 －留学奨励金－	なし	学部学生・大学院生 （専攻科生および選科生を除く）	アジア：15万円／アジア以外25万円 （半年留学は半額）	当該年度	
	海外派遣留学生奨学金 －留学支援金－			毎月5万円×留学期間		
	語学研修奨学金 －渡航支援奨学金－		学部学生 （専攻科生および選科生を除く）	5万円		
	語学研修奨学金 －研修支援奨学金－			10～25万円 （留学先による）		
	認定留学奨学金			42万円		
	キャリアアップ海外研修奨学金			5万円		
西南女学院大学	一般奨学生制度		2年生以上	年間授業料の半額	1年間	
	特別奨学生制度		看護学科を除く	年次学納金全額から授業料半額まで3区分	1年間 （毎年審査のうえ更新可）	
聖マリア学院大学	聖マリア学院大学特待奨学金	なし	学部生	授業料減免 （50万円または20万円）	後期授業料の減免	
	聖マリア学院大学子弟等奨学金		新入生	入学金相当額の半額	入学後	
	聖マリア学院大学緊急時奨学金		全学生	当該学期の授業料および施設維持費相当額を上限	事由発生後	
筑紫女学園大学	筑紫女学園育英奨学会奨学金	なし	全学生	授業料、施設設備費、教育充実費の合計額	1年間	
	筑紫女学園大学奨学金			年間授業料の半額		
	筑紫女学園大学同窓会 紫友会奨学金			年額上限30万円		

私立
九州・沖縄

福岡県

358

人数	申込時期	資格・条件
最大 100 名程度		本学の海外派遣留学生選考試験合格者で、留学先大学に入学を許可された者
20 名程度	その他	本学の海外派遣留学生選考試験合格者で、留学先大学に入学を許可された者の中で経済的理由により留学困難である者
40 名程度		本学主催の語学研修参加者で、在学中の成績が優秀、かつ、意欲的に海外での異文化理解を図ろうとする者
20 名程度		本学主催の語学研修参加者で、在学中の成績が優秀、かつ、経済的理由により留学困難である者
40 名程度	随時	「外国の大学に留学する学生の取り扱いに関する内規」の適用を受けて私費留学する者
20 名程度	その他	キャリアアップ海外研修（EU 国際機関研修またはツーリズム産業研修）に参加する者
各学科学年若干名	入学後	前年度の学業成績基準を満たす者
若干名	学校出願時	総合型選抜 B 方式（スポーツ活動優秀者募集タイプ）において合格し入学した者（指定種目：バレーボール・バスケットボール）
若干名	その他	新入生（編入者除く）で、一般入試合格者のうち、成績が特に優秀であり、他学生の模範となる者。2 年次以降（編入者除く）は、前年次の成績、および品行、学生生活が特に優秀であり、他の学生の模範となる者。いずれも有効期限は 1 年とする
対象者	入学後	次の 1)～3) のいずれかに該当する者　　1) 父母・兄弟姉妹が、聖マリア学院大学（聖マリア看護専門学校・聖マリア学院短期大学・聖マリア学院医療福祉専門学校を含む）の卒業生もしくは在学生である者。　　2) 父母・兄弟姉妹が、聖マリアグループ（社会医療法人雪の聖母会聖マリア病院、公益財団法人福岡県すこやか健康事業団、社会福祉法人桧成会、株式会社サンループ、NPO 法人 ISAPH、学校法人ありあけ国際学園保健医療経営大学）の現職正職員である者。　　3) 入学時において直近 1 年以上、聖マリアグループの現職正職員であった者
若干名	随時	人物に優れ、勉学意欲が旺盛にもかかわらず、在学中に家計支持者の失職、死亡、災害その他家計の経済事情の急変により学業の継続が著しく困難となり、緊急を要すると認められる者。1 人の学生につき 2 回まで
4 名		向学心に燃え、かつ経済的な理由により修学が困難な者
5 名	入学後	経済的理由により修学が困難な者
若干名		学業の継続が極めて困難になった優秀な者

	学校名・団体名	制度名	対象の専攻分野	対象詳細	支給額	支給期間	
福岡県	筑紫女学園大学	在学生成績優秀者奨励生制度 S奨励金	なし	2～4年生	50万円	1年間	
		在学生成績優秀者奨励生制度 A奨励金			20万円		
		在学生成績優秀者奨励生制度 B奨励金			10万円		
	中村学園大学	学校法人中村学園卒業生子女奨学金	なし	1年生	24万円		
		中村学園大学特別給付奨学金		全学年	授業料の半額相当		
				4年生	20万円		
		中村学園大学同窓会奨学金		全学年	一人につき30万円、20万円、15万円、5万円 1団体につき30万円、20万円、15万円、10万円		
	日本赤十字九州国際看護大学	日本赤十字九州国際看護大学給付奨学金制度	保健（看護）		27万5000円		
	日本経済大学	日本経済大学福岡キャンパス後援会奨学金	社会科学	入学者	10万円	1回	
		日本経済大学東京渋谷キャンパス後援会奨学金					
		日本経済大学神戸三宮キャンパス後援会奨学金					
		日本経済大学同窓会奨学金（福岡キャンパス）		2、3、4年生	20万円		
	福岡歯科大学	福岡歯科大学学生共済会奨学金就学共済金	なし		授業料の半額（給付）	1年・半年（毎年申請）	
	福岡女学院看護大学	福岡女学院看護大学修学支援奨学金	保健	全学年	年額30万円以内	当該期1回限り	
		福岡女学院看護大学家計急変支援奨学金			原則、当該学期授業料の全額以内		

人数	申込時期	資格・条件
3 名	入学後	前年度の成績（GPA）が全学部学年順位 1 位の者
9 名		前年度の成績（GPA）が各学部各学年順位 1 位の者（S 奨励金対象者を除く）
120 名		前年度の成績（GPA）が各学科・コース別学年順位上位の者（S・A 奨励金対象者を除く）
	入学後	直系尊属で二世代以上連続して各学校を卒業した者の子女で、大学に入学を許可された学生
	随時	天災地変による被災や破産、事故などにより生計を維持する者の家計が急変し、経済的理由のため修学が困難となった者
3 名	その他	目的：学生のリーダー的人材育成のための勉学奨励。大学 4 年次に在籍し、3 年次までの総合 GPA が上位 25％以内の者で、翌年度 4 月に中村学園大学大学院に進学予定の者
3 名		目的：学生のリーダー的人材育成のためのスポーツ・文化活動向上。大学同窓会が認定した各大会等で優秀な成績を収めた個人または団体
各学年 5 名程度	入学後	1）高い修学意欲を有すること。2）経済的困窮度が高く、就学困難であること　※平成 30 年度入学から適用
新入生 編入生　20 名程度	入学後	入学年度春学期の成績が良好であること又は、学業に対し経済的支援が必要であるとこ。春学期 GPA が 2.5 以上であり、春学期出席率が 80％以上であること。入学手続き時の学納金を完納していること。入学時に入学金以外の学費（授業料）減免を受けていないこと。
全学 40 名程度		
新入生 10 名程度		
2 ～ 4 年生 各 10 名程度		前年度の成績が良好であること　前年度の GPA が 3.2 以上であり、出席率が 85％以上であること　学納金（授業料）の減免を受けていないこと（採用数各学年 10 名程度）
	その他	会員（学費負担者）が死亡した場合に翌学期から給付
令和 2 年度 30 名程度	入学後	原則として家庭の経済事情、学業成績、人物、健康、およびその他の事情を総合的に審査
若干名	随時	家計急変等の経済的理由により修学困難と認められる者

	学校名・団体名	制度名	対象の専攻分野	対象詳細	支給額	支給期間	
福岡県	福岡女学院看護大学	入学時学業奨励奨学金	保健	全学年	75万円		
		学業奨励奨学金			20万円		
		福岡女学院ギール奨学金			授業料相当額の範囲内	在学期間	
	福岡女学院大学	修学支援奨学金	人文科学	全学年	原則、年間授業料の半額	1年間	
		家計急変支援奨学金			原則、当該学期授業料の全額（半期分）	1回のみ	
		福岡女学院姉妹奨学金		1年生	入学金相当額	入学時	
		一般選抜＜前期＞A方式・＜前期＞A方式(共通テストプラス)特待生			授業料72万5000円全額	1年間	
		学校推薦型選抜入学試験合格者対象特待生					
		一般選抜[共通テスト単独方式（Ⅰ期）]特待生					
		成績優秀者特待生		2年生〜4年生	原則、年間授業料の半額（36万2,500円）		
	福岡大学	福岡大学特待生制度	なし	2年生以上	30万円	1年間（毎年度決定）	
		福岡大学課外活動給費奨学金		全学年	60万円以内		
		福岡大学学生サポート募金給費奨学金			30万円	1年間	
		入試成績優秀者奨学金「FUスカラシップ」		全学部・学科	授業料の半額	最長4年間（医学部医学科・薬学部は最長6年間	
		商学部第二部奨学金			入学申込金（新入生のみ）、授業料、教育充実費		
佐賀県	西九州大学	永原学園奨学金	なし		年間授業料の2分の1相当額以内	単年度分を前後期に分けて支給	

人数	申込時期	資格・条件
2 名	その他	一般入学試験（前期日程）の成績上位者
各学年 3 名ずつ		学年終了時において成績、人物共に優秀な者
若干名	随時	学業成績、性行ともに良好で、かつ、学資支弁が困難な者
50 名程度（平成 30 年度実績に基づき変更あり）	入学後	概ね世帯収入 350 万円未満程度の者。授業料減免等を受ける者を除く
20 名程度（平成 30 年度実績に基づき変更あり）		主たる家計支持者が申込時点から遡って 1 年以内に、失職・退職・死亡・離別、破産、傷病、震災や風水害、火災といった災害等の事由により、著しく支出が増大もしくは収入が減少し、修学困難であると認められる者　※異なる事由が発生した時には、申請可能（ただし、授業料減免等を受ける者を除く）
		福岡女学院大学・福岡女学院大学短期大学部に姉妹が在籍していること
原則、各学科 1 名	その他	成績優秀者（2 年次以降の奨学金は別に定める。）
		指定校推薦入学試験、公募推薦入学試験合格者のうち、特待生選抜試験として、一般選抜＜前期＞ A 方式を受験した方の成績優秀者（この際の検定料は無料）（2 年次以降の奨学金は別に定める。）
		成績優秀者（2 年次以降の奨学金は別に定める。）
		前年度の成績により選考
約 200 名	その他	前年度の学業成績ならびに品行の特に優秀な者
約 15 名	入学後	課外活動において、極めて特異な能力を有し、かつ、優れた業績を残した者
10 名		修学の意欲があるにもかかわらず、半年以内に家計支持者の失職、死亡、その他の理由により、家計が急変し修学が困難になった者
800 名程度	その他	一般選抜（前期日程）、共通テスト利用型（Ⅰ期）入試の成績により採用候補者を選考し、入学した採用候補者を「FU スカラシップ生」として採用
各学年 10 名		商学部第二部の一般入試（後期日程除く）合格者を対象に入試成績等により選考。2 年次以降は、前年度の学業成績等により毎年選考
各学科 2 名	学校出願時	一般選抜 1 期での成績上位者　※大学等における修学支援に関する法律（令和元年度法律第 8 号）に基づき、令和 2 年 4 月 1 日から授業料減免の適用を受ける学生については、その授業料減免後の額の 2 分の 1 の範囲内の額とする。

	学校名・団体名	制度名	対象の専攻分野	対象詳細	支給額	支給期間	
佐賀県	西九州大学	永原学園奨学金	なし		年間授業料の2分の1相当額以内	単年度分を前後期に分けて支給	
		「ひのくま会」奨学金			年間10万円		
長崎県	活水女子大学	活水女子大学第1種奨学金	なし	2年次以上	年額35万円	1年間	
		活水女子大学新入生特別奨学金		新入生	年額30万円		
		活水女子大学みどり奨学金		4年次	1人1件30万円以内		
		活水女子大学グリーンスカラシップ奨学金		全学年	年額30万円		
		活水女子大学父母会奨学金					
	鎮西学院大学	鎮西学院大学後援会奨学金	なし		年額24万円	1年間	
		鎮西学院大学後援会特別奨学金			半期分の授業料・教育充実費上限	半期	
	長崎外国語大学	スカラシップ入試奨学金	なし		上位5名：98万7000円次点5名：49万3500円	1年次	
		緊急支援特別奨学金			20万円	申請時	
		特別奨学金（SS-1）			25万円／年	4年間	
		特別奨学金（SS-2）					
		特別支援奨学金			25万円	1年間	
		ファミリー奨学金				1年次	
		旅程管理研修奨学金			研修の種類により5,000円、あるいは1万円	申請時	
		勤労奨学金			1万円／月	業務により7ヶ月あるいは8ヶ月	
		派遣留学奨学金			留学先大学の授業料相当額	留学時	
	長崎国際大学	兄弟姉妹在籍者奨学金	なし	本学に同一時期に兄弟・姉妹が在籍する場合	授業料の10%給付	兄弟・姉妹が同一期間に在学中	
		長崎国際大学同窓会特別奨学金		全学年	10万円	該当年度	

	人数	申込時期	資格・条件
	40 ～ 50 名 （各学科 8 ～ 10 名）	入学後	学力、人物に優れ、経済的理由により修学が困難な者、かつ申請年度の前年度に開講された科目の内 GPA が 2．7 以上の者　※各学科 6 ～ 10 名。大学等における修学支援に関する法律（令和元年度法律第 8 号）に基づき、令和 2 年 4 月 1 日から授業料減免の適用を受ける学生については、その授業料減免後の額の 2 分の 1 の範囲内の額とする。
	15 名		学力、人物に優れ、経済的理由により修学が困難な者
	4 名	入学後	人物・学業成績ともに極めて優秀で、向学心があり、経済的事由により修学困難である者
		その他	本学が指定する入学試験合格者で当該学力試験の成績が極めて優秀で入学手続きをした者
			4 年次に在学し本学が指定する大学の通信教育を履修している者で、小学校教諭一種免許取得を強く志望する者
	10 名	入学後	経済的理由により修学が困難であるが、向学心が強い者または、学長が特に推薦する者
	21 名		人物・学業成績ともに優秀で、経済的事由により修学困難である者
	若干名	入学後	学業人物優秀で経済的事由により修学困難な学生
		随時	家庭の経済急変により修学困難な者
	10 名	学校出願時	スカラシップ入試で合格すること
	制限なし	随時	修学の意欲があるにもかかわらず、家計が急変した者で、経済的理由により学資の支弁が困難な者。
		その他	12 月 31 日までに発表された推薦入試および AO 入試の合格者のうち、2 月 1 日の奨学金認定試験で 95 点以上獲得すること。2 年次以降は成績基準を満たすこと
			12 月 31 日までに発表された推薦入試および AO 入試の合格者で本学が経済上受給資格を有すると認める人のうち、2 月 1 日の奨学金認定試験で 85 点以上獲得すること。2 年次以降は成績基準を満たすこと
	各学年 5 名	入学後	2 年生、3 年生、4 年生の各年次に所属する学生で、本学が経済上受給資格を有すると認める人のうち、成績優秀であること
	制限なし		本学の卒業生あるいは在学生が 2 親等以内にいること
		その他	本学で実施する旅程管理研修を受講し、単位認定を受けること
	20 名		本学が経済上受給資格を有すると認める人で、学内の SA 業務や軽作業を行える人
	4 名		在学中に留学を希望し、学業成績優秀で人物も優れており、留学先において充分な成果をあげることができること
	対象者	入学後	既に減免奨学生や特待生に選出されている場合や兄弟姉妹のいずれかが留年している場合は除く
	20 名	その他	各学科から推薦を受けた者

	学校名・団体名	制度名	対象の専攻分野	対象詳細	支給額	支給期間	
長崎県	長崎純心大学	純心女子学園江角記念奨学金	なし	全学年	年間の授業料等の半額を上限		
		純心女子学園教育ローン利子補給奨学金			利息分 上限5万円	年1回	
熊本県	九州ルーテル学院大学	九州ルーテル学院大学奨学金第1号奨学生	なし		当該年度授業料の100%		
		九州ルーテル学院大学奨学金第2号奨学生			当該年度授業料の50%		
		九州ルーテル学院大学奨学金第3号奨学生			10万円		
	熊本学園大学	給費生制度	なし	全学年	授業料相当額	採用月から1年を限度	
		同窓会志文会奨学金（1号奨学生）			年額30万円以内		
		同窓会志文会奨学金（2号奨学生）				当該年度	
		同窓会志文会奨学金（3号奨学生）			年額15万円		
		第二部学生有職者奨学金	社会科学	社会福祉学部第二部社会福祉学科の在学生かつ有職者	年額24万円以内		
		田島司郎国際奨学基金	なし	全学年	年額12・24万円		
	熊本保健科学大学	一般奨学制度	なし		月額5万円	1年間（継続あり）	
		海外留学奨学金制度			30万円（費用の半額程度を補助）	当該年度	
	尚絅大学	海外留学奨学金	なし		2万円、5万円、10万円（留学期間によって異なる）		
		入試奨学金制度（一般選抜（第1回））		入学生	1位「奨学金さくら30」：30万円（年額）、2位〜6位「奨学金花しのぶ10」：10万円（年額）	4年間（継続要件あり）	

	人数	申込時期	資格・条件
	若干名	入学後	入学後、災害その他、家庭の経済状況の急変により学業継続が困難になった者
			経済的理由により教育ローンを利用して学費等全部又は一部を納付した者　※再申請の場合、4年間4回(最高限度額20万円)まで給付
	各学年2名以内	入学後	成績・品行・学生生活が特に優秀であり、かつ他の学生の模範となり、経済的にも援助を必要とする者
	各学年4名以内		
	各学年8名以内		
	若干名	随時	在学中に災害、家庭の経済状況急変により、修学が困難になった者、または経済困窮の中で生活努力をしているものの家計状況が徐々に悪化し、学費の納入が困難な者
	1号〜3号計15名程度(院生を含む)		在学中に自然災害、その他の家庭の経済状況が急変し、修学が困難と認められる事態が発生したとき、または経済困窮の中で生活努力をしているにもかかわらず家計状況が徐々に悪化し学費の納入が困難な者
			人物・学力ともに優秀な者または課外活動で顕著な成績をあげた者で家計が苦しいと認められるとき
			外国へ1年程度以上私費留学するとき
	若干名	入学後	第二部で学ぶ勤労学生で経済的に苦しく、向学心が旺盛で学業成績優秀な者
			中国へ長期(半年または1年)留学する本学学生
	各学年16名	入学後	・所定の家計の基準を満たしていること・1年次においては一般選抜を受験していること・勉学に強い意志を持ち、人物、学業とも優秀であること・他の組織から給付奨学金を受けていないこと
	プログラム参加者全員	その他	海外留学に意欲がある者
	定めなし		本学の規程に則り、留学を許可された学生
	現代文化学部:6名、生活科学部:6名	その他	(1)「奨学金さくら30」は入試成績の順位が1位で、かつ入試得点率が65%以上の者。(2)「奨学金花しのぶ10」は入試成績の順位が2位から6位まで、かつ入試得点率が60%以上の者。(1)「奨学金さくら30」においては、2年時以降への継続の要件として、年次のGPA平均が在籍学部学科の上位5%以内であることとする。(2)「奨学金花しのぶ10」においては、2年時以降への継続の要件として、年次のGPA平均が在籍学部学科の上位10%以内であることとする

	学校名・団体名	制度名	対象の専攻分野	対象詳細	支給額	支給期間	
熊本県	尚絅大学	入試奨学金制度（大学入学共通テスト利用型選抜（第1回））	なし	入学生	1位「奨学金さくら30」：30万円（年額）、2位～6位「奨学金花しのぶ10」：10万円（年額）	4年間（継続要件あり）	
熊本県	崇城大学	学業優秀奨学生	なし	学部生、2～4年次生（薬学部のみ2～6年次）	20万円	各学年1回／年	
宮崎県	宮崎産業経営大学	学生支援給付奨学金	なし		年額12万円		
鹿児島県	鹿児島国際大学	鹿児島国際大学特待生	なし	全学年	授業料全額	当該年度1年間	
鹿児島県	鹿児島国際大学	鹿児島国際大学特待生	なし	全学年	授業料半額	当該年度1年間	
鹿児島県	鹿児島純心女子大学	鹿児島純心女子大学成績優秀者奨学金	なし	人間教育学部	10万円	前期	
鹿児島県	鹿児島純心女子大学	鹿児島純心女子大学成績優秀者奨学金	なし	看護栄養学部	30万円	前期	
鹿児島県	鹿児島純心女子大学	鹿児島純心女子大学白百合奨学金	なし	人間教育学部、看護栄養学部	月額2万円	1年間	
沖縄県	沖縄キリスト教学院大学	特待奨学金	人文科学		授業料相当額		
沖縄県	沖縄キリスト教学院大学	一般給付奨学金（前期・後期）	人文科学		20万円一括	前期／後期	
沖縄県	沖縄キリスト教学院大学	沖縄キリスト教学院後援会奨学金	人文科学		年間授業料の50%	後期	
沖縄県	沖縄キリスト教学院大学	沖縄キリスト教学院同窓会奨学金	人文科学		10万円一括	後期	
沖縄県	沖縄キリスト教学院大学	親族授業料免除奨学金	人文科学		授業料の25%	後期	
沖縄県	沖縄国際大学	特待奨学金	なし	2～4年次在学生	在籍年次の授業料及び施設設備資金相当額	1年間	
沖縄県	沖縄国際大学	一般奨学金（第一種）	なし	1～4年次在学生	在籍年次の授業料相当額	1年間	
沖縄県	沖縄国際大学	一般奨学金（第二種）	なし	1～4年次在学生	在籍年次の授業料半額相当額	1年間	

人数	申込時期	資格・条件
現代文化学部：6名、生活科学部：6名	その他	(1)「奨学金さくら 30」は入試成績の順位が 1 位で、かつ入試得点率が 65% 以上の者。(2)「奨学金花しのぶ 10」は入試成績の順位が 2 位から 6 位まで、かつ入試得点率が 60% 以上の者。(1)「奨学金さくら 30」においては、2 年時以降への継続の要件として、年次の GPA 平均が在籍学部学科の上位 5% 以内であることとする。(2)「奨学金花しのぶ 10」においては、2 年時以降への継続の要件として、年次の GPA 平均が在籍学部学科の上位 10% 以内であることとする
若干名	入学後	学業・人物ともに優秀・通年成績で学科選考基準による
	入学後	学業が優秀であり、かつ就学意欲が旺盛であると認められる者（授業料減免者を除く）
24 名	その他	学業・人物および健康がいずれも優れ、他の学生の模範でなければならない
10 名	入学後	体育・学術文化活動または社会的活動で優れた業績のあった者であること。学業については前年度の成績とし、1 年生については前期の成績とする。業績については前年度の実績とし、「体育・学術文化活動及び学友会活動」は継続して活動していることを条件とする。
4 名（公募制 2 名）（指定校制 2 名）	入学手続時	学校推薦選抜 (公募制)(指定校制) の合格者の中で、成績及び人物が特に優れている者
1 名		一般選抜（前期）合格者の中で、成績及び人物が特に優れている者
各学科 1 名以上		
20 名	入学後	修学の熱意はありながら、経済的理由により修学が著しく困難と認められる者
4 名	入学後	新入生：高校評定平均値 4.0 以上　在学生：GPA 3.5 以上
前期：6 名 後期：4 名		新入生：高校評定平均値 3.5 以上　在学生：GPA 3 以上
4 名		在学生：GPA 3.2 以上で他学生の模範となる学生
5 名（併設の短期大学と合わせた人数）		ボランティアや地域活動に熱心に取り組んでいる者
		本学院に同時に在学する夫婦、親子及び兄弟姉妹
30 名	その他	学業、人物ともに優秀で他の模範となる者を対象とする
予算の範囲内	入学後	学業、人物ともに優秀であり、かつ経済的理由により修学困難な学生を対象とする

私立 九州・沖縄

	学校名・団体名	制度名	対象の専攻分野	対象詳細	支給額	支給期間	
沖縄県	沖縄国際大学	一般奨学金（第三種）	なし	1〜4年次在学生	在籍年次の授業料4分の1相当額	1年間	
		スポーツ奨学金（公募型）第一種			在籍年次の授業料相当額		
		スポーツ奨学金（公募型）第二種			在籍年次の授業料半額相当額		
		スポーツ奨学金（公募型）第三種			在籍年次の授業料4分の1相当額		
		スポーツ奨学金（指定競技型）第一種			在籍年次の授業料相当額		
		スポーツ奨学金（指定競技型）第二種			在籍年次の授業料半額相当額		
		文化活動奨学金（第一種）		2〜4年次在学生	在籍年次の授業料相当額		
		文化活動奨学金（第二種）			在籍年次の授業料半額相当額		
		文化活動奨学金（第三種）			在籍年次の授業料4分の1相当額		
		被災学生奨学金（第一種）（学部）		1〜4年次在学生	在籍年次の授業料相当額		
		被災学生奨学金（第二種）（学部）			在籍年次の授業料半額相当額		
		研究生奨学金（第一種）		研究生	研究生として許可された年度の授業料相当額		
		研究生奨学金（第二種）			研究生として許可された年度の授業料半額相当額		
		国内協定校派遣留学奨学金		1〜4年次在学生	留学期間に充当する在籍年次の授業料半額相当額		
		国外協定校留学奨学金			在籍年次の授業料及び施設設備資金相当額		
		認定留学奨学金			留学期間に充当する在籍年次の授業料及び施設設備資金額6分の5相当額		
		兄弟姉妹等支援奨学金（授業料相当）（学部）			入学時の授業料相当額		
		兄弟姉妹等支援奨学金（入学金相当）（学部）		新入生	入学時の入学金相当額		
		入学時離島遠隔地出身学生支援奨学金（学部）			入学時の施設設備資金4分の1相当額		

	人数	申込時期	資格・条件
		入学後	学業、人物ともに優秀であり、かつ経済的理由により修学困難な学生を対象とする
			学業、人物ともに良好で、スポーツ技能が優秀な学生で、スポーツ競技の向上と本学の発展に寄与すると認められ、かつ経済的理由により学資の支弁が困難であると認められる者を対象とする
		その他	学業、人物ともに良好で、本学の指定競技種目に該当するスポーツ競技が特に優秀な学生で、スポーツ競技の向上と本学の発展に寄与すると認められる者を対象とする
	予算の範囲内		学業、人物ともに良好で、顕著な文化活動実績のある2年次以上の学生で本学の発展に寄与すると認められ、かつ経済的理由により学資の支弁が困難である者を対象とする
			自然災害及び火災等の事由により家計が急変し修学が困難となった学部及び大学院に在学する学生を対象とする
		入学後	人物、学業ともに優秀かつ学術的な研究の意欲が旺盛であり、経済的理由により学資の支弁が困難であると認められる者を対象とする
			人物、学業ともに優秀かつ国内の教育、研究の促進に寄与する者を対象とする
			人物、学業ともに優秀で、かつ国外の教育、研究、文化、国際交流等の促進に寄与する者を対象とする
			本学学部学生が協定校を含む外国の大学から入学許可を得て留学の申請を行い、当該学部教授会の許可を得て私費で留学する者を対象とする
			入学年度又は修業年限内に本学の学部並びに大学院に家族（兄弟姉妹又は親子）が同時在学するものを対象とする
			本学が定める遠隔地出身学生で、且つ家計支持者が遠隔地に居住している新入生を対象とする

沖縄県

学校名・団体名	制度名	対象の専攻分野	対象詳細	支給額	支給期間	
沖縄国際大学	離島遠隔地出身学生支援奨学金（授業料半額相当）	なし	1～4年次在学生	在籍年次の授業料半額相当額	1年間	
	離島遠隔地出身学生支援奨学金（授業料4分の1相当）			在籍年次の授業料4分の1相当額		
	学習奨励奨学金		新入生	入学時の入学金相当額		
	校友会学部奨学生		1～4年次在学生	年額15万円		
	金秀グループ奨学金			年額10万円		
	南西石油株式会社奨学金					
	学生サポート奨学金					
	校友会大学院奨学金（県内大学院）		学部卒業見込者で、大学院進学が決まっている学生			
	校友会大学院奨学金（県外大学院）			年額15万円		
	宮城勇ベストスポーツマン奨学金		3～4年次			
	後援会奨学金（学部）		1～4年次在学生	在籍年次の授業料半額相当額		
沖縄大学	学業奨学金	なし		［第1種］授業料全額［第2種］授業料半額［第3種］授業料25%相当額［第4種］10万円	年2回に分けて支給	
	冠奨学金			授業料半額		
	スポーツ奨学金			［第1種］授業料全額［第2種］授業料半額［第3種］授業料25%相当額［第4種］10万円		
	後援会支援文化活動奨学金					
	後援会支援特別奨学金			上限20万円（年額）		
	教育ローン等利子負担奨学金			年額5万円を上限	3月末に支給	
	後援会支援修学奨学金			上限20万円	12月上旬	
	社会人学生育児支援奨学金			一人目の子に対し、年額5万円2人目の子からは年額3万円	3月末に支給	
	同窓会奨学金			予算の範囲内		

	人数	申込時期	資格・条件
	予算の範囲内	入学後	本学が定める遠隔地出身学生で、且つ家計支持者が遠隔地に居住しており、学業、人物ともに優秀で、経済的理由により学費の支弁が困難である学生を対象とする
		入学手続時	沖縄国際大学入学試験における成績上位者を対象とする
		入学後	学業・人物ともに優秀で、経済的理由により修学が困難な者を対象とする
	1名		学業、人物ともに優秀な学生を対象とする
	10名		学業、人物ともに優秀で、経済的に困難な学生を対象とする
	予算の範囲内		学業・人物ともに優秀で、経済的理由により修学が困難な者を対象とする
	1名		学生アスリートとして学業・運動技能ともに秀でた資質を有しているものを対象とする
	予算の範囲内		学業・人物ともに良好であり、家計支持者の事情で修学が困難な本学の学部及び大学院に在学する学生を対象とする
	予算額の範囲内	入学後	学業成績及び人格ともに優れ、経済的理由により修学が困難な学生
			学業成績及び人格ともに優れ、経済的理由により修学が困難な学生で、地域貢献活動を行っている者
			学業成績及びスポーツ運動競技ともに優れ、経済的理由により修学が困難な学生
			本学に1年以上在学し、学業及び文化活動ともに優れ、経済的理由により修学が困難な学生
			優れた能力を持ち、かつ修学上経済的支障のある離島等僻地出身の学生や外国人留学生、母子・父子家庭に属する学生、長期履修学生等
			人物・学業ともに優れた学生の父母等が、金融機関の教育ローン等の申込又は借入れていること
			経済的理由により修学が困難で、人物・学業ともに優れている者
			次の①～③のすべてに該当する者①社会人特別入試を経て沖縄大学に在学している者②保育園児又は幼稚園児を養育している者③経済的理由により修学が困難な者
	同窓会予算の範囲内		本学の卒業生及び卒業見込みの学生で優れた能力を持ち、将来沖縄の地域社会に貢献が期待できる者で、国内外への大学院進学又は研究機関等で研究する者

第2章

自治体の奨学金

	学校名・団体名	対象の専攻分野	対象詳細	支給額	支給期間	人数	申込時期	
北海道	恵庭市教育委員会	なし		医学部生…月額 10 万円、その他学部生…月額 5 万円、入学一時金として 10 万円	修学する大学の正規の修業年限	若干名	その他	
	神恵内村	なし		授業料の月額の 1/2 以内で上限 2 万円	正規の就業年限内	対象者全員	随時	
	倶知安町教育委員会	なし	なし	月額 2 万 5000 円以内	正規の修業期間	制限なし	入学後	
	札幌市	なし	大学等（大学、大学院、短期大学、2 年制以上の専修学校専門課程、高等専門学校 4 ～ 5 年生及び専攻課程）	奨学金公立 6000 円、私立 9000 円、入学支度金公立 1 万 4000 円、私立 2 万 1000 円	1 年間	80 名程度	その他	
	新ひだか町教育委員会	なし		町内高校出身者 6 万円以内、町内高校以外出身者 4 万円以内	1 年間	人数制限あり	その他	
	砂川市	なし		国公立 30 万円 私立 10 万円	入学時	定員なし	入学手続時	
	千歳市	なし		月額 1 万円	1 年間	No.4, 5, 6 で 65 名	その他	
	苫小牧市育英会	なし		月額 8000 円	正規の最短就学期間	全体で 15 名程度	その他	
	美深町教育委員会	なし		月額 3 万円	規定修業年数	制限なし	入学手続時	
	蘭越町教育委員会	なし		月 3 万円	正規の修学期間	若干名	入学後	
青森県	八戸市教育委員会	なし	申請翌年 1 年	月額 4 万円	正規の修業期間	10 名程度	その他	

自治体

申込時期詳細	地域条件の有無	資格・条件
9 月～10 月	北海道	申請時に保護者が市内に住所を有する方で、高等学校の最終学年又は高等専門学校の第 3 学年に在籍し、直近 2 年間の全履修教科の評定平均が 5 段階で 4.1 以上であり、学費支出が困難な状況（生計を同じくする人の住民税課税所得の合計額が 300 万円未満である方。
	北海道	奨学生の保護者が村内に住所を有すること。経済的理由により就学困難な者。
5 月末まで	北海道	経済困難なもの。成績優秀者
予約採用 10 月補充採用 4 月	北海道	学資に乏しく学業が優秀な本人か親などが札幌市内に居住していること
在学申込：5 月 1 日～6 月末日、予約申込：前年度の 10 月 1 日～12 月末日	なし	1. 町内に住所を有する方、又は町内に住所を有する方の子弟である方　2. 経済的理由により修学困難である　3. 成績等が優秀及び性行善良である方
2 月	北海道	砂川高校に通っている生徒で、4 年制の国公立大学もしくは私立大学に入学
3 月～4 月上旬	北海道	千歳市内に住所を有すること。学資に乏しいこと。奨学生となる学年の前 2 か年の学習成績の評定を全教科について平均した値が 5 段階評価で 3.5 以上であること。素行が善良であること。健康体で修学可能であること。
2 月～3 月	北海道	・学資に乏しいこと・素行が善良であること・保護者またはこれに代わるものが苫小牧市民であること・過去 2 年の平均評定が 3.0 以上
1 月～2 月	北海道	1. 美深高等学校に入学した者で、卒業後、翌年度又は翌々年度に専門学校に進学した者　2. 美深高等学校長から推薦された者　3. 大学卒業後、美深町に貢献しようとする者　4. 過去にこの奨学金の給付実績がないこと　※他の奨学金と併用可。転入学又は編入学により美深高等学校に入学した者は除く。
4 月上旬から中旬まで	北海道	他の給付金との併用不可、保護者が蘭越町民の場合のみ対象
5 月下旬～6 月中旬	青森県	①保護者が八戸市内に現在まで引き続き 2 年以上住所を有する世帯に属していること②経済的理由により学資の支払いが困難であること③学業成績が特に優秀であること（平均評定 4.0 以上）　※申請時期は進学する年の前年

	学校名・団体名	対象の専攻分野	対象詳細	支給額	支給期間	人数	申込時期	
岩手県	**岩手県**	なし		自宅通学者月額6万円、自宅外通学者月額10万円	正規の修業期間	制限なし	入学後	
山形県	**酒田市教育委員会**	なし	本市出身で高校在学中の成績が優秀であると認められる学生	30万円	交付決定後、一括支給	5名	入学手続時	
	村山市	なし		40万円	年1回	10名程度	その他	
福島県	**須賀川市教育委員会**	なし	なし	月額5万円	正規の修業期間	予算の範囲内	その他	
	矢祭町教育委員会	なし		20万円		10名	入学後	
	本宮市	なし	なし	月額1万円	正規の修業期間	大学、短期大学、大学院合わせて10名程度	入学手続時	
東京都	**港区**	なし		2万4600円～8万9400円（月額）ただし、夜間学部については1万7200円～7万500円（月額）※入学月から給付を受ける者のみ、別途入学資金の給付も受けられます。	在学する大学等の正規の修業年限を満了するまで	160名程度※大学、短期大学、高等専門学校、専修学校の在学者及び進学予定者を合計した採用予定人数	その他	
	小金井市教育委員会	なし	大学生及び高等専門学校生（第4学年及び第5学年）	月額1万2200円	1年	3名	その他	
茨城県	**坂東市教育委員会**	なし		月額3万5000円	正規の修業期間	1名	入学後	

申込時期詳細	地域条件の有無	資格・条件
毎年４月中	岩手県	東日本大震災津波により岩手県内に住所を有していた親が死亡又は行方不明となった児童生徒で、小学校から大学等までの学校に在籍する者　※年１回の申請に基づき、７月、11 月、翌３月に給付
３月下旬〜４月上旬	なし	①学生の世帯の年収額を生活保護法による保護基準の例により算出した需要額で除した率が 120％に満たない者②高校卒業翌年度に国立大学、公立大学、市長が特に認めた大学に入学した者
11 月	山形県	所得要件（非課税世帯）、住所要件等あり
４月	福島県	本人又は保護者が須賀川市に住所を有していること。経済的理由により修学が困難と認められること。向学心があり、品行方正、身体強健な者であること。国、県又は他の団体から同種類の奨学資金の給付を受けていないこと。学校長（出身高校）の推薦が必要。
	福島県	(1)　矢祭町に引き続き１年以上居住する者であること。 (2)　世帯全員の前年の所得額 (以下「世帯所得」という。) が 500 万円未満であること。 (3)　世帯全員が町税等を滞納していないこと。
１〜３月	福島県	①経済的理由により就学が困難と認められること②向上心があり学術に優れ、品行方正であること③国、県またはほかの団体から同種類の給与を受けていないこと
(1) 在学生一次募集：５月頃 (2) 在学生二次募集：８月頃 (3) 進学予定者募集：12 月頃	東京都	(1) 奨学金を受けようとする者の生計を維持する者が、給付の日の６月前から引き続き港区内に住所を有していること。(2)経済的理由により修学が困難であること。(3)大学等に在学している学生等であること。※進学予定者の場合は、高校等を卒業する見込み又は卒業後２年以内で初めて大学等に進学する者。(4) 学業成績が特に優れていること。※詳細な基準については港区ホームページをご確認いただくか、担当部署までお問い合わせください。
４月〜５月中旬	東京都	基準日（毎年４月１日）の６カ月前から引き続き市内に住所を有する者の子弟であり、高校、大学又は高専に在学し、成績優秀であるにもかかわらず経済的事情により修学が困難であると認められる者　※同種の奨学金を他から受けていないこと。本人が市内に居住していること。過去３年間の学業成績の平均が 2.6 以上であること
５月〜６月	茨城県	１カ月以前から引き続き坂東市に居住している者の子弟であり、優秀な生徒でありながら経済的理由によって修学が困難な者

左端縦: 自治体

県	学校名・団体名	対象の専攻分野	対象詳細	支給額	支給期間	人数	申込時期	
茨城県	常陸大宮市教育委員会	なし	市内の高校を卒業していること。医学を履修する課程・通信教育・短大を除く	月額5万円	正規の修業期間	市内高校出身各1名以内	入学手続時	
			医学を履修する課程・通信教育・短大を除く	月額3万円		2名以内		
栃木県	上三川町教育委員会	なし		年額20万円1回限り	正規の修業期間	対象となる課程の合計で10名程度	入学後	
	那須烏山市教育委員会	なし	大学・短大・専修学校	年額20万円	正規の修業期間	5名程度	入学手続時	
	栃木市	なし		月額3万円	正規の最短修業年限	合わせて9名以内（各校1名）	その他	
	さくら市	なし		入学金相当額（上限30万円）	入学時	5名程度	随時	
	那珂川町教育委員会	なし		月額2万5000円	正規の最短修業年限	3名	その他	
	那須塩原市教育委員会	なし		20万円	3月頃	給付（国内進学）全体で5名程度	学校出願時	
		教養・学際・その他	医療系・福祉系・保育系の学部・学科のみ			大学生・短期大学生合せて3名程度		
群馬県	沼田市教育委員会	なし		月額10万円以内	標準修業期間以内（上限4年）	若干名	その他	
	藤岡市	保健（看護）	市内に校舎を有する者に限る	月額3万円	正規の修業期間	若干名	入学手続時	
埼玉県	川越市	なし		3万7500円（月額）	標準修業年限に基づく	5名程度	その他	

	申込時期詳細	地域条件の有無	資格・条件
	3 月初めから 4 月中旬	茨城県	保護者が市内に 3 年以上在住し市税等の滞納がないこと、人物・学業ともに特に優れていること、市の発展に寄与する事業等に積極的に関与する意思のある者、経済的に学資の支援が必要と認められること　※出身学校の制限あり
			保護者が市内に 3 年以上在住し市税等の滞納がないこと、人物・学業ともに特に優れていること、市の発展に寄与する事業等に積極的に関与する意思のある者、経済的に学資の支援が必要と認められること
	毎年 5 月頃	栃木県	経済的理由による就学困難者。学校長の推薦必要　※地域条件詳細栃木県河内郡上三川町在住者又は出身者
	毎年 12 月〜 1 月上旬	栃木県	成績が標準以上。経済的困難者。本人又は生計維持者が那須烏山市在住であること
	11 月中旬〜 1 月上旬	栃木県	申請時に本市に 6 月以上居住する方・市民税が所得割・均等割ともに非課税の方・学業人物とも優秀な方・奨学金に類する他の学資給付を受けない方・市内の高等学校または特別支援学校に通う 3 年生の方・市内の高等学校長または特別支援学校長の推薦を受けた方
	2 月	栃木県	さくら市に住所を有する方が扶養する生徒および学生。出身校及び在学校の学習成績評定平均が 3.5 以上ある方。経済困難な者。本市以外の機関の奨学金等の給付・貸与を受けていない方。
	毎年 11 月〜 12 月	栃木県	那珂川町民の被扶養者で、高等学校及び大学に進学を希望する者 / 学業・人物ともに優秀、かつ健康である者 / 学費の支弁が困難と認められる者
	11 月〜 1 月	栃木県	成績優秀であること。学校長の推薦が必要。
	8 月〜 9 月	群馬県	大学等受験時に群馬県沼田市に居住していること。大学等卒業後、3 年以内に沼田市に居住し、かつ、5 年以上沼田市に居住する意思のある者。沼田市に 3 年以上居住する者と生計を一にする者。満 30 歳未満である者。学力優秀、品行方正である者。他の制度による奨学金 (沼田市奨学資金貸付基金を除く) その他これに類する資金の給付を受けていない者。
	2 月〜 3 月	群馬県	保護者とともに市内に 3 年以上居住する人。市内の大学に新規に入学し学長が推薦する人。学業成績が優秀で品行方正、健康な人。保護者の合計所得金額が 700 万円以下で大学での修学が経済的に困難な人
	8 月 1 日〜 8 月 31 日	埼玉県	1. 申請時点において、市内に引き続き 1 年以上住所を有すること。2. 高等学校、中等教育学校（後期課程）、特別支援学校（高等部）の最終学年又は、高等専門学校第 3 学年に在学していて修業年限が 4 年又は 6 年の大学（大学院及び短期大学を除く）へ平成 31 年 4 月に進学すること。3. 世帯全員の所得額の合計（世帯所得）が基準額未満であること。4. 高等学校、中等教育学校（後期課程）、特別支援学校（高等部）及び高等専門学校における全科目成績評価が 3.5（5 段階評価）以上であること（第 1 学年、第 2 学年、第 3 学年（1 学期）の平均）。5. 在学している学校長の推薦を受けられること

	学校名・団体名	対象の専攻分野	対象詳細	支給額	支給期間	人数	申込時期	
埼玉県	**羽生市教育委員会**	なし		月額2万円	正規の就業期間を終了するまでの期間（最高4年間)	大学・短期大学・専修学校の区分で2名	入学手続時	
千葉県	**旭市**	なし		月額1万4400円	正規の修業期間	大学、短大、高専、専修学校合計で13名程度	その他	
	浦安市教育委員会	なし	大学院は除く	月額1万5000円	正規の修業期間（申請は毎年)	制限なし	随時	
神奈川県	**藤沢市**	なし	対象となる学校は学校教育法に規定されている学校に限る。	(1) 入学準備奨学資金：入学金相当額（上限15万円／1回)。(2) 学費奨学資金：学費相当額（上限40万円／年額)。	正規の修学年限	各課程合わせて6名程度	その他	
長野県	**小諸市**	なし		月額4万円	在学する学校の正規の修学年限の間。ただし4年を上限とする。	4名（全課程合わせて)	入学手続時	
	佐久市教育委員会	なし		年額100万円	4年間	10名	その他	
	諏訪市	なし		月額3万円	その学校における正規の就業期間内	若干名	その他	
富山県	**朝日町**	なし		月額1万5000円	12ヶ月	3名	その他	

自治体

申込時期詳細	地域条件の有無	資格・条件
	埼玉県	①入学準備金の調達が困難な方②市内に住所を有する方③市税を完納している方④連帯保証人を立てられる方
3 月頃	千葉県	旭市に住所を有すること。特に優れた資質を有し、経済的な理由により修学困難な者で、中学校長、高等学校長又は学長の推薦があり、身元確実な保証人がいること ※詳細は旭市 HP に掲載予定
随時だが、4～5月頃までは1年分の支給。それ以降は申請月分からの支給	千葉県	保護者が市内在住 1 年以上していること、在学していること、収入が生活保護基準額の 1.3 倍以下、申請者の成績が 5 段階評価で 3.0 以上（成績優秀者には支給金額の上乗せ有）　※他の修学金との併用可
2020 年 8 月 3 日～9 月 30 日（申請は本人持参による）	神奈川県	【次の (1) から (5) までのすべてに該当すること。】藤沢市に 1 年以上居住していて非課税世帯である、1 年以上藤沢市の生活保護を受給している、又は藤沢市の児童養護施設に 1 年以上入所している（退所者については退所から 2 年以内）のいずれかにあてはまること。(2) 高等学校等における前年度の学年末（既卒者は最終学年末）までの学習成績の評定について全履修教科の平均した値が 3.1 以上であること。高等学校卒業程度認定試験の合格者については、各教科の成績の過半数がAであること。(3) 経済的な理由により修学が困難であると認められること。(4) 高等学校等を卒業予定、又は卒業しているか卒業程度の認定を受けており、年齢が 17～19 歳であること。(5) 修学に耐えうる健康状態であること。　※「資格・条件」の他、給付中に年 4 回程度市役所に面談に来られることが条件。他の給付型奨学金との併給不可（貸与型は可）。※平成 31 年度は、平成 32 年度入学予定者を対象に募集を行う予定
2 月 1 日～3 月末（但し期間中の土、日、祝日は除く）	長野県	新たにその大学に進学する者でかつ、(1) 生計を一にする親族が小諸市に住所を有していること (2) 学業及び資質に優れていること (3) 経済的理由により修学が困難と認められること (4) 生計を一にする親族に市税等の滞納がないこと (5) 他の給付型奨学金の給付、小諸市大津秀子奨学金の貸与を受けていないこと (6) 経済的基準として、生計を一にする親族の住民税の所得割が非課税であること　※在学者を除く。また、通信制の課程、専攻科、別科及び大学院を除く
9～11 月	長野県	(1) 申請日以前 6 か月間市内に住所を有し、かつ、在住していること。ただし、児童養護施設に入所している方等の場合は、佐久市出身であること。(2) 高等学校在学中等の学業成績に係る評点（5 段階評価）の平均値が 3.5 以上であること。ただし、高等学校等に在学しておらず卒業していない方の場合は、高等学校卒業程度認定試験合格時の成績に係る評点の平均値が B 以上であること (3) 市町村民税の所得割が非課税の世帯であること。(4) 佐久市の貸与型奨学金の貸与を受けていないこと。(5) 平成 31 年 4 月に大学に在学していること。(6) 申請者及びその親権者に市税等の滞納がないこと
11 月～12 月中旬	長野県	本市の居住する者の子弟であること。成績優秀、品行方正であること。経済的理由により就学困難と認められること。
毎年 5 月頃	富山県	(1) 保護者等が朝日町に住所を有し、学資の支弁が困難な者 (2) 身体強健かつ品行方正であって学業成績が優秀な者 (3) 高等学校以上の学校で、在学した学校長又は現に在学する学校長の推薦がある者

	学校名・団体名	対象の専攻分野	対象詳細	支給額	支給期間	人数	申込時期	
岐阜県	土岐市	なし		月額 1 万円	1 年間	40 名程度（短大・高専 4、5 学年を含む）	その他	
	瑞浪市	なし	短大・大学院・高専専攻科含む。大学が行う通信教育及び公開講座は除く	月額 3 万円（1 年生は入学一時金 20 万円給付）	正規の修業期間（医学・薬学部等は 6 年間）	10 名	入学後	
静岡県	湖西市	なし		月額 1 万 2000 円	正規の修業期間	5 名程度	その他	
	静岡市	なし		10 万円	一時金	静岡市篤志奨学金全体で 30 名程度	その他	
	沼津市教育委員会	なし		年額 12 万円	正規の修業期間	予算の範囲内で上限 10 名	その他	
愛知県	豊田市	なし	専攻科及び別科を除く	月額 2 万 2500 円	正規の修業年限を修了するときまで（ただし、毎年度審査あり）	5 名	入学後	
	豊橋市教育委員会	なし		年額 30 万円又は 40 万円（月払い）	標準修業年限	12 名（市内高校等から各 1 名）	その他	
	みよし市	なし	専攻科・別科を除く	月額 1 万 2000 円	標準修業年限 48 か月	30 名 ※大学・短大計	その他	
三重県	伊勢市	なし		月額県内 8000 円／県外 1 万円	12 ヶ月	予算の範囲内	入学後	
	伊賀市教育委員会事務局教育総務課	なし		年額国公立 7 万 2000 円、私立 8 万 4000 円	正規の修業期間	人数設定なし	入学後	
				年額国公立 12 万円、私立 14 万 4000 円				
			大学・短大 1 年、高専 4 年	年額 24 万円		2 名（大学・短大・高専含む）		

384

申込時期詳細	地域条件の有無	資格・条件
4 月 2 ～ 20 日	岐阜県	・本人または保護者が 1 年以上土岐市内に住所を有していること。・学業、スポーツ又は文化活動において成績が優秀かつ、自己の課題に熱心に取り組んでいる者。・学資の支弁が困難な家計状態である者
毎年 4 月	岐阜県	瑞浪市に 1 年以上住所を有する者の子であること。※成績要件・所得制限あり
12 月	静岡県	親孝行（他人に対する思いやり・配慮がある）であること・世の中の役に立ちたいという志があること・日本国民で、かつ、湖西市民の子弟であること・学業および人物がともに優秀で、かつ、身体が健康であること・学資の支弁が困難であること・高等学校、工業高等専門学校、大学または大学院（修士課程 2 年間）に在学中または令和 3 年 4 月入学見込みであること
2 月～ 3 月	静岡県	静岡市に住所を有する方で、学校等に入学する新一年生の方。
入学前年度 2 月頃から大学 1 年生時の 4 月中旬頃	静岡県	奨学金の給与を受ける者は、保護者が本市に居住しており、また大学（短大を除く）に在学し、学業の成績が優れ、心身が健全で学資の援助を必要とする者であること　※奨学生の選考に際しては、奨学生選考委員会を開催し、選考基準に基づき、受給者を決定する
毎年 5 月～ 6 月頃	愛知県	(1) 成績優秀であること (2) 経済的な理由により修学困難であること (3) 保護者が申請時点で豊田市に 1 年以上居住していること (4) 健全で品行方正であること　※（ただし、JASSO の給付型奨学金を受ける場合は対象外）　※募集人数は、大学生と短大生を合わせて 5 人
高校 3 年生時の 6 月	愛知県	経済困難、成績優秀等。学校長の推薦が必要。他奨学金との併給可。
3 月中	愛知県	成績優秀であること。経済的な理由により修学困難であること。学校長の推薦が必要。1 年以上継続居住者の子及びこれに準ずる者
6 月 1 日～ 2 月 28 日	三重県	保護者が伊勢市内に住所を有していること。学業優良で学資に乏しいこと。所得制限有り。
6 月 1 日～ 6 月 15 日		
毎年 6 月中旬から下旬	三重県	修学のため住所異動した場合を除き、本人・保護者とも市内に住所がある者。大学などに在学する者。申請者と生計を同一とする世帯員の中に現年度の住民税所得割額を納付すべき世帯員のいない者。上記のすべてに該当する者　※本市が支給する奨学金を今までに受給したことがない者に限る
		修学のため住所異動した場合を除き、本人・保護者とも市内に住所があり、選考委員会で同和地区関係者などと認定される者。大学などに在学する者。申請者と生計を同一とする父母又は保護者の市民税所得割額が、大学などに在学する申請者では年間 16 万 6 千円以下である者。上記すべてに該当する者で選考委員会で支給決定された者　※本市が支給する奨学金を今までに受給したことがない者に限る
		修学のため住所異動した場合を除き、市内に本人の住所がある者。大学・短大の 1 年又は高専の 4 年に在学する者。市内の中学校又は高等学校を卒業した者。世帯全体の年間所得が 780 万円以下の者。上記すべてに該当する者　※人数は大学・短大・高専、全てを含む。本市が支給する奨学金を今までに受給したことがない者に限る

	学校名・団体名	対象の専攻分野	対象詳細	支給額	支給期間	人数	申込時期	
滋賀県	**甲賀市教育委員会**	なし		月額1万5000円	大学に在籍する期間	人数設定なし	随時	
	湖南市教育委員会	なし		月額1万5000円	12か月		入学後	
	米原市教育委員会	なし	短期大学、専門学校、専門課程、高等専門学校第4、5学年および専攻科	月額3万円	修学期間が終了する最長4年間	審査会にて給付決定した者のみ（定員40名）	その他	
京都府	**京丹後市教育委員会**	なし		市民税非課税世帯－月額12000円、市民税所得割非課税世帯－月額10000円	1年	京丹後市奨学金（給付奨学金）全体における令和2年度実績：11名	その他	
	京丹波町教育委員会	なし	勉学に対する意思の強固な学生、生徒であって経済的理由により修学が困難な者	年額18万円	正規の修業期間	人数設定なし	その他	
	城陽市教育委員会教育総務課	なし	勉学は2年生以上	50万円	10月	若干名	その他	
兵庫県	**尼崎市**	なし		月額3万円	最短修業年数	5名程度	入学後	
	豊岡市	なし		月額3万円	申請した月から正規の修業年限まで	若干名	随時	
	西宮市教育委員会	なし	修業年限4年以上の大学	月額国公立9000円、私立1万2000円	正規の修業期間	1名	その他	
				年額10万円入学準備金40万円		2名		
奈良県	**御所市教育委員会事務局**	なし		月額2万円	1年間	制限なし	入学後	

申込時期詳細	地域条件の有無	資格・条件
6月10日～7月31日	滋賀県	経済的理由により就学が困難な学生で、奨学金の貸与を受けており、保護者が1年以上引き続いて甲賀市内に住所を有している方。
6月8日～7月9日（期間を過ぎても随時受付）	滋賀県	経済困難な者。日本学生支援機構等の奨学金の貸与を受けており、日本学生支援機構の給付型奨学金の給付を受けていないこと
12月1日から2月末日	滋賀県	・大学等を卒業後、米原市内に定住する意思がある。・市内に1年以上居住する人と生計を一緒にしている。・奨学金の給付を受けようとする年度の前年度の3月31日現在で満25歳未満・本人および生計を一緒にする人に市税等の滞納がない。・経済的理由により学資金の支援が必要と認められる。
6月	京都府	市民税非課税世帯または市民税所得割非課税世帯に属する人。勉学意欲のある人。市内に住所を有する人。他の給付型奨学金を受けていないこと。　※京丹後市貸付奨学金（修学支援金）との併用不可
5月頃	京都府	①本町に住民登録を有する者（就学により、他の市町村に住民登録をした者を含む）であって、育英生の保護者が住民登録をし、申請日を基準として過去1年以上現住する者②勉学に対する意思が強固である者③学資の支出が困難と認められる者
毎年7・8月	京都府	本人又は保護者が城陽市内に在住・次の区分に該当する人　勉学奨励金…学力が特に優秀な人／スポーツ奨励金…全国規模のスポーツの競技会において特に優秀な成績を収めた人／芸術奨励金…全国規模の芸術のコンクールにおいて特に優秀な成績を収めた人　※選考委員にて選考
4月上旬	兵庫県	新規入学生で、本人または主たる生計者が1年以上尼崎市内に居住していること
	兵庫県	(1) 市内に住所を有し、主たる生計維持者である保護者が交通事故で死亡し、又は著しい後遺障害があって働けなくなった者の子弟。(2) 人物及び学力が優秀な者で、在学学校長の推薦があること。　※2005年4月1日以降に発生した交通事故によるものに限る
入学前年度の10月下旬～11月中旬	兵庫県	経済的理由により修学困難な者。保護者が市内在住。学校長の推薦が必要
4月	奈良県	1. 御所市に在住する、経済的な理由で進学が困難な生徒（市県民税非課税世帯）2. 選考委員会による選考あり3.9月中に再度在学証明書と、課題作文を提出すること4. 他の組織から学資の貸与・奨学金などを受けていない方　※1. 給付決定後、面談を受けること　2. 御所市の指定するイベント、施設にボランティアとして一日参加すること

	学校名・団体名	対象の専攻分野	対象詳細	支給額	支給期間	人数	申込時期	
島根県	**島根県**	なし		月額5万円	4年間を限度	2名程度	その他	
	浜田市	なし		大学所在地により月額5万円または4万円	4年間（大学最短就学年限の最終月まで）	2名程度	入学後	
				月額3万円	最短修業年限	2名	学校出願時	
岡山県	**倉敷市教育委員会**	なし	短期大学、専門職（短期）大学も可	月額8000円	採用年度〜卒業年度まで	23名	その他	
広島県	**竹原市教育委員会**	なし	大学・高等専門学校（1学年から3学年までを除く）・専修学校	月額3万円	正規の修業期間	2名	その他	
山口県	**萩市**	なし		年額30万円	4年を限度	10名	その他	
					大学1年次のみ	3名		
		芸術		年額15万円	4年を限度	2名		
		なし		年額30万円	4年を限度（6年制の学科は6年を限度）	8名		
福岡県	**大野城市**	なし		月額2万2000円	正規の修業年限	大学、高等学校、高等専門学校併せて7名程度	その他	
	北九州市	なし		【月額】国公立：2万5000円、私立：3万1000円	正規の修学期間中	制限なし	その他	
	田川市	なし		月額2万円	奨学生が在学する学校の正規の修業期間	30名	入学後	
長崎県	**大村市**	なし		月額5万円	正規の修業期間	人数設定なし	入学後	

自治体

申込時期詳細	地域条件の有無	資格・条件
8月～9月	島根県	優秀なふるまいで、高い志を持って勉学に励む学習成績が優秀で、将来にわたって有形無形にふるさと島根のために貢献する者。
4月～6月頃	島根県	保護者が浜田市に住所を有していること。優れた学力を有し、高い志を持って大学で勉学に励み、将来の科学技術及び医学の進歩、経済の発展等に貢献すること
入学前年度の1月～3月		保護者が浜田市内に住所を有すること。人物が良好で成績優秀。保護者（主たる家計支持者）の前年中の収入または所得が概ね規定の金額以下であること
3月中旬～4月中旬	岡山県	市内に本人又は本人と生計を一にする家族が一年以上住所を有し、学校等に在学中か新年度に進学する者で、本人の属する世帯に市税滞納のないこと。品行方正にして学業成績の優秀な者。健康で成業の見込みのある者。現に経済的事情によって修学困難な者
2月15日から3月1日	広島県	本人又は保護者が竹原市に居住し、経済的に困難な者。向上心が旺盛な者。市税等の滞納がないこと
1月中旬～2月中旬	山口県	奨学生の保護者が萩市内に住所を有していること。至誠館大学の入学生、または在学生。他の奨学金の給付を受けていないこと
		奨学生の保護者が萩市内に引き続き5年以上住所を有していること。他の奨学金の給付を受けていないこと
前年7月頃	福岡県	①本人または保護者が大野城市内に1年以上住んでいること②学業成績が優秀であること③経済的な理由で修学が困難であること④日本学生支援機構等の他団体の奨学資金（これに類するものを含む。）の貸与又は給付を受けていないこと　※在校生も応募可能
1月15日～3月1日まで（期間外の申請についてはお問い合わせください）	福岡県	・交通事故により主たる生計維持者である父又は母と死別していること。・北九州市内に住所を有すること又は主たる生計維持者が北九州市に住所を有すること。・経済的理由により修学が困難なこと。　※対象は、通信制の課程を除く。
4月	福岡県	本人か保護者が市内に住み、24歳未満の、学業成績が優秀で、経済的理由により就学困難な人。初年度に第1学年に在学していること　※人数は、短期大学、高等専門学校、専修学校と合わせた人数
4月	長崎県	大村市内に引き続き1年以上住所を有する者又はその子であること。学業成績が特に優秀（直近の大学入試センター試験の国語・英語・数学の合計得点が満点の90%以上）であり、経済的理由により修学が困難と認められること。市税の滞納がないこと。学校長の推薦書が必要　※申請時に第1学年であること

	学校名・団体名	対象の専攻分野	対象詳細	支給額	支給期間	人数	申込時期	
長崎県	**五島市**	なし		月額2万円	正規の修学期間	5名	その他	
	佐々町	なし		30万円	入学時	3名	学校出願時	
熊本県	**菊池市教育委員会**	なし		国公立大学県内年額30万円、県外年額45万円	標準修業年限	国公立大学・私立大学で10名以内	随時	
				私立大学県内年額45万円、県外年額60万円				
	水俣市教育委員会	なし	翌年度大学1年になる学生	月額2万円	正規の修業期間	給付型の定員は毎年4名程度	その他	
沖縄県	**石垣市教育委員会**	なし		月額5万円	最短終了年限	対象課程合わせて2名	随時	
						1名		
	糸満市	なし		月額1万円	標準修業年限	若干名（※高等専門学校、短期大学、大学、大学院、専修学校の中から決定する）	その他	
	北谷町育英会	なし		県内／月額1万円 県外／月額2万円 国外留学／月額2万円	最短修業年限の終期まで	対象者全員	その他	
	那覇市教育委員会	なし		入学支度金上限28万2000円 修学奨学金年次上限72万円	標準修業年限	対象学校合わせて10名程度	その他	

自治体

申込時期詳細	地域条件の有無	資格・条件
4 月	長崎県	学業成績が特に優秀な者で、経済的な理由により大学進学が困難な者。大学（短大は除く）へ進学する者。五島市内高等学校を卒業している。家計支持者（父、母等）が五島市在住の者で市税を滞納していないこと
11 月〜12 月	長崎県	佐々町出身者、成績優秀であること等
毎年 10〜11 月中旬	熊本県	本人及び保護者が本市に 1 年以上住んでいること。直近 2 年間の 5 教科の評定平均が絶対評価の 5 段階評定で 4.3 以上の人。非課税世帯
予約制のため進学する前年の 10 月	熊本県	経済的に困難なもの。成績は平均評定 4.5 以上　進学により新一年生になる者
11 月	沖縄県	石垣市に 3 年以上引き続き住所を有する者の子弟であって、大学、専門学校等に在学し、修学の意欲と能力を有するにもかかわらず、経済的理由により学資の支弁が困難と認められる者で、本市の奨学貸付金の貸付を受けていない者、かつ、他の給付型奨学金の給付を受けていない者
	沖縄県	石垣市に 3 年以上引き続き住所を有する者の子弟または本市にある高等学校を卒業した者であって、国内外の大学に在学し、修学の意欲と能力を有するにもかかわらず、経済的理由により学資の支弁が困難と認められる者で、本市の奨学貸付金の貸付を受けていない者、かつ、他の給付型奨学金の給付を受けていない者
3 月中	沖縄県	1 糸満市に 5 年以上引き続き住所を有する者又は本籍を有する者。2 学校教育法に規定する高等学校、高等専門学校、短期大学、大学、大学院又は専修学校に在学している者。3 学業成績及び素行が優秀で、かつ心身共に健康である者で学校長の推薦がある者。4 他から奨学資金の貸給与を受けてない者。『※詳細は HP を確認ください。』
毎年 4 月 1 日から 4 月 30 日まで	沖縄県	過去 1 年以上本町に引き続き住所を有する町民の子弟。令和 2 年度に高等学校を卒業した者又は高等専門学校在学者のうち令和 2 年度に当該学校の 3 年次を終了した者。高等学校又は高専 1 年次から 3 年次までにおける学業成績の評定平均が 3.5 以上の者。申請者と生計を一にする家族の家計支持者の市町村民税の所得割が非課税の者。「大学等における就学の支援に関する法律」に基づく学資支給及び授業料等免除又はそのいずれかの支援を受けていない者
入学前年の 7 月頃	沖縄県	保護者が那覇市に 3 年以上引き続き住所を有する者。学業成績が優秀で、経済的理由により修学が困難であると認められる者。個別に要件あり。

第3章

企業・公益法人の奨学金

学校名・団体名	対象の専攻分野	対象詳細	支給額	支給期間	人数	申込時期	
公益財団法人 栗林育英学術財団	なし		月額 2万5000円	45ヶ月	10名	入学後	
公益財団法人 登別育英会	なし		2万円	新入学から 卒業まで		入学 手続時	
公益財団法人 北海道信用金庫 奨学財団	なし		10万円	1回	70名	入学後	
公益財団法人 北海道文化財団	なし	工芸美術及び ものづくり等の 分野	年額 25万円	正規の最短 修学年限	若干名	その他	
公益財団法人 柳月財団	なし		20万円	一時金	26名	その他	
一般財団法人 ISHIYA財団	なし		月額3万円	入学時から 正規の 最短就業年 限まで（最 長4年間）	15名程度	入学後	
医療法人財団 明理会道南ロイヤル病院	保健	看護師	月額7万円	入学から卒 業までの最 短修業期間	対象者全員	随時	
		理学療法士・ 作業療法士・ 言語聴覚士	月額5万円				
公益財団法人 みちのく・ふるさと貢献基金	保健	毎年4月1日 に青森県内の大 学の医学科に入 学した学生	月額5万円	正規の最短 就学期間	1名	入学後	
		毎年4月1日 に青森県内の大 学等の看護学科 に入学した学生	月額3万円				
公益財団法人吉原育英会	なし		月額2万円	正規の最短 修業年数	2名程度	入学後	
特定非営利活動法人 イワテスカラシップ	なし		一律＼ 30万円	認定時、 入学時	5名程度	その他	
公益社団法人 みやぎ農業振興公社	農学	農学系	月額 1万5000円	48か月	全体の予算 90万円の 範囲内	入学後	
公益財団法人 杜の邦育英会	なし		月額10万円	採用された 年の4月か ら最短修業 年月まで	全体で 10名程度	入学後	

企業・公益法人

申込時期詳細	地域条件の有無	資格・条件
4月上旬〜5月上旬	北海道	学業優秀で、品行方正、心身共に健康で、経済的な支援を必要とするもの　※選考後、第2四半期より給付
3月31日締め切り	なし	登別市内に住所のある方の子弟でかつ、他から奨学金の給与を受けていない者（貸与型は除く）
10月	北海道	(1) 4月に道央圏及びその近郊に本部を置く大学（短期大学及び大学院は除く）の第1学年に入学した学生であること。※該当する大学にのみ募集要項を送付 (2) 向上心に富み、勤勉であり、かつ就業の見込みがあること。(3) ひとり親家庭又は両親のいない家庭等の子女であり、経済的理由により、修学困難な状況にあること。(4) 将来、地域社会、さらには国家社会に役立つと認められること。
秋〜12月	北海道	将来の活躍が期待される道内在住又は道内出身者を対象に、心身ともに健全である者。経済困難な者（JASSO第1種奨学金を目安）。学業基準以上の者。学校長の推薦書又は教員等からの紹介書等の必要書類が必要　※新入学生には入学奨学金（給付15万円）有
7月〜10月	北海道	経済的に困窮している者・学校長の推薦が必要
4〜5月	北海道	食と観光に関する分野に関心を持つ学生であること。学業優秀、品行方正であり、かつ経済的な支援を必要とすること。2021年4月に入学し、北海道内の4年制大学・専門学校（2年制）の1年生に在籍する者。支給期間中、当財団が定めるレポート等を期日までに提出できる者。支給期間中、当財団の行事に積極的に参加できる者
なし	なし	卒業後は当院の看護師として、常勤で奨学金貸与期間と同期間以上勤務すること。
		卒業後は当院のPT・OT・STとして、常勤で奨学金貸与期間と同期間以上勤務すること。
6月1日〜7月31日	青森県	学長又は学部長が経済的な理由によって修学が困難と認めた者
4月〜5月	青森県	青森県出身の生徒又は学生である。学業・人物ともに優秀でかつ健康である。学費の支弁が困難である。卒業までの経済支援が必要。在学学校長の推薦がある
1月	岩手県	本年度に大学の第一学年に進学を希望していて、次にあてはまる生徒・経済的な家庭の事情により大学進学が困難な状況にある・大学卒業後は、ふるさとの為に岩手で就職する夢を持っている
6月10日まで申請	なし	卒業後宮城県内に確実に就農する者。農業次世代人材投資事業（準備型）の交付を受けない者。就農予定の市町村，JAからの推薦が必要。
例年7月上旬	宮城県	宮城県内の大学並びに大学院に在学、または宮城県内に居住している日本人学生で、学業、人物とも優秀であって、学資の支弁が困難な者。

学校名・団体名	対象の専攻分野	対象詳細	支給額	支給期間	人数	申込時期	
公益財団法人克念社	なし		月額2万円	修業期間	0～5名	その他	
国際ソロプチミスト山形	なし		1人20万円		3名	その他	
公益財団法人会津地域教育・学術振興財団	理学	コンピュータ理工学部1年生のみ	30万円	1回のみ	6名	その他	
公益財団法人クリナップ財団	なし	但し、医学・歯学・薬学系を除く	月額2万3000円	1年間(翌年度の再応募可)	30名程度	入学後	
一般財団法人かのうや文化育英財団	なし		年額28万8000円	48か月	4名	入学手続時	
公益財団法人青井奨学会	なし		月額5万円入学一時金30万円	4年制学部は48ヶ月、6年制学部は72ヶ月	40名程度	その他	
公益法人伊勢丹奨学会	教養・学際・その他	商業、経済及び経営関係学部	月額3万円	標準修業年限48ヶ月	7名	入学後	
公益財団法人江間忠・木材振興財団	なし	森林・木材学分野	月額2万円	在学期間中(1年毎に審査あり)	25名程度	入学後	
公益財団法人岩國育英財団	なし		年額25万円	最短修業年限(医学部の場合も4年間)	10名～14名	入学後	
公益財団法人大島育英会	なし		基本月額2万5000円＋半期ごとに増額分の給付の有無及び金額を決定(令和2年度は合計月額4万5000円)	正規の最短修業年限	20名程度(短大、大学、大学院合計)	その他	

企業・公益法人

申込時期詳細	地域条件の有無	資格・条件
10 月～ 11 月	山形県	品行方正、身体堅固かつ学業成績抜群。経済きわめて困難な者。
	山形県	
前期終了後	なし	福島県外出身の日本国籍所有者の会津大学入学生で、入学年度前期の GDP が 3.5 以上の学生
4 月 1 日～5 月 20 日	福島県	福島県出身者で福島県内の大学に在学する、学業優秀で向学心旺盛ながら経済的な理由で就学が困難な学生等　※他団体の奨学金との重複可
1 月～ 2 月	福島県	学業優秀、心身健全、品行方正である者。経済的理由のため修学が困難であるとみとめられる者。
高校 3 年時6 月～ 7 月	なし	応募には当財団指定の国公立高校 3 年に在籍している学生で、学校長推薦が必要※「オ . 対象となる学校の種類」は国公立大学と私立大学 2 校（早稲田大学、慶應義塾大学）
毎年春	なし	学業、人物ともに優秀、修学可能な心身で、学資の支弁が困難と認められる者　※オ . 国立、私立の 7 校指定校制度、キ . 商業・経済及び経営関係学部
5 月末締め切り	なし	学業優秀でありながら経済的理由により修学困難な者（詳細は募集要項にて）
4 月	なし	与えられた枠組みの中で機能する"人材"ではなく、自ら新しい枠組を創造しようとする者。4 月 1 日現在、全国の大学において学部 1 年次生（休学者を除く）である者（国籍は問わない）。原則として学部 1 年次生を採用。ただし、学部 2 年次生であっても、学業、各種活動実績等に卓越した成果を有している者、あるいは自分自身を志高く人物が特に優秀であると考える者については、出願可能とし、例外的に採用。なお、学部 2 年次生で奨学生として採用された場合は、一般的な卒業年次である 4 年次生までの間、奨学金を給付する（例：学部 2 年次生の場合：3 年間給付総額 75 万円）。医学部については、将来研究者を目指している者
入学前年 10 月締め切り	東京都	1. 東京都内の大学・短大に進学を予定し、学力優秀かつ志操堅固にして学費の支弁が困難な者。2. 本会が主催する行事に優先的に出席できる者 (年 1 回の近況報告会は義務)

学校名・団体名	対象の専攻分野	対象詳細	支給額	支給期間	人数	申込時期	
公益財団法人 大林財団	なし		月額5万円	36か月	21名程度	その他	
公益財団法人 オーディオテクニカ奨学会	理系全般	理工学系の大学2・3・4年（1年を除く）	月額2万円	正規の最短修業期間	23名（大学及び大学院合算の人数）	入学後	
公益財団法人小田急財団	なし	第1学年在学者（指定校によっては第3学年在学者）	月額2万円	正規の最短の修業年限	～14名	入学後	
公益財団法人 海技教育財団	商船	海洋工学部	10万円	1回	4名	入学後	
公益財団法人 韓国教育財団	なし		年間50万円	1年間	62名	入学後	
公益財団法人 小原白梅育英基金	なし		年60万円	最短期間4年～6年	30名程度	入学手続時	
公益社団法人学術・文化・産業ネットワーク多摩	なし		年額20万円	2回に分割して支給	25名前後（短大、高専を含む）	その他	
公益財団法人 北野生涯教育振興会	なし	大学の科目等履修生	年額20万円	1年間	15名（合計）	入学後	
		放送大学の大学の選科履修生	年額7万円				
公益財団法人 コカ・コーラ教育・環境財団	なし		月額2万円	最低修業年限	20名	その他	
公益財団法人北澤育英会	なし		学部生5万円 学院生7万円	最長6年間	10名	入学後	

企業・公益法人

申込時期詳細	地域条件の有無	資格・条件
2021/5/17	なし	2021 年 4 月現在において大学 2 年生であり、22 歳以下である者、2. 就業経験のない者（アルバイト除く）3. 都市に関連ある分野の実業、実務又は学術研究に将来従事しようとする者（学部・専攻は問いません）4. 人物、学業、健康ともに優れている者、5. 経済的な理由で就学が困難な者。家計支持者（父母、父母がいない場合は代わって家計を支えている人）の収入が年収税込合計 800 万円以下とします。（退職金等、臨時的な収入は含めません。）6. 奨学生交流会等、当財団の行事に必ず出席できる者。
令和 3 年 4 月 1 日から 令和 3 年 5 月 14 日迄	東京都	1：東京都内の大学又は大学院で理工学を学ぶ者 2：健康でかつ学業の成績が優秀な者 3：経済的な理由により学費の支弁が困難である者 4：本会が主催する行事に出席できる者 (1) 奨学生生活状況報告会（5 月） (2) 奨学生の集い（9 月）
4 月～5 月頃	なし	当財団が指定する大学に在籍する学生のうち、学業優秀、品行方正でありながら経済的理由により学資の支弁が困難と認められる者。要学校推薦。
3 学年春 4 学年春	なし	
12 月～1 月	なし	成績優秀で学費支弁が困難であること。他の奨学金を受けていないこと。
入学時の 4 月	なし	向学心に溢れ、品行方正、学術優秀でありながら経済的理由により修学が困難な学生を対象とする
3 月 1 日～ 5 月 7 日	なし	加盟機関の学生で多摩に居住または多摩のキャンパスに通学。GPA3.0 以上で経済困難な者。学長推薦が必要。指定した活動に参加が必要。他
5 月	なし	社会人のみが対象 30 歳以上もしくは 5 年以上（通算）の就労経験が必要
9 月～10 月	なし	以下のいずれの条件にも該当し、人物・学力共にすぐれ、かつ向学心に燃えている方。以下の条件に該当する方であれば、国籍に関係なく応募が可能。 また、他の奨学金との併用も可能。 学校教育法による日本国内の高等学校（国立・公立・私立の全日制・定時制・通信制のいずれでも可、中等教育学校の後期課程も可）に在学し、2022 年 3 月に卒業見込の方・2022 年 4 月に学校教育法による日本国内の国立・公立・私立のいずれかの大学（夜間学部及びそれに類する学部、学科・通信学部および短期大学を除く）に進学する方・環境問題への取り組みとして、環境、特に地球・環境資源関連領域に係る興味のある方・経済的支援を必要とする方・　　20 歳以下であること
3 月～6 月	なし	・日本国籍を有する者　・当財団が指定する大学（推薦依頼校）に 4 月 1 日現在在籍し、当該大学校長が、推薦する在学の 1 年生又は 2 年生の大学生　・優秀な素養と勉学の志を持ちながら、経済的な理由で修学が困難な者　・当財団主催の交流行事に積極的に参加して頂ける学生

学校名・団体名	対象の専攻分野	対象詳細	支給額	支給期間	人数	申込時期	
公益財団法人漁船海難遺児育英会	なし		月額5万円	最短修業年限		随時	
公益財団法人公益推進協会	文系		年額50万円		2名	その他	
	なし		年額60万円	最短修業年限	1～2名		
	なし	東京都・千葉県・神奈川県・埼玉県の全日制大学	年額50万円		2名		
公益財団法人酒井CHS振興財団	なし		月額3万円	1年間	対象となる全課程合計で30名程度	入学後	
公益財団法人佐藤国際文化育英財団	芸術	平面絵画の実技を専攻するもの	月額3万円	24ヶ月	学部生と大学院生を合わせた全体で10名	入学後	
公益財団法人佐藤奨学会	なし		月額2万5000円	正規の最短修業年限	10名	入学後	
公益財団法人春秋育英会	なし		月額3万円	卒業まで	未定	入学後	
公益財団法人　消防育英会	なし		月額2万9000円～	正規の最短修業期間		その他	
公益財団法人住本育英会	なし		月額2万円	4年		入学後	
全国大学生協連奨学財団	なし		10万円	1回	対象大学等で審査基準を満たしたもの全員	随時	
公益財団法人ダイオーズ記念財団	なし	大学2年生～、大学院修士課程・博士課程、短大生対象	月額1万円	12か月（正規の最短修業期間）	～15名	その他	
一般財団法人都築国際育英財団	なし		3万円	1年	2名	入学後	
公益財団法人東京海上各務記念財団	なし	文系（主に社会科学）と理系（除く医学）の学部2年生	月額4.5万円	標準修業年限36ヶ月	45名	入学後	

企業・公益法人

	申込時期詳細	地域条件の有無	資格・条件
	年4回 (1・4・7・10月) 受付	なし	漁業従事中海難等の事故により死亡・行方不明となった者の収入によって生計を維持していた子弟で経済的理由により修学困難な者を対象
			2府4県（大阪府・京都府・兵庫県・滋賀県・奈良県・和歌山県）の大学に在学し、文系の学部に在籍する四年生大学の2回生または3回生の女子学生
	入学前 10月～1月	熊本県	熊本県内の公立高等学校に在学し、2022年3月卒業見込みの女子学生。世帯年収500万円以内。日本国内の国公私立いずれかの全日制大学の理系学部に現役で合格すること
	入学前 9月～11月	千葉県	市原市、千葉市近郊の高校に在学・世帯年収500万円以内。勉強会に参加　※他の奨学金との併用可
	2月1日～ 5月上旬	なし	親が労働災害を被り経済的に学費の確保が困難であり、かつ、学術優秀、健康かつ品行方正であること
	毎年5月上旬 締切	なし	当財団の指定する大学の正規学生であり、学年は学部3年生以上の成績優秀者。学長及び指導教員の推薦が必要　※各大学を通しての応募のみ受け付けます
		なし	高等学校、高等専門学校、大学または大学院に在学し、学業、人物とも優秀で、かつ健康であり、学資の支弁が困難と認められるもの。
	毎年春	なし	成績優秀であること。経済困難な者。学校長の推薦が必要。
	原則として毎年規定の期間までに願書等を提出する	なし	消防活動に従事し又は協力した一般協力者及び公務災害を受けて死亡し、障害となった消防団員・消防職員の子弟であること。子弟は品行方正学術優良を要する
	4月下旬、指定校へ推薦者の選定依頼をし、5月中旬に面接資料を提出	なし	指定校の学校推薦が必要。留学生不可。
	扶養者 死亡時に申請	なし	所得その他審査基準あり。HPに給付対象大学等一覧掲載
	3月～5月	なし	日本国内の大学に在籍する者で申込時2年生以上（留学生含む）．GPA3以上で学校の推薦が得られる経済的困難者
	令和3年 3月13日 締め切り	東京都	・関東地方に所在する大学の学部に正規生として在籍する日本人学生・令和3年4月1日現在で23歳未満の者
	毎年春	なし	学業成績が優秀な者。学費支出が困難と認められる者。在籍大学の推薦を受けた者

学校名・団体名	対象の専攻分野	対象詳細	支給額	支給期間	人数	申込時期	
公益財団法人 中董奨学会	なし	大学3年生	月額4万円	2年間	20名〜 30名	その他	
公益財団法人中村積善会	なし		月額4万円	最短修業年限		入学後	
公益財団法人日本財団	なし		月額3万円	学校正規の就学期間	定めない	随時	
公益財団法人 ナガワひまわり財団	なし		月額3万円	正規の最短修業期間	大学院から高等専門学校の内から70名程度	入学後	
公益財団法人 日揮・実吉奨学会	理系全般	学部	年額30万円	1年間	学部生・院生全体で385名	学校出願時	
公益財団法人 日本通運育英会	なし		月額3万円	標準修学年限（4年間）	20名	入学後	
公益財団法人 似鳥国際奨学財団	なし		自宅生5万円/月、自宅外生8万円/月	1年	年間100名（大学生・大学院生合わせて）	随時	
公益財団法人 日本証券奨学財団	なし	大学2年次	月額4万5000円（自宅外通学者は5万5000円）	2年次より最短修業年	大学及び大学院から計60名	その他	
公益財団法人 日本国際教育支援協会	なし	「資格・条件」の項目を参照。	月額3万円	1年間	10名程度	入学後	
	農学		月額3万5000円	2年間	32名程度		
	社会科学		月額5万円	学士課程修了まで	2名		
	なし		月額2万円	在籍課程の修了まで	対象となる全課程合計で5名		

申込時期詳細	地域条件の有無	資格・条件
3月～4月	なし	成績優秀であること。経済困難な者。
毎年春	なし	当会指定学校からのみ推薦を受付けます。4月入学者　※個人応募は受付けません
審査・手続きに4～6ヶ月要する	なし	保護者が犯罪被害に遭遇し、学資の支弁が困難になった家庭の子供
4月～5月中旬	なし	成績優秀であり、経済困難な者であり、学校からの推薦が必要。
4月～5月	なし	当会の指定する大学に在籍する者　※申込は大学の担当者経由(個人申込不可)
6月	なし	保護者等が交通事故により死亡もしくは重度の後遺障害により就労不能なため経済困難な世帯の子弟であって、申請時20歳以下の成績優秀な者。　※学校長の推薦が必要。収入基準有り。
随時HP参照	なし	・「日本国籍」を有する者　・23歳以下で、学部課程1～4年に正規生として在籍予定の者または、25歳以下で学部課程5～6年生に正規生として在籍予定の者
4月1日から5月7日	なし	本財団の指定する30校の大学又は大学院に在学し、学業優秀で、心身ともに健康であり、以下の条件を満たす者。(1)学資の援助をすることが必要であると認められる者(2)将来社会的に有益な活動を目指す者(3)在学する大学(指定)によって推薦された者　※日本学生支援機構奨学金との併給は可能である。他の民間団体又は地方自治体の奨学金及び日本政府(文部科学省)奨学金等との併願はできるが、併給は認められない
指定校の学内選考の申込時期は各指定校で異なるため、各指定校奨学金担当窓口で確認してください。	静岡県	(1)令和3年4月に、本協会が指定する日本国内の大学の学士課程1年次に正規生として在籍する日本人学生(日本への永住を許可されている者も含む)。(2)経済的援助を必要とする者。または、社会的養護を必要とする者。(3)心身共に健康であり、かつ品行方正な者。(4)在籍大学の長の推薦を受けることができる者。
	なし	(1)令和3年4月に本協会が指定する日本国内の大学の学士課程5年次に正規生として在籍する日本人学生(日本に永住を認められている者も含む)。(2)医師の国家資格取得を目指し、将来日本国内で競走馬の医療に従事する意欲がある者。(3)卒業後の就業を条件とした奨学金を受給中、または受給予定でない者。(4)修学目的が明確で、支援の効果が期待できる者。(5)心身共に健康であり、かつ品行方正で学業成績が優秀な者。(6)令和3年4月に在籍する大学の長の推薦を受けることができる者。
	東京都	(1)令和3年4月現在で、日本国内の大学の学士課程2年次に正規生として在籍する日本人学生(日本に永住を認められている者も含む)。(2)在籍大学の長の推薦を受けることができる者。(3)経済学、商学または経営学を専攻する者。(4)本奨学金の支給期間中、他の奨学金の支給を受ける予定のない者。(貸与型(返済が必要なもの)奨学金、修学支援新制度、学費免除及び一時金は除く。)(5)経済的援助を必要とする者。
	なし	(1)令和3年4月に、本協会が指定する日本国内の大学の学士課程、修士(博士前期)課程に正規生として在籍する日本人学生(日本に永住を認められている者も含む)。(2)在籍大学の長の推薦を受けることができる者。(3)経済的援助を必要とする者。(4)心身共に健康であり、かつ品行方正で学業成績が優秀な者。

学校名・団体名	対象の専攻分野	対象詳細	支給額	支給期間	人数	申込時期	
公益財団法人 日本国際教育支援協会	理系全般	「資格・条件」の項目を参照。	月額5万円	2年間	対象となる全課程合計で20名程度		
一般財団法人 人間塾	なし		年額120万円	1年だが更新可	30名	入学後	
公益財団法人 犯罪被害救援基金	なし		国公立月額3万円、私立月額3万5000円、入学一時金20万円	最短修業年限		入学後	
公益財団法人 松尾育英会	なし		学校納付金（入学金、授業料等）、通学費、食費、居住費（学生寮への無料入居）、医療費（規定による）	学部学生4年間（医学部・薬学部6年間）	10名以内	その他	
公益財団法人 三菱UFJ信託奨学財団	なし	指定大学制指定学部あり2年生以上	日本人：月額3万5000円/留学生：月額7万円	最短修業年限	96名	その他	
公益財団法人 ヤマト福祉財団	なし		月額5万円、年4回15万円ずつ支給	支給開始年度から卒業年度まで	若干名〜15名	入学後	
公益財団法人 ヨネックススポーツ振興財団	なし		月額5万円	12ヶ月	10名程度	その他	
一般財団法人上田記念財団	工学	土木工学	5万円	24ヶ月	30名	入学後	
認定NPO法人 金融知力普及協会	なし		年額50万円	4年	1〜3名	随時	
一般社団法人 クオキャリア・ビュー	保健	歯科衛生士養成課程		最終学年次7月〜3月	22名	その他	
認定NPO法人 ゴールドリボン・ネットワーク	なし		月額4万円	最短修業年限	数名程度	その他	

申込時期詳細	地域条件の有無	資格・条件
指定校の学内選考の申込時期は各指定校で異なるため、各指定校奨学金担当窓口で確認してください。	なし	(1) 令和 3 年 4 月現在で、本協会が指定する日本国内の大学の学士課程 3 年次または修士 (博士前期) 課程 1 年次に正規生として在籍する日本人学生 (日本に永住を認められている者も含む)。(2) 電気・機械・化学分野を専攻する者。ただし、障がい学生については専攻分野を問わない。(3) 経済的援助を必要とする者。(4) 品行方正で学業成績が優秀な者。(5) 在籍大学の長の推薦を受けることができる者。
毎年 11 月	なし	留学生は対象としない。大学の所在地が東京都、神奈川県、千葉県、埼玉県、茨城県に限る。他の給付型奨学金との併用は認めない。貸与型奨学金との併用は可。授業料減免との併用も可であるが相談すること。
	なし	人の生命又は身体を害する犯罪行為により不慮の死を遂げ、又は重障害を受けた者の子弟等で学資の支弁が困難と認められる者
入学前年5月～9月（予約型奨学金）	なし	当該年度 3 月高等学校卒業見込みの者、又は前年度 3 月高等学校を卒業した者及び高等学校卒業程度認定試験合格者（2 年有効）のいずれかであること。当該年度 4 月から当財団学生寮より通学可能な大学に進学を希望する者であること。成績優秀、品行方正、身体強健な男子で、学費について他から援助が必要と認められる家庭的事情にある者であること（家計支持者の年収は、特別な経済的事情のない限り原則として 600 万円以下とします）　※原則として東京および東京に隣接する県（神奈川・埼玉・千葉）居住者は応募できません
3 月下旬から5 月	なし	成績優秀かつ学費の支弁が困難な者。財団の行事を優先できる者。大学からの推薦が必要
募集：4 月 /受付：5 月 /選考：6 月	なし	国内 4 年生大学（医療系は 6 年生）に通う（入学内定含む）、障がいのある方（障がい者手帳保有者）
10 月～ 12 月	なし	自他ともに認めるスポーツの戦績を有していること
3 月上旬募集4 月下旬締切	なし	大学学部 3 生。学部長の推薦。経済的支援の理由
11 月頃～1 月 5 日	なし	1. エコノミクス甲子園全国大会参加者、2. 国内の 4 年生大学へ進学される方、3. 品行方正で、学業意欲に優れ、健康である方、4. 経済的理由により大学におけるゆとりある修学が困難な方
最終学年次4 月～ 6 月	なし	2022 年 3 月に歯科衛生士養成学校を卒業見込みで、修学のために経済的な支援を必要とする方。将来歯科衛生士として活躍していく意欲、熱意をもち、学業に真摯に取り組んでいる方。
入学前 6 月～9 月頃	なし	小児がん（小児慢性特定疾病 / 悪性新生物）の治療を受けた方、もしくは現在治療中の方。主治医の証明書が必要

学校名・団体名	対象の専攻分野	対象詳細	支給額	支給期間	人数	申込時期	
一般財団法人 篠原欣子記念財団	なし	社会福祉系、幼児教育系の学部生1年生のみ（4年制大学は3年生も可）	月額3万円	24ヶ月（継続申請を経て最長24か月延長可能）	60名程度	入学後	
				18ヶ月（4年制大学は継続申請を経て最長24ヶ月延長可能）	35名程度		
	社会科学	社会福祉系、幼児教育系の学部生（全学年）	月額1万5000円	1年間	50名程度	入学後	
	教育						
一般財団法人玉野教育基金	なし	1年生のみ	月額3万5000円	4年間	15名	入学後	
社会福祉法人 中央共同募金会	なし		28万2000円	最短修業年限まで年一度給付		随時	
一般財団法人 東洋水産財団	教養・学際・その他	食品科学に関する分野を専攻	月額5万円	12ヶ月	大学院含め180名程度予定	入学後	
一般財団法人 ホリプロ文化芸能財団	なし	財団が指定する下記大学に在学する2年生以上の学生：青山学院大学／関西大学／関西学院大学／京都造形芸術大学／慶應義塾大学／千葉商科大学／中央大学／同志社大学／日本大学／法政大学／明治大学／立教大学／立命館大学／早稲田大学	月額3万円	最長24ヶ月	30名程度※人数は大学・短期大学・専門学校併せた数	入学後	
一般社団法人 PIF	なし	大学1年生のみ	年額40万円	原則48ヶ月	2名程度	入学後	
		大学2年生のみ		原則36ヶ月		その他	
		大学3年生のみ		原則24ヶ月			
		大学4年生のみ		12ヶ月			

企業・公益法人

申込時期詳細	地域条件の有無	資格・条件
4月～5月	なし	保育士、社会福祉士、精神保健福祉士、介護福祉士または幼稚園教諭免許状の取得が可能となる関東甲信静に所在の大学の学部・学科等に在籍する学生
9月～10月		保育士、社会福祉士、精神保健福祉士、介護福祉士または幼稚園教諭免許状の取得が可能となる愛知県・大阪府に所在の大学の学部・学科等に在籍する学生
4～5月	なし	保育士、社会福祉士、精神保健福祉士、介護福祉士または幼稚園教諭免許状の取得が可能となる愛知県、大阪府、関東甲信静に所在の大学の学部・学科等に在籍する学生
		保育士、社会福祉士、精神保健福祉士、介護福祉士または幼稚園教諭免許状の取得が可能となる愛知県、大阪府、関東甲信静に所在の大学の学部・学科等に在籍する学生
4月～5月	東京都	経済困難者。成績優秀。学校長の推薦が必要　※メール問合せ先　office@tamano-education-fund.or.jp
当年度の受付は12月まで。それ以降は次年度からの給付	なし	東日本大震災により死亡、又は行方不明となった両親、父、母又は親以外の者に養育されていた学生を対象とする
4月～6月	なし	食品科学に関する分野を専攻、研究している者のうち、経済的に学業の継続が困難で、学業・人格ともに優れた者と認められる者　※問合せは、towashokuhin@maruchan.co.jp まで
毎年3月から4月末まで	なし	卒業後、映画・音楽・演劇・テレビ番組などのエンターテインメントの製作に携わるプロデューサー・演出家・ディレクターまたは、タレント・アーティストを発掘・育成するマネージャーを志す学生を対象　※財団への直接応募は受け付けておりません。問い合わせ・ご応募は財団が指定する大学の学生課・奨学金担当窓口までお願いします
毎年春	東京都	東京都に居住する大学生、又は、東京都に学校法人の「主たる事業所」登記がなされている大学に在学する学生

学校名・団体名	対象の専攻分野	対象詳細	支給額	支給期間	人数	申込時期	
三井住友信託銀行株式会社	保健		月額10万円	最低修業期間	3名	入学後	
	教養・学際・その他	視覚・聴覚障碍者教育	月額7万円		大学院生と合わせて8名	その他	
	理学	指定大学の学部3年生または国際科学オリンピック金メダル受賞者	月額10万円		10名国際科学オリンピック金メダル受賞者	入学後	
	工学						
	理学	学部3年生			11名		
	工学						
	なし	大学に入学または在学していること	月額7万円		3名		
		佐賀市内の大学に在学する交通事故遺児等	月額6万円（通信制：3万円）		若干名		
	保健	国内の大学の薬学部の3年生	月額5万円		10名程度		
		青森県内の大学の医学部の4年生	月額15万円		1名		
	なし	宮城県内の高校を卒業し県内外の大学に在籍する大学生、または宮城県外の高校を卒業し、宮城県内の大学に在籍する学生	月額3万円		若干名		
			月額2万円	1年間	20名		
		一部専攻分野の限定あり。東京都内に居住しする大学生	月額3万円	医学・薬学系は5,6年生それ以外は3,4年生	14名		
		福岡県立育徳館高等学校を卒業した大学生	月額2万円	最低修業期間	1名		

申込時期詳細	地域条件の有無	資格・条件
4月～5月	石川県	現在、精神・神経障害に関係する分野を専攻し、又は研究対象の一部としてとり上げているか、若しくは、将来その意向を持つ学生
7月	茨城県	茨城県内の大学で、視覚あるいは聴覚障害者に関する教育領域における教員となることを目指す者(3、4年生)
4月～5月	東京都	東京都所在の大学及び大学院の理工学分野で学ぶ我国の学生
	宮城県	宮城県所在の大学及び大学院の理工学分野で学ぶ我国の学生
5月～6月	なし	下記の(1)または(2)に該当する者で、大学に入学または在学し、学業優秀・品行方正・身体強健でありながら経済的理由により修学が困難な者。(1)警察職務に協力し死亡または重い障害の残った市民の子弟 (2)公務上または通勤災害で死亡または重い障害の残った警察職員の子弟 ※この奨学金は返還義務のない他の奨学金制度との併給はできません
4月～5月	佐賀県	以下の全てを満たす者。(1)交通事故のため、両親又はそのいずれか一方が死亡し、又は著しい後遺障害の常況にある者 (2)前号の事情により、経済的に就学困難であると認められる者 (3)学業優秀、品行方正である者 (4)佐賀市内の大学に在校している者 (5)在籍校の推薦を受けることができること
4月～6月	なし	当基金の指定する大学の薬学部3年に在籍し、学業・人物ともに優秀であり、わが国薬学の発展の担い手となり得る人材で経済的理由により修学が困難な状況にある者 ※推薦は1大学1名
4月～5月	青森県	下記(1)から(5)の全てに該当す者。(1)青森県所在の大学の医学部に在学する我国または台湾出身の学生である者 (2)平成29年4月に4年生に進級する者 (3)将来は青森県または台湾において臨床医療に従事したいと望む者 (4)学業・人物ともに優秀であり、かつ健康である者 (5)学資の支払いが困難である者
4月～5月	宮城県	宮城県内の高校を卒業し、県内外の大学に在学する大学生及び、宮城県外の高校を卒業し、宮城県内の大学に在学する大学生で、学業・人物共に優秀な者であって、経済的事情により修学困難な者
4月～5月	なし	以下の全てを満たす者。(1)東金市に本籍がある者 (2)学力優秀、品行方正で成業の見込みがあり、経済的に修学が困難な者 (3)4年生の大学(医学関係の大学は6年制可)に在学する者
4月～5月	東京都	当基金が指定する大学に在学する東京都内に居住の大学生で、学業・人物とも優秀で、経済的理由により修学困難な者
5月	なし	福岡県立育徳館高等学校を卒業した大学生で、学業・人物とも優秀で、経済的理由により修学困難な者 ※奨学生採用にあたっては、予め本会において高等学校と人数を指定し、その高等学校が推薦した者の中から選考委員会において審議決定する

学校名・団体名	対象の専攻分野	対象詳細	支給額	支給期間	人数	申込時期	
一般財団法人 守谷育英会	なし		月額12万円	採用した年の4月から最短修業年月まで	全体で70名程度	入学後	
社会福祉法人 読売光と愛の事業団	なし		年間 30万円	卒業まで	大学、短大、専修学校合わせて10名程度	その他	
公益財団法人 飯塚毅育英会	なし		月額5万円	4年間	210名程度	その他	
公益財団法人 河内奨学財団	保健	薬学部	月額4万円	6年間	30名	入学後	
公益財団法人 林レオロジー記念財団	理系全般		3万円/月	1年～2年	7名 (令和3 (2021) 年度)	その他	
公益財団法人 矢板市育英会	なし		一時金 20万円	入学時	若干名	入学手続時	
公益財団法人 野澤一郎育英会	なし		30万円	入学年次	36名	入学後	
公益財団法人紫塚奨学団	なし		40万円	大学入学時	2名程度	その他	
一般財団法人 須賀川市教育振興会	なし		月額 1万5000円	標準修業年限	若干名	学校出願時	
公益財団法人 清国奨学会	工学	工学系の学部生1年生のみ	月額 2万5000円	4年間	全カテゴリー合計で15名程度	入学後	
	保健	福祉系の学部生1年生のみ					
公益財団法人 佐藤交通遺児福祉基金	なし		(自宅通学) 月額 3万3000円 (自宅外通学) 月額 4万3000円	上限4年	上限なし	随時	
公益財団法人 エンプラス横田 教育振興財団	理系全般	大学2年生～ (大学・学部の指定あり)	月額5万円	卒業まで	10名程度	その他	
公益財団法人 川野小児医学奨学財団	保健	医学	月額6万円	正規の最短修業年限以内	学部・院生併せて10名程度	その他	

企業・公益法人

410

申込時期詳細	地域条件の有無	資格・条件
例年4月	東京都	東京都内の高校、高専、短大、大学、大学院に在学、または東京都内に居住し高校、高専、短大、大学、大学院に在学している学生生徒で、学業、人物とも優秀であって、学資の支弁が困難な者。
7月から10月	なし	児童養護施設など施設に在席する高校生
例年1/22～2/2	なし	栃木県内の高等学校又は特別支援学校高等部の卒業者(現役に限る)。学習成績の評定平均値4.3以上。　※新規採用年度の1月1日現在で、ひとり親家庭又はそれに準ずる境遇にある者で特に経済的支援が必要であると認められる者にあっては、入学支援金として一時金10万円を上限として給付します。
6月	なし	学業優秀、品行方正でありながら、経済的理由により修学が困難な者
8月	なし	当財団HP参照
2月～3月	なし	
5月～6月	栃木県	栃木県内高等学校を卒業後4年生の大学に進学し、学術優秀、品行方正、身体強健、思想穏健な者
12月	なし	経済的支援が必要と認められる者。在学学校長の推薦が必要
1月～2月	栃木県	経済困難な者、学校長の推薦がある者
4月1日～5月下旬	なし	経済的理由により就学が困難な学生。日本国籍を有し、日本国内に居住する学生 ※「ものづくり」に関する学部(工学部、理工学部等)の学生対象
		経済的理由により就学が困難な学生。日本国籍を有し、日本国内に居住する学生 ※「福祉」に関連する学部(看護学部、社会福祉学部等)の学生対象
	群馬県	本人又は扶養者が群馬県内に住所を有する交通遺児
毎年4月	なし	(1) 学業優秀と認められる者 (2) 大学で学業を修めるため経済的援助が必要と認められる者 (3) 心身ともに優れている者(高い志を持ち、品行が正しく、将来良識ある社会人としての活躍が期待できる者)
年1回(入学時および各学年の初春)	埼玉県	次の要件をいずれも満たすものとする (1) 身体が健康であり、気質および素行ならびに学業が良好である者 (2) 埼玉県または千葉県の県内の高校を卒業し、日本国内の総合大学医学部、または医科大学で小児医学を志す大学生、および小児医学研究に従事している大学院生 (3) 学長、副学長、または学部長の推薦を受けている者 (4)「給付者の義務」を果たすことができる者※詳細は募集要項にてご確認ください
	千葉県	

学校名・団体名	対象の専攻分野	対象詳細	支給額	支給期間	人数	申込時期	
公益財団法人 土屋文化振興財団	なし		月額3万円	標準修業年限48か月	4～5名	学校出願時	
公益財団法人 茂木本家教育基金	なし		月3万円	標準修業年限48ヶ月	5名程度	入学後	
医療法人社団 三喜会	保健	看護学部	240万円	4年間	若干名	随時	
蔵人記念財団	農学	農学部、畜産学部、水産学部及びそれらに準ずる学部・学科	月額4万円	36ヶ月	12名	入学後	
公益財団法人中部奨学会	なし	大学 (短期大学を含む)	月額 3万5000円	最短修業年限	4名	入学後	
公益財団法人 古泉育英財団	なし	修業年限 4年生学部	月額2万円	36ヶ月	17名程度	入学後	
公益財団法人 新潟医学振興会	保健		月額5万円	在学期間	16名	入学後	
公益財団法人 第四北越奨学会	なし		月額2万円 (8月を除く)	在学4年間 (8月を除く)	28名程度	その他	
公益財団法人 ユニオンツール育英奨学会	理系全般		月額5万円	1年間	30名程度	入学後	
公益財団法人 COSINA奨学会	理系全般	理工系学部生3年生のみ	月額3万円	24か月	大学院生・大学生・高等専門学校生の合計20名	その他	
公益財団法人 北信奨学財団	理系全般	学士課程2年生以上、理工及び医薬系	月額3万円	(通常採用)正規の最短修業年限 (特別採用)1年間	(通常採用)大学院とあわせて8名程度 (特別採用)大学院とあわせて10名程度	その他	
一般社団法人 北野財団	工学	建築土木、機電関連	月額3万円	4月～3月	15名	その他	
公益財団法人相山奨学会	なし		12万円	1年間	8名	入学後	

企業・公益法人

申込時期詳細	地域条件の有無	資格・条件
	千葉県	(独) 日本学生支援機構も含めて二つ以上の機関からの奨学金をうけていない者
4 月 19 日締切	なし	経済困難な者（所得証明が必要）。成績優秀者（5 段階評点 4.3 以上）。学校長の推薦が必要。原則他の奨学金との重複不可。　※1、年 2 回研修会実施（出席必須）2、4/1 より財団の名称変更予定あり。新名称「公益財団法人茂木本家教育文化財団」
	なし	看護師取得見込
2022 年1 月 31 日まで	なし	経済困難な者。
4 月〜5 月初旬	なし	人物、学業ともに優れ、かつ健康であり、経済的理由により就学が困難な人。学校長の推薦が必要。
2 年生の 4 月	新潟県	学業優秀であること。経済困難な者。学校長の推薦が必要　※他の給与奨学金との併給不可
3 月〜4 月	新潟県	将来、新潟県内の地域医療を担おうとする医学生　※新潟県内の医療機関での就業義務年限満了の場合、返還免除
7 月上旬〜9 月末	新潟県	新潟県内に居住する者の子弟のうち、新潟県内所在の高等学校等を卒業し、思想堅実、学業優秀、心身健全でありながら経済的理由により修学が困難な者
3/10 〜4/20	新潟県	成績優秀であり、経済困難、健康かつ学校長の推薦があること　※採用人数は 3 月の理事会承認後となります（人数は全体の総数です）
4 月〜5 月	なし	長野県内の大学に通学もしくは長野県内の高等学校を卒業し大学に通学する学生、経済困難な者、成績優秀であること、学校の推薦が必要
4 月下旬〜6 月中旬	長野県	・長野県出身の理工及び医薬系の大学の学生　・長野県内の理工及び医薬系の大学の学生　・学業、人物ともに優秀で、かつ、健康であって、学資の支弁が困難と認められる者
6 月末（例年5 月末頃）	なし	GPA　3.00 以上、世帯年収 800 万円未満（自営業の場合は 400 万円未満
4 月	富山県	(1) 富山県立水橋高等学校卒業生 (2) 学資の支弁が豊かでない者

学校名・団体名	対象の専攻分野	対象詳細	支給額	支給期間	人数	申込時期	
一般財団法人ゴールドウイン西田育英財団	なし	国内の四年制大学1年生に在籍する者	月額3万円	奨学生として採用した年の4月から正規の最短修業年限の終期まで	10名程度	その他	
公益財団法人新家育英会	工学		月額2万8000円	48ヶ月	3名程度	その他	
公益社団法人石川県獣医師会	保健	獣医学	国公立：月額10万円、私立：月額18万円	最長6年間	3名	入学後	
一般財団法人栄月育英会	なし		自宅通学：月額3万円自宅外通学：月額6万円	標準修業年限	10名程度	学校出願時	
公益財団法人大垣交通遺児育英会	なし		月額2万円入学準備金15万円（入学時1回）	標準修業年限48ヶ月	制限なし	その他	
公益財団法人髙井法博奨学会	なし		月額5万円	48ヶ月	2名	その他	
公益財団法人十六地域振興財団	なし		年40万円	4年間	10名程度	その他	
公益財団法人田口福寿会	なし		入学一時金30万円、月額5万円	正規の最短就学期間（48ヶ月、医学部等は72ヶ月）	国立と公立を合わせて18名程度	その他	
				正規の最短就学期間	大学と短期大学と専修学校を合わせて10名以内		
公益財団法人広田奨学会	なし		月額4万円		若干名	その他	
			月額5万円				
エンケイ財団奨学金	なし		月額2万円	12ヶ月	大学生・大学院生・短期大学生・高等専門学校生合わせて30名	入学後	

申込時期詳細	地域条件の有無	資格・条件
2021 年 4 月 1 日〜 5 月 10 日	富山県	富山県内の高等学校を卒業し、国内四年制大学 1 年生に在籍する者。向学心に富み、学業 優秀、品行方正であること。経済的事情により学資の支弁が困難であること。他の給付型奨学金制度を受給している場合、または併願の応募不可。
なし	石川県	加賀市出身
6 月頃〜	なし	大学卒業後、石川県農林水産部に所属する公務員獣医師として就業を希望する獣医系大学生であること。学長又は学部長の推薦が必要。
11 月	福井県	成績優秀かつ経済困難な者。学校長の推薦が必要
1 月〜 3 月	岐阜県	交通遺児であること。岐阜県西濃 2 市 4 郡に在住していること
11 月〜 12 月上旬	岐阜県	経済困難な者。学校長の推薦が必要
2021 年 2 月 12 日〜 4 月 9 日	岐阜県	・2021 年春に国内の 4 年制以上の大学に進学される方・保護者の住所が岐阜県内にある方・品行方正で、学業に優れ、かつ健康である方・経済的理由により大学におけるゆとりある修学が困難な方・郷土岐阜県を愛する気持ちがある方・奨学金終了後においても当財団の行事等に積極的に参加・協力いただける方
高校 3 年生の 8 月〜 10 月(予約制奨学金)	岐阜県	当財団の指定する高等学校の 3 年生。ひとり親家庭等で経済困難な者。学校長の推薦が必要。他の民間団体の給付型奨学金との併用不可。
		児童養護施設等入所者及び里親等に委託中の者で保護者等からの経済的支援が見込めず学費の支弁が困難な者。児童養護施設等の施設長及び里親等の推薦が必要。
5 月〜 6 月	岐阜県	1. 県内国立大学に在学又は県内高校出身者で県外国立大学に在学する者　2. 経済的理由により修学が困難な者　3. 人物、学力ともに優れている者　※所得基準あり　成績基準あり
		1. 県内公立大学に在学又は県内高校出身者で県外公立大学に在学する者　2. 経済的理由により修学が困難な者　3. 人物、学力ともに優れている者　※所得基準あり　成績基準あり
		1. 県内私立大学に在学又は県内高校出身者で県外私立大学に在学する者　2. 経済的理由により修学が困難な者　3. 人物、学力ともに優れている者　※所得基準あり　成績基準あり
5 月末まで	静岡県	人格高潔、志操堅固で学業が優秀であること。学資が豊かでないこと

学校名・団体名	対象の専攻分野	対象詳細	支給額	支給期間	人数	申込時期	
公益財団法人 スズキ教育文化財団	なし		月額5万円	採用時から正規の学部卒業年度まで(最長4年)	5名	その他	
一般社団法人 静岡県労働者 福祉協議会	なし	なし	20万円	一回のみ	54名	その他	
一般財団法人 スルガ奨学財団	なし	静岡県内。 神奈川県・ 東京都は 指定校	月額4万円	48ヶ月	3名程度	その他	
公益財団法人 市原国際奨学財団	なし		月額5万円	1年間 (4月〜3月)	20名	入学後	
公益財団法人 大幸財団	なし	2年生以上の学生	年額 36万円	1年間	育英奨学金全体で35名	その他	
	芸術	1. 芸術・文化 2. 体育・スポーツ	1件につき50万円以内		丹羽奨励生全体で15名		
公益財団法人豊秋奨学会	なし		月額5万円	2年間	6名程度	入学後	
公益財団法人 服部国際奨学財団	なし	対象となる大学はホームページに記載	月額10万円	24ヶ月	80名程度	その他	
				24ヶ月	未定		
				12ヶ月	20名程度		
公益財団法人 山田貞夫音楽財団	芸術	クラシック音楽	36万円 (月額3万円相当)	1年	合計60名程度	入学後	
公益財団法人岡田文化財団	なし		月額5万円	48ヶ月	40名	その他	
公益財団法人 三銀ふるさと文化財団	なし		月額 1万3000円	48ヶ月	3名	入学後	
公益財団法人諸戸育英会	教養・学際・その他		月額3万円	48ヶ月	3名	入学手続時	
公益財団法人中信育英会	なし		月額2万円	大学2回生から卒業までの最短修業年限	新規採用33名	入学後	

申込時期詳細	地域条件の有無	資格・条件
高校 3 年時 12 月〜1 月	静岡県	静岡県内の高等学校に在籍する高校 3 年生。学業・人物とも優秀かつ健康であって、学資の支弁が困難な者。学校長の推薦が必要。給付、貸与を問わず他の奨学金との併用不可。
春・秋	静岡県	経済困難者であること。成績優秀者。他の給付型奨学金を受けていない。
・高校奨学生枠 毎年 4 月・一般高校生枠 毎年 2 月	静岡県	学業・人物ともに優秀で、経済的困難な者。学校長の推薦が必要　※高校奨学生枠は、スルガ奨学生が対象
9 月頃	愛知県	愛知県内の大学等に在学している学生に対して、経済的理由により修学が困難な者。学校長の推薦が必要
2 月〜4 月 2 日	愛知県	将来性を高く期待できる学業成績優秀な学生で、在学する大学長等から推薦された者
6 月〜9 月 10 日		在学する学校等の所属長、または所属する団体の代表者から、成績を高く評価され推薦された者
新 3 年生	愛知県	成績優秀者。学校長の推薦が必要。
2021 年 4 月〜5 月	なし	成績優秀であり、経済困難な日本人大学生及び留学生
未定		
2021 年 7 月〜8 月	愛知県	成績優秀であり、経済困難な国公立高校 3 年生
	岐阜県	
	三重県	
毎年春	愛知県	学校長先生の推薦
10 月 1 日〜12 月 20 日	三重県	経済困難な者。成績優秀であること。学校長の推薦が必要
4 月	三重県	熊野市および南牟婁郡に居住されるご家庭のご子息。学校長の推薦が必要
毎年春	三重県	成績優秀、学校長の推薦が必要
2 月上旬〜4 月下旬	京都府	京都府下 24 大学に在学する学生であり、学力優秀・品行方正であるが、経済的事由により修学困難な者　※採用条件の京都府下 24 大学は中信育英会のHPに記載

学校名・団体名	対象の専攻分野	対象詳細	支給額	支給期間	人数	申込時期	
公益財団法人 ローム ミュージック ファンデーション	芸術	教育機関で音楽を学ぶ者	月額30万円	最長12ヶ月更新は1回まで可。(最大2年間)ただし、新たに応募申請が必要	30名	その他	
一般財団法人 京信榊田喜三記念育英会	なし	京都府・大阪府・滋賀県の大学の内、当財団の指定する大学に在学する日本人学生並びに外国人留学生	年額50万円	1年間	26名	その他	
公益財団法人 アイコム電子通信工学振興財団	工学	電子通信工学を学ぶ学部3年生、4年生	月額5万円	1年間	大学、大学院、高専生を含めて60名(予算状況により変更する場合あり)	その他	
公益財団法人 大阪現代教育振興財団	なし		年額36万円	48ヶ月	2名	入学後	
公益財団法人 大阪造船所奨学会	理系全般	理工系の学部生3年、4年	月額3万円	12ヶ月	35名程度	入学後	
公益財団法人小野奨学会	なし		月額4万円	最短修業年限	380名程度	入学後	
					50名程度	その他	
公益財団法人 きたしん育英会	なし		月額2万円	最短修業年限	15名	入学後	
公益財団法人尚志社	なし		授業料実費＋月額3万円〜6万円	標準修業年限	大学・大学院合わせて46名	入学後	
公益財団法人 阪和育英会	なし		月額3万円	標準修業年月48ヶ月	20名	入学後	
公益財団法人 戸部眞紀財団	なし	「化学、食品科学、芸術学、体育学／スポーツ科学、経営学」の分野で修学している者	月額5万円	1年間(4月から翌年3月まで)	45名(大学院学生と合わせて)	その他	

企業・公益法人

418

申込時期詳細	地域条件の有無	資格・条件
7 月～ 10 月	なし	・教育機関で音楽を学ぶ者（入学を予定している者も応募可・年齢不問・指定する実技審査及び面接日に出席可能な者
	京都府	日本人学生については、学業成績がトップレベルにあり、かつ人物面も品行方正で研究意欲旺盛な、大学 3 回生または 4 回生で、在学する大学の推薦が受けられる優秀な学生。外国人留学生については、留学生活上経済的支援が必要と認められ、大学に 1 年以上在学しており、原則 30 歳未満の私費留学生。加えて、在学する大学の推薦が受けられる優秀な留学生　※事務局は、京都信用金庫人事部内に設置
令和 4 年1 月 4 日から21 日まで	なし	令和 4 年度に、近畿地域（滋賀県、京都府、大阪府、兵庫県、奈良県、和歌山県）の大学（学部 3 年生、4 年生）で電子通信工学を学んでいる者。学校の推薦が必要
4 月～ 5 月	大阪府	経済困難な者。学校長の推薦が必要
3 月～ 4 月	なし	成績優秀、経済困難な者。学校長等の推薦が必要
4 月～ 6 月	大阪府	学業人物共に優秀でかつ健康であって学資の支弁が困難な学生で学校の推薦が受けられる者　※府下指定の 38 大学 (一部指定学部有)
6 月～ 10 月	大阪府	学業人物共に優秀でかつ健康であって学資の支弁が困難な学生で学校の推薦が受けられる者　※府下指定公立高校 40 校
4 月～ 5 月	大阪府	経済困難な者。学校長の推薦が必要
毎年春	なし	成績優秀であること　※問合せは在学する大学の奨学金担当係へお願いします
4 月	なし	成績優秀（学力基準有）、経済的困窮（世帯収入基準有）、学校長の推薦必要
3 月 1 日～5 月 9 日	なし	学部学生 (3 年生以上) の者、年齢 30 歳以下の者、向学心に富み学業優秀且つ品行方正である者、学資の支弁が困難な者、奨学金を得ることで学業や研究により一層の深化・発展が期待される者　※◆支給期間終了後、当該年度実績等を審査し、1 年間を限度に継続を認める場合が有る。◆初回支払は 7 月を予定 (初回は 4 ヶ月分、以降偶数月に 2 ヶ月分を支払)

学校名・団体名	対象の専攻分野	対象詳細	支給額	支給期間	人数	申込時期	
公益財団法人藤井国際奨学財団	教養・学際・その他	工学・理学部、経済・経営学部の3・4回生のみ	月額3万円	最短修業年限（1年毎に審査）最長2年間	工学・理学部系、経済・経営学部系を合わせて1大学1～2名、合計15～18名	入学後	
公益財団法人フジシール財団	なし		月額5万円	正規の最短修業年限の終期まで	20名程度	入学後	
公益財団法人船井奨学会	なし		月額3万円	標準就業年限48ヶ月	25名	入学後	
公益財団法人森下仁丹奨学会	なし	対象の課程に大学院も含む	月額3万円	採用決定月（6月）より最短修業年限	6名程度	入学手続時	
公益財団法人山田育英会	なし	学部生1年生のみ	月額2万円	奨学生の在学する正規の最短修業期間	36名	入学後	
					大学及び大学院あわせて20名以内		
公益財団法人夢&環境支援宮崎記念基金	なし		月額3万円	最短修業年限	（公募）大学院生と併せて10名	入学後	
					指定16大学合計33名		
一般財団法人レントオール奨学財団	工学	工学部、基礎工学部、理工学部等の建設機械及びその関連分野	月額3万円	奨学生に採用したときから、正規の最短修業年限の終期迄	奨学金制度全体で10名程度	随時	
公益財団法人キーエンス財団	なし		月額8万円	大学1年生からの4年間（最短修業年限）	500名程度	その他	
			30万円	採用後に一括で給付	1000名程度		
一般財団法人杉本教育福祉財団	なし	大阪大学、大阪市立大学、大阪府立大学、大阪教育大学の4校に限る	年額12万円（6、12月に分けて支給）	最短就学期間	20名程度	その他	
公益財団法人小森記念財団	なし		月額3万円	48ヶ月、卒業に6年を要する学部は72ヶ月	13名（各校1名）	入学後	

企業・公益法人

申込時期詳細	地域条件の有無	資格・条件
毎年10月下旬	なし	学業、人物共に優秀で健康であり経済的に困難である者で、指定大学の推薦がある者。
毎年春	なし	1. 向学心に富み、学業優秀であり、かつ、品行方正であるもの。2. チャレンジ精神が旺盛で国際感覚をもつもの。3. パッケージに関連のある分野（化学、機械、電気電子、パッケージデザイン、リベラルアーツ、マーケティングなど）を専攻する学生。
毎年6～7月	大阪府	1 大阪府内に在住する大学生 2 大阪府内の大学に在学する大学生 31. 2 とも 4 月に入学し、第 1 学年に在学するもの 4 人物、学業共に優秀であって、経済的な事情により就学が困難であると認められ、学校長の推薦のある者
2月～3月	なし	志操堅実、学力優秀でありながら、経済的な理由により学業の継続が困難な大学生（ただし留学生は除く）
毎年春	なし	志操堅実、学業成績優秀、身体強健でかつ経済的理由により就学が困難な者・出身学校長、大学学長又は学部長等の推薦がある者（その他所属する学科等の長も含むこととし、名称にはこだわらない）
4月～5月	なし	学術優秀、品行方正、心身健全でありながら、経済的理由により修学が困難な大学生
4月～5月ただし、指定大学の申込時期が別にあり	なし	学術優秀、品行方正、心身健全でありながら、経済的理由により修学が困難な大学生。学長または学部長の推薦が必要
学年は問わず令和3年4月10日5月10日	大阪府	「大阪府内に住所を有する者の保護する生徒、学生」又は「大阪府内の学校に在籍する生徒、学生」。学資の支弁が困難な者。学業優秀にして学校長の推薦を受けた者。　※日本学生支援機構の奨学金の給付状況を勘案した上で選考
2月上旬～4月上旬	なし	4 月に大学に入学する新 1 年生　※当財団への応募は、財団ホームページからの直接応募となります。
2月上旬～5月上旬	なし	大学新 2、3、4 年生　※当財団への応募は、財団ホームページからの直接応募となります。
4月	なし	成績優秀、経済的困窮、学校長の推薦必要
毎年春	なし	成績優秀であること。経済困難な物。他の民間奨学金を受けていないこと。

学校名・団体名	対象の専攻分野	対象詳細	支給額	支給期間	人数	申込時期	
一般社団法人 小川財団	なし		1万円	1年間		入学後	
公益財団法人 木下記念事業団	なし	独自に指定する大学（昼間部）が対象	60万円	令和3年4月～学部の修了年限迄	58名	その他	
		全国の国立大学（関西圏一部の公立大学含む）の昼間部に進学を予定する者		令和3年4月～学部の修了年限迄	81名		
公益財団法人 香雪美術館	芸術	美術、工芸、映像、デザイン、美学、美術史、文化財保存など	月額4万円（自宅生）／月額5万円（下宿生）	正規の最短修学期間	年度によって異なる	入学後	
公益財団法人 神戸やまぶき財団	なし		入学時：入学金～35万円、一時金～50万円授業料・納付金等～120万円／年　生活費3～11万円／月　通学費～3万円/月	48ヶ月 ※薬学部等、標準修学年限が6ヶ年の場合、～72ヶ月	当年度全体で60名程度	その他	
公益財団法人 志・建設技術人材育成財団	工学	建築、土木系で学ぶ大学生	50万円	4年間	5名	入学後	
公益財団法人 昭瀝記念財団	理系全般	理工学を学ぶ大学学部2年生以上	月額2万5000円	1年間（12か月）	大学及び大学院合計30名程度	その他	
公益財団法人 中山視覚障害者福祉財団	なし		月額3万円～5万円	卒業まで限度4年間	若干名	入学後	
公益財団法人 福嶋育英会	なし		月額3万3000円	標準修業年限4年	5名	入学後	
公益財団法人 二木育英会	なし		月額5万円	正規の最短修業期間	20名	入学後	
			未定		未定		
公益財団法人 三宅正太郎育英会	なし		月額2万円	在学期間中	38名	入学後	

企業・公益法人

422

申込時期詳細	地域条件の有無	資格・条件
	なし	近畿圏 (大阪府・和歌山県・奈良県・京都府・滋賀県・兵庫県) における大学に在学し、学業・人物ともに優秀でかつ健康であり、学資の弁済が困難と認められるもの。
令和3年5月中旬締切	なし	支給期間に対し推薦を受ける大学の在籍期間1年間以上となる、2年生以上の学部生が申請資格を有します。
令和2年9月末締切 ※募集終了済		高等学校等の3年生 (高等専門学校については5年生) を対象に、大学入学後における奨学生への予約申請となります。
例年4月1日～4月下旬	兵庫県	兵庫県内の大学院、大学、短期大学の在籍者、または、兵庫県内の高校出身者で近畿2府4県の大学院、大学、短期大学の在籍者で、美術系分野を専修する学業優秀者。経済困難な者。
9月初旬～10月中旬	兵庫県	障害者、難病患者、要保護児童・兵庫県内に実家があり、兵庫県内の高等学校ほか高等課程に在学中もしくは卒業/修了者・国内の大学に進学もしくは在籍する人・障害等の影響および経済的な理由により支援が必要であると認められる人 ※支給内容が入学金・一時金、授業料・納付金等、生活費・交通費の何れかに限られる場合がある
4月～5月	兵庫県	以下のいずれにも該当する大学生。①兵庫県出身者である (兵庫県内高校卒業者とする)、②建設系 (建築・土木) の学部で学ぶ大学1回生 (応募状況等により2回生以上を対象とする場合あり)、③大学卒業後、兵庫県内の建設系企業・官公庁等に就職を希望している。
4月1日～末日	なし	財団の指定大学に在籍する事。財団の定める「学力基準」「家計基準」を満たす者。大学学長等の推薦が必要。 ※指定大学経由の応募のみ受付。直接応募は不可。
原則4月	兵庫県	視覚障害1～3級を有している者
毎年4月	兵庫県	優秀であり、経済困難な者。学校長の推薦が必要。
	兵庫県	姫路市及びその周辺地区 (主に西播地区) の出身者 ※当会指定の高校からの推薦による応募に限り、公立大学も対象
4月	兵庫県	経済困難な者。学校長の推薦が必要。

学校名・団体名	対象の専攻分野	対象詳細	支給額	支給期間	人数	申込時期	
一般財団法人村尾育英会	なし		3万6000円	30ヶ月	14名程度	入学後	
公益財団法人小山育英会	なし	通信教育、専攻科、別科、大学院、専修学校及び各種学校を除く	月額2万5000円	最短修業年限	大学短大合わせて5～10名程度採用	その他	
公益財団法人竹歳敏夫奨学育英会	なし		7万円	入学時	1名	その他	
公益社団法人鳥取県畜産推進機構	農学	獣医学	国立：10万円以内/月、私立：18万円以内/月	給付開始月から在学する大学の就業年限の終わる月まで	2名程度	その他	
医療法人恵和会	保健	看護学科作業療法学科理学療養学科	5万～15万円	4年		随時	
公益財団法人大本育英会	なし		下宿通学月額6万円、自宅通学月額5万円	48か月、医学部医学科・薬学部薬学科は72か月	20名	その他	
公益財団法人坂本音一育英会	なし		月額1万6000円	最短修業年限	大学院と合わせて1名以内	その他	
公益財団法人ハローズ財団	なし		月額3万円	12ヶ月	30名程度	入学後	
一般財団法人渡辺和子記念ノートルダム育英財団	なし		3万5000円	1年	13名	入学後	
公益財団法人浦上奨学会			月額4万円	最短修業年限	若干名	その他	
公益財団法人鶴虎太郎奨学会	理系全般		月額1万円	1か年	～70名	入学後	
公益財団法人西川記念財団	なし		月額5万円	最短修業年限	10名	その他	
公益財団法人古川技術振興財団	工学	工学系	月額3万円	12ヶ月	8名	その他	

企業・公益法人

申込時期詳細	地域条件の有無	資格・条件
2021年5月14日(金)申込締切	兵庫県	・兵庫県出身（兵庫県内の高等学校卒業等）で4年制大学、または6年制大学（医学部・歯学部・薬学部）に在学中の学部生、あるいは兵庫県内に所在する4年制大学、または6年制大学（医学部・歯学部・薬学部）に在学中の学部生。（指定校制）・[4年制]令和3年4月現在2年生で、令和3年4月1日現在22歳以下の者。[6年制]令和3年4月現在4年生で、令和3年4月1日現在24歳以下の者。・在学中の学業成績が応募者の在籍する学部、または学科の上位1/3以内を維持できる見込みがある者。
12月中旬〜1月中旬	和歌山県	令和3年4月に大学・短大・高専・高校に進学又は編入学する方で、保護者が田辺市及び西牟婁郡内に住民登録があり、（公財）小山育英会推薦収入基準内に該当する世帯の方。学校長の推薦が必要
12月〜2月	鳥取県	(1)成績優秀 (2)経済困難な者
2019年1月10日	鳥取県	（1）獣医学を専攻する大学生であり、かつ心身健全で学業に問題のないこと。（2）獣医師免許取得後、鳥取県内の農業共済組合家畜診療所、各農業協同組合、県等に勤務若しくは開業獣医師として、産業動物の診療、家畜伝染病の予防及び衛生指導等の獣医療業務に従事する確固たる意志を有していること。
	なし	免許取得後、4〜12年当法人の業務に従事
10月〜12月	岡山県	本籍が岡山県または岡山県在住10年以上で、岡山県内の高校を卒業予定かつ校長推薦（1校2名以内）を受けること。高校3年間の評定平均が4.5以上であること。
12月〜1月	岡山県	校内外の生活全般を通じて，態度，行動が正しく修学に十分たえうる体力があり，将来社会に貢献しうる人であること。成績優秀であること。他の奨学金を受けていない者。経済困難な者。本人の属する世帯に本市の市税及び税外収入金の滞納がない者
4月	岡山県	経済困難な者。成績優秀であること。学部長以上の推薦が必要。地域条件は、広島県・岡山県・兵庫県・愛媛県・香川県・徳島県に所在する学校
5月	岡山県	1. 岡山県内の大学又は短期大学に在学する学生 2. 他の奨学金を受けていない者 3. 人物、学業ともにすぐれ、将来社会貢献できる者
9月〜10月	広島県	以下の各項目にいずれも該当する人 ①広島県立府中高等学校、府中東高等学校、上下高等学校の学生で2022年4月に大学に入学する人、②経済的支援を必要とする人
4〜5月	なし	指定校
5月から6月	広島県	・ひとり親世帯・児童世帯・学校長の推薦が必要
2月〜3月	広島県	成績優秀であること

学校名・団体名	対象の専攻分野	対象詳細	支給額	支給期間	人数	申込時期	
公益財団法人 三次市教育振興会	なし		24万円/年	正規の最短修業期間	若干名（短期大学・専修学校・大学）	その他	
公益財団法人 大西・アオイ記念財団	なし		月額8万円	最短修業年限	16名程度	その他	
公益財団法人 加藤奨学財団	なし		月額3万円	48ケ月	10～12名	その他	
株式会社伊予銀行	なし	学部生2年生以上	月額1万7000円	標準修業年限	5名程度	入学後	
	保健	卒業年度又は卒業前年度の者。社会福祉に係る資格取得を目指す者。	月額2万5000円	最長2年間	10名程度		
	工学	理工学系の学部生3年生以上	自宅から通学、月額3万円。自宅外から通学、月額4万円。		5名程度		
一般財団法人 帝京育英財団	なし		月額2万2000円	48ケ月	8名	学校出願時	
一般財団法人 多田野奨学会	なし		月額5万円自宅通学者は2万5000円	正規の最短修業年限の大学在学4年間。休学中は休止。	年5名	その他	
公益財団法人 江頭ホスピタリティ事業振興財団	なし		月額2万円	12ケ月	20名	入学後	
					25名		
			月額2万5000円		5名		
						学校出願時	
公益法人 黒田奨学会	なし	応募は現在当奨学金給付者のみ	修士6万円/月博士12万円/月	2年/3年	8名程度	その他	

申込時期詳細	地域条件の有無	資格・条件
毎年 2月1日から 4月15日まで	なし	本人または保護者が三次市内に住所を有すること。学業等が優秀であること（評定平均値がおおむね5段階評価で3.5以上）。経済的な理由で学資の支払いが困難であると認められること。
4月〜5月	香川県	成績要件、所得要件を満たし、学校長の推薦があるものから選考。
10月	香川県	香川県の高校出身者で、成績優秀で経済困難な者
3月〜5月	愛媛県	愛媛県内の高等学校を卒業している者又は保護者が愛媛県内に居住している者。学業・人物ともに優秀で、経済的支援が必要な者
3月〜4月	愛媛県	愛媛県内で対象となる資格取得を目指すための学校に在学している者。学業・人物ともに優秀で、経済的支援が必要な者。愛媛県内での就職を希望している者
		愛媛県内の対象となる学校に在学している者。学業・人物ともに優秀で、経済的支援が必要な者
毎年10月	愛媛県	成績優秀かつ経済困難な者
高校3年時の 10月末まで	香川県	香川県内に住所のある者の保護する生徒で香川県の高校生。学術優秀・品行方正・心身健康で学校長の推薦がある者。高校経由での申請。
9月〜11月	なし	ホスピタリティ等に興味のある者、レポート提出等の義務を順守できる者、成績優秀であること
		ホスピタリティ等に興味のある者、レポート提出等の義務を順守できる者、東日本大震災の影響を被って学業継続に困難を来している者で大学等から被災について証明並びに推薦を得られる者
		ホスピタリティ等に興味のある者、レポート提出等の義務を順守できる者、熊本地震等「特定非常災害（東日本大震災以外）」の影響を被って学業継続に困難を来している者で大学等から被災について証明並びに推薦を得られる者
12月〜3月		ホスピタリティ等に興味のある者、レポート提出等の義務を順守できる者、東日本大震災の影響を被って大学等進学に困難を来している者で高校等から被災について証明並びに推薦を得られる者
1月頃	なし	当奨学会の奨学生生対象で、応募用件にはGPAが3以上で有ることが必要。

学校名・団体名	対象の専攻分野	対象詳細	支給額	支給期間	人数	申込時期	
公益財団法人 千代田財団	工学	機械工学、電気工学、建築学又は情報処理	月額2万5000円	奨学生として採用されたその年度の4月から、原則として在学大学を卒業（4年制の場合）または4年次修了までの期間	10名程度	その他	
公益財団法人 ニビキ育英会	なし		月額4万円	標準修業年限48ヶ月	30名〜最大50名	学校出願時	
公益社団法人福岡医療団	保健	看護学部	月額4万円	標準修業年限48ヶ月	各学年5名程度	随時	
公益財団法人 吉田学術教育振興会	なし	九州大学、九州工業大学のみ	年額36万円	標準就業年限48ヶ月	8名	入学後	
一般財団法人 坂田育英会	なし		月額3万円	標準就業年	合計5名	入学手続時	
公益財団法人 鶴友奨学会	なし		月額3万円	1年間※継続制度有	8名※継続含	随時	
公益財団法人 横萬育英財団	なし		25万円	1年間	10名	入学後	
公益財団法人 清川秋夫育英奨学財団	なし	第1次産業に貢献する志のある者	年額15万円		60名	入学後	
公益財団法人 米盛誠心育成会	理系全般	技術系学科	48万円	1又は2年間		入学後	
公益財団法人 沖縄県交通遺児育成会	なし		年間24万円	標準修業年限	制限なし	入学後	
公益財団法人 金秀青少年育成財団	なし	沖縄県内の大学・短期大学・高等専門学校又は大学の奨学金事業を一任されている機関が実施する奨学金制度に対し交付	1大学あたり50万円を限度	各大学等の奨学金規程による	各大学等の奨学金規程による	入学後	
豊見城市育英会	なし		1年次は年額60万円以内、2年次以降は年額30万円以内	1年次は入学前、2年次以降は年始業後	若干名	その他	

企業・公益法人

申込時期詳細	地域条件の有無	資格・条件
大学 2 年次 4 月～5 月頃 ※ 2 次募集の可能性もあり	福岡県	1) 出願する年の 4 月 1 日現在、福岡県内の大学に在学し、機械工学、電気工学、建築学又は情報処理を専攻する大学 2 年生で、原則として年齢が 35 歳以下であること　2) 日本国籍を有すること　3) 学業、人物ともに優秀であり、健康であること
11 月～1 月	福岡県	日本国籍で福岡県内に生活の本拠を有する母子家庭の子女。(両親のいない場合は施設入居者に限り可) 成績優秀であること。経済困難な者。学校長の推薦が必要。
随時	なし	看護系 4 年生大学在学者、保健師、助産師養成機関に在学中の者
毎年春	福岡県	学業優秀でかつ経済困難な者。学校長又は学部長の推薦が必要。
3 月～4 月	福岡県	成績優秀であるが経済的に就学困難者
4 月～5 月中旬	熊本県	経済困難な者。学校長の推薦が必要　※熊本地震被災者対応有
3 月 1 日～4 月 30 日	なし	(1) 日本国民であって、大分県内に 5 年以上住所を有する者の子弟 (扶養義務者が、現在単身赴任等で県外在住の場合を含む) であること (2) 学校教育法第 1 条に規定する大学・短期大学 (通信教育課程、別科、専攻科及び大学院 は除く) に進学し、(ア) 人物・学業ともにすぐれ、健康で、経済的理由により修学困難と認められること (イ) 特に学校長の推薦による者
5 月 1 日～7 月 5 日	なし	鹿児島県内の大学に在学する者および、鹿児島県内の高等学校を卒業し、鹿児島県外の大学に在学する者で、第一次産業に貢献する志を持つ者
5 月初	鹿児島県	卒業後に原則として県内に就職希望、経済的理由により今後の修学が困難、学業・人物ともに優秀で、かつ健康である者
毎年春	沖縄県	1、交通事故により保護者が死亡、または保護者が後遺障害 (身障者手帳 1 級以上該当) のある世帯　2、保護者の年間所得 400 万円未満　3、留年・休学等がないことなど　※左記以外の資格要件があります。詳細は直接お問い合わせください
3 月～4 月	沖縄県	沖縄県内の大学・短期大学・高等専門学校又は大学の奨学金事業を一任されている機関 (以下、「大学等」とする) が実施する奨学金制度に対し交付するものとする
1 年次は入学前年の 11 月から 3 月頃、2 年次以降は 4 月頃	なし	本人又は保護者が豊見城市に住所を有する者で、経済的理由により修学が困難と認められ、かつ学業、人物ともに優秀な者。その他個別の資格要件有り。日本学生支援機構の給付奨学金との併用不可　※詳細については、市ホームページをご確認いただくか、学校教育課にお問い合わせください。

大学、自治体、企業・公益法人の
問い合わせ先一覧

国立大学

学校名	制度名	担当部署	電話番号
北海道・東北			
小樽商科大学	小樽商科大学緑丘奨励金	学生支援課学生支援係	0134-27-5245
帯広畜産大学	帯広畜産大学基金奨学金	学生支援課	0155-49-5309
北見工業大学	北見工業大学創立50周年記念基金奨学金	学生支援室学生支援担当	0157-26-9183
北海道教育大学	北海道教育大学基金（育英事業）	総務企画部総務課	011-778-0914
北海道大学	きのとや奨学金	学務部学生支援課	011-706-5281
室蘭工業大学	東奨学金	学生室厚生ユニット	0143-46-5129
弘前大学	岩谷元彰弘前大学育英基金	学務部学生課	0172-39-3137
	弘前大学入学料及び授業料相当額支援金給付事業		
	弘前大学基金トヨペット未来の青森県応援事業		
	弘前大学基金「弘前大学生活協同組合学生支援金給付事業」		
岩手大学	公益財団法人本庄国際奨学財団岩手大学イーハトーヴ基金奨学金	学生支援課	019-621-6062
	岩手大学イーハトーヴ基金修学支援奨学金		
東北大学	東北大学元気・前向き奨学金 （震災復興奨学金）	教育・学生支援部学生支援課経済支援係	022-795-7816
	東北大学元気・前向き奨学金 （修学支援奨学金）		
秋田大学	新入生育英奨学資金	学生支援・就職課	018-889-2265
山形大学	山形大学山澤進奨学金	エンロールメント・マネジメント部学生支援課	023-628-4015
	山形大学エリアキャンパスもがみ土田秀也奨学金		
	山形大学 Yu Do Best 奨学金		
福島大学	しのぶ育英奨学金	学生課	024-548-8060
関東			
お茶の水女子大学	みがかずば奨学金（予約型奨学金）	学生・キャリア支援課	03-5978-5147
	学部生成績優秀者奨学金		
	桜蔭会奨学金		03-5978-5148
	新寮レジデント・アシスタント奨学金（SCC-RA 奨学金）		03-5978-2646
	KSP−SP奨学基金（予約型奨学金）		03-5978-5148
	海外留学特別奨学金		
	創立140周年記念海外留学支援奨学基金		
	アバナード奨学基金（予約型奨学金）		03-5978-5147
	育児支援奨学金		03-5978-5148
	数学奨学基金	学務課	03-5978-5288
	生物学優秀学生賞奨学基金		
	グローバル文化学環奨学基金		03-5978-5963
	化学科（宮島直美）奨学基金		03-5978-5288
	生物学科（小沼英子）奨学基金		
	矢部吉禎・矢部愛子奨学基金		
	自然地理学奨学基金		03-5978-5963
電気通信大学	UEC 成績優秀者特待生制度	学生課学生係	042-443-5087
	UEC 学域奨学金		
東京医科歯科大学	研究者早期育成コース奨学金	学生支援事務室	03-5803-5078
	研究者早期育成コース奨学金		
東京外国語大学	東京外国語大学創立百周年記念教育研究振興基金	学生課学生係	042-330-5177
	東京外語会奨学金		042-330-5175
東京海洋大学	東京海洋大学経済支援給付制度	学生サービス課奨学係	03-5463-0435
東京学芸大学	学芸むさしの奨学金（学資支援）	学生課学生支援係	042-329-7187
東京芸術大学	安宅賞奨学基金	学生課	050-5525-2069
	平山郁夫奨学金		
	O 氏記念賞奨学金		
	久米桂一郎奨学基金		
	内藤春治奨学基金		

問い合わせ先 大学

学校名	制度名	担当部署	電話番号
東京芸術大学	原田賞奨学基金	学生課	050-5525-2069
	藤野奨学金		
	吉田五十八奨学基金		
	長谷川良夫奨学基金		
	松田トシ奨学基金		
	宮城賞奨学資金		
	常英賞基金		
	上野芸友賞奨学金		
	伊達メモリアル基金		
	武藤舞奨学金		
	平山郁夫文化芸術基金		
	藝大クラヴィア賞		
	宗次德次特待奨学生		
	平成藝術賞		
	若杉弘メモリアル基金賞		
	河北賞奨学金		
	Art の力賞		
	早暁賞		
	宮田亮平奨学金		
	江崎スカラーシップ		
	長唄東音会賞		
	京成電鉄藝術賞		
	佐々木成子賞奨学金		
	修学支援奨学金		
	語学学習奨励奨学金	国際企画課	メールのみ対応
	海外留学支援奨学金		
東京工業大学	東工大基金奨学金「手島精一記念奨学金」	学生支援課経済支援グループ	03-5734-3014
	東京工業大学基金「大隅良典記念奨学金」		
東京大学	東京大学さつき会奨学金	本部奨学厚生課	03-5841-2543
	東京大学さつき会奨学金 (島村昭治郎記念口)		
	学部学生奨学金		
東京農工大学	東京農工大学遠藤章奨学金	学務課	042-367-5582
一橋大学	オデッセイコミュニケーションズ奨学金	学務部学生支援課	042-580-8139
	小林輝之助記念奨学金		
	一橋大学生協奨学金		
	学業優秀学生奨学金制度		
筑波大学	筑波大学基金「開学 40+101 周年記念募金」海外留学支援事業	学生部学生交流課海外留学	029-853-6067
	筑波大学奨学金「つくばスカラシップ」	学生部学生生活課経済支援	029-853-2228
宇都宮大学	宇都宮大学学業奨励奨学金	学生支援課	028-649-5102
	宇都宮大学３Ｃ基金　入学応援奨学金		
	宇都宮大学３Ｃ基金　飯村チャレンジ奨学金		
	宇都宮大学３Ｃ基金　関スポーツ奨学金		
	宇都宮大学３Ｃ基金留学奨励金チャレンジ活動支援	留学生・国際交流センター事務室	028-649-5099
埼玉大学	白楽ロックビル奨学金	学生支援課	048-858-3033
	MARELLI 奨学金		
	エネグローバル奨学金		
	大栄不動産奨学金		
千葉大学	千葉大学奨学支援事業（給付型奨学金）	学務部学生支援課	043-290-2178
	千葉大学奨学支援事業　家計急変者への奨学金給付		
横浜国立大学	YNU 大澤奨学金	学生支援課経済支援係	045-339-3115
	YNU 竹井准子記念奨学金		
	新入生スタートアップ支援金		

学校名	制度名	担当部署	電話番号
横浜国立大学	八幡ねじ・鈴木建吾奨学金	学生支援課経済支援係	045-339-3115
	横浜国立大学国際学術交流奨励事業（交換留学派遣生奨学金）	国際教育課留学交流係	045-339-3183
	横浜国立大学国際学術交流奨励事業（国際会議等出席・海外調査研究等）	国際教育課留学生支援係	045-339-3182
	Y60奨学金（ショートビジット）		
甲信越・北陸			
上越教育大学	上越教育大学　くびきの奨学金	学生支援課	025-521-3286
長岡技術科学大学	長岡技術科学大学基金奨学金	学務部学生支援課奨学支援担当	0258-47-9254
新潟大学	輝け未来!!新潟大学入学応援奨学金	学務部学生支援課奨学支援係	025-262-7337、6089
	新潟大学学業成績優秀者奨学金		
	新潟大学修学応援特別奨学金		
山梨大学	山梨大学大村智記念基金奨学金	学生支援課	055-220-8053（8054）
	仲田育成事業財団奨学金（包括連携協定）		
信州大学	信州大学知の森基金信州大学入学サポート奨学金	学生総合支援センター	0263-37-2199
福井大学	福井大学生協奨学金	学務部学生サービス課・学務部松岡キャンパス学務課	学生サービス課：0776-27-8716　松岡キャンパス学務課：0776-61-8265
	福井大学学生修学支援奨学金		
	福井大学基金予約型奨学金		
東海			
岐阜大学	岐阜大学応援奨学生	学務部学生支援課	058-293-2153
	岐阜大学短期留学（派遣）奨学金	グローカル推進本部留学支援室	058-293-2146
静岡大学	修学支援新制度	学生生活課奨学係	054-238-4460
豊橋技術科学大学	大学特別優秀学生奨学金	学生課生活支援係	0532-44-6559
	在学生支援		
	女子学生特別支援制度		
	新入生支援		
名古屋工業大学	名古屋工業大学基金学生プロジェクト支援事業	学生生活課	052-735-5076
	名古屋工業大学ホシザキ奨学金		
三重大学	渡邉文二奨学金	生物資源学研究科チーム総務担当	059-231-9673
	三重大学入学特別奨学金（大学）	学務部学生支援チーム	059-231-9061
近畿			
京都大学	京都大学久能賞	教育推進・学生支援部学生課奨学掛	075-753-2495
大阪教育大学	大阪教育大学修学支援奨学金	学務部学生支援課	072-978-3303
	大阪教育大学教育振興会奨学金		
神戸大学	神戸大学基金奨学生	学務部奨学支援課	078-803-5431
	神戸大学基金緊急奨学金		
兵庫教育大学	海外留学支援特別奨学金	学生支援課	0795-44-2051
奈良女子大学	奈良女子大学広部奨学金	学生生活課学生支援係	0742-20-3550
	奈良女子大学廣岡奨学金		
	奈良女子大学育児奨学金		
中国・四国			
鳥取大学	優秀学生育成奨学金	教育支援課	0857-31-6772
	修学支援事業基金奨学金		
	正光奨学金	生活支援課	0857-31-5059
	尚徳会奨学金	地域学部会計係	0857-31-5075
島根大学	キャンパス間連携プログラム奨学金	学生支援課	0852-32-6063
	夢チャレンジ奨学金		
	島根大学短期海外研修プログラム奨学金	国際交流課	0852-32-6106
	島根大学グローバルチャレンジ奨学金		
岡山大学	岡山大学学都基金奨学金	岡山大学学務部学生支援課	086-251-7178
広島大学	広島大学フェニックス奨学制度	教育室教育部	082-424-6167
	広島大学光り輝く奨学制度	学生生活支援グループ	082-424-6162
山口大学	山口大学工学部常盤工業会奨学金	工学部学務課学生係	0836-85-9011
	山口大学基金七村奨学金	学生支援課学生サービス係	083-933-5611

学校名	制度名	担当部署	電話番号
山口大学	山口大学医学部国際医学交流奨励金学生海外留学経済支援	医学部学務課教育・学生支援係	0836-22-2099
	山口大学経済学部柳上奨学金	経済学部経営学科職業会計コース事務室	083-933-5586
徳島大学	日亜特別待遇奨学生制度	理工学部学務係	088-656-7316
	入学時日亜特別給付金制度		
	徳島大学アスパイア奨学金	国際課留学生支援係	088-656-8105
香川大学	香川大学修学支援奨学金	教育・学生支援部学生生活支援グループ	087-832-1163
愛媛大学	愛媛大学修学サポート奨学金	教育学生支援部学生生活支援課	089-927-9169
	愛媛大学「地域定着促進」特別奨学金（A）		
	愛媛大学「地域定着促進」特別奨学金（B）		089-927-9168
高知大学	医学部岡豊奨学会奨学金	医学部・病院事務部学務課学生支援係	088-880-2268
	池知奨学金	総務部物部総務課学務室	088-864-5116
	高知大学地方創生人材育成基金奨学金	学務部学生支援課経済支援・保険係	088-844-8565
	高知大学修学支援基金奨学金		

九州・沖縄

学校名	制度名	担当部署	電話番号
九州大学	中本博雄賞修学支援奨学金	学務部キャリア・奨学支援課奨学金係	092-802-5931
	市川節造奨学金		
	九州大学修学支援奨学金		
	田中潔奨学金	医系学部等事務部学務課医学系係	092-642-6020
	利章奨学金	学務部キャリア・奨学支援課奨学金係	092-802-5931
	九州大学基幹教育奨励賞（奨学金）		
	山川賞（奨学金）		
	小辻梅子奨学資金	人文社会科学系事務部学生課学生係	092-802-6382
福岡教育大学	福岡教育大学学業成績優秀者奨学金	学生支援課	0940-35-1239
	福岡教育大学国際交流協定校派遣支援奨学金	連携推進課	0940-35-1247
佐賀大学	佐賀大学かささぎ奨学金	学務部学生生活課	0952-28-8172
長崎大学	医学部奨学金	生命医科学域・研究所事務部学務課学務担当（医学科）	095-819-7010
	医学部研究医コース奨学金		
	田添グローバル交流推進基金 奨学金	学生支援部留学支援課	095-819-2209
	入学時給付奨学金	学生支援部学生支援課	095-819-2105
	長崎大学海外留学奨学金	学生支援部教育支援課	095-819-2075
	多文化社会学部における海外短期留学奨学金	人文社会科学域事務部北地区事務課学務第一係（多文化社会学系）	095-819-2030
	福徳グループ奨学金(長崎大学西遊基金)一般奨学金	学生支援部学生支援課	095-819-2105
	福徳グループ奨学金(長崎大学西遊基金)チャレンジ奨学金		
熊本大学	熊本大学新庄鷹義基金修学支援奨学金	学生生活課経済支援担当	096-342-2152
	熊本大学アマビエ給付奨学金		
大分大学	大分大学学生支援特別給付奨学金	学生支援部学生・留学生支援課奨学支援係	097-554-7469
	大分大学経済学部久保奨学基金	経済学部総務係	097-554-7653
宮崎大学	成績優秀者奨学金	学生支援部学生生活支援課経済支援係	0985-58-7976
	宮崎大学緊急修学支援金		
	TOEIC試験・TOEFL試験成績優秀者奨学金		
	海外研修奨学金		
鹿児島大学	鹿児島大学離島高等学校出身者スタートアップ奨学金	学生部学生生活課経済支援係	099-285-7329
琉球大学	琉球大学修学支援基金・経済の理由による学資金支援事業(学部学生)	学生部学生支援課学生援護係	098-895-8135

公立大学

北海道・東北

学校名	制度名	担当部署	電話番号
名寄市立大学	名寄市立大学給付型奨学金	事務局学生課	01654-2-4194
秋田公立美術大学	秋田公立美術大学奨学金	事務局学生課	018-888-8105
国際教養大学	AIU 秋田県出身学生奨学金「わか杉奨学金」	事務局学生課	018-886-5935
	AIU 県外出身学生奨学金「修学支援奨学金」		
	修学継続支援奨学金		
	緊急支援奨学金		

学校名	制度名	担当部署	電話番号
国際教養大学	AIU 留学時成績優秀者報奨奨学金	事務局学生課	018-886-5935
	AIU アンバサダー奨励金		
関東			
高崎経済大学	高崎経済大学同窓会給付金	高崎経済大学同窓会事務局	027-329-6693
埼玉県立大学	学費サポートローン利子補給等助成制度	学生・就職支援担当	048-973-4116
横浜市立大学	伊藤雅俊奨学金制度	学生・キャリア支援課卒業生・基金担当	045-787-2447
	成績優秀者特待生制度	学生・キャリア支援課学生担当	045-787-2038
甲信越・北陸			
長岡造形大学	長岡造形大学優秀学生賞	学生支援課	0258-21-3381
	国際交流事業奨学金	教務課	0258-21-3351
新潟県立大学	学修奨励金	教務学生課	025-270-1302
	海外派遣留学奨学金	国際交流課	025-368-8373
都留文科大学	新入生スタートアップ奨学金	学生課学生担当	0554-43-4341
	成績最優秀者奨学金		
	成績優秀者奨学金		
	グローバル教育奨学金 交換留学（10 か月程度）	学生課国際交流センター	
	グローバル教育奨学金 交換留学（5 か月程度）		
	グローバル教育奨学金 国際教育学科交換留学	文学部国際教育学科	
	グローバル教育奨学金 認定留学	学生課国際交流センター	
	グローバル教育奨学金 協定校留学		
	グローバル教育奨学金協定短期語学研修		
	グローバル教育奨学グローバル授業		
	遊学奨励金		
山梨県立大学	海外留学奨学金	学務課	055-224-5260
	海外研修奨学金		
公立諏訪東京理科大学	優秀学生奨学金制度	教務・学生支援課	0266-73-1201
	海外研修等支援奨学金制度		
長野大学	特待生	学務グループ教学(学生)担当	0268-39-0028
福井県立大学	特待生制度	就職・生活支援課	0776-61-6000
東海			
岐阜県立看護大学	給付型奨学金	学務課	058-397-2300
岐阜薬科大学	岐阜薬科大学村山記念奨学金（大学）	教務厚生課	058-237-3931
	岐阜薬科大学村山記念国際交流奨学金（大学）		
静岡文化芸術大学	スズキ学奨学金	教務・学生室	053-457-6121
愛知県立芸術大学	愛知県立芸術大学美術学部片岡球子奨学事業	学生支援・国際連携係	0561-76-2843
	愛知県立芸術大学音楽学部奨学事業（中村桃子基金）中村桃子賞	教務係	0561-76-2749
	愛知県立芸術大学兼松信子基金奨学生助成事業		
	成績優秀者奨学金事業	学生支援・国際連携係	0561-76-2843
愛知県立大学	「はばたけ　県大生」奨学制度	学生支援課	0561-76-8828
名古屋市立大学	名市大生スタート支援奨学金	学生課学生支援係	052-872-5042
	川久保学生奨学金	教育研究課	052-853-8545
	田坂学生奨学基金：修学支援奨学金	看護学部事務室	052-853-8037
	田坂学生奨学基金：就職支援奨学金		
	交換留学奨学金	学生課国際交流係	052-872-5163
三重県立看護大学	みかん大進学支援給付金制度	教務学生課	059-233-5602
近畿			
大阪市立大学	有恒会奨学金	学生課	06-6605-2102
	野瀬健三奨学金（学部生）	商学部	06-6605-2201
	楊大鵬奨学金	医学部学務課	06-6645-3611
大阪府立大学	大阪府立大学グローバルリーダー育成奨学金制度	学生課学務グループ	072-254-6264
	大阪府立大学河村孝夫記念奨学金制度		
奈良県立大学	学業奨励金	教務・学生課	0742-93-7102

学校名	制度名	担当部署	電話番号
中国・四国			
島根県立大学	成績優秀者奨学金	浜田キャンパス教務課	0855-24-2213
		松江キャンパス教務学生課	0852-20-0216
		出雲キャンパス教務学生課	0853-20-0200
	海外研修奨学金	松江キャンパス教務学生課	0852-20-0216
		浜田キャンパス連携交流課	0855-24-2396
		出雲キャンパス教務学生課	0853-20-0200
	協定留学奨学金	浜田キャンパス連携交流課	0855-24-2396
尾道市立大学	尾道市立大学成績優秀学生奨学金	学務課学生係	0848-22-8382
県立広島大学	公立大学法人県立広島大学交換留学生等支援奨学金	国際交流センター	082-251-9607
広島市立大学	特待生制度（大学）	学生支援室学生支援グループ	082-830-1522
山陽小野田市立山口東京理科大学	特待生奨学金	教務課	0836-88-4503
高知県立大学	学長奨励賞	学生・就職支援課	088-847-8577
高知工科大学	特待生制度【特待生 S】	学務部学生支援課	0887-53-1118
	特待生制度【特待生 A】		
	表彰制度【学長賞 (学業成績最優秀賞)】		
	表彰制度【学長賞 (学業成績優秀賞)】		
	表彰制度【学長賞 (アスリート特別優秀賞)】		
	表彰制度【学長賞 (アスリート優秀賞)】		
	表彰制度【学長賞 (文化特別優秀賞)】		
	表彰制度【学長賞 (文化優秀賞)】		
	学生提案型企画活動助成制度	学務部教務課	0887-53-1113
	長期学外学修プログラム		
九州・沖縄			
北九州市立大学	北九州市立大学同窓会奨学金	北九州市立大学同窓会本部事務局	093-961-4719
福岡県立大学	福岡県立大学看護学部和田紘子奨学基金	学生支援班	0947-42-2115
熊本県立大学	同窓会紫苑会奨学金	学生支援課	096-383-7896
	短期派遣留学生支援奨学金	国際教育交流センター	096-234-6867
	小辻梅子奨学金		
宮崎公立大学	MMU 成績優秀者奨学金 A	学務課入試広報係	0985-20-2212
	MMU 修学支援奨学金 A		
	MMU 緊急修学支援奨学金 A		
	MMU 成績優秀者奨学金 B	学生支援課学生係	0985-20-4746

私立大学

学校名	制度名	担当部署	電話番号
北海道・東北			
旭川大学	後援会奨学金	学務課	0166-48-3121
	旭川大学第 1 部同窓会奨学金		
札幌大谷大学	札幌大谷大学東本願寺奨学金	学務課	011-742-2233
	卒業生等子奨学金制度		
札幌国際大学	新入学生家計支援特別奨学金	学生支援課	011-885-3365
	一般奨学金		
	奨学融資助成奨学金		
札幌大学	生活支援奨学金（学業）	学生課	011-852-9177
	生活支援奨学金（課外活動）		
	成績優秀特別奨学金		
	課外活動優秀特別奨学金		
	生活支援奨学金（学業・入学）	入学センター	011-852-9153
星槎道都大学	自宅外生活支援奨学金	入試広報課	011-372-8130 (直通)
	在学生奨学金（特待生給付奨学金 S ランク）	学務課	011-372-8051 (直通)
	在学生奨学金（特待生給付奨学金 A ランク）		

学校名	制度名	担当部署	電話番号
星槎道都大学	在学生奨学金（特待生給付奨学金Bランク）	学務課	011-372-8051（直通）
	在学生奨学金（融資利息奨学金）		
	在学生奨学金（学内ワークスタディ奨学金）		
	資生堂児童福祉奨学金採用者奨学金		
	在学生奨学金（災害給付奨学金）		
天使大学	天使大学シスター川原ユキエ記念奨学金	学務課	011-792-9204
	天使大学給付奨学金		
藤女子大学	同窓会藤の実奨学金	学生課	011-736-5720
北星学園大学	北星学園大学松田奨学金	学生生活支援課	011-891-2731
	有馬・安孫子・手島・時任・永澤奨学金		
	スミス・モンク・エバンス奨学金		
	成績優秀者学業奨励金		
	北星学園大学同窓会奨励生	社会連携課	
	兄弟姉妹同時在学者減免	財務課	
北海学園大学	北海学園奨学金第1種奨学金	学生部学生課	011-841-1161（代）
	北海学園奨学金第4種奨学金		
	北海学園大学同窓会第1種奨学金		
	北海学園大学教育振興資金（奨学金A）	事務部会計課	
	北海学園大学教育振興資金（奨学金B）		
	北海学園大学教育振興資金（奨学金C）		
北海商科大学	北海学園奨学金（第一種）	学生支援センター	011-841-1161
	北海学園奨学金（第四種）		
北海道医療大学	学校法人東日本学園　歯学部特待奨学金	学生支援課入試広報課財務課	0133-23-1211
	学校法人東日本学園薬学部特待奨学金		
	学校法人東日本学園　福祉・介護人材育成奨学金		
北海道科学大学	学校法人　北海道科学大学奨学金	学生課	011-688-2380
	学科優秀奨学金		
	学生活動支援奨学金		
北海道情報大学	北海道情報大学　松尾特別奨学金（A1）	入試課	011-385-4425
	北海道情報大学　松尾特別奨学金（A2）		
	北海道情報大学　松尾特別奨学金（A3）		
	北海道情報大学奨学金　（学術奨学生）	学生サポートセンター事務室	011-385-4416
北海道千歳リハビリテーション大学	受験支援金給付制度	総務課	0123-28-5331
北海道文教大学	北海道文教大学奨学金	学生部学生課	0123-34-0011
青森中央学院大学	教育ローン利子補給奨学金	総務課	017-728-0131
	海外留学奨励費	国際交流センター	
柴田学園大学	柴田学園みらい創生奨学生	事務局	0172-33-2289
弘前医療福祉大学	特待生奨学金制度2019	教務部入試課入試係	0172-27-1001
	ホスピタリティー奨学金制度		
八戸学院大学	教育ローン利子補給奨学金	教務学生課	0178-25-2711
岩手医科大学	歯学部学業奨励奨学金	歯学部教務課	019-651-5110（内線4117）
	薬学部入学試験優秀者奨励奨学金	矢巾キャンパス教務課	019-651-5110（内線5521）
	薬学部学業奨励奨学金		
	薬学部育英奨学金		
富士大学	職業会計人・商業科教員特待生	入試・広報部	0198-23-7974
	学力優秀特待生		
	資格取得者特待生		
盛岡大学	盛岡大学特別奨学生	学生部学生支援課	019-688-5558
	盛岡大学奨学会給付奨学金		
石巻専修大学	石巻専修大学進学サポート奨学生	入試係	0225-22-7717
	特待生選抜奨学生		

学校名	制度名	担当部署	電話番号
石巻専修大学	新入生付属高等学校奨学生	入試係	0225-22-7717
	新入生石巻地域奨学生	教育支援係	0225-22-7714
	新入生ファミリー支援奨学生		
	在学生キャリア支援奨学生	学生支援係	0225-22-7712
	在学生特別奨学生	教育支援係	0225-22-7714
	経済支援奨学生	学生支援係	0225-22-7712
	家計急変奨学生		
	災害見舞奨学生		
尚絅学院大学	尚絅学院大学給付奨学金	学生生活課	022-381-3308
仙台白百合女子大学	留学奨学金	国際交流センター	022-374-5232
東北医科薬科大学	東北医科薬科大学特別奨学金	学務部学生課	022-234-4181 (代)
東北学院大学	東北学院大学給付奨学金	学生課	022-264-6472
	東北学院大学緊急給付奨学金		
	東北学院大学予約型入学時給付奨学金 (LIGHT UP 奨学金)	教務学生課	022-305-3167
東北工業大学	東北工業大学奨学生　学業奨励奨学金「学業最優秀奨学生」		
	東北工業大学奨学生　学業奨励奨学金「学業優秀奨学生」		
	東北工業大学奨学生　学業奨励奨学金「学業一般奨学生」		
	東北工業大学奨学生　課外活動奨励奨学金「課外活動優秀奨学生」		
	東北工業大学奨学生　課外活動奨励奨学金「課外活動一般奨学生」		
	東北工業大学就学支援給付奨学金		
	郵政福祉教育振興基金奨学金		
東北生活文化大学	三島学園香風会奨学制度新入生学業奨励金	学生課	022-272-7520
	三島学園香風会奨学制度在学生学業奨励金		
	東北生活文化大学・東北生活文化大学短期大学部　兄弟姉妹給付奨学金		
東北福祉大学	東北福祉大学奨学金	学生生活支援課	022-717-3314
宮城学院女子大学	宮城学院奨学会奨学金	学生支援グループ 学生生活センター	022-277-6271
	宮城学院女子大学奨学金		
	宮城学院同窓会奨学金		
東北文教大学	学業成績優秀者奨学生	総務課	023-688-2298
	スポーツ・文化優秀者奨学生		
	同窓会「耀」奨学金制度		
秋田看護福祉大学	家族学費支援制度2	教務部教務課	0186-45-1721
医療創生大学	一人暮らし支援奨学金	企画課	0246-29-5327
郡山女子大学	学校法人郡山開成学園創立者関口育英奨学金	学生生活部	024-932-4848
	郡山女子大学同窓会奨学金		
東日本国際大学	学業奨学生	入試広報課	0246-35-0002
	スポーツ奨学生		
	吹奏楽部奨学生		
	資格奨学生		
	兄弟姉妹奨学生		
福島学院大学	福島学院大学学長特別奨学金	福島駅前キャンパス事務室	024-515-3221
関東			
青山学院大学	青山学院大学経済支援給付奨学金	学生生活部学費・奨学金課	03-3409-7945
	青山学院大学経済支援給付奨学金（緊急対応）		
	青山学院大学経済援助給付奨学金		
	青山学院スカラーシップ		
	青山学院スカラーシップ（留学関係）		
	青山学院大学入学前予約型給付奨学金「地の塩、世の光奨学金」		
	青山学院大学産学合同万代外国留学奨励奨学金	国際部	03-3409-8462
	青山学院国際交流基金奨学金		
亜細亜大学	太田奨学基金育英奨学金	厚生課	0422-36-3197

学校名	制度名	担当部署	電話番号
亜細亜大学	亜細亜学園奨学金 (大学)	厚生課	0422-36-3197
	東急奨学金（一般学生）（大学）		
	亜細亜大学派遣留学プログラム奨励金		
	青々会奨学金		
	亜細亜学園後援会奨学金		
	亜細亜学園山口年一奨学金		
跡見学園女子大学	跡見学園女子大学　後援会修学援助奨学金	学生サポートセンター学生課	048-478-3341
	跡見校友会一紫会　修学援助奨学金		
	跡見花蹊記念奨学金		
桜美林大学	グローバル人材育成奨学金	入試事務室	042-797-4201
	学業優秀者奨学金	学生センター学生生活支援課	042-797-3128
大妻女子大学	大妻女子大学育英奨学金	学生支援グループ	03-5275-6071
	学校法人大妻学院特別育英奨学金		
	学校法人大妻学院石間奨学金		
嘉悦大学	後援会奨学金制度	学生支援センター	042-466-3738
	後援会家計急変に伴う緊急奨学金制度		
	後援会学修奨励費奨学金		
学習院女子大学	安倍能成記念教育基金女子大学学部奨学金	事務運営課（学生部）	03-3203-1906
	学習院女子大学学業優秀者給付奨学金		
	学習院女子大学学費支援給付奨学金		
	学習院女子大学教育ローン金利助成奨学金		
	学習院女子大学海外留学奨学金	国際交流推進センター	03-3203-7203
	学習院女子大学海外留学奨学金（交換によらない難関協定校への留学）	事務運営課（学生部）	03-3203-1906
	学習院女子大学海外短期語学研修奨学金		
	学習院女子大学海外ボランティア活動奨励金		
	学習院父母会奨学金		
学習院大学	学習院大学新入学生特別給付奨学金	学生センター学生課	03-5992-1183
	学習院大学学費支援給付奨学金		
	学習院大学入学前予約型給付奨学金「目白の杜奨学金」（一般選抜対応）		
	学習院大学入学前予約型給付奨学金「学習院桜友会ふるさと給付奨学金」（一般選抜対応）		
	学習院大学教育ローン金利助成奨学金		
	学習院大学学業優秀者給付奨学金		
	安倍能成記念教育基金奨学金		
	指定寄付奨学金「学習院大学ゴールドマン・サックス・スカラーズ・ファンド」		
	学習院大学海外留学奨学金	国際センター	03-5992-1024
	学習院大学海外短期語学研修奨学金		
	学習院大学春季語学研修奨学金		
	学習院大学語学能力試験受験の助成		
北里大学	北里大学給付奨学金	教学本部教学センター学生課	042-778-9031
	北里大学 PPA 給付奨学金制度		
	薬友会給付奨学金	薬学部事務室学生課	03-5791-6485
	北里大学医療衛生学部こまくさ給付奨学金	医療衛生学部事務室学生課	042-778-9250
	北里大学学生表彰による奨学金（北島賞）	教学本部教学センター学生課	042-778-9031
共立女子大学	共立女子大学・共立女子短期大学実務体験奨学金	学生支援課奨学金担当	03-3237-2448
	廣川シゲ給付奨学金		
	栗山ヒロ給付奨学金		
	クワハラタカシ給付奨学金		
	宇都宮信子給付奨学金		
杏林大学	杏林大学奨学生	井の頭事務部　学生支援課	0422-47-8052
	杏林大学緊急時奨学生		
	杏林大学海外研修・留学奨学生		
	外国語学部熊谷奨学金		

学校名	制度名	担当部署	電話番号
杏林大学	杏林大学成績優秀学生表彰金	井の頭事務部　学生支援課	0422-47-8052
	杏林大学特別表彰学生表彰金		
国立音楽大学	国立音楽大学国内外研修奨学金	学務部学生支援課	042-535-9509
	国立音楽大学国内外研修奨学金（特別研修給付）		
	岡田九郎記念奨学金		
	国立音楽大学同調会奨学金 (学部)		
	国立音楽大学学部特別給費奨学金		
慶應義塾大学	慶應義塾大学修学支援奨学金	学生部福利厚生支援	03-5427-1570
	110 年三田会記念大学奨学基金		
	111 年三田会記念大学奨学基金		
	118 年三田会記念大学奨学金		
	118 年三田会記念大学奨学金 (海外留学支援)		
	121 年三田会記念大学奨学基金		
	1994 年三田会記念大学奨学金		
	1995 年三田会記念大学奨学金		
	1996 年三田会記念大学奨学金		
	八千代三田会奨学金		
	名古屋三田会奨学基金		
	浜松三田会奨学金		
	新宿三田会奨学金		
	広島慶應倶楽部奨学金		
	讃岐三田会奨学金		
	仙台三田会奨学金		
	大阪慶應倶楽部奨学金		
	和歌山三田会奨学金		
	奈良三田会奨学金		
	岐阜県連合三田会奨学金		
	京都慶應倶楽部奨学金		
	関西婦人三田会奨学金		
	川越三田会奨学金		
	藤沢三田会奨学金		
	神戸慶應倶楽部奨学金		
	杉並三田会創立 25 周年記念奨学金		
	不動産三田会奨学金		
	城北三田会奨学金		
	佐倉三田会		
	木下雄三奨学基金		
	ゴールドマン・サックス・　スカラーズ・ファンド		
	「2000 年記念教育基金」教育援助一時金		
	慶應義塾大学東日本大震災被災学生復興支援奨学金		
	学問のすゝめ奨学金		
	慶應義塾大学給費奨学金		
	慶應義塾創立 150 年記念奨学金 （海外学習支援）		
	慶應義塾維持会奨学金		
	国際人材育成資金・基金 (矢上)	理工学部学生課	045-566-1468
	理工学部同窓会奨学金		
	メンター三田会理工奨学金		
	慶應義塾大学医学部贈医奨学金 （経済支援部門）	信濃町キャンパス 学生課学生生活担当	03-5363-3665
	慶應義塾大学医学部贈医奨学金 　（研究奨励部門）		
	慶應義塾大学医学部贈医奨学金 　（顕彰部門）		
	慶應義塾大学医学部教育支援奨学金 (経済支援部門)		
	慶應義塾大学医学部教育支援奨学金		

学校名	制度名	担当部署	電話番号
慶應義塾大学	慶應義塾大学医学部研究医養成奨学金	信濃町キャンパス学生課学生生活担当	03-5363-3665
	慶應義塾大学医学部奨学基金奨学金		
	慶應義塾大学総合医学教育奨励基金奨学金（医学部）		
	慶應義塾大学医学部人材育成特別事業奨学金		
	慶應義塾大学医学部ゴールドマン・サックス海外留学支援奨学金（2019年度新設）		
	青田与志子記念慶應義塾大学看護医療学部教育奨励基金（看護医療学部）	SFC事務室看護医療学部担当	0466-49-6200
	慶應義塾大学総合医学教育奨励基金（看護医療学部）		
	KP三田会星野尚美記念薬学部奨学金	芝共立学生課奨学金担当	03-5400-2683
	慶應義塾大学薬学部奨学基金（薬学部）		
	慶應義塾大学総合医学教育奨励基金（薬学部）		
	経済学部ハイド奨学金	日吉学生部	045-566-1026
	慶應義塾大学法学部FIT入試（B方式）入学者特別奨学金	三田学生部法学部担当	03-5427-1557
	慶應義塾大学商学部指定校推薦入学者地方特別奨学金(SP奨学金)	三田学生部商学部担当	03-5427-1558
恵泉女学園大学	恵泉フェロシップ給付緊急奨学金	学生課	042-376-8213
工学院大学	大学後援会給付奨学金（大学）	学生支援課	03-3340-0868
	大学成績優秀学生奨励奨学金		03-3340-0105
	大学入学試験成績優秀者特別奨学金		
國學院大學	國學院大學成績優秀者奨学金制度	学生生活課	03-5466-0145
	國學院大學神職子女奨学金制度	神道研修事務課	03-5466-0155
	特例給費奨学金制度	学生生活課	03-5466-0145
	國學院大學フレックス特別給付奨学金制度		
	教育ローン利子補給制度		
	国家公務員採用総合職試験対策支援奨学金制度	キャリアサポート課	03-5466-0151
	教員採用候補者選考試験支援奨学金制度		03-5466-0152
	公認会計士試験支援奨学金制度		
	滝川市地方創生支援奨学金制度	学生生活課	03-5466-0145
	國學院大學セメスター留学助成金制度	国際交流課	03-5778-7061
	國學院大學セメスター留学学習奨励金制度		
	國學院大學協定留学奨学金制度		
	國學院大學協定留学「標」奨学金制度		
	國學院大學短期留学グローバル・チャレンジ奨学金制度		
	ふるさと奨学金	学生生活課	03-5466-0145
	カピー奨学金		
	若木育成会学費等支援制度	校友課	03-5466-0131
国際基督教大学	ICU Peace Bell 奨学金	学生グループ	0422-33-3068
	Friends Of ICU 奨学金(使途指定):都留春夫奨学金		
	Friends Of ICU 奨学金(使途指定):クリス和田奨学金		
	Friends Of ICU 奨学金(使途指定):「斎藤勇先生記念」清水護奨学金		
	Friends Of ICU 奨学金(使途指定):網野ゆき子学術奨学金		
	堀江竹松・こう奨学金		
	FOI学術奨励賞		
	ICU環境研究奨励金		
	緊急就学支援金		
こども教育宝仙大学	こども教育宝仙大学奨学生制度	教務・学生課	03-3365-0267
駒沢女子大学	学校法人駒澤学園奨学金	学生支援課	042-350-7111
	学校法人駒澤学園奨学金「新型コロナウイルス感染症支援奨学金」		
駒澤大学	全学部統一日程入学試験奨学金	学生部厚生課厚生2係	03-3418-9058
	駒澤大学新人の英知（一般選抜特待生）奨学金		
	駒澤大学百周年記念奨学金		
	駒澤大学駒澤会奨学金		
	駒澤大学同窓会奨学金		
産業能率大学	上野特別奨学金	学生サービスセンター/湘南学生サービスセンター	03-3704-1211/0463-92-2214

学校名	制度名	担当部署	電話番号
産業能率大学	上野学業奨学金	学生サービスセンター／湘南学生サービスセンター	03-3704-1211/0463-92-2214
	上野修学支援奨学金		
	富士通育英基金奨学金		
実践女子大学	学祖下田歌子奨学金	学生総合支援センター	（日野）042-585-8825（渋谷）03-6450-6821
	教職員奨学金		
	創立 120 周年記念奨学金（常磐松奨学金）		
	創立 120 周年記念奨学金（岩村奨学金）		
	佐久間繁子ファーストイヤースカラシップ		
	羽山昇・昭子奨学金		
	実践チャレンジ奨励金		
芝浦工業大学	芝浦工業大学育英奨学金	学生課	03-5859-7370
	エスアイテック育英奨学金		
	学生臨時給付奨学金		
	芝浦工業大学後援会　自活支援奨学金		
	芝浦工業大学海外留学奨学金	国際部	03-5859-7140
	芝浦工業大学創立 80 周年記念　有元史郎奨学金	入試課	03-5859-7100
	芝浦工業大学創立 80 周年記念　松縄孝奨学金		
上智大学	上智大学篤志家（教育学科）奨学金	学生センター	03-3238-3523
	上智大学篤志家（竹島久子イギリス研究）奨学金		
	上智大学篤志家（フランク アンド ジェーン・スコリノス）奨学金		
	上智大学篤志家（優心）奨学金		
	上智大学篤志家（経済学部・経鷲会）奨学金		
	上智大学篤志家（学生寮）奨学金		
	VOLVO GLOBAL CHALLENGE SCHOLARSHIP 奨学金		
	上智大学篤志家（哈爾濱学院顕彰）奨学金		
	上智大学篤志家（大泉）奨学金		
	上智大学篤志家（国文）奨学金		
	上智大学篤志家（セント・ルイス）奨学金		
	上智大学篤志家（ラッセル・ブラインズ）奨学金		
	上智大学篤志家（CNA 保険）奨学金		
	上智大学篤志家（西村）奨学金		
	上智大学篤志家（沼田拓実）奨学金		
	上智大学篤志家（独文・独語）奨学金		
	上智大学篤志家（神学部）奨学金		
	上智大学篤志家（レモス）奨学金		
	上智大学篤志家（ソフィア・LAW ファンド）奨学金		
	上智大学篤志家（経鷲会）奨学金		
	上智大学篤志家（後援会）奨学金		
	上智大学篤志家（英語学科先哲）奨学金		
	上智大学篤志家（森善文・母子家庭父子家庭支援）奨学金		
	上智大学篤志家（創立 100 周年記念 上智・聖母看護）奨学金【新入生対象】		
	上智大学篤志家（創立 100 周年記念 上智・聖母看護）奨学金【在学生対象】		
	上智大学篤志家（ソフィアキャンパスサポート生活支援）奨学金		
	上智大学ソフィア会生活支援奨学金		
	上智大学篤志家（川中なほ子）奨学金		
	上智大学篤志家（SOPHIA プレート）奨学金		
	上智大学篤志家（松本あす加・ドイツ語学科）奨学金		
	上智大学篤志家（理工学部同窓会）奨学金		
	利子補給奨学金		
	上智大学学業優秀賞		
昭和女子大学	人見記念奨学金（給付）	教学支援センター奨学金係	03-3411-5118
	成績優秀者奨学金		

学校名	制度名	担当部署	電話番号
昭和女子大学	3人以上在学者奨学金	教学支援センター奨学金係	03-3411-5118
	認定留学生奨学金		
	経済的支援奨学金		
	稲穂奨励基金		
	水上奨励基金		
	小島海外留学支援基金		
	MAKOTO奨学金		
昭和大学	昭和大学医学部特別奨学金	学事部学生課	03-3784-8024
	昭和大学歯学部特別奨学金		
	昭和大学薬学部特別奨学金		
	海外実習・研修奨学金	学事部学事課国際交流係	03-3784-8266
	昭和大学被災者就学支援高須奨学金	学事部学生課	03-3784-8024
女子栄養大学	香友会わかば奨学金	香友会（同窓会）	049-288-0345
女子美術大学	女子美奨学金	学生支援センター	042-778-6614
	女子美同窓会奨学金		
	創立者横井・佐藤記念特別奨学金		
	女子美術大学・女子美術大学短期大学部　アイシス奨学金		
	女子美海外留学奨学金	国際センター	042-778-6627
白梅学園大学	白梅学園大学・白梅学園短期大学給付奨学金	学生課	042-346-5621
	白梅学園大学・白梅学園短期大学特待生奨学金		
白百合女子大学	白百合女子大学奨学金	学生支援部学生生活課	03-3326-9326
	白百合女子大学同窓会奨学金		
	白百合女子大学同窓会特別奨学金		
	白百合女子大学外国留学規程に基づく奨学金		
杉野服飾大学	杉野学園奨学金	学生部学生課	03-3491-8839
	杉野学園緊急奨学金		
	杉野学園利子補給奨学金		
	栁原操奨学金		
成蹊大学	成蹊大学給付奨学金	学生部	0422-37-3539
	成蹊大学地方出身学生予約型奨学金（成蹊大学吉祥寺ブリリアント奨学金）		
	岡野奨学金		
	関育英奨学金		
	清水建設奨学金		
	成蹊大学入学試験特別奨学金		
	成蹊大学学業成績優秀者奨励奨学金		
	成蹊大学社会人入学生奨学金		
成城大学	成城大学奨学金	学生部学生課	03-3482-9080
	成城大学応急奨学金		
	成城大学提携教育ローン援助奨学金		
	成城大学澤柳奨学金		
清泉女子大学	エルネスティナ・ラマリョ記念奨学金	学生課	03-3447-5551
	中島太郎教授記念奨学金		
	国際交流基金国外留学生奨学金	国際交流センター	
	発展協力会　学業奨励奨学金（成績優秀者表彰）	学生課	
聖路加国際大学	聖路加同窓会奨学金	教務・学生課	03-3543-6391
	聖路加国際大学グローカル奨学金		
	聖路加国際大学特待生奨学金		
	小澤道子記念奨学金		
専修大学	専修大学「新型コロナウイルス感染症拡大に伴う緊急支援奨学生」（学費減免支援制度）	学生生活課	044-911-1267
	自己啓発奨学生		
	指定試験奨学生		
	利子補給奨学生		

学校名	制度名	担当部署	電話番号
専修大学	家計急変奨学生	学生生活課	044-911-1267
	災害見舞奨学生		
	育友会奨学生		
	専修大学進学サポート奨学生		
	専修大学校友会「経済的支援奨学生」		
	専修大学「災害見舞奨学生」		
	新入生特別奨学生	教務部教務課	044-911-1260
	新入生学術奨学生		
	学術奨学生		
	スカラシップ入試奨学生		
	専修大学交換留学奨学生（大学）	国際交流事務課	044-911-1250
	専修大学長期交換留学プログラム補助金（大学）		
	ネブラスカ大学リンカーン校長期交換留学特別奨学生（大学）		
	サスクェハナ大学長期交換留学特別奨学生（大学）		
	専修大学育友会交換留学生援助金（大学）		
	専修大学夏期・春期留学プログラム補助金（大学）		
	専修大学セメスター交換留学プログラム補助金（大学）		
	ネブラスカ大学リンカーン校中期留学特別奨学生		
	檀国大学中期留学特別奨学生		
	イベロアメリカーナ大学中期留学特別奨学生		
	専修大学寮内留学プログラム補助金（大学）		
	LSP特別奨学生（大学）		
創価大学	創価大学特待生奨学金	学生部学生課	042-691-2205
	創価大学牧口記念教育基金会学部生奨学金		042-691-2161
	創価大学創友会奨学金		
	兄弟姉妹同時在籍者への給付奨学金		
	創価大学特別奨学生		
	創価大学給付奨学金		
	創価大学国際奨学金	国際部国際課	042-691-8200
	創価大学国際奨学金（夏季海外短期研修）		
	創価大学国際奨学金（春季海外短期研修）		
	創価大学国際教養学部牧口記念教育基金会留学研修奨学金	国際教養学部事務室	042-691-6904
	創価大学法学部長期留学制度助成金	法学部・法科大学院事務室	042-691-9476
	創価大学法学部バッキンガム大学ダブル・ディグリーコース助成金		
	創価大学中国語ダブル・ディグリーコース助成金	文学部事務室	042-691-8047
	創価大学英語ダブル・ディグリーコース助成金		
	創価大学文学部ロシア民族友好大学特別留学助成金		
	創価大学法曹会奨学金	法学部・法科大学院事務室	042-691-9476
	災害救助法適用地域の受験生に対する特別措置	アドミッションズセンター	042-691-4617
大正大学	新入生奨学金	学生支援部学生課	03-5394-3020
	人材育成奨学金		
	海外特別留学奨学金	教務部教育支援課	03-5394-3039
	海外語学研修奨励金		
大東文化大学	大東文化大学学業成績優秀者表彰（温故知新報奨金）	学生支援課	03-5399-7317
	大東文化大学特別修学支援金		
	大東文化大学学生災害見舞金		
	大東文化大学教育ローン利子補給金		
高千穂大学	学業成績優秀者賞	学生部学生課	03-3313-0145
	小池厚之助賞		
	公的資格取得支援奨学金制度	教育研究事務部教育研究事務課	03-3315-8847
	海外短期・中期留学奨学金制度		
	海外長期留学奨学金制度		

学校名	制度名	担当部署	電話番号
拓殖大学	商学部奨学生	学務部学務課	03-3947-7172
	政経学部奨学生		
	外国語学部奨学生	学務部八王子学務課	042-665-1357
	国際学部奨学生		
	工学部奨学生		
	海外留学プログラム個人研修奨学金	国際部国際課	03-3947-7212
	海外留学プログラム交換留学（派遣）生活補助		
玉川大学	ファーストイヤー奨学金	学生支援センター	042-739-8904
	玉川奨学金		
	経済支援奨学金		
	SAE 海外留学奨学金	国際教育センター	042-739-8660
	課外活動奨学金	学生支援センター	042-739-8904
	玉川応急奨学金		
	小原応急奨学金		
多摩大学	成績優秀者奨学金	教務課	042-337-7113
			0466-82-4141
			042-337-7113
			0466-82-4141
	海外留学奨学金	学生課	042-337-7114
多摩美術大学	創立 80 周年記念奨学金	学生課・美術学部事務室	042-679-5606/ 03-3702-9417
	学業成績優秀者奨学金		
	特別優秀顕彰奨学金		
	ワークスタディ奨学金		
	交換留学生奨学金	国際交流室	042-679-5605
	校友会奨学金	校友会	042-676-0802
中央大学	やる気応援奨学金（一般部門）	法学部事務室	042-674-3118
	やる気応援奨学金（海外語学研修部門）		
	やる気応援奨学金（長期海外研修部門）		
	やる気応援奨学金（法曹・公務員・研究者部門）		042-674-3116
	やる気応援奨学金（短期海外研修部門（インターンシップ））		042-674-3118
	やる気応援奨学金（短期海外研修部門（アクティブ・ラーニング海外プログラム））		
	やる気応援奨学金（オンライン語学研修特別部門）		
	増島記念奨学・奨励給付奨学金		042-674-4313
	国際インターンシップ奨学金	総合政策学部事務室	042-674-4111
	総合政策学部給付奨学金（経済支援）		
	FPS 奨学金（成績優秀者）		
	高田博・弘子奨学金	経済学部事務室	042-674-3316
	経済学部創立百周年記念奨学金		
	経済学部給付奨学金<自己推薦>		
	経済学部グローバル人材育成奨学金		
	商学部フレックス Plus1 奨学金	商学部事務室	042-674-3519
	チャレンジ奨学金		
	商学部留学プログラム給付奨学金		
	商学部グローバルインターンシップ奨学金		
	文学部給付奨学金	文学部事務室	042-674-3718
	短期留学プログラム給付奨学金		
	長期留学奨励奨学金（1 年留学）		
	長期留学奨励奨学金（半年留学）		
	学外活動応援奨学金		
	フランス語圏派遣留学生特別奨学金（卒業生篤志家寄付）		
	理工学部給付奨学金	理工学部事務室	03-3817-1739
	理工学部たくみ奨学金		

学校名	制度名	担当部署	電話番号
中央大学	中央大学指定試験奨学金	各学部事務室 / 奨学課 / 都心学生生活課	042-674-3461 03-3817-1716
	中央大学文化・スポーツ活動等奨励給付奨学金	奨学課 / 都心学生生活課	
	中央大学生活協同組合奨学金		
	中央大学経済援助給付奨学金（所得条件型）		
	中央大学学長賞・学部長賞給付奨学金	各学部事務室 / 奨学課 / 都心学生生活課	
	中央大学予約奨学金		
	中央大学経済援助給付奨学金（緊急・応急）	奨学課 / 都心学生生活課	
	中央大学経済援助給付奨学金（COVID19 家計急変）		
	渋谷健一奨励賞	総務部総務課	042-674-2243
	三重野康・高木友之助記念学術奨励賞	学事・社会連携課	042-674-2137
	水野富久司スポーツ奨励賞		
	久保田昭夫・久保田紀昭女子スポーツ奨励賞		
	茨木龍雄学術奨励賞		
	中央大学国外留学生奨学金	国際センター	042-674-2211
	「ICT 留学」給付奨学金	国際情報学部事務室	03-3513-0307
	「国際 ICT インターンシップ」給付奨学金		
	iTL 給付奨学金		
	オンライン留学給付奨学金		
	中央大学国際経営学部アクティブステューデント応援奨学金	国際経営学部事務室	042-674-4410
	中央大学国際経営学部長期留学・海外インターンシップ奨学金		
津田塾大学	梅子スカラシップ	学生生活課	042-342-5132
	Atsuko Onda Craft & Yasuko Onda Chikada Scholarship		
	津田スピリット	企画広報課入試室	042-342-5120
	海外留学（派遣・受入）奨学金	国際センター	042-342-5164
	海外活動奨励金		
	海外語学研修奨学金		
帝京科学大学	帝京科学大学奨学金	教務課学生第 1 係	03-6910-3790
帝京大学	後援会奨学金（八王子キャンパス）	八王子キャンパス学生サポートセンター	042-678-3310
	後援会奨学金（宇都宮キャンパス）	宇都宮キャンパス学生サポートチーム	028-627-7124
	資格取得支援制度	各キャンパス担当部署	03-3964-8392（板橋） 042-678-3307（八王子） 028-627-7124（宇都宮） 0944-88-8427（福岡）
	キャリアアップ奨学金	八王子キャンパスキャリアサポートセンター	042-678-3307
	帝京大学医学部海外臨床実習奨学金	板橋キャンパス事務部学生課	03-3964-8392
	ダラム留学奨学特待生制度	八王子キャンパス国際交流センター	042-678-3237
	地方創生給付奨学金　帝京大学入学前給付決定型奨学金制度（宇都宮キャンパス）	宇都宮キャンパス学生サポートチーム	028-627-7124
	ジュニアマイスター顕彰特別推薦奨学金制度		
	全商協会大学特別推薦奨学金制度		
東京医療学院大学	卒業支援金給付制度	学生課	042-373-8118
東京音楽大学	給費奨学金	学生支援課	03-3982-4327
東京家政学院大学	学校法人東京家政学院奨学金	学務グループ	042-782-9818
	光塩会奨学金		
	学校法人東京家政学院創立 90 周年記念 光塩会緊急支援金		
東京家政大学	渡辺学園奨学金	学生支援課	03-3961-2079
	遠藤奨学金		
	鶴田奨学金		
	木曽山奨学金		
	土居奨学金		
	橋口奨学金		
	相原奨学金		
	青木奨学金		

学校名	制度名	担当部署	電話番号
東京家政大学	石川梅子（むめ）奨学金	学生支援課	03-3961-2079
	齋藤奨学金		
	緑窓会奨学金		
	後援会奨学金		
	髙橋奨学金		
	中地・阿部奨学金		
東京経済大学	東京経済大学奨学金	学生課	042-328-7759
	東京経済大学葵友会　大学奨学金		
	父母の会修学支援奨学金	父母の会	042-328-1767
	ＴＫＵ進一層賞（1. 学芸部門）	学生課	042-328-7759
	ＴＫＵ進一層賞（2. 資格取得部門）		
	ＴＫＵ進一層賞（3. 課外活動部門）		
	ＴＫＵ進一層賞（4. ゼミ学外活動部門）		
	安城記念奨学金		
東京工科大学	東京工科大学同窓会奨学金	学務課学生係	042-637-2114
	大新東奨学金		
	奨学生入試		
東京慈恵会医科大学	東京慈恵会医科大学保護者会互助部会奨学金	学事課	03-3433-1111
	本多友彦慈恵医学教育奨励基金		
東京純心女子大学	江角記念奨学生	学務課	042-692-0326
	後援会奨学生		
東京女子医科大学	特別奨学生	医学部学務課	03-3353-8112 (内線 22113)
東京女子体育大学	藤村学園スカラシップ制度	入試課	042-505-7453
	藤村学園育英奨学生	学生課	042-573-7454
	藤村学園スポーツ奨学生		
	藤村トヨ奨励金		
東京女子大学	「挑戦する知性」奨学金	学生生活課	03-5382-6136
	東京女子大学予約型給付奨学金		
	安井てつ給付奨学金		
	東京女子大学給付奨学金		
東京神学大学	一般奨学金	学生課	0422-32-4185
	指定奨学金		
	入学時奨学金		
東京聖栄大学	入試成績優秀特待生	学生支援センター 学生支援・就職支援課	03-3692-0211
	学業成績優秀奨学生		
	教育ローン利子補給奨学金		
東京造形大学	東京造形大学　年間優秀奨学金	経営企画課	042-637-8117
	東京造形大学　派遣留学生奨学金		
	東京造形大学校友会　留学奨学金	校友会	042-637-3093
	東京造形大学　学長賞	経営企画課	042-637-8117
東京電機大学	特別奨学金	学生支援センター	03-5284-5340
	学生応急奨学金		
	学生サポート給付奨学金		
東京都市大学	五島育英会基金奨学金	学生支援センター	03-5707-0104
	東京都市大学桐華奨学基金奨学金		
	夢に翼を奨学金 (TAP アワード)	国際部	
	東京都市大学黒澤敦・淑子奨学金	学生支援センター	
東京富士大学	TFU スカラシップ制度	入学広報課	03-3368-2154
	高田奨学生制度	学務課	
	東京富士大学奨学金	学生課	03-3362-2252
東京薬科大学	学校法人東京薬科大学応急援助奨学金（学部）	学生サポートセンター	042-676-8978

学校名	制度名	担当部署	電話番号
東京理科大学	東京理科大学家計急変奨学金	学生支援課（神楽坂）	03-5228-8127
	新生のいぶき奨学金		
	乾坤の真理奨学金（BS）		
東洋学園大学	東洋学園大学奨学金制度	学生支援課	03-3811-1696
	罹災者救援減免制度		
	東洋学園特待生制度（特待生A）	入試室	0120-104-108
	東洋学園特待生制度（特待生B）		
	東洋学園特待生制度（特待生E）		
東洋大学	東洋大学 学業成績優秀者奨学金（旧 東洋大学第1種奨学金）	学生支援課	03-3945-7124
	東洋大学 経済的修学困難者奨学金「エール」(旧 東洋大学第2種奨学金)		
	東洋大学 生計維持者の逝去に伴う奨学金（旧 東洋大学第3種奨学金）		
	東洋大学海外留学促進奨学金		
	東洋大学特別被災奨学金		
	東洋大学交換留学奨学金	国際教育センター	03-3945-8593
	東洋大学認定留学奨学金		
	東洋大学協定校語学留学奨学金		
二松学舎大学	二松学舎奨学生	学生支援課	03-3261-7427
	中洲賞の褒賞としての奨学金		
	二松学舎サービス株式会社奨学金		
	二松学舎大学父母会成長支援型 奨学金		
	奨学生選抜付入学試験制度による奨学生	入試課学生支援課	03-3261-7423 03-3261-7427
日本社会事業大学	給費生制度	学生支援課	042-496-3110
	障害学生奨学金給付制度		
日本獣医生命科学大学	大学奨学金	学生支援センター	0422-31-4151
日本女子体育大学	二階堂学園奨学金	学生支援課 （学生生活支援担当）	03-3300-2256
	松徳会奨学金		
日本女子大学	日本女子大学桜楓奨学金	学生生活部学生課	03-5981-3316
	森村豊明会奨励賞（学部）		
	日本女子大学特別活動給付奨学金（学部）		
	日本女子大学泉会緊急支援金（学部）		
	日本女子大学泉会学業支援給付奨学金		
	日本女子大学泉会spring新入生奨励金		
	世界トップ100大学留学奨学金	学生生活部国際交流課	03-5981-5532
	協定大学留学奨学金		03-5981-3352
	認定大学留学奨学金		
	泉会奨励金		
	協定大学留学学生優秀賞		
日本赤十字看護大学	日本赤十字看護大学伊藤・有馬記念基金奨学金	看護学部/ 学務一課学生係・ さいたま看護学部/ さいたま事務二係	看護学部/ 03-3409-0687・ さいたま看護学部/ 048-799-2747
	日本赤十字看護大学伊藤・有馬記念基金奨学金(外国留学奨励金)		
	日本赤十字看護大学大嶽康子記念奨学金		
	日本赤十字看護大学松下清子記念奨学基金		
	日本赤十字看護大学松下清子記念奨学金(海外研修・国際交流支援)		
	日本赤十字看護大学保護者会奨学金		
	日本赤十字看護大学保護者会海外留学奨学金		
	日本赤十字看護大学保護者会学業成績優秀者奨学金	学務一課学生係	03-3409-0687
日本体育大学	メイドー・MSC・長谷川奨学金	学生支援センター 生活支援部門	03-5706-0904
	雄渾奨学金		
日本大学	日本大学特待生	学務部学務課	03-5275-8115
	日本大学創立130周年記念奨学金 第2種	学生部学生課	03-5275-8124
	日本大学アスリート奨学金第1種		
	日本大学アスリート奨学金第2種		

学校名	制度名	担当部署	電話番号
日本大学	日本大学付属高等学校等出身アスリート奨学金第1種	学生部学生課	03-5275-8124
	日本大学付属高等学校等出身アスリート奨学金　第2種		
	日本大学事業部奨学金		
	日本大学小澤奨学金		
	日本大学オリジナル設計奨学金		
	日本大学校友会奨学金（奨学金付教育ローン）		
	日本大学法学部奨学金　第1種	法学部学生課	03-5275-8505
	日本大学法学部奨学金　第2種		
	日本大学法学部奨学金　第3種		
	日本大学法学部永田奨学金		
	日本大学法学部山岡奨学金		
	日本大学法学部杉林奨学金		
	日本大学法学部校友会奨学金　第1種		
	日本大学法学部校友会奨学金　第2種		
	日本大学法学部後援会奨学金　第1種		
	日本大学文理学部奨学金	文理学部学生課	03-5317-8596
	日本大学文理学部後援会奨学金		
	日本大学文理学部校友会奨学金		
	日本大学経済学部奨学金第1種	経済学部学生課	03-3219-3346
	日本大学経済学部奨学金第2種		
	日本大学経済学部奨学金第4種		
	日本大学経済学部後援会奨学金第1種		
	日本大学経済学部後援会奨学金第2種		
	日本大学経済学部校友会奨学金		
	日本大学商学部絆奨学金	商学部学生課	03-3749-6714
	日本大学商学部校友会準会員奨学金		
	日本大学商学部後援会奨学金		
	日本大学商学部校友会奨学金		
	日本大学商学部奨学金		
	日本大学芸術学部奨学金　第1種	学生課	03-5995-8204
	日本大学芸術学部奨学金　第2種		
	日本大学芸術学部奨学金　第3種		
	日本大学芸術学部奨学金　第4種		
	日本大学芸術学部ジェームス＆道子・ダン奨学金		
	日本大学国際関係学部奨学金第1種		055-980-1901
	日本大学国際関係学部奨学金第2種		
	日本大学国際関係学部 柳川海外交流奨学金第1種		
	日本大学三島後援会奨学金（第1種）		
	日本大学国際関係学部校友会奨学金		
	日本大学三島同窓会奨学金		
	日本大学三島後援会奨学金（第2種）	教務課（国際教育センター）	055-980-0962
	日本大学理工学部奨学金第1種	理工学部学生課	03-3259-0608
	日本大学理工学部後援会奨学金		
	日本大学理工学部校友会奨学金		
	日本大学理工学部校友会特別奨学金		03-3259-0567
	日本大学生産工学部奨学金　第1種	生産工学部学生課	047-474-2241
	日本大学生産工学部奨学金　第2種		
	日本大学生産工学部校友会　奨学金		
	日本大学工学部第2種奨学金	工学部学生課	024-956-8633
	日本大学工学部第4種奨学金		
	日本大学工学部後援会奨学金		
	日本大学工学部父母会・校友会奨学金		

学校名	制度名	担当部署	電話番号
日本大学	日本大学工学部北桜奨学金	工学部学生課	024-956-8633
	日本大学工学部五十嵐奨学金		
	日本大学医学部土岐奨学金	医学部学生課	03-3972-8111（内線 2141）
	日本大学医学部永澤奨学金		
	日本大学歯学部佐藤奨学金第 1 種	歯学部学生課	03-3219-8004
	日本大学歯学部佐藤奨学金第 2 種		
	日本大学歯学部同窓会奨学金		
	日本大学松戸歯学部鈴木奨学金　第 1 種（大学）	松戸歯学部課	047-360-9213
	日本大学松戸歯学部鈴木奨学金　第 2 種（大学）		
	日本大学松戸歯学部大竹奨学金 (大学)		
	日本大学生物資源科学部奨学金	生物資源科学部教務課	0466-84-3811
	日本大学生物資源科学部大森奨学金	生物資源科学部学生課	0466-84-3831
	日本大学生物資源科学部後援会奨学金（学部）		
	日本大学生物資源科学部校友会奨学金（学部）		
	日本大学薬学部奨学金　第 2 種	薬学部学生課	047-465-7998
	日本大学薬学部校友会奨学金		
	日本大学薬学部校友会準会員奨学金		
	日本大学薬学部校友会（桜薬会）奨学金		
	日本大学薬学部マツモトキヨシ奨学金　第 1 種		
	日本大学薬学部岩崎壽毅奨学金		
	通信教育部奨学金	学生課	03-5275-8921
	通信教育部坂東奨学金		
文化学園大学	文化学園大学・文化学園大学短期大学部奨学金	学生部学生課	03-3299-2315
	文化学園大学・文化学園大学短期大学部紫友会奨学金		
	文化学園大学海外提携校への留学奨励金	教務部教務課	03-3299-2304
文京学院大学	教育支援奨学金（B's エデュケーション）	学生支援グループ	03-5684-4811 / 049-266-0035
	生活支援特別給付制度（スカラ B）	入試広報センター	03-5684-4870 / 049-261-6417
	通学支援特別給付制度（スカラ C）		
法政大学	新・法政大学 100 周年記念奨学金	学生センター厚生課	03-3264-9486
	法政大学評議員・監事奨学金		
	鈴木勝喜奨学金		
	福田明安奨学金		
	一般社団法人法政大学校友会奨学金		
	法政大学学友会奨学金		
	大成建設株式会社奨学金		
	法政大学後援会クラブ奨学金		
	株式会社橙青奨学金		
	株式会社エイチ・ユー奨学金		
	法政大学サポーターズ奨学金		
	法政大学吉田育英会奨学金		
	法政大学「開かれた法政 21」奨学・奨励金（成績最優秀者奨学金）		
	チャレンジ法政奨学金（入試出願前予約採用型給付奨学金 / 地方出身者対象）		
	L・U（リーディング・ユニバーシティ）奨学金	各キャンパス奨学金窓口	市ケ谷 03-3264-9486 多摩 042-783-2151 小金井 042-387-6011 グローバル教育センター 03-3264-5475
	法政大学後援会奨学金		
	林忠昭奨学金		
	法政大学生活協同組合奨学金		
	法政大学家計急変学生支援奨学金		
	牧野奨学金		
	法政大学経営学部赤坂優奨学金		
	和ちゃん奨学金		
武蔵大学	武蔵大学給付奨学金	学生生活課	03-5984-3722

学校名	制度名	担当部署	電話番号
武蔵大学	武蔵大学白雉奨学金	学生生活課	03-5984-3722
	武蔵大学特別奨学金		
	武蔵大学地方学生奨励奨学金		
	武蔵大学提携教育ローン金利援助奨学金		
	武蔵大学学生国外留学奨学金		
	武蔵大学学生海外研修奨学金		
	武蔵大学課外活動奨励奨学金		
	武蔵大学野澤奨学金		
	ロンドン大学と武蔵大とのパラレル・ディグリー・プログラム (PDP) 奨学金		
	グローバル・スタディーズコース（GSC）奨学金		
	グローバル・データサイエンスコース（GDS）奨学金		
武蔵野音楽大学	福井直秋記念奨学金特別給費奨学金（特待生）	学生部学生課	03-3992-1129 （江古田キャンパス） 04-2932-1351 （入間キャンパス）
	福井直秋記念奨学金給費奨学金		
	福井直秋記念奨学金特別成果給費奨学金		
	福井直秋記念奨学金緊急給費奨学金		
武蔵野大学	武蔵野大学開学記念奨学金 (一般)	学生支援課	03-5530-7334
	武蔵野大学開学記念奨学金（特別）		
	武蔵野大学沼田奨学金		
	武蔵野大学高楠大蔵経記念奨学金		
	即如門主伝灯奉告法要記念奨学金		
	武蔵野大学教育ローン利子補給奨学金		
	武蔵野大学後援会奨学金		
	武蔵野大学学修奨励金 (特別奨励賞)		
	武蔵野大学学修奨励金（努力賞）		
	武蔵野大学育成型特別奨学金		
	MUBS 奨学金		
	武蔵野大学法書・士業プログラム特別奨学金	就職・キャリア支援課	03-6865-1025
	武蔵野大学大学院薬科学研究科進学促進奨学金	武蔵野学部事務室	042-468-3350
武蔵野美術大学	武蔵野美術大学奨学金	学生生活チーム	042-342-6028
	武蔵野美術大学校友会奨学金	校友会事務局	0422-22-6407
	武蔵野美術大学地方出身学生支援奨学金	学生生活チーム	042-342-6028
	武蔵野美術大学奨学金緊急採用		
明治学院大学	ヘボン給付奨学金	学生部（学生課厚生担当）	03-5421-5157
	学業優秀賞		
	認定留学（長期）奨学金		
	カリキュラム留学生奨学金		
	小野國嗣基金（奨学金）		
	新型コロナウイルス感染症対応給付奨学金		
明治大学	おゝ明治奨学金	明治大学学生支援部 学生支援事務室奨学金担当	03-3296-4208
	明治大学特別給費奨学金		
	明治大学学業奨励費奨学金		
	明治大学校友会奨学金「前へ！」		
	創立者記念経済支援奨学金		
	創立者記念課外活動奨励金	明治大学学生支援部学生支援事務室課外活動担当	03-3296-4205
	明治大学スポーツ奨励奨学金	明治大学学生支援部 学生支援事務室奨学金担当	03-3296-4208
	明治大学給費奨学金		
	明治鋼業奨学金		
	明治大学連合父母会一般給付奨学金		
	明治大学連合父母会緊急給費奨学金		
	明大サポート奨学金		
	明治大学連合父母会特別給付奨学金		
	明治大学災害時特別給費奨学金		

学校名	制度名	担当部署	電話番号
明治薬科大学	「めざせ明薬・予約型奨学金」(給付型)	学生支援課	042-495-8640
	明治薬科大学奨学金		
	恩田剛堂特別奨学金		
	国家公務員総合職合格奨励金	学生支援課 またはキャリア支援課	042-495-8640 042-495-8648
	次世代を担う研究者育成奨励金	学生支援課・教務課・財務課	042-495-8640 042-495-8643
	維持員拠出特別表彰奨学金	学生支援課	042-495-8640
明星大学	明星学苑明星大学特待生奨学金(学部)	学生サポートセンター	042-591-9450
	明星大学勤労奨学金		
	明星大学建築学系小佐野奨学金		
	明星学苑明星大学石間奨学金		
	明星学苑災害被災学生等の特別支援措置		
	明星学苑明星大学修学支援緊急奨学金(4年生枠)		
	明星学苑明星大学修学支援緊急奨学金(緊急対応枠)		
	明星学苑明星大学明星ファミリー奨学金		
	明星学苑明星大学児童福祉奨学金		
	明星学苑明星大学スポーツ・文化活動特別推薦奨学金		
	明星学苑明星大学特別奨学生奨学金(明星大学特待生奨学金)		
目白大学	目白大学予約奨学金	【新宿キャンパス】 学生部学生課 【岩槻キャンパス】 修学支援部学生課	03-5996-3123 (新宿) 048-797-2117 (岩槻)
	目白大学入学者選抜優秀者特別奨学金		
	教育後援「桐光会」奨学金【応急支援奨学金】		
	教育後援「桐光会」奨学金【修学支援奨学金】		
ヤマザキ動物看護大学	山﨑良壽記念奨学金	法人本部総務部	042-653-0511
立教大学	立教大学学部給与奨学金	学生課	03-3985-2441
	立教大学大柴利信記念奨学金		
	立教大学「自由の学府」奨学金		
	立教大学GLAP奨学金		
	立教大学緊急給与奨学金		
	立教大学グローバル奨学金		
	立教大学校友会成績優秀者留学支援奨学金		
	高松孝治記念奨学金		
	鳥洞奨学金		
	野口定男記念奨学金		
	吉原奨学金		
	松崎半三郎記念奨学金		
	経済学部開設100周年記念奨学金		
	ポール・ラッシュ博士記念奨学金		
	立教大学理学部創立30周年記念奨学金		
	田中啓允奨学金		
	立教大学GLAP学業奨励奨学金		
	立教大学学業奨励奨学金		
	立教大学校友会奨学金		
	大川又三郎記念奨学金		
	ロザリー・レナード・ミッチェル奨学金		
	立教大学しょうがいしゃ学業奨励奨学金		
	立教学院竹田鐵三神父奨励金		
	TN国際貢献奨励奨学金		
	TN賞奨学金		
	文学部100周年海外留学奨学金		
	立教大学法学部櫛引賞		
	立教大学コミュニティ福祉学部田中孝奨学金(児童養護)		

学校名	制度名	担当部署	電話番号
立教大学	立教大学コミュニティ福祉学部田中孝奨学金（震災）	学生課	03-3985-2441
	立教大学経済学部「東京税理士会奨励金」		
立正大学	立正大学特別奨学生	学生生活課	03-3492-6698
	立正大学学業継続支援奨学金		
	立正大学学部橘経済支援奨学生		
	立正大学校友会成績優秀奨学生	校友課	03-3493-6673
ルーテル学院大学	緊急経済支援特別給付奨学金	学生支援センター	0422-31-4682
	ムラサキスポーツ国際プログラム奨励奨学金		
和光大学	輝け！未来の和光ルビー　和光大学給付奨学金（入学前）	学生支援室	044-989-7490
	輝け！未来の和光サファイア　和光大学給付奨学金（在学中）		
	輝け！未来の和光ダイヤモンド　和光大学成績優秀者奨学金		
早稲田大学	めざせ！都の西北奨学金	奨学課	03-3203-9701
	大隈記念奨学金		
	小野梓記念奨学金（在学生採用型）		
	校友会給付奨学金		
	教職員給付奨学金		
	早大生協給付奨学金		
	津田左右吉奨学金		
	海老崎ツル奨学金		
	楠本英隆奨学金		
	小池陽甫奨学金		
	大川功一般奨学金		
	大野高正奨学金		
	サンゲツ奨学金		
	商学部奨学金		
	染谷恭次郎奨学金		
	教育学部奨学金		
	横溝克己奨学金		
	環境資源工学会奨学金		
	稲士奨学金		
	文学学術院学部奨学金		
	社会科学部卒業生奨学金		
	浅井邦二奨学金		
	人間科学部奨学金		
	稲門女性ネットワーク奨学金		
	法学部横川敏雄記念奨学金		
	宮下尚大奨学金		
	りそな稲門会奨学金		
	大社淑子奨学金		
	酒井晨史奨学金		
	法学部教育奨学金		
	瓦葺利夫奨学金		
	岡内貞夫奨学金		
	中村光男奨学金		
	新井祥夫奨学金		
	政治経済学術院奨学金		
	青木茂男奨学金		
	新井清光奨学金		
	寺尾巌奨学金		
	増山瑞比古ラグビー部奨学金		
	田山輝明ゼミ稲門会奨学金		
	商学部創設100周年記念交換留学奨学金		

学校名	制度名	担当部署	電話番号
早稲田大学	商学部寄附講座大学院進学奨学金	奨学課	03-3203-9701
	鈴木啓太起業支援奨学金		
	上田稔奨学金		
	髙木啓行奨学金		
	本橋金男・登志奨学金		
	不二山謙一奨学金		
	オリーブ・佐々木洋子奨学金		
	山田泰吉・あさ奨学金		
	首都圏出身学生支援奨学金		
	横山宏・敏子奨学金		
	照田喜美枝墨田区出身学生修学支援奨学金		
	岩田克弘奨学金		
	松本陽一奨学金		
	照下忠・栄子奨学金		
	紺碧の空奨学金		
茨城キリスト教大学	茨城キリスト教大学保護者会奨学金	学務部	0294-52-3215
筑波学院大学	学校法人筑波学院大学奨学金	学生支援グループ	029-858-4813
	光塩会奨学金		
常磐大学	諸澤幸雄奨学金　1種	学生支援センター	029-232-2510
	諸澤幸雄奨学金　2種		
	諸澤幸雄奨学金　2種（緊急支援）		
	ローズヴィラ水戸奨学金A		
	ローズヴィラ水戸奨学金B		
	ローズヴィラ水戸奨学金C		
	ローズヴィラ水戸奨学金介護職員初任者研修奨学金		
流通経済大学	流通経済大学特別奨学生制度	学生生活課	0297-60-1157
足利大学	兄弟姉妹奨学金	学生支援課	0284-62-0950
	足利大学工学部創生工学科学業特待生		
	足利大学看護学部看護学科学業特待生		
宇都宮共和大学	特待生奨学金	入試係	028-650-6611
	ダイヤモンド奨学金	教務係	
	ホテル・観光奨学金		
	知識力奨学金	学生係	
	通信教育奨学金	教務係	028-649-0511
	一人暮らしスタートアップ支援制度	学生係	028-650-6611
国際医療福祉大学	国際医療福祉大学特待奨学金	入試事務統括センター	0476-20-7810
	国際医療福祉大学医学部特待奨学金		
	国際医療福祉大学年間成績優秀賞	学生課	0287-24-3003
	国際医療福祉大学医学部年間成績優秀賞	成田キャンパス学生課	0476-20-7704
	あいおいニッセイ同和損害保険（株）奨学金	学生課	0287-24-3003
獨協医科大学	獨協医科大学特別奨学金	医学部学務部学生課・看護学部庶務学生課	学生課 0282-87-2109/ 庶務学生課 0282-87-2489
	獨協医科大学医学生教育ローン利子補給奨学金	医学部学務部学生課	0282-87-2109
関東学園大学	関東学園大学特待制度（入学時）	広報室	0276-32-7915
	関東学園大学特待制度（在学中）	教務グループ	0276-32-7906
共愛学園 前橋国際大学	共愛学園ともさくら奨学金（緊急時）	学生センター	027-266-9071
	共愛学園ともさくら奨学金（経済支援）		
	学業奨励奨学金		
	コース学業奨励奨学金	各コース	027-266-7575
	共愛ワークスタディ奨学金	学生センター	027-266-9071

学校名	制度名	担当部署	電話番号
共愛学園 前橋国際大学	共愛学園特別奨学金	学生センター	027-266-9071
	災害就学支援制度	入試広報センター	027-266-9031
群馬パース大学	神戸奨学金	学生課	027-365-3366
	兄弟姉妹奨学金		
	特待生奨学金（特待生 S）	入試広報課	027-365-3370
	特待生奨学金（特待生 A）		
	特待生奨学金（特待生 B）		
上武大学	資格取得奨励金制度	キャリアサポートセンター	0270-32-1011 0274-42-2828
高崎健康福祉大学	高崎健康福祉大学奨学金	学生課	027-352-1290
高崎商科大学	ピアサポーター	学生グループ	027-347-3399
	チューター	教務グループ	
	資格取得奨励金制度	学生グループ	
	ワークスタディ奨学金制度		
浦和大学	九里總一郎記念奨学金	学生・就職課	048-878-3557
	特別奨学金（学習奨励費）		
埼玉工業大学	ジュニアマイスター奨学金制度	入試課	048-585-6814
	アグリマイスター奨学金制度		
	全商資格取得奨学金制度		
	学校法人智香寺学園特別奨学金制度	学生課	048-585-6812
	埼玉工業大学後援会奨学金制度		
	浄土宗寺立・宗門校奨学金制度		
十文字学園女子大学	十文字奨学金	学生支援部学生支援課	048-260-7735
城西大学	城西大学・城西短期大学奨学生制度(第一種特待生)	学務課	049-271-7722
	城西大学・城西短期大学奨学生制度(第二種特待生)		
	城西大学水田三喜男記念奨学生制度		
	城西大学・城西短期大学女性リーダー育成奨励生制度		
	城西大学海外教育プログラム（JEAP）留学生のための奨学金	国際教育センター	049-271-7731
	スポーツ優秀団体奨励金	スポーツ振興センター	049-271-7721
	学校法人城西大学　上原育英奨学金	学生課	049-271-7695
	グローバル　チャレンジ奨学金	入試課	049-271-7711
	学校法人城西大学緊急コロナ特別奨学金	学生課	049-271-7695
女子栄養大学	北郁子奨学基金奨学金	学生生活課	049-282-3723
	荒井慶子グローバル人材育成奨学金	国際交流課	049-284-6245
	香友会わかば奨学金	香友会（同窓会）	049-288-0345
駿河台大学	学業成績優秀学生	学生支援課	042-972-1101
	駿河台大学同窓会給付奨学金		
	スポーツ年間特待生	体育課	042-972-1147
	駿河台大学給付奨学金	学生支援課	042-972-1101
	駿河台大学留学奨学金	グローバル教育課	042-972-1218
	海外語学演習制度奨学金		
聖学院大学	チャールズ・エリアス・ガルスト奨学金	学生課	048-780-1802
	女子聖学院短期大学記念国際交流奨学金		
	聖学院大学災害被災者修学支援奨学金		
西武文理大学	西武文理大学奨学金 A 奨学金	学生課	04-2954-7511
	西武文理大学奨学金 B 奨学金		
	西武文理大学奨学金 C 奨学金		
	西武文理大学奨学金 A 奨学金		
	西武文理大学奨学金 B 奨学金		
	緊急対応奨学金		
	就職支援講座受講援助奨学金	就職課	
	資格検定試験受験援助奨学金		

学校名	制度名	担当部署	電話番号
西武文理大学	資格取得奨励金 S 奨励金	就職課	04-2954-7511
	資格取得奨励金 A 奨励金		
	資格取得奨励金 B 奨励金		
	資格取得奨励金 C 奨励金		
	資格取得奨励金 D 奨励金		
東京国際大学	特待生入試奨学金　(1) 学費全額免除奨学金　(特待生入試:特待生 A)　(特定校特待生入試:特待生 A)	入試課	049-232-1116
	特待生入試奨学金　(2) 授業料全額免除奨学金　(特定校特待生入試：特待生 B)		
	特待生入試奨学金　(3) 初年度授業料全額免除奨学金　(特定校特待生入試：特待生 B)		
	特待生入試奨学金　(4) ASP 学費全額免除奨学金　(アメリカ留学特待生入試：特待生 A)　(アメリカ留学特待生入試：特待生 B)　(特定校特待生入試：特待生 A)　(特定校特待生入試：特待生 B)		
	特待生入試奨学金　(5) ASP 学費半額免除奨学金　(特定校特待生入試：特待生 C)		
	特待生入試奨学金　(6) ASP 寮費、食費全額免除奨学金　(アメリカ留学特待生入試：特待生 A)		
東邦音楽大学	東邦音楽大学奨学金	川越キャンパス教務学生担当	049-235-2157
	東邦令和特別奨学金		
	東邦音楽大学　Konzertfach (演奏専攻) 奨学金		
	特待生制度 (S)	文京キャンパス	03-3946-9667
	特待生制度 (A)		
獨協大学	獨協大学一種奨学金	学生課奨学係	048-946-1671
	獨協大学社会人奨学金		
	獨協大学父母の会奨学金		
	中村甫尚・惠卿奨学金		
	獨協大学応急奨学金		
日本工業大学	日本工業大学特別奨学生	学生支援課	0480-33-7508
	日本工業大学入試奨学金		
	日本工業大学総合型選抜入試奨学金		
	日本工業大学秋山奨学金		
	日本工業大学奨学振興基金		
	日本工業大学学業奨励奨学金		
	日本工業大学工友会奨学金		
文教大学	文教大学奨学金	学生課	048-974-8811 (代表)
	文教大学緊急特別奨学金		
	石間奨学金		
武蔵野学院大学	武蔵野学院大学 TOEIC 奨学金	学生部及び新英語教育係	04-2954-6131
	武蔵野学院大学特別奨学金	学生部及び事務局	
	武蔵野学院大学災害奨学金		
明海大学	明海大学資格取得奨励奨学金	浦安キャンパスキャリアサポートセンター	047-355-5118
	海外研修奨学金	学事課（留学支援担当）	047-355-5197
	奨学海外研修派遣		
	海外留学特別奨学金		
	奨学海外研修派遣制度	坂戸キャンパス学事課	049-279-2711
ものつくり大学	ものつくり大学生活支援奨学金	学生課学生支援係	048-564-3817
	ものつくり大学奨学金（学部生対象）		
	ものつくり大学さくら奨学金		
	総合資格学院奨学金		
	ものつくり大学同窓会奨学金（学部）		
植草学園大学	植草こう特別教育資金制度	学務課	043-239-2601
	在学生スカラシップ制度		

学校名	制度名	担当部署	電話番号
川村学園女子大学	六華会奨学奨励金給付生	学生生活支援室	04-7183-5538
	遠隔地居住者支援制度		
神田外語大学	TOEFL奨学金、TOEIC奨学金	教務部　教務課	043-273-1320
	外国語学部国外留学奨学金	教務部　国際交流課	043-273-1615
敬愛大学	長戸路記念奨学金	学生支援室	043-284-2381
国際武道大学	島嶼部入学者奨学金	入試・広報センター事務室	0470-73-4111（代）
三育学院大学	看護学科特待生奨学金	アドミッションオフィス	0470-84-0260
	一般入学試験成績優秀者特別奨学金		
淑徳大学	淑徳大学特別給付奨学金	奨学金担当者	千葉 043-265-7332、埼玉049-274-1511、東京03-3966-7632
	淑徳大学一般給付奨学金		
城西国際大学	水田奨学生制度	学務課	0475-55-8800
	水田国際奨学生制度		
	学校法人城西大学経済支援特別給付奨学制度	学生課	0475-55-8808
清和大学	清和大学特待生	学生生活課	0438-30-5562
	清和大学学力特待生	教学課	0438-30-5554
千葉工業大学	千葉工業大学災害見舞奨学金（学部）	学生センター津田沼学生課	047-478-0230
中央学院大学	本学特待生・奨学生制度	学生課	04-7183-6518
麗澤大学	一般支給奨学金	学生課	04-7173-3658
	海外留学奨学金	グローバル教育推進室	04-7173-3690
和洋女子大学	種方・むら竹会奨学金	学生課	047-371-1123
	ボランティア奨学金		
	卒業生等寄附金奨学金	各学科	047-371-1123（学生課）
	海外留学支援金	国際交流センター	047-371-3462
	海外学習支援奨学金	国際学科オフィス	047-371-1375 047-371-1428
麻布大学	成績優秀者に対する奨学金	学生支援・国際交流課	042-754-7111
神奈川大学	米田吉盛教育奨学金神奈川大学給費生	学生課	045-481-5661（代表）
	米田吉盛教育奨学金神奈川大学予約型奨学金		
	米田吉盛教育奨学金神奈川大学修学支援奨学金		
	米田吉盛教育奨学金神奈川大学新入生奨学金		
	米田吉盛教育奨学金神奈川大学地方出身学生支援奨学金		
	米田吉盛教育奨学金神奈川大学指定資格取得・進路支援奨学金		
	米田吉盛教育奨学金神奈川大学海外活動支援奨学金		
	米田吉盛教育奨学金神奈川大学学術研究活動支援奨学金		
	米田吉盛教育奨学金神奈川大学学業成績優秀者奨学金		
	村橋・フロンティア奨学金		
	神奈川大学激励奨学金		
	神奈川大学宮陵会給付奨学金		
	神奈川大学後援会給付奨学金		
鎌倉女子大学	フリージア奨学金	学生課	0467-44-2297
	スペリオル奨学金		
	特待生奨学金	入試・広報センター	0467-44-2117
関東学院大学	関東学院大学特待生	学生生活課	045-786-7012
	関東学院大学給付奨学金		
	関東学院大学学費教育ローン利息補給奨学金		
	関東学院大学冠奨学金		
	斉藤小四郎奨学金		
	関東学院大学兄弟姉妹奨学金		

学校名	制度名	担当部署	電話番号
関東学院大学	関東学院大学兵藤奨学金	学部庶務課	045-786-7179
	「関東学院女子短期大学記念」奨学金（第1種）	学部庶務課	045-786-7760
	「関東学院女子短期大学記念」奨学金（第3種）		
	関東学院大学国際交流奨学金	国際交流推進課	045-786-7015
	交換留学生奨学金		
北里大学	北里大学給付奨学金	教学センター事務室学生課	042-778-9748
	北里大学PPA給付奨学金		
	北里大学薬友会給付奨学金	白金キャンパス大学事務室学生課	03-5791-6485
	北里大学医療衛生学部こまくさ給付奨学金	医療衛生学部事務室学生課	042-778-9700
	北里大学学生表彰による奨学金（北島賞）	教学センター事務室学生課	042-778-9031
相模女子大学	相模女子大学地方学生支援特別奨学金	入試課	042-749-5533
	相模女子大学緊急給付奨学金	学修・生活支援課	042-742-2658
	留学奨励奨学金	連携教育推進課	042-813-5038
	国際交流特待奨学金		
聖マリアンナ医科大学	聖マリアンナ医科大学奨学基金	学務課	044-977-8111 内線4807
	学業成績等優秀学生奨学金		
	保護者会短期留学支援奨学金		
洗足学園音楽大学	前田記念奨学金	学務部　学生生活	044-856-2715
	前田音楽奨励賞		
	前田記念留学生奨学金		
	洗足学園音楽大学資格取得支援奨学金		
鶴見大学	石間奨学金	学生支援課	045-580-8208
	中根環堂奨学金		
	歯学部特待生奨学金		
	文学部同窓会奨学金		
	大本山總持寺奨学金	総務課	045-574-8627
東海大学	松前重義記念基金学部奨学金（1種）	教学部学生課	0463-58-1211
	松前重義記念基金学部奨学金（2種）		
	ワークスタディ奨学金		
	学修サポート給付型奨学金		
	松前重義記念基金自己研鑽奨学金		
	松前重義記念基金建学記念奨学金（建学記念論文）		
	キャンパス間留学奨学金		
	後援会奨学金		
	医学部医学科奨学金		
	医学部医学科奨学金（ひまわり）		
	国際交流奨学金		
	工学部航空宇宙学科航空操縦学専攻留学奨学金		
東洋英和女学院大学	東洋英和女学院大学かえで給費奨学金	学生支援課	045-922-5513
	東洋英和女学院大学留学奨励奨学金	国際交流センター事務室	045-922-7741
東京工芸大学	野呂奨学金	学生課	046-242-9625/ 03-5371-2674
	同窓会芸術学部奨学金		03-5371-2674
	後援会教育奨学金		046-242-9625/ 03-5371-2674
	緊急支援奨学金		
	後援会共済奨学金		
日本映画大学	今村昌平記念奨学金制度	学生支援部	044-328-9123
	修学支援奨学金制度		
	自宅外通学支援奨学金制度		
	社会人学生奨学金制度		
フェリス女学院大学	フェリス女学院大学奨学会学業成績優秀者給付奨学金	学生課	045-812-9127
	フェリス女学院大学奨学会自己研鑽給付奨学金		

学校名	制度名	担当部署	電話番号
フェリス女学院大学	フェリス女学院大学経済支援給付奨学金	学生課	045-812-9127
	フェリス女学院大学石間奨学金		
	フェリス女学院大学障がい学生奨学金		
	三宅賞	音楽学部音楽研究科	
	器楽部門賞		
	音楽芸術部門賞		
	江口奨学金第1種	総務課（山手）	045-681-5150
	江口奨学金第2種		
	江口奨学金第3種		
	江口奨学金第4種		
	江口奨学金第6種		
	江口奨学金第7種		
	フェリス女学院大学榎本HY奨学金	国際課	045-812-9129
	フェリス女学院大学派遣留学生奨学金1		
	フェリス女学院大学派遣留学生奨学金2		
横浜商科大学	資格取得奨励奨学金	学生課	045-583-9063
	横浜商科大学同窓会奨学金		
横浜創英大学	横浜創英大学奨学金	学生支援課	045-922-5641
	横浜創英大学後援会家計支援奨学金		
甲信越・北陸			
敬和学園大学	敬和学園大学ケーリ・ニューエル奨学金	教務課学生係	0254-26-2509
	敬和学園大学学業優秀奨学金		
	敬和学園大学学業支援奨学金		
	敬和学園大学資格取得奨励奨学金		
	敬和学園大学スポーツ奨励奨学金		
	敬和学園大学海外長期留学奨学金		
新潟医療福祉大学	新潟医療福祉大学奨学金制度	学務部	025-257-4455
	新潟医療福祉大学学資融資奨学金制度		
新潟経営大学	給費奨学金	学務課	0256-53-3000
	留学奨学金		
	報奨奨学金		
	資格特待生制度	入試広報課	0256-53-4311
新潟工科大学	新潟工科大学産学交流会奨学金「未来応援プログラム」	学務課	0257-22-8102
新潟国際情報大学	表彰奨学金(学業優秀者)	学務課	025-239-3111
	表彰奨学金(課外活動功労者)		
	学費給付奨学金		
	海外派遣留学制度奨学金		
	資格取得奨励奨学金		
	学費臨時給付奨学金	会計課	
	20th記念奨学金	学務課	
	国家・地方公務員合格者表彰奨学金		
新潟食料農業大学	新潟食料農業大学奨学金	学務課	0254-28-9855
	新潟食料農業大学学資融資奨学金		
新潟青陵大学	学業優秀奨学金	学務課	025-266-8833
	親子奨学金		
	兄弟姉妹奨学金		
	新潟青陵大学進学奨学金		
	授業料減免制度（特待生対象）		
	授業料減免制度（遠方居住者対象）		
新潟薬科大学	成績優秀奨学金制度	入試課	0120-2189-50
	新潟県外出身者サポート制度（薬学部）		
	新潟県外出身者サポート制度（応用生命科学部）		

学校名	制度名	担当部署	電話番号
身延山大学	身延山学園奨学金制度	学修支援室	0556-62-0107
山梨英和大学	山梨英和学院長野彌学業奨励奨学金	学生部	055-223-6021
	山梨英和学院長野彌学業継続奨学金		
山梨学院大学	エクセレント奨学金	学生センター	055-224-1240
清泉女学院大学	ラファエラ・マリア　スカラシップ　1-1（入学時選考型）	入試広報課	026-295-1310
	ラファエラ・マリア　スカラシップ　2（在学型）	教務学生部	026-295-1312
	緊急奨学金		
松本歯科大学	特待生1種	入試広報室	0263-54-3210
	入学時特待生		
	学業特待生	学事室	0263-51-2012
富山国際大学	第1種奨学金	学生課	076-483-8881
	第2種奨学金 (1)（特別奨学生）（受験生）		
	第2種奨学金 (1)（特別奨学生）（在校生）		
	第2種奨学金 (2)（諸活動特待生）（受験生）		
	第2種奨学金 (2)（諸活動特待生）（在校生）		
	奨励金 (1)（成績優秀者）		
	奨励金 (2)（諸活動優秀者）		
金沢学院大学	KGスカラシップ	入試部	076-229-8833
	スポーツ特待奨学金		
	吹奏楽特待奨学金		
	KGスカラシップ（在学中）	教務部	076-229-8820
金沢工業大学	特別奨学生制度（スカラーシップフェロー）	入試センター	076-248-0365
	特別奨学生制度（スカラーシップメンバー）		
北陸大学	家族入学助成金	アドミッションセンター	076-229-2667
	特別奨励金	学生課	076-229-6000
	資格取得奨励金		
	留学助成金	国際交流センター	076-229-2626
	国際交流研修助成金		
	バス通学助成金	学生課	076-229-6000
仁愛大学	応急奨学金	学務課	0778-27-2010
	世灯奨学金		
	課外活動等奨学金		
	同窓会　学生スポーツ・文化活動奨励金	同窓会事務局	
福井工業大学	一般選抜奨学金（第1種）	入試広報課	0776-29-7871
	一般選抜奨学金（第2種）		
	推薦選抜奨学金		
	離島・沖縄県出身者支援奨学金	学務課	0776-29-7867
東海			
朝日大学	朝日大学学業奨励奨学金1種	入試広報部入試広報課	058-329-1088
	朝日大学学業奨励 奨学金2種		
	朝日大学スポーツ奨励奨学金1種		
	朝日大学スポーツ奨励奨学金2種		
	朝日大学修学支援 奨学金	（入学前）入試広報部入試広報課（入学後）学事部学事一課学生支援	058-329-1088/058-329-1085
	朝日大学学資借入支援奨学金	学事部学事一課学生支援	058-329-1085
	会計奨励奨学金1種	入試広報部入試広報課	058-329-1088
	会計奨励奨学金2種		
	吹奏楽奨励奨学金		
	朝日大学看護学科特別奨学金1種		
	朝日大学看護学科特別奨学金2種		
	朝日大学留学奨学金	学事部学事一課学生支援	058-329-1085

学校名	制度名	担当部署	電話番号
朝日大学	朝日大学学生海外研修奨学金	学事部学事一課学生支援	058-329-1085
	北海道特別奨学生制度	入試広報部入試広報課	058-329-1088
	沖縄特別奨学生制度		
岐阜聖徳学園大学	課外活動特別奨学金	学生課	羽島学生課 058-279-6736、岐阜学生課 058-278-4191
	指定校制奨学金		
	海外研修奨学金	国際交流課	058-279-6579
	学生外国留学奨学金		
	被災学生支援奨学金	学生課	羽島学生課 058-279-6736、岐阜学生課 058-278-4192
	利子補給奨学金		
岐阜女子大学	岐阜女子大学特別奨学金	総務課	058-229-2211
	岐阜女子大学遠隔地特別奨学金		
中京学院大学	安達学園中京学院大学看護学部奨学金制度	瑞浪学生支援部	0572-68-4556
中部学院大学	学業優秀者奨学金入試成績優秀者奨学金	入試広報課	0575-24-2213
	学業優秀者奨学金一般入試特別奨学金		
	学業優秀者奨学金大学入学共通テスト利用入試特別奨学金		
	修学支援奨学金		
	羽田奨学金	学生課	0575-24-2214
	障がい学生奨学金		
静岡英和学院大学	学内奨学金	学生課	054-264-8873
静岡産業大学	経済援助奨学金給付	学務課	磐田：0538-37-3852、藤枝：054-645-1102
	社会人学生修学・学事奨励金給付		
静岡福祉大学	静岡福祉大学特待生奨学金	学生・教務課	054-623-7450
聖隷クリストファー大学	M．H．奨学金	学生サービスセンター	053-436-1125
	難波千鳥奨学金		
愛知学院大学	愛知学院大学特待生奨学金	教務課	0561-73-1111
	愛知学院大学応急奨学金	学生課もしくは所属するキャンパス事務室	
	愛知学院大学新入生応急奨学金	学生課	
	愛知学院大学開学50周年記念奨学金		
	文学部・心身科学部同窓会奨学生	文学部・心身科学部同窓会事務室	0561-72-3713
	文学部・心身科学部同窓会特別奨学生		
	文学部・心身科学部同窓会クラブ支援		
	商経会奨学生	商経会事務局	052-325-6091
	法学部同窓会奨学生	法学部同窓会事務局	052-911-1050
	情報社会政策学部・総合政策学部同窓会奨学生	情報社会政策学部・総合政策学部同窓会事務局	070-5409-2023
	情報社会政策学部・総合政策学部同窓会特別奨学金		
	歯学部同窓会奨学生	歯学部同窓会事務局	052-763-1877
	薬学部同窓会奨学生	薬学部同窓会事務局	
	歯学部くすのき奨学金（スーパーエクセレンス）	入試センター入試広報課	0561-73-1111
	歯学部くすのき奨学金（エクセレンス）		
	愛知学院大学新入生特待生制度	入試センター	
	愛知学院大学グローバル特待生制度		
愛知工科大学	ファミリー奨学金制度	学務課	0533-95-1131
	学修奨学金制度		
	教育ローン利子補給奨学金制度		
	大学入学共通テスト利用奨学金制度	入試広報課	0533-68-1135
	指定校特別奨学金制度		

学校名	制度名	担当部署	電話番号
愛知工業大学	選抜奨学生	学生サービスグループ	0565-48-1195
	成績優秀奨学生		
	瑞若会奨学生		
	後藤すゞ子先生奨学金		
愛知淑徳大学	愛知淑徳大学学資援助　奨励給付奨学金	学生事務室（長）教学事務室（星）	0561-62-4111（長）/052-781-1151（星）
	愛知淑徳大学学資援助　特別給付奨学金1（緊急支援）		
	愛知淑徳大学学資援助　特別給付奨学金1（災害支援）		
	愛知淑徳大学学資援助　特別給付奨学金2　留学生支援（渡航支援）	国際交流センター	052-781-1151（星）
	愛知淑徳大学学資援助　特別給付奨学金2　留学生支援（留学支援）		
	愛知淑徳大学同窓会奨学金	学生事務室（長）教学事務室（星）	0561-62-4111（長）/052-781-1151（星）
愛知大学	愛知大学スカラシップ	入試課	052-937-8112（8113）
	学業奨励金	名古屋教務課、豊橋教務課	名古屋教務課（052-564-6112）、豊橋教務課（0532-47-4117）
	教育ローン援助奨学金（大学）		名古屋学生課（052-564-6113）、豊橋学生課（0532-47-4118）
	応急奨学金（大学）		
	愛知大学スポーツ奨学金		
	愛知大学教育研究支援財団　一般給付奨学金（大学）	校友課	052-937-8156
	愛知大学教育研究支援財団　後援会学業奨励金		
	愛知大学教育研究支援財団入試前予約採用給付奨学金「知を愛する奨学金」		
	愛知大学教育研究支援財団　後援会応急奨学金		
	交換留学奨励金	国際交流課	052-564-6116
	認定留学奨励金		
愛知東邦大学	東邦STEP奨学金	就職課	052-782-1964
	邦友会育英金（同窓会）	同窓会	052-782-8841
愛知みずほ大学	奨学A制度	教務・学生室	052-882-1123
	奨学B制度		
	奨学C制度		
一宮研伸大学	勤労奨学金	学務課	0586-28-8110
桜花学園大学	桜花学園奨学金	学生課	0562-97-5503
岡崎女子大学	愛知県外出身者支援奨学金制度	入試広報課	0564-28-3314
金城学院大学	金城サポート奨学金	学生生活支援センター	052-798-0180
	金城学院緊急奨学金		
	金城学院大学父母会奨学金		
	金城学院大学利子補給奨学金		
	金城学院スマイス奨学金	キリスト教センター	
	金城学院大学海外留学生奨学金		
	短英同窓会留学奨学金	国際交流センター	
	西田スヱ子留学奨学金		
	盛田和昭特別奨学金	キャリア支援センター	
	金城学院大学社会人奨学金	学生生活支援センター	
至学館大学	至学館大学・至学館大学短期大学部修学支援奨学金（給付型）	学務課学生支援部門	0562-44-1374
	至学館大学・至学館大学短期大学部奨学特待生／学業奨学特待生		
	至学館大学・至学館大学短期大学部奨学特待生／スポーツ奨学特待生	学務課スポーツ振興部門	
	至学館大学・至学館大学短期大学部夢・チャレンジ奨励金	学務課学生支援部門	
	至学館大学・至学館大学短期大学部教育ローン利子補給奨学金		
椙山女学園大学	椙山女学園大学同窓会奨学金	学務部学生課	052-781-6475

学校名	制度名	担当部署	電話番号
椙山女学園大学	椙山女学園同窓会奨学金	学務部学生課	052-781-6475
	学校法人椙山女学園同窓会奨励金		
	看護学部奨学金 A		
	看護学部奨学金 B		
	教育ローン利子補給奨学金		
	椙山女学園大学振興会　海外留学奨学金		
	椙山女学園大学石間奨学金		
大同大学	大同大学入学時特別奨学生　＜第一種・第二種＞	入試・広報室	052-612-6117
	総合型選抜・推薦系入学時特別奨学生　＜第一種・第二種＞		
	入学時スポーツ特別奨学生　＜第一種・第二種＞		
	大同大学　在学生学業特別奨学生		
	大同大学　在学生スポーツ特別奨学生		
	大同大学学業奨励生		
中京大学	教育資金融資奨学金	学生支援課	052-835-7163
	緊急支援奨学金		
	災害支援奨学金		
	教育後援会奨学金		
	入試成績優秀者給付奨学金	入試センター	052-835-7170
中部大学	中部大学育英奨学生	学生支援課	0568-51-4697
	中部大学スポーツ・文化活動奨励奨学生（大学）		
	中部大学同窓会育英奨学生		
	中部大学同窓会リーダー育成地域連携住居入居者育成支援金		
	中部大学同窓会リーダー育成一人暮らし応援支援金		
	中部大学海外留学・研修奨学金　海外短期研修奨学金（学部）	国際連携課	0568-51-4694
	中部大学海外留学・研修奨学金　派遣留学奨学金		
	中部大学海外留学・研修奨学金　海外長期研修奨学金		
	中部大学海外留学・研修奨学金　大学院進学者短期研修奨学金		
東海学園大学	東海学園大学卒業生奨学金	学生支援課	0561-36-9802
	東海学園同窓生子女奨学金		
	東海学園大学短期大学部(東海学園女子短期大学)校友会奨学金		
	兄弟姉妹奨学金		
	学業優秀者奨学金		
	特別奨学金		
	留学プログラム奨学金		
	利子補給奨学金		
	東海学園大学教育後援会育英奨学金		
同朋大学	入学特待生Ⅰ種	事務部学務課	052-411-1208
	入学特待生Ⅱ種		
	福祉科等入学特待生		
	チャレンジ特待生		
	同朋大学特待生制度第1種		
	同朋大学特待生制度第2種		
	同朋大学共育後援会奨学金制度		
	同朋大学共育後援会特別奨学金制度第1種		
	同朋大学共育後援会特別奨学金制度第2種		
	同朋大学同窓会奨学金制度	同窓会事務局	052-411-1114
豊橋創造大学	スカラシップ50	入試広報センター及び学生課	050-2017-2100 050-2017-2103
名古屋音楽大学	特待生制度	学務課	052-411-1129
	入学時特待生制度	入試広報課	052-411-1545
名古屋外国語大学	成績優秀学生奨学金	事務局庶務課	0561-74-1111
	成績優秀者育英奨学金	学生課	

学校名	制度名	担当部署	電話番号
名古屋外国語大学	課外活動・社会貢献等優秀学生奨学金	学生課	0561-74-1111
	海外留学奨学金	国際交流部	0561-75-1756
名古屋学院大学	名古屋学院大学奨学金	学生サポートセンター	052-678-4086
	緊急援助奨学金		
	入学生緊急奨学金		
	名古屋学院大学同窓会奨学金	同窓会事務局	052-212-9302
名古屋学芸大学	学業成績最優秀奨学金	学生課	0561-75-2536
	学業成績優秀者「育英奨学金」		
	課外活動等優秀奨学金		
	名古屋学芸大学学生海外留学生奨学金	教務課	0567-75-7111
名古屋経済大学	大学顕彰学業成績優秀者	学務総合センター 学生支援担当	0568-67-7244
	大学顕彰学術・文化及びスポーツ等優秀者		
	資格取得・検定合格者奨学金	キャリアセンター	0568-67-7254
	検定試験受験奨励金		
名古屋商科大学	創立者奨学金（大学）	学生支援部門学生担当	0561-73-2111
	学長奨学金（大学）		
	同窓会奨学金		
	学生寮奨学金（大学）		
	学修奨励生奨学金	渉外部門入試広報担当	0561-73-3006
	強化クラブ奨学金		
	TOEFL iBT 受験奨学金	学生支援部門国際交流担当	0561-73-2111
	税理士・公認会計士コース奨学金	学生支援部門学生担当	
	Global Field Study Program 奨学金	学生支援部門国際交流担当	
	ギャップイヤー・プログラム奨学金		
	フロンティアスピリットプログラム奨学金		
	国際ボランティアプロジェクト奨学金		
	提携校短期留学プログラム奨学金		
	学部交換留学奨学金		
	香港中文大学交換留学奨学金		
	ダブルディグリープログラム奨学金		
	派遣留学奨学金		
	海外インターンシッププログラム（CAPI）奨学金	学生支援部門進路担当	
名古屋女子大学	名古屋女子大学健康科学部健康栄養学科 MA 奨学金	学生支援センター	052-852-9736
	春光会（同窓会）奨学金		
	NJ 奨学金		
	越原学園創立 100 周年記念学長特別奨学金	入試広報課	0120-758-206
名古屋造形大学	名古屋造形大学クリエイティブ奨学金	入試広報センター	0568-79-1059
	名古屋造形大学卒業生の子に対する奨学金	事務部庶務担当	0568-79-1173
	名古屋造形大学兄弟姉妹授業料減免	事務部学務担当	0568-79-1219
	名古屋造形大学学業奨励奨学金制度		
	名古屋造形大学緊急・修学支援		
	名古屋造形大学桃美会緊急修学支援		
名古屋文理大学	名古屋文理大学第一種奨学金	教学課	
	名古屋文理大学第二種奨学金一般入試 (前期)	入試広報・学事課	0587-23-2400
	名古屋文理大学第二種奨学金大学入学共通テスト試験利用入試 (前期)		
	名古屋文理大学第二種奨学金高大接続入試ワークショップ参加型		
	名古屋文理大学第二種奨学金高大接続入試資格取得型		
	名古屋文理大学第二種奨学金高大接続入試スポーツ特待生		
	名古屋文理大学第二種奨学金同窓会会員関係者奨学		
	名古屋文理大学第二種奨学金高大接続入試専門課程生徒対象特待生		
	名古屋文理大学第三種奨学金		
	名古屋文理大学第四種奨学金	教学課	

学校名	制度名	担当部署	電話番号
名古屋文理大学	名古屋文理大学第五種奨学金	教学課	0587-23-2400
南山大学	南山大学同窓会給付奨学金	学生課	052-832-3118
	南山大学給付奨学金		
	南山大学友の会給付奨学金		
	南山大学奨励奨学金（学業成績）		
	南山大学奨励奨学金（学術、文化、スポーツ）		
	南山大学創立 50 周年記念奨学金		
	南山大学「みちのく未来基金奨学生」勉学支援奨学金		
	南山大学友の会奨学金 海外留学奨学金	国際センター事務室	052-832-3123
	南山大学派遣留学奨学金（留学給付奨学金）（南山大学ヒルシュマイヤー国際交流奨励金）		
	南山大学派遣留学奨学金（留学奨励奨学金）		
日本赤十字豊田看護大学	大規模災害被災学生奨学金	学務課	0565-36-5111
日本福祉大学	日本福祉大学経済援助給付奨学金	学生課	0569-87-2323
人間環境大学	人間環境学部特別奨学生制度 A	入試・広報課	0564-48-7811 （代）
	人間環境学部特別奨学生制度 B		
	看護学部特別奨学生制度 A		
	看護学部特別奨学生制度 B		
名城大学	入試成績優秀奨学生	入学センター	052-838-2018
	学業優秀奨励制度	学務センター生活支援	052-838-2028
	学業優秀奨学生		
	修学援助 A 奨学生		
	修学援助 B 奨学生		
	利子補給奨学生		
	大規模自然災害経済支援奨学生		
	校友会奨学生		
	社会人学生奨学生		
	派遣交換留学奨学生	国際化推進センター	052-838-2043
	海外研修奨学生		
	海外英語研修派遣支援 A 奨学生		
	海外英語研修派遣支援 B 奨学生		
	本学卒業等補助奨学生	学務センター生活支援	052-838-2028
	法学部中山健男奨学金		
皇學館大学	特別奨学生	入試担当	0596-22-6316
	特待生（入学年次）		
	特待生（2 ～ 4 年次）	学生担当	0596-22-6317
	給付奨学金		
	岡田奨学金		
	櫻井奨学金		
	長谷奨学金		
	慶光院俊奨学金		
	安部奨学金		
	尊の会教育奨励賞		
	尊の会グローバル人材育成支援奨学金		
	館友会奨学金		
	学長奨励賞		
鈴鹿大学	総合型選抜・学校推薦型選抜奨学金	入試広報キャリア課	059-372-3938
四日市大学	四日市大学特待生奨学金（在学生対象）	教学課	059-365-6716
	人間たれ奨学金		
近畿			
成安造形大学	成安造形大学給付奨学金	入学広報センター	077-574-2119
	成安造形大学特待生選抜奨学金		
長浜バイオ大学	長浜バイオ大学学内奨学金	学生担当	0749-64-8100

学校名	制度名	担当部署	電話番号
長浜バイオ大学	長浜バイオ大学サポーター奨学金	学生担当	0749-64-8100
	長浜バイオ大学家計急変奨学金		
	長浜バイオ大学学費支援奨学金		
びわこ成蹊スポーツ大学	大阪成蹊学園被災学生等に対する特別援助	学務部学生課	077-596-8430
大谷大学	大谷大学入試特別奨学金	学生支援課	075-411-8119
	大谷大学育英奨学金		
	大谷大学教育ローン援助奨学金		
	石間奨学金		
	雲井奨学金		
	大谷大学教育後援会家計急変奨学金		
	大谷大学教育後援会文芸奨励賞		
	大谷大学教育後援会勤労学生表彰奨学金		
	大谷大学教育後援会学費支援奨学金		
	東本願寺奨学金		
京都医療科学大学	京都医療科学大学島津奨学金　特待新入生奨学金	キャリア支援センター	0771-63-0066
	京都医療科学大学島津奨学金　特待生奨学金		
	京都医療科学大学島津奨学金　経済支援奨学金		
	京都医療科学大学島津奨学金　資格取得奨励奨学金 (受験奨励金)		
	京都医療科学大学島津奨学金　資格取得奨励奨学金 (合格報奨金)		
	京都医療科学大学島津奨学金　経済支援奨学金		
京都華頂大学	京都華頂大学奨励奨学金	学生部学生課	075-551-1250
	京都華頂大学育英奨学金		
	京都華頂大学入学時成績優秀者特別奨学生		
京都看護大学	京都看護大学特別奨学金Ⅱ	総務部奨学金担当	075-311-0123
京都光華女子大学	経済支援奨学金	学生サポートセンター 学生生活担当	075-325-5321
	東本願寺奨学金（大学）		
	資格特待生制度		
	キャンパスローン利子補給奨学金		
	緊急支援奨学金		
	光華女子学園奨学会奨学金		
	スポーツ振興奨学金		
	留学奨学金		
	光華ファミリー入学試験奨学金		
	こども教育学科特待生奨学金		
京都産業大学	京都産業大学入学試験成績優秀者奨学金	入学センター	075-705-1437
	京都産業大学課外活動優秀者奨学金	学生部	075-705-1432
	京都産業大学むすびわざ支援奨学金		075-705-1433
	京都産業大学応急育英給付奨学金		
	京都産業大学災害給付奨学金		
	京都産業大学教育ローン利子給付奨学金		
	京都産業大学海外インターンシップ支援金	キャリア教育センター	075-705-1754
	京都産業大学外国留学支援金	国際交流センター事務室	075-705-1455
	京都産業大学海外留学特別奨学金		
	学校法人京都産業大学「サギタリウス基金」京のまち下宿支援奨学金	学生部	075-705-1433
	学校法人京都産業大学「サギタリウス基金」同時在学支援奨学金	教学センター	075-705-1425
京都女子大学	京都女子大学奨学金	学生生活センター	075-531-7057
	京都女子大学育友会奨学金		
	京都女子大学成績優秀特別奨学生制度1号特別奨学生		
	京都女子大学成績優秀特別奨学生制度2号特別奨学生		
	京都女子大学入学前予約採用型奨学金		
京都精華大学	入学試験成績優秀特待生	学生支援チーム	075-702-5101
	成績優秀奨学金		

学校名	制度名	担当部署	電話番号
京都精華大学	海外プログラム学修奨励奨学金	学生支援チーム	075-702-5101
京都橘大学	京都橘大学経済援助給付奨学金	学生支援課	075-574-4114
	京都橘大学緊急就学援助奨学金		
	京都橘大学入学時成績優秀者特別奨学金		
	京都橘大学 SAP 奨学金	総合教育課	075-574-4365
	留学先授業料支援制度		
京都ノートルダム女子大学	新入生支給奨学金	学生課	075-706-3740
	上級生支給奨学金		
	特待生奨学金		
	テレジアン課外活動給付奨学金		
	マリアンスカラシップ		
	保護者会特別援助奨学金		
	入学前予約採用給付奨学金	入試課	075-706-3747
	米国姉妹大学留学奨学金	国際教育課	075-706-3746
	グローバル英語コース留学奨学金		
	英語英文学科留学特待生奨学金		
	京都ノートルダム女子大学 新型コロナウイルス感染拡大に伴う緊急支援奨学金	学生課	075-706-3740
京都文教大学	入試奨学金（成績優秀者）	アドミッションオフィス	0774-25-4205
	入試奨学金（課外活動優秀者）		
	成績優秀者奨学金	学生課	0774-25-2497
	指月奨学金		
	教育後援会奨学金（修学支援）		
	教育後援会奨学金（海外留学支援）	国際交流オフィス	
	ブラバー奨学金	学生課	
	天災その他の災害奨学金		
京都薬科大学	京都薬科大学給付型奨学金（新入生特待生）	事務局学生課	075-595-4614
	京都薬科大学給付型奨学金（成績優秀者）		
	京都薬科大学給付型奨学金（研究・課外活動優秀者）		
	京都薬科大学給付型奨学金遠隔地出身者(新入生予約制度)		075-595-4616
	海外短期留学者		075-595-4614
嵯峨美術大学	嵯峨美術大学奨学金	教務・学生支援グループ	075-864-7872
	ワークスタディ奨学金		
	学校（指定校）推薦型選抜奨学金	入学広報グループ	075-864-7878
	スカラシップ（特別奨学生）選抜奨学金		
種智院大学	種智院大学特待生奨学金	学生課	075-604-5600
	種智院大学修学支援奨学金		
	種智院大学新入生奨学金給付生選抜制度		
	種智院大学同窓会奨学金		
同志社女子大学	同志社女子大学奨学金	学生支援課	0774-65-8414
	松下紀美子記念奨学金		
	花谷明子記念奨学金		
	同志社女子大学同窓会《Vine の会》奨学金		
	同志社女子大学瀧山徳三・季乃記念海外留学奨励金		
	E.L. ヒバード奨学金		
	同志社女子大学現代社会学部奨学金		
	同志社女子大学英語英文学会奨学金		
	同志社女子大学日本語日本文学会奨学金		
	同志社女子大学生活科学会奨学金		
	同志社同窓会奨学金		
	同志社同窓会ミス・デントン記念奨学金		
	同志社女子大学指定奨学金		
同志社大学	同志社大学奨学金	学生生活課	075-251-3280

学校名	制度名	担当部署	電話番号
同志社大学	同志社大学奨学金 (特別枠)	学生生活課	075-251-3280
	同志社大学育英奨学金		
	同志社大学修学特別支援奨学金		
	同志社大学寄付奨学金		
	同志社大学寄付奨学金		
花園大学	学業特待生奨学金	入試課	075-823-0588
佛教大学	佛教大学入学試験成績優秀者 奨学金	入学課（入学手続き以前まで）、以降は学生支援課	075-491-2141 (代表)
	佛教大学奨学金	学生支援課	
	総本山知恩院奨学金		
	大本山金戒光明寺奨学金		
	大本山清浄華院奨学金		
	大本山百万遍知恩寺奨学金		
	宗立宗門校奨学金		
	佛教大学育英奨学金		
	佛教大学課外活動奨学金		
	佛教大学教育後援会奨学金		
	佛教大学同窓会奨学金		
	佛教大学教職員互助会奨学金		
	佛教大学学資給付金		
	佛教大学災害奨学金		
	新型コロナウイルス対策緊急奨学金		
明治国際医療大学	特待生選抜制度	入試課	0771-72-1188
	スポーツスカラシップ制度		
	メディカルアスレチックトレーナー育成支援制度		
立命館大学	近畿圏外からの入学者を支援する奨学金	衣笠学生オフィス	075-465-8494
	西園寺記念奨学金（成績優秀者枠）	衣笠教学課、各学部事務室	075-465-8310
	エクステンションセンター特別奨励生	キャリアセンター	075-465-8297
	西園寺記念奨学金（難関試験合格者枠）		
	＋R 学部奨学金	衣笠教学課、各学部事務室	075-465-8310
	学びのコミュニティ学外活動奨励奨学金（正課授業）		
	Challenge 奨学金	学生オフィス	075-465-8168 077-561-3920 072-665-2130
	立命館大学アスリート・クリエーター育成奨学金	学生オフィス スポーツ強化オフィス	075-465-8168 077-561-2854 072-665-2130 077-561-3977
	海外留学チャレンジ奨学金	国際教育センター	077-561-3038
	海外留学サポート奨学金（予約採用型）		
	海外留学サポート奨学金（家計急変型）		
龍谷大学	アカデミック・スカラシップ奨学金（在学採用型）	学生部	075-645-7889
	優秀スポーツ選手奨学金		
	課外活動等奨学金		
	家計奨学金		
	BIEProgram 奨学金		
	私費派遣留学生奨励奨学金		
	災害給付奨学金		
	親和会海外研修奨学金		
	親和会学生救済型奨学金		
	六角仏教会奨学金		
	家計急変奨学金		
	障がい学生支援奨学金		

学校名	制度名	担当部署	電話番号
龍谷大学	災害学費援助奨学金	学生部	075-645-7889
	国際学部グローバルスタディーズ学科交換留学給付奨学金		
	国際学部グローバルスタディーズ学科提携留学給付奨学金		
藍野大学	自宅外通学者奨学金給付制度	入試課	072-627-1766
	学校法人藍野大学学業成績優秀学生生徒給付奨学金制度	総務課	072-627-1711
追手門学院大学	追手門学院大学桜みらい奨学金　学業・課外活動奨励型	学生課	072-641-9629
	追手門学院大学教育後援会給付奨学金		
	追手門学院大学教育後援会修学援助給付奨学金		
大阪青山大学	入学試験成績優秀者給付奨学金	入試部	072-722-4793
	塩川学修奨励金	学生課	072-724-1836
	同窓生家族入学金支援制度		
	教育後援会就学援助給付金	総務課	072-722-4165
	修学特別支援金	学生課	072-724-1836
大阪医科大学	学校法人大阪医科薬科大学鈎奨学基金	学務部学務課	072-684-7140
	学校法人大阪医科薬科大学　伊藤奨学基金		
	大阪医科大学看護学部　入学時特待生	看護学事務課	072-684-6782
	大阪医科大学看護学部　給付奨学金		
大阪大谷大学	入学試験成績優秀特別奨学金	学生課	0721-24-0384
	修学支援給付奨学金		
大阪音楽大学	遠隔地出身者支援給付奨学金	入試センター	0120-414-015
	大阪音楽大学オーケストラ給付奨学金		
	大阪音楽大学奨学制度　国内・海外音楽講座受講助成金	学務事務部門学生生活担当	06-6334-2135
	大阪音楽大学奨学制度　海外提携校留学助成金		
	大阪音楽大学奨学事業財団　海外留学奨励金		
	大阪音楽大学奨学事業財団　国内・国外音楽講習参加奨励金		
	大阪音楽大学奨学事業財団　国内・国外音楽コンクール参加奨励金		
	大阪音楽大学奨学事業財団　国内・国外音楽コンクール入賞奨励金		
大阪学院大学	企業後援会奨学金	学生課	06-6381-8434
大阪河崎リハビリテーション大学	河崎学園ファミリー奨学金 (新入生対象)	教務課アドミッションオフィス	072-446-7400
	指定校奨学金 (新入生対象)		
	特待生 (在学生対象)	教務課学務係	072-446-6700
	経済支援特別奨学金（在学生対象）		
	河崎賞		
大阪経済大学	大阪経済大学入試成績優秀者特別奨学金	学生部学生課	06-6328-2431
	大阪経済大学同窓会遠隔地学生奨学金		
	大阪経済大学遠隔地学生奨学金		
	大阪経済大学緊急修学援助奨学金		
	大阪経済大学大樟奨学金		
	大阪経済大学勤労・社会人学生奨学金		
	大阪経済大学アスリート支援奨学金		
	大阪経済大学教育ローン援助奨学金		
大阪経済法科大学	学業奨励奨学金経済学部奨学金	学生課	072-941-2679
	学業奨励奨学金法学部奨学金		
	学業奨励奨学金経営学部奨学金		
	学業奨励奨学金国際学部奨学金		
	学業奨励奨学金資格取得奨学金		
	教育後援会奨学金定時採用		
	教育後援会奨学金応急採用		
	資格取得奨学金		
大阪芸術大学	新入生奨学金	入試課	0721-93-3781 (代表)
	学業成績優秀者奨学金	学生課	
	交換留学生奨学金		

学校名	制度名	担当部署	電話番号
大阪芸術大学	緊急奨学金	学生課	0721-93-3781 (代表)
	震災・災害奨学金		
	大学院研究奨励金		
大阪工業大学	成績優秀奨学金	厚生課	06-6954-4069
	テラサキ奨学金（学部）		
	特別奨学金（学部）		
	柴山奨学金（学部）		
	副島奨学金（学部）		
	学園校友会奨学基金（学部）		
大阪国際大学	家賃補助制度	入試・広報部	0120-585-160
	大阪国際大学学業優秀者奨学金	学生課	06-6907-4316
	大阪国際大学課外活動奨励者奨励金		
	大阪国際大学・大阪国際大学短期大学部　海外留学・研修奨学金	国際交流課	06-6907-4306
	大阪国際学園奥田政三教育・研究基金		
	大阪国際大学・大阪国際大学短期大学部　海外留学・研修奨学金		
	大阪国際学園奥田政三教育・研究基金		
	大阪国際大学・大阪国際大学短期大学部　海外留学・研修奨学金		
大阪産業大学	奨学金給付語学研修	国際交流課	072-875-3001 (代表)
	ベトナム交流プログラム		
	海外派遣留学		
	国際学部アメリカ短期研修	国際学部	
	海外研修1・2	経済学部	
	春期英語中期留学	国際交流課	
	海外留学プログラム	国際学部	
	海外研修プログラム		
	高大接続グローバル研修		
大阪樟蔭女子大学	大阪樟蔭女子大学緊急給付奨学金	学生支援課	06-6723-8279
	大阪樟蔭女子大学給付奨学金		
	大阪樟蔭女子大学後援会奨学金		
	大阪樟蔭女子大学教育ローン利子補給奨学金		
大阪電気通信大学	入学試験成績優秀者奨学制度（一般入学試験前期）	学務課	072-813-7588
	大阪電気通信大学教育ローン利子補給奨学金		
	大阪電気通信大学特別奨学金		
大阪物療大学	大阪物療大学一般選抜特待奨学金制度	入試課	072-260-0096
	大阪物療大学特待奨学金制度	総務課	072-260-0088
大阪薬科大学	大阪薬科大学特待奨学金	学生課	072-690-1014
	大阪薬科大学一般奨学金		
関西医科大学	関西医科大学慈仁会給付奨学金	学務課学生係	072-804-2426
	関西医科大学看護学部学生給付奨学金	看護学部事務部学務課	072-804-0205
	関西医科大学リハビリテーション学部学生給付奨学金		072-856-2115(代表)
関西外国語大学	荒川化学・戸毛敏美奨学金	学生部	072-805-2813
	同窓会奨学金		
	課外活動支援奨学金		
	谷本国際交流奨学金（フルスカラシップ・スカラシップ）	国際交流部	072-805-2831
関西大学	関西大学「学の実化」入学前予約採用型給付奨学金	奨学支援グループ	06-6368-0255
	関西大学新入生給付奨学金		
	関西大学学部給付奨学金		
	植田奨励金		
	赤井・柳楽・久井・野田奨学基金給付奨学金		
	関西大学校友会学部給付奨学金		
	賛助企業等からの寄付金による奨学金		
	関西大学家計急変者給付奨学金		

学校名	制度名	担当部署	電話番号
関西大学	関西大学教育後援会家計急変者給付奨学金	奨学支援グループ	06-6368-0255
	関西大学災害時支援給付奨学金		
	スポーツ振興奨学・奨励金	スポーツ振興グループ	06-6368-0254
	関西大学文化・学術活動等奨励金	学生生活支援グループ	06-6368-0157
	国際交流助成基金交換派遣留学奨学金	国際部	06-6368-1174
	国際交流助成基金短期派遣奨学金		
関西福祉科学大学	一般選抜奨学金	入試広報部	072-978-0676
	大学入学共通テスト利用選抜奨学金		
	学校推薦型選抜（課外活動）入試奨学金		072-978-0677
	学校推薦型選抜（公募）奨学金		072-978-0676
	玉手山学園ファミリー入学時奨学金		
	社会人選抜奨学金		
近畿大学	近畿大学給付奨学金	学生部奨学課	06-4307-3064
	近畿大学入学前予約採用型給付奨学金		
四条畷学園大学	四條畷学園大学奨学金制度	(1) リハビリテーション学部 (2) 看護学部	(1)0120-86-7810/ (2)0120-11-2623
四天王寺大学	学内奨学金	学生支援課	072-956-9956
	緊急・応急奨学金		
	海外留学および長期研修奨学金	学生支援課	072-956-9934
	海外語学研修奨学金		
	国際キャリア学科　海外留学等特待生奨学金		
	グローバル教育奨学金		
	入学試験成績優秀者奨学金	入試・広報課	072-956-3183
	入学試験成績優秀者遠隔地奨学金		
	学長表彰	学生支援課	072-956-9956
	四天王寺大学同窓会会長表彰		
	同窓入学試験奨学金	入試・広報課	072-956-3183
	看護学部特別奨学金		
摂南大学	学内特別奨学金	入試部	072-839-9104
	学内一般奨学金	学生課	072-839-9107
	学園創立90周年記念奨学金		
	ベッドフォード奨学金		
	サポーターズ奨学金		
	学園校友会奨学基金奨学金		
	海外留学奨学金	外国語学部事務室	072-839-9195
千里金蘭大学	生活科学部チャレンジAO・指定校型奨学金	教学センター	06-6872-0607
	入学試験成績優秀者奨学金		06-6872-0727
	食物栄養学科　特待生奨学金		06-6872-0607
	遠隔地学生奨学金		
	芳友会ファミリー奨学金		
	学業成績優秀者奨学金		
相愛大学	珠光会奨学金	学生支援センター事務室	06-6612-5932
	珠光会斎藤奨学金		
	珠光会東儀奨学金		
	ミツバ奨学金		
帝塚山学院大学	帝塚山学院大学奨学金	学生生活課	072-365-0865
	学校法人帝塚山学院創立100周年記念奨学金		
	留学スカラシップ	国際交流センター	
	ドミトリースカラシップ	学生生活課	
	帝塚山学院大学学業成績優秀者奨学金		
常磐会学園大学	学校法人常磐会学園奨学金	教学課	06-4302-8880
梅花女子大学	澤山奨学金	学生部	072-643-8328

学校名	制度名	担当部署	電話番号
梅花女子大学	特別奨学金	学生部	072-643-8328
羽衣国際大学	Be the One 特別給付型奨学金	教学センター学生・学習支援グループ	072-265-7127
	羽衣スカラーシップ		
阪南大学	入試成績優秀者奨学金	入試広報課	072-332-1224
	入試成績優秀者（特待生）奨学金		
	指定資格取得者奨学金		
	阪南大学給付奨学金 クラブ奨学金	学生課	
	阪南大学給付奨学金 学部奨学金		
	阪南大学後援会成績優秀者奨励奨学金		
	阪南大学後援クラブ奨学金		
東大阪大学	東大阪大学　修学支援奨学金	入試広報部	06-6782-2884
	東大阪大学　奨学金	各学科	06-6782-2886
	東大阪大学　後援会家計急変奨学金	総務部	06-6782-2824
	東大阪大学　修学支援奨学金	入試広報部	06-6782-2884
	東大阪大学　奨学金	各学科	06-6782-2886
	東大阪大学　後援会家計急変奨学金	総務部	06-6782-2824
桃山学院教育大学	入学試験成績優秀者対象特別奨学金	入試課	072-247-5605（入試課直通）
	成績優秀者奨励奨学金		
桃山学院大学	桃山学院大学　成績優秀者　奨励奨学金	学生支援課	0725-54-3131（代表）
	桃山学院大学　遠隔地出身学生　援助奨学金		
	桃山学院大学　課外講座　学修奨励奨学金		
	桃山学院大学　教育ローン利子補給奨学金		
	桃山学院大学　長期派遣留学奨励奨学金	国際センター	
	桃山学院大学　短期海外研修援助金		
森ノ宮医療大学	入学時成績優秀者学納金減免制度	学生支援室	06-6616-6911
	スポーツ特別奨学金		
	ひとり住まい支援奨学金		
	成績優秀者給付奨学金		
	キャリア活用社会人給付奨学金		
	森ノ宮医療大学教育ローン利子補給奨学金		
	森ノ宮医療学園ファミリー奨学金		
大手前大学	大手前学園奨学金（1年生）	学生課	0798-32-5010
	大手前学園奨学金（2年生以上）		
	大手前学園奨励金		
	大手前学園創立75周年記念奨学金		
	大手前学園利子補給奨学金		
関西国際大学	濱名ミサヲ先生記念奨学生	学生課	06-6496-4114
	学習奨励金		
	吹奏楽特別型		078-341-8550
関西学院大学	就学奨励奨学金	学生活動支援機構（学生課）	0798-54-6110
	経済支援奨学金		
	特別支給奨学金		
	後援会奨学金		
	利子補給奨学金		
	産学合同育英奨学金		
	クレセント奨学金		
	奨励奨学金		
	同窓会奨学金		
	中谷記念奨学金		
	高大接続奨励奨学金		
	ランバス支給奨学金		
	入学時クレセント奨学金		

学校名	制度名	担当部署	電話番号
甲南女子大学	甲南女子大学遠隔地出身学生援助奨学金	学生生活課	078-413-3137
	甲南学園清友会（同窓会）奨学金		
	看護グローバル型選抜	入試課	078-431-0499
	グローバル奨学金	国際交流課	078-413-3284
	グローバル奨学金＋		
	グローバル奨学金リーダーズ		
	グローバル奨学金リーダーズ＋		
	甲南女子大学特別認定留学奨学金		
甲南大学	甲南100周年記念栄誉特待生　甲南平生拾芳奨励金	学生部奨学金係	078-435-2702
	甲南100周年記念栄誉特待生　文化・芸術部門奨励金		
	甲南100周年記念栄誉特待生　スポーツ部門奨励金		
	甲南100周年記念栄誉特待生　交換留学部門奨励金　1 交換留学（欧米・オセアニア圏）2 交換留学（アジア圏）3 語学プラス交換留学・奨励留学		
	甲南100周年記念栄誉特待生　学部優秀部門奨励金		
	甲南100周年記念栄誉特待生甲南一貫教育部門奨励金		
	甲南学園奨学金		
	中川路奨学金		
	甲南大学瀧川奨学金		
	甲南大学平友奨学金		
	甲南大学旧制甲南高等学校奨学金		
	甲南大学八木愼二"わがみちをすすめ"奨学金		
	甲南大学父母の会奨学金		
	甲南大学同窓会奨学金		
	甲南大学同窓会チャレンジ基金		
	甲南大学立野純三奨学金		
	甲南大学"わがくるま星につなぐ"甲南の星奨学金		
	甲南学園学習奨励金	国際交流センター	078-452-1641
	甲南学園特別学習奨励金		
神戸海星女子学院大学	神戸海星女子学院大学・短期大学同窓会奨学金	学生課・キャリアセンター	078-881-7541
	神戸海星女子学院大学後援会給付奨学金		
	神戸海星女子学院大学後援会緊急給付奨学金		
	留学奨学金A・A'	教務課	078-881-7519
	留学奨学金B・B'		
	留学支援金		
	入試成績優秀者奨学金（奨学金給付生試験合格者）	アドミッションセンター	078-801-4117
	入試成績優秀者奨学金（大学入学共通テスト利用（1期）合格者）		
	入試成績優秀者奨学金（一般前期A合格者）		
神戸学院大学	神戸学院大学支給奨学金（経済支援給付奨学金）	学生支援センター	078-974-4575
	神戸学院大学同窓会災害等奨学金		
	神戸学院大学同窓会給付奨学金		078-974-4574
	神戸学院大学交換・派遣留学奨学金	国際交流センター	078-974-4395
	神戸学院大学大学主催短期海外研修参加費補助金		
	セメスター留学奨学金	グローバル・コミュニケーション学部	078-974-1551
神戸芸術工科大学	新入生特待生制度	広報入試課	078-794-5039
	ジュニアマイスターゴールド特待生制度		
	ジュニアマイスターシルバー特待生制度		
	ジュニアマイスターブロンズ特待生制度		
	指定資格等取得特待生制度		
	スカラシップ試験奨学生		
	在学生特待生	学生生活・国際交流課	078-794-5024
	神戸芸術工科大学給付奨学金		
	谷岡奨学金		

学校名	制度名	担当部署	電話番号
神戸芸術工科大学	神戸芸術工科大学教育後援会奨学金	学生生活・国際交流課	078-794-5024
	奨学融資制度		
神戸国際大学	神戸国際大学奨学金	教学センター学生支援担当	078-845-3110
神戸松蔭女子学院大学	夢・未来サポート特待生制度夢サポ100	学生課	078-882-6134
	夢・未来サポート特待生制度夢サポ50		
	夢サポチャレンジ制度夢サポ100		
	夢サポチャレンジ制度夢サポ50		
	姉妹等奨学金		
	松蔭ファミリー入学金優遇制度		
	推薦選考スポーツ優秀者奨学金（S区分）		
	推薦選考スポーツ優秀者奨学金（A区分）		
	推薦選考スポーツ優秀者奨学金（B区分）		
	推薦選考スポーツ優秀者奨学金（C区分）		
	推薦選考スポーツ優秀者奨学金（D区分）		
	指定校特待生制度	入試・広報課	078-882-6123
	長期留学奨学金	【1】英語学科共同研究室 【2】国際交流センター 【3】学生課	[1]078-882-6114 [2]078-882-6519 [3]078-882-6134
	セメスター留学奨学金（英語）	【1】英語学科共同研究室 【2】学生課	[1]078-882-6114 [2]078-882-6134
	セメスター留学奨学金（中国語）		
	1年留学奨学金	学生課	078-882-6134
	社会人特別入学生奨学金		
	社会人特別編入学生奨学金		
	学長賞		
	課外活動優秀賞		
	教育後援会学生表彰正課活動表彰		
	教育後援会学生表彰正課外活動表彰		
	千と勢会給付奨学金		
神戸女学院大学	神戸女学院一粒の麦給与奨学金	学生生活支援センター奨学金窓口	0798-51-8595
	神戸女学院大学KCH推薦入学選考特待生給与奨学金	入学センター	0798-51-8543
	神戸女学院大学入学試験成績優秀者給与奨学金		
	那須姉妹特別奨学金	音楽学部事務室	0798-51-8550
	神戸女学院大学HAS給与奨学金	学生生活支援センター奨学金窓口	0798-51-8595
	特別奨学金	チャプレン室	0798-51-8502
	森本敦子記念奨学金	音楽学部事務室	0798-51-8550
	神戸女学院大学給与奨学金	学生生活支援センター奨学金窓口	0798-51-8595
神戸女子大学	奨励金授与制度	学生課	078-737-2362
	神戸女子大学教育後援会育英奨学生奨学金	教育後援会事務局	078-737-2008
	加藤優子奨学金	学生課	078-737-2362
神戸常盤大学	神戸常盤大学修学支援奨学金	キャリア支援課	078-611-1822
神戸薬科大学	神戸薬科大学奨学生制度	学生課	078-441-7510
	神戸薬科大学同窓子弟奨学金制度		
	神戸薬科大学応急援助奨学生制度		
	神戸薬科大学同窓会奨学生制度		
園田学園女子大学	特別待遇奨学生制度	入試課	06-6429-9903
	学資支援支給奨学金	学生課	06-6429-9927
	育友会学費援助金		
	褒賞奨学金		
宝塚大学	宝塚大学奨学金制度（一般奨学生制度）	学務課	東京新宿キャンパス 03-3367-3411/ 大阪梅田キャンパス 06-6376-0853
	宝塚大学奨学金制度（特別奨学生制度）		
	宝塚大学奨学金制度（創作・研究活動奨励制度）		
	宝塚大学奨学金制度（提携教育ローン利子補給制度）		

学校名	制度名	担当部署	電話番号
姫路獨協大学	姫路獨協大学奨学金	学生課	079-223-6505
	学業支援奨学金		
	特別学業支援奨学金		
	緊急支援奨学金		
	海外留学 奨学金【派遣】		
	海外留学 奨学金【交換】		
	海外語学研修奨学金		
兵庫医療大学	兵庫医療大学給付奨学金	学生支援課	078-304-3007
兵庫大学	河野教育振興基金奨学金	学生支援課	079-427-9830
	兵庫大学兵鷺奨学金 A（大学）		
	兵庫大学兵鷺奨学金 B（大学）		
	優秀学生制度		
	健康科学部給付奨学金		
武庫川女子大学	武庫川学院奨学	学生部学生課	0798-45-3526
	武庫川学院鳴松会奨学	鳴松会事務室	0798-45-3538
	入試成績優秀者奨学金	入試センター	0798-45-3525
流通科学大学	兄弟姉妹入学における入学奨学金	学生部　学生課	078-794-3552
	下宿サポート奨学金		
	中内学園特別奨学金		
	RYUKA 特別奨学金		
	プレゼンテーション入試奨学金		
	資格利用型入試奨学金（前期型のみ）		
	公募推薦入試（前期 2 科目型）奨学金		
	公募推薦入試（後期 2 科目型）奨学金		
	一般入試（前期 2 科目型）（中期 2 科目型）奨学金		
	一般入試（前期 3 科目型）（中期 3 科目型）奨学金		
畿央大学	冬木智子特別奨励賞	学生支援センター	0745-54-1601
	畿央大学特別奨励賞		
	畿央大学特別奨学金		
	入学時成績優秀者特別奨学金	入学センター	0745-54-1603
	遠隔地出身学生支援特別奨学金		
帝塚山大学	帝塚山学園特別褒賞金	キャリアセンター	0742-48-9688
	帝塚山大学給付奨学金	学生生活課	0742-48-9185
	帝塚山大学後援会奨学金		
	帝塚山学園海外留学奨学金	学生生活課（国際交流担当）	0742-41-4303
天理大学	天理大学入学者選抜奨学金	入学部入学課	0743-63-9004
	天理大学奨学金	学生部学生支援課	0743-63-8248
	天理大学修学援助奨学金		
	天理大学銀行融資奨学金		
	天理大学交換留学生奨学金	国際交流センター室	0743-63-9005
	天理大学認定留学生奨学金		
	天理大学留学生奨学金		
奈良学園大学	一般学生奨学金	学生支援センター	0745-73-7800
	スポーツ学生奨学金		
	学園内進学者奨学金		
	ファミリー進学者奨励金		
	家計急変時支援奨学金		
	課外活動奨励金		
	留学支援奨励金		
高野山大学	高野山大学奨学金	学生サポート課	0736-56-5028
	名越奨学金		
	松浦禪朝奨学金		

学校名	制度名	担当部署	電話番号
高野山大学	高野山住職会奨学金	学生サポート課	0736-56-5028
	佐伯奨学金		
	高野山大学同窓会奨学金		
	申徳会奨学金		
	高野山真言宗徒弟奨学金		
中国・四国			
鳥取看護大学	鳥取看護大学奨学金	入試広報課	0858-26-9171
岡山理科大学	岡山理科大学濱田奨学金	学生課	086-256-8432
	岡山理科大学若林奨学金		
環太平洋大学	資格取得者奨学金	入試広報課	086-908-0362
	成績優秀者奨学金（学校推薦型選抜公募制、一般選抜）		
倉敷芸術科学大学	奨学金給付制度（課外講座受講者対象）	学生課	086-440-1122
就実大学	海外留学支援奨学金	国際交流センター	086-271-8136
	海外語学研修助成金		
	学術・文化・スポーツ奨励金	学生課	086-271-8130
	就実の木（みのなるき）奨学会		
中国学園大学	学業成績優待生制度（在学生）	学生部	086-293-0849
美作大学	学業成績特待生（新入生）	学生募集広報室	0868-22-5570
	学業成績特待生（在学生）	学生課	0868-22-7715
エリザベト音楽大学	エルネスト・ゴーセンス奨学金	学事部学生生活	082-225-8006
	海外研修奨励賞		
	遠隔地帰省支援奨学金		
比治山大学	比治山大学奨学金	学生支援課	082-229-0122
	比治山大学後援会奨学生		
	比治山学園国信玉三奨学生		
広島経済大学	入学試験成績優秀奨学生奨学金	入試広報センター	082-871-1313
	入学試験資格スカラシップ奨学生奨学金		
	石田学園学業奨学金	学務センター学生課	082-871-1003
	石田学園アクティブ奨学金		
	石田学園学部との5年プログラム生奨学金		
広島工業大学	入試特待生制度	入試広報部	082-921-3128
	広島工業大学同窓会奨学金	学務部	082-921-4179
	成績優秀者奨学金制度		
広島国際大学	広島国際大学学内奨学金	学生課	0823-70-4536
	広島国際大学特待生奨学金 ［薬学部以外］	入試センター事務室	0823-70-4500
	広島国際大学特待生奨学金 ［薬学部］		
	広島国際大学学園創立90周年記念奨学金	学生課	0823-70-4536
	広島国際大学教育ローン金利助成奨学金		
	広島国際大学サポーターズ奨学金		
広島修道大学	広島修道大学修学奨学金	学生センター	082-830-1117
	広島修道大学同窓会奨学金		
	広島修道大学経済支援奨学金		
	広島修道大学在学生スカラシップ		
	広島修道大学課外活動スカラシップ		
	広島修道大学資格取得スカラシップ	キャリアセンター	082-830-1115
	広島修道大学国際交流スカラシップ	国際センター	082-830-1103
広島女学院大学	広島女学院大学合同メソジスト教会女性局給付奨学金	学生課	082-228-0407
	ゲーンス奨学金		
	大学協力会修学援助費		
広島文化学園大学	スポーツ特別奨学金	社会情報学部学生部	082-884-1001
広島文教大学	武田ミキ記念基金奨学金	学生サポート課	082-814-9995

学校名	制度名	担当部署	電話番号
広島文教大学	美樹会奨学金	学生サポート課	082-814-9995
	スポーツ・芸術文化活動特待制度	入試広報課	082-814-9996
宇部フロンティア大学	利子補給制度	学生課	0836-38-0513
梅光学院大学	梅光特待　Ⅰ	アドミッションセンター	083-227-1010
	梅光特待　Ⅱ		
	梅光特待　Ⅲ		
	グローバル特待　Ⅰ		
	グローバル特待　Ⅱ		
	エアライン特待		
山口学芸大学	特待生奨学金制度	学生部学生課	083-972-3288
	県外生特別奨学金制度		
	予約制特別奨学金制度		
四国大学	四国大学教育特別奨学金制度	入試課学生支援課	088-665-9908 088-665-9912
	震災により被災した志願者に対する特別措置	入試課	088-665-9908
	四国大学スポーツ分野特別奨学金制度	入試課学生支援課	088-665-9908 088-665-9912
	四国大学芸術・メディア分野特別奨学金制度		
	四国大学吹奏楽分野特別奨学金制度		
	四国大学グローバル分野特別奨学金制度		
	四国大学地域創生人材育成奨学金制度	学部運営支援課	088-665-9909
	四国大学教育ローン利子補給金給付制度	学生支援課	088-665-9912
	四国大学大学院奨学金		
四国学院大学	褒賞金	学生コモンズ支援課	0877-62-2111 (内線 215)
	予約型支給奨学金	入試課	0120-459-433
	指定校選抜 S 特待生支給奨学金		
	スポーツおよび 文化芸術活動 特別支援奨学金		
	HK 奨学金	学生コモンズ支援課	0877-62-2111 (内線 215)
	渥美貴文記念奨学金		
	利子補給型支給奨学金		
	留学補助（協定）		
	留学補助（認定）		
	協力協定校奨学金	入試課	0120-459-433
	舞台芸術特別奨学金		
高松大学	一般奨学生	学生課	087-841-0864
	特別奨学生	入学センター	087-841-5920
	スポーツ奨学生		
	職業会計人育成特別奨学生		
	小学校教員養成特別奨学生		
	学術振興基金からの勉学奨励金	学生課	087-841-0864
聖カタリナ大学	学園奨学生A	入試課	0120-24-4424
	学園奨学生B		
	看護学科奨学生		
	専願特待生		
	特待生		
	看護学科特待生A		
	看護学科特待生B		
	スポーツ特待生A		
	スポーツ特待生B		
松山大学	松山大学奨学金	学生課	089-926-7149
	松山大学温山会奨学金		
	松山大学父母の会奨学金		

学校名	制度名	担当部署	電話番号
松山大学	松山大学入学試験成績優秀者スカラシップ奨学金	学生課	089-926-7149
	松山大学入学試験薬学部成績優秀者スカラシップ奨学金		
	松山大学入学試験薬学部特別指定校スカラシップ奨学金		
	松山大学入学試験スポーツスカラシップ奨学金		
	松山大学成績優秀者スカラシップ制度特別奨学金		
	松山大学薬学部成績優秀者スカラシップ制度特別奨学金		
	松山大学スポーツスカラシップ制度特別奨学金		
	松山大学薬学部提携特別教育ローン利子給付奨学金		
	松山大学特別奨学金		
九州・沖縄			
九州共立大学	学力奨学生制度（優秀奨学金）	キャリア支援課	093-693-3192
	学力奨学生制度（奨励奨学金）		
九州国際大学	学術奨学生	学生支援室	093-671-8915
	九州国際大学同窓会奨学金	九州国際大学同窓会橘会事務局	093-661-4530
九州産業大学	経済支援奨学金	学生部厚生課	092-673-5991
	災害時奨学金		
	上野拓記念奨学金		
	遠隔地学生予約型奨学金		
	中村治四郎奨学金【学業特待枠】		
九州情報大学	学校推薦型選抜　特別推薦（指定校）奨学生	学生課	092-928-4000
	学校推薦型選抜　一般推薦（公募）奨学生		
	一般選抜、大学入学共通テスト利用選抜奨学生		
	スポーツ奨学生		
	吹奏楽奨学生		
	社会人奨学生		
	編入学奨学生		
九州女子大学	学力奨学生制度	キャリア支援課学生担当	093-693-3087
	福原弘之奨学生制度		
久留米工業大学	学業優秀奨学金	学生サービス課	094-222-2347
	二又奨学金		
	育英奨学金		
	課外活動奨励金		
久留米大学	久留米大学給付奨学金（文系学部）	学生課	0942-44-2712
	久留米大学奨学金（医学部医学科）	医学部事務教務課	0942-31-7528
	久留米大学奨学金（医学部看護学科）	医学部看護学科	0942-31-7714
産業医科大学	開学40周年記念奨学金給付制度	学生課	093-691-7211
	特待生（学業成績優秀者）		
	特待生（学業成績躍進者）		
純真学園大学	純真学園大学入学者奨学生	学生センター	092-554-1255
	純真学園大学在学者特待生		
	純真学園大学在学者奨学生		
西南学院大学	西南学院大学給付奨学金	学生課	092-823-3312
	西南学院大学緊急支援特別奨学金		
	西南学院大学教職員による奨学金		
	西南学院大学成績優秀者奨学金		
	C.K. ドージャー記念奨学金		
	ジョイ・コープランド記念奨学金		
	泉昭雄記念奨学金		
	河合田鶴記念奨学金		
	海外派遣留学生奨学金　－留学奨励金－	国際センター	092-823-3346
	海外派遣留学生奨学金　－留学支援金－		
	語学研修奨学金　－渡航支援奨学金－		

学校名	制度名	担当部署	電話番号
西南学院大学	語学研修奨学金 －研修支援奨学金－	国際センター	092-823-3346
	認定留学奨学金		
	キャリアアップ海外研修奨学金		
西南女学院大学	一般奨学生制度	入試課	093-583-5123
	特別奨学生制度		
聖マリア学園大学	聖マリア学院大学特待奨学金	学生課	0942-35-7271
	聖マリア学院大学子弟等奨学金		
	聖マリア学院大学緊急時奨学金		
筑紫女学園大学	筑紫女学園育英奨学会奨学金	学生サポート班	092-925-3515
	筑紫女学園大学奨学金		
	筑紫女学園大学同窓会「紫友会」奨学金		
	在学生成績優秀者奨励生制度 S 奨励金		
	在学生成績優秀者奨励生制度 A 奨励金		
	在学生成績優秀者奨励生制度 B 奨励金		
中村学園大学	学校法人中村学園卒業生子女奨学金	学生部	092-851-2593
	中村学園大学特別給付奨学金		
	中村学園大学同窓会奨学金		
日本赤十字九州国際看護大学	日本赤十字九州国際看護大学 給付奨学金制度	学生課	0940-35-7008
日本経済大学	日本経済大学福岡キャンパス後援会奨学金	厚生課	092-921-9836
	日本経済大学東京渋谷キャンパス後援会奨学金	教学課	03-3463-4143
	日本経済大学神戸三宮キャンパス後援会奨学金	学生課	079-265-6111
	日本経済大学同窓会奨学金	キャリアサポートセンター内同窓会窓口	092-921-9814
福岡歯科大学	福岡歯科大学学生共済会奨学金就学共済金	学務課	092-801-0411
福岡女学院看護大学	福岡女学院看護大学修学支援奨学金	学務課	092-943-4174
	福岡女学院看護大学家計急変支援奨学金		
	入学時学業奨励奨学金		
	学業奨励奨学金		
	福岡女学院ギール奨学金		
福岡女学院大学	修学支援奨学金	学生課	092-575-2972
	家計急変支援奨学金		
	福岡女学院姉妹奨学金	入試広報課	092-575-2970
	一般選抜〈前期〉A 方式・〈前期〉A 方式（共通テストプラス）特待生		
	学校推薦型選抜入学試験合格者対象特待生		
	一般選抜［共通テスト単独方式（Ⅰ期）］特待生		
	成績優秀者特待生	学生課	092-575-2972
福岡大学	福岡大学特待生制度	学生部学生課	092-871-6631 （内線 2654 ～ 2656)
	福岡大学課外活動給費奨学金		
	福岡大学未来サポート募金給費奨学金		
	入試成績優秀者奨学金「FU スカラシップ」	入学センター	092-871-6631
	商学部第二部奨学金	商学部事務室　第二部担当	092-871-6631 （17 時まで） 092-871-6670 （17 時以降）
西九州大学	永原学園奨学金	入試広報課	0952-37-9207
	「ひのくま会」奨学金	学生支援課	0952-37-9208
活水女子大学	活水女子大学第 1 種奨学金	学生生活支援課	095-820-6027
	活水女子大学新入生特別奨学金	入試課	095-820-6015
	活水女子大学みどり奨学金	学生生活支援課	095-820-6027
	活水女子大学グリーンスカラシップ奨学金		
	活水女子大学父母会奨学金		
鎮西学院大学	鎮西学院大学後援会奨学金	教務学生課学生支援係	0957-26-8328

学校名	制度名	担当部署	電話番号
鎮西学院大学	鎮西学院大学後援会特別奨学金	教務学生課学生支援係	0957-26-8328
長崎外国語大学	スカラシップ入試奨学金	入試広報課	095-840-2022
	緊急支援特別奨学金	学生支援課	
	特別奨学金（SS-1）		
	特別奨学金（SS-2）		
	特別支援奨学金		
	ファミリー奨学金		
	旅程管理研修奨学金		
	勤労奨学金		
	派遣留学奨学金	国際交流センター事務室	
長崎国際大学	兄弟姉妹在籍者奨学金	学生課会計課	0956-39-2020
	長崎国際大学同窓会特別奨学金	学生課	
長崎純心大学	純心女子学園江角記念奨学金	学生支援課	095-846-0084
	純心女子学園教育ローン利子補給奨学金		
九州ルーテル学院大学	九州ルーテル学院大学奨学金第1号奨学生	学生支援センター	096-341-1168
	九州ルーテル学院大学奨学金第2号奨学生		
	九州ルーテル学院大学奨学金第3号奨学生		
熊本学園大学	給費生制度	学生課	096-372-7279
	同窓会志文会奨学金（1号奨学生）		
	同窓会志文会奨学金（2号奨学生）		
	同窓会志文会奨学金（3号奨学生）		
	第二部学生有職者奨学金		
	田島司郎国際奨学基金		
熊本保健科学大学	一般奨学制度	学務課	096-275-2128
	海外留学奨学金制度	企画課	096-275-2112
尚絅大学	海外留学奨学金	教務課	096-338-8840
	入試奨学金制度（一般選抜（第1回））	入試課	096-273-6300
	入試奨学金制度（大学入学共通テスト利用型選抜(第1回)）		
崇城大学	学業優秀奨学生	学生厚生課	096-326-3408
宮崎産業経営大学	学生支援給付奨学金	入試広報課	0985-52-3139
鹿児島国際大学	鹿児島国際大学特待生	学生課	099-261-3211
鹿児島純心女子大学	鹿児島純心女子大学成績優秀者奨学金	学生支援課	0996-23-5311
沖縄キリスト教学院大学	特待奨学金	学生課	098-946-1234
	一般給付奨学金		
	沖縄キリスト教学院　後援会奨学金		
	沖縄キリスト教学院　同窓会奨学金		
	親族授業料免除奨学金		
沖縄国際大学	特待奨学金	学生部学生課	098-893-7686
	一般奨学金（第一種）		
	一般奨学金（第二種）		
	一般奨学金（第三種）		
	スポーツ奨学金（公募型）第一種		
	スポーツ奨学金（公募型）第二種		
	スポーツ奨学金（公募型）第三種		
	スポーツ奨学金（指定競技型）第一種		
	スポーツ奨学金（指定競技型）第二種		
	文化活動奨学金（第一種）		
	文化活動奨学金（第二種）		
	文化活動奨学金（第三種）		
	被災学生奨学金（第一種）（学部）		
	被災学生奨学金（第二種）（学部）		
	研究生奨学金（第一種）		

学校名	制度名	担当部署	電話番号
沖縄国際大学	研究生奨学金（第二種）	学生部学生課	098-893-7686
	国内協定校派遣留学奨学金		
	国外協定校留学奨学金	グローバル教育支援センター	098-893-7668
	認定留学奨学金		
	兄弟姉妹等支援奨学金（授業料相当）（学部）	学生部学生課	098-893-7686
	兄弟姉妹等支援奨学金（入学金相当）（学部）		
	入学時離島遠隔地出身学生支援奨学金（学部）		
	離島遠隔地出身学生支援奨学金（授業料半額相当）		
	離島遠隔地出身学生支援奨学金（授業料4分の1相当）		
	学習奨励奨学金		
	校友会学部奨学生		
	金秀グループ奨学金		
	南西石油株式会社奨学金		
	学生サポート奨学金		
	校友会大学院奨学金（県内大学院）		
	校友会大学院奨学金（県外大学院）		
	宮城勇ベストスポーツマン奨学金		
	後援会奨学金（学部）		
沖縄大学	学業奨学金	学生支援課	098-832-7182
	冠奨学金		
	スポーツ奨学金		
	後援会支援文化活動奨学金		
	後援会支援特別奨学金		
	教育ローン等利子負担奨学金		
	後援会支援修学奨学金		
	社会人学生育児支援奨学金		
	同窓会奨学金	同窓会事務局	098-832-6560

自治体

団体名	担当部署	電話番号
恵庭市教育委員会	教育総務課	0123-33-3131 （内線 1623）
神恵内村	教育委員会総務係	0135-76-5011
倶知安町教育委員会	学校教育課総務係	0136-56-8018
札幌市	教育推進課	011-211-3851
新ひだか町教育委員会	教育部管理課	0146-49-0088
砂川市	砂川市教育委員会学務課総務係	0125-54-2121
千歳市教育委員会	企画総務課総務係	0123-24-0819
苫小牧市育英会	苫小牧市教育委員会総務企画課内育英事務局	0144-32-6739
美深町教育委員会	美深町教育委員会教育グループ学校教育係	01656-2-1744
蘭越町教育委員会	学務課総務係	0136-57-5111
八戸市教育委員会	学校教育課	0178-43-9457
岩手県	岩手県教育委員会事務局教育企画室	019-629-6108
酒田市教育委員会	企画管理課企画管理係	0234-26-5772
村山市	教育委員会学校教育課	0237-55-2111
須賀川市教育委員会	教育総務課	0248-88-9166
矢祭町教育委員会		0247-46-4580
本宮市	教育総務課	0243-24-5441
港区	港区教育委員会事務局教育推進部教育長室教育総務係	03-3578-2713
小金井市教育委員会	庶務課	042-387-9872
坂東市教育委員会	学校教育課	0297-35-2121

団体名	担当部署	電話番号
常陸大宮市	学校教育課	0295-52-1111（内線337）
上三川町教育委員会	教育総務課	0285-56-9156
那須烏山市教育委員会	学校教育課	0287-88-6222
栃木市	教育総務課	0282-21-2461
さくら市	学校教育課	028-686-6620
那珂川町教育委員会	那珂川町教育委員会 学校教育課	0287-92-1124
那須塩原市	教育総務課総務係	0287-37-5231
沼田市教育委員会	沼田市教育委員会 学校教育課	0278-23-2111
藤岡市	教育委員会教育総務課	0274-50-8211
川越市	教育総務課	049-224-6074（直通）
羽生市教育委員会	学校教育課	048-561-1121（内線308）
旭市	学校教育課	0479-55-5724
浦安市	教育総務課	047-351-1111
藤沢市	教育委員会教育部教育総務課	0466-50-3556（直通）
小諸市	教育委員会事務局学校教育課	0267-22-1700 内線2323
佐久市教育委員会	学校教育課	0267-62-3478
諏訪市	教育総務課 教育総務係	0266-52-4141
朝日町	教育委員会事務局	0765-83-1100
土岐市	教育総務課	0572-54-1111（内366）
瑞浪市	教育総務課総務係	0572-68-9831
湖西市	教育総務課	053-576-4792
静岡市	児童生徒支援課学事係	054-354-2377
沼津市	沼津市教育委員会学校管理課	055-934-4805
豊田市	教育部 教育政策課	0565-34-6658
豊橋市教育委員会	教育政策課	0532-51-2819
みよし市	教育行政課	0561-32-8028
伊勢市教育委員会	学校教育課	0596-22-7879
伊賀市教育委員会教育総務課	教育総務課	0595-47-1280
甲賀市	学校教育課	0748-69-2243
湖南市	生涯学習課	0748-77-6250
米原市教育委員会	教育総務課	0749-55-8107
京丹後市	教育総務課	0772-69-0610
京丹波町教育委員会	教育委員会 学校教育課	0771-84-0028
城陽市教育委員会	教育総務課 教育総務係	0774-56-4003
尼崎市	総務局 企画管理課	06-6489-6169
豊岡市教育委員会	教育委員会教育総務課	0796-23-1117
西宮市教育委員会	学事課	0798-35-3817
御所市教育委員会	学校教育課子ども人権支援係	0745-62-3001
島根県	公益社団法人島根県育英会	0852-28-1981
浜田市	地域政策部 まちづくり推進課	0855-25-9201
浜田市	教育総務課	0855-25-9700
倉敷市	学校教育部学事課	086-426-3825
竹原市教育委員会	総務学事課	0846-22-2329
萩市	企画政策課	0838-25-3102
大野城市	教育政策課	092-580-1902
北九州市	市民文化スポーツ局 安全・安心推進部 安全・安心都市整備課	093-582-2866

団体名	担当部署	電話番号
田川市	学校教育課	0947-85-7167
大村市	教育総務課	0957-53-4111
五島市	教育委員会総務課	0959-72-7905
佐々町	教育委員会総務班	0956-62-2128
菊池市教育委員会	奨学担当	0968-25-7230
水俣市教育委員会	教育総務課	0966-61-1638
石垣市教育委員会	総務課	0980-87-5077
糸満市	教育委員会　総務課	098-840-8160
北谷町育英会	教育総務課	098-982-7704
那覇市教育委員会	那覇市教育委員会生涯学習課	098-917-3502

企業・公益法人

団体名	担当部署	電話番号
公益財団法人栗林育英学術財団	財団事務局	011-271-5224
公益財団法人登別育英会	登別市教育委員会教育部	0143-88-1100
公益財団法人北海道信用金庫奨学財団	事務局	011-241-7949
公益財団法人北海道文化財団	人づくり一本木基金　奨学援助事業　係	011-272-0501
公益財団法人柳月財団	柳月財団事務局	0155-31-8855
一般財団法人 ISHIYA 財団	事務局	011-215-1483
医療法人財団明理会道南ロイヤル病院	経理課	0137-84-5011
公益財団法人みちのく・ふるさと貢献基金	財団事務局	017-774-1179
公益財団法人吉原育英会	事務局	0178-28-9195
特定非営利活動法人イワテスカラシップ	事務局	019-604-6101
公益社団法人みやぎ農業振興公社	担い手育成部担い手育成班	022-275-9192
公益財団法人杜の邦育英会	公益財団法人杜の邦育英会事務局	022-225-5551
公益財団法人克念社	事務局	0235-22-0028
国際ソロプチミスト山形	事務局	023-641-5239
公益財団法人会津地域教育・学術振興財団	総務課	0242-27-1212
公益財団法人クリナップ財団	事務局	0246-82-3333
一般財団法人かのうや文化育英財団	法人事務局	0244-23-2044
公益財団法人青井奨学会	青井奨学会　事務局	03-5343-0351
公益財団法人伊勢丹奨学会	事務局	03-3352-1111
公益財団法人江間忠・木材振興財団	事務局	03-3533-8228
公益財団法人岩國育英財団	事務局	03-5276-1892
公益財団法人大島育英会	事務局	03-3265-4660
公益財団法人大林財団	奨学事業係	03-3546-7581
公益財団法人オーディオテクニカ奨学会	事務局	042-739-9171
公益財団法人小田急財団	事務局	03-3349-2473
公益財団法人海技教育財団	奨学事業本部	03-3265-6526
公益財団法人韓国教育財団	奨学担当	03-5419-9171
小原白梅育英基金	事務局	03-3493-8111
公益社団法人学術・文化・産業ネットワーク多摩	奨学金担当	042-591-8540
公益財団法人北野生涯教育振興会	奨学担当	03-3711-1111
公益財団法人コカ・コーラ教育・環境財団	各支部 奨学担当	03-5410-4994（代表）
公益財団法人北澤育英会	事務局	03-5227-2841
公益財団法人漁船海難遺児育英会	業務担当	03-3518-6121
公益財団法人公益推進協会	事務局	03-5425-4201
公益財団法人酒井 CHS 振興財団	事務局	03-5276-1940
公益法人佐藤国際文化育英財団	学芸課	03-3358-6021
公益財団法人佐藤奨学会		03-3501-5143

団体名	担当部署	電話番号
公益財団法人春秋育英会	奨学担当	03-5225-0831
公益法人消防育英会	総務部	03-6263-9748
公益財団法人住本育英会	事務局	03-3866-2645
全国大学生協連奨学財団	財団事務局	03-5307-1126
公益財団法人ダイオーズ記念財団	事務局	03-5220-1123
一般財団法人都築国際育英財団	事務局	03-3464-0831
公益財団法人東京海上各務記念財団	事務局	03-3761-6499
公益財団法人中董奨学会	事務局	03-3407-7113
公益財団法人中村積善会	奨学金担当	03-3573-6171
公益財団法人日本財団	公益事業部 国内事業審査チーム	03-6229-5111
公益財団法人ナガワひまわり財団	事務局	03-6758-0007
公益財団法人日揮・実吉奨学会	事務局	03-3666-8020
公益財団法人日本通運育英会	事務局	03-6251-1482
公益財団法人似鳥国際奨学財団	似鳥国際奨学財団東京事務局	03-3903-3593
公益財団法人日本証券奨学財団	財団事務局	03-3664-7113
公益財団法人日本文化藝術財団	奨学金担当	03-5269-0037
公益財団法人日本国際教育支援協会	国際教育課	各指定校の奨学金担当部署
一般財団法人人間塾	スカラーシップ担当	03-6272-6147
公益財団法人犯罪被害救援基金	事務局	03-5226-1020
公益財団法人松尾育英会	事務局	03-3407-5107
公益財団法人三菱UFJ信託奨学財団	各大学の奨学金担当	各大学に問い合わせてください
公益財団法人ヤマト福祉財団	事務局奨学金担当	03-3248-0691
公益財団法人ヨネックススポーツ振興財団	事務局	03-3839-7195
一般財団法人上田記念財団	事務局	03-6861-8117
認定特定非営利活動法人(認定NPO法人)金融知力普及協会	奨学金事務局	03-5204-8270
一般社団法人クオキャリア・ビュー	奨学金事務局	03-5927-9428
認定特定非営利活動法人ゴールドリボン・ネットワーク	奨学金担当	03-5944-9922
一般財団法人篠原欣子記念財団	事務局	03-6911-3600
一般財団法人玉野教育基金	事務局	03-3220-4080
社会福祉法人中央共同募金会	基金事業部修学資金係	0120-768-660
一般財団法人東洋水産財団	当財団	03-3472-1858
一般財団法人ホリプロ文化芸能財団	本財団が指定する大学の奨学金担当窓口	問い合せは在学する大学の学生課へお願いします。
一般社団法人PIF	事務局	03-5220-5201
三井住友信託銀行株式会社	三井住友信託銀行個人資産受託業務部公益信託グループ	03-5232-8910
一般財団法人守谷育英会	一般財団法人守谷育英会事務局	03-3271-2734
社会福祉法人　読売光と愛の事業団	東京本部	03-3217-3473
公益財団法人飯塚毅育英会	事務局 永井	028-649-2121
公益財団法人河内奨学財団	河内奨学財団事務局	0285-32-1330
公益財団法人林レオロジー記念財団	事務局	028-688-0251
公益財団法人矢板市育英会	矢板市教育委員会教育総務課	0287-43-6217
公益財団法人野澤一郎育英会	栃木県立真岡高等学校	0285-82-3413
公益財団法人紫塚奨学団	奨学団係	0287-22-2042
一般財団法人須賀川教育振興会	常務理事	090-4759-4684
公益財団法人清国奨学会	事務局	0276-37-8011
公益財団法人佐藤交通遺児福祉基金		027-224-2007
公益財団法人エンプラス横田教育振興財団	事務局	048-250-1322
公益財団法人川野小児医学奨学財団	事務局	0492-47-1717
公益財団法人土屋文化振興財団	伴	047-364-3689
公益財団法人茂木本家教育基金	事務局	04-7120-1003

団体名	担当部署	電話番号
医療法人社団三喜会	看護部	0463-69-1233
蔵人記念財団	公益財団法人蔵人記念財団事務局	045-224-7123
公益財団法人中部奨学会	事務局	046-241-1214
公益財団法人古泉育英財団	事務局	025-383-6009
公益財団法人新潟医学振興会		025-227-2176
公益財団法人第四北越奨学会	第四北越銀行総合企画部広報室	025-229-8123
公益財団法人ユニオンツール育英奨学会	事務局	0258-22-1906
公益財団法人 COSINA 奨学会	事務局	0269-38-1780
公益財団法人北信奨学財団	事務局	026-283-1000
一般社団法人北野財団	事務局	080-8858-6660
公益財団法人相山奨学会	総務部	076-479-1078
一般財団法人ゴールドウイン西田育英財団	事務局	0766-61-1207
公益財団法人新家育英会	事務局	0761-72-1234
公益社団法人石川県獣医師会		076-257- 1400
一般財団法人栄月育英会	事務局	0776-25-1511
公益財団法人大垣交通遺児育英会	事務局	0584-78-9111
公益財団法人高井法博奨学会	事務局	058-233-3333
公益財団法人十六地域振興財団	十六地域振興財団事務局	058-266-2552
公益財団法人田口福寿会	事務局	0584-82-5031
公益財団法人広田奨学会	公益財団法人広田奨学会事務局	058-279-3300
公益財団法人エンケイ財団	事務局	053-451-0112
公益財団法人スズキ教育文化財団	事務局	053-447-8222
一般社団法人静岡県労働者福祉協議会		054-221-6241
一般財団法人スルガ奨学財団	財団事務局	055-962-5619
公益財団法人市原国際奨学財団	事務局	052-413-6777
公益財団法人大幸財団	事務局	052-721-1231
公益財団法人豊秋奨学会	事務局	0566-26-0384
公益財団法人服部国際奨学財団	事務局	052-680-7904
公益財団法人山田貞夫音楽財団	事務局	052-533-6708
公益財団法人岡田文化財団	奨学担当	059-394-7577
公益財団法人三銀ふるさと文化財団	第三銀行 総合企画部 広報課	0598-25-0363
公益財団法人諸戸育英会	総務係	052-483-5851
公益財団法人中信育英会	(公財) 中信育英会事務局	075-223-8385
公益財団法人ローム ミュージック ファンデーション	事務局	075-311-7710
一般財団法人京信榊田喜三記念育英会	事務局	075-211-2111
公益財団法人アイコム電子通信工学振興財団	事務局	06-4303-0162
公益財団法人大阪現代教育振興財団	奨学担当	06-6448-3718
公益財団法人大阪造船所奨学会	奨学担当	06-6576-8002
公益財団法人小野奨学会	各大学担当部署。当財団では対応はしない。	
公益財団法人きたしん育英会	事務局	072-621-9576
公益財団法人尚志社	事務局	06-6204-2267
公益財団法人阪和育英会	阪和育英会事務局	06-7525-5339
公益財団法人戸部眞紀財団	事務局	06-6945-7239
公益財団法人藤井国際奨学財団	事務局	072-640-0056
公益財団法人フジシール財団	事務局	06-6350-1098
公益財団法人船井奨学会	奨学担当	06-6755-2205
公益財団法人森下仁丹奨学会	奨学会事務局	06-6761-1131
公益財団法人山田育英会	事務局	06-6373-4316
公益財団法人夢&環境支援宮崎記念基金	事務局	06-4308-5532
一般財団法人レントオール奨学財団	事務局	06-6245-1720
キーエンス財団	事務局	06-6379-1005
一般財団法人杉本教育福祉財団	杉本教育福祉財団事務局 (岸和田産業株式会社内)	06-6762-5551

団体名	担当部署	電話番号
公益財団法人小森記念財団	事務局	072-661-2568
一般社団法人小川財団	小川電機（株）人事部	06-6624-7676
公益財団法人木下記念事業団	事務局	078-351-1010
公益財団法人香雪美術館	奨学金制度担当	078-841-0652
公益財団法人神戸やまぶき財団	事務局奨学金担当	078-392-5000
公益財団法人 志・建設技術人材育成財団	事務局	079-477-1551
公益財団法人昭邇記念財団	事務局	メールのみの対応。
公益財団法人中山視覚障害者福祉財団	事務局	078-271-6370
公益財団法人福嶋育英会	奨学金担当	079-492-0115
公益財団法人二木育英会	事務局	079-222-1134
公益財団法人三宅正太郎育英会	奨学担当	079-288-1121
一般財団法人村尾育英会	事務局	078-332-1901
公益財団法人小山育英会	田辺市教育委員会教育総務課	0739-26-9941
公益財団法人竹歳敏夫奨学育英会	教育総務課	0858-37-5870
公益社団法人鳥取県畜産推進機構	管理・経営支援部	0857-21-2774
医療法人恵和会	総務	0854-82-1035
公益財団法人大本育英会	事務局	086-225-5131
公益財団法人坂本音一育英会	笠岡市教育委員会生涯学習課	0865-69-2153
公益財団法人ハローズ財団	奨学金担当	086-483-2782
一般財団法人渡辺和子記念ノートルダム育英財団	事務局	086-252-6097
公益財団法人浦上奨学会	事務局	0847-41-1140
公益財団法人鶴虎太郎奨学会	事務局	082-921-4149
公益財団法人西川記念財団	奨学金担当	082-237-9381
公益財団法人古川技術振興財団	古川技術振興財団事務局	0848-86-2100
公益財団法人三次市教育振興会	文化と学びの課 教育総務係	0824-62-6182
公益財団法人大西・アオイ記念財団	奨学担当	087-880-7888
公益財団法人加藤奨学財団	事務局	0875-25-3073
株式会社伊予銀行	コンサルティング営業部	089-907-1062
一般財団法人帝京育英財団	事務局	0893-25-0511
一般財団法人多田野奨学会	事務局	087-843-1185
公益財団法人江頭ホスピタリティ事業振興財団	事務局	092-471-2466
公益法人黒田奨学会	奨学会事務局	092-712-0597
公益財団法人千代田財団	事務局	092-834-7080
公益財団法人ニビキ育英会	事務局	093-661-3790
公益社団法人福岡医療団	人事部	092-651-3869
公益財団法人吉田学術教育振興会	事務局	0942-22-1111
一般財団法人坂田育英会	事務局	080-5805-9060
公益財団法人鶴友奨学会	事務局	096-327-3674
公益財団法人横萬育英財団	事務局	097-534-6725
公益財団法人清川秋夫育英奨学財団	事務局	099-267-2436
公益財団法人米盛誠心育成会	事務局	099-226-0205
公益財団法人沖縄県交通遺児育成会	育成・奨学金担当	098-987-0743
公益財団法人金秀青少年育成財団	事務局	098-868-6611
豊見城市育英会	豊見城市教育委員会教育総務課	098-850-0961

【編者紹介】
給付型奨学金研究会
日本の教育制度や奨学金制度に精通した元新聞記者、編集者などで結成している研究グループ。

大学進学のための
"返さなくてよい"奨学金ガイド［第2版］

2版 1刷発行 ●2022年4月10日

編　者
給付型奨学金研究会

発行者
薗部良徳

発行所
㈱産学社
〒101-0061 東京都千代田区神田三崎町2-20-7 水道橋西口会館　Tel. 03（6272）9313　Fax. 03（3515）3660
http://sangakusha.jp/

印刷所
㈱ティーケー出版印刷
©Kyufugatashogakukinkenkyukai 2022, Printed in Japan
ISBN9784-7825-3569-1 C0037